Interdisziplinär geprägte Symbolik in der visuellen Kommunikation

ERZIEHUNGSKONZEPTIONEN UND PRAXIS

Herausgegeben von Gerd-Bodo von Carlsburg

Band 60

PETER LANG
Frankfurt am Main · Berlin · Bern · Bruxelles · New York · Oxford · Wien

Dorothee Dahl

Interdisziplinär geprägte Symbolik in der visuellen Kommunikation

Tendenzen therapeutisch-kunstpädagogischer Unterrichtsmodelle vor dem Hintergrund multimedialer Zeitstrukturen

PETER LANG
Europäischer Verlag der Wissenschaften

Bibliografische Information Der Deutschen Bibliothek
Die Deutsche Bibliothek verzeichnet diese Publikation in der Deutschen Nationalbibliografie; detaillierte bibliografische Daten sind im Internet über <http://dnb.ddb.de> abrufbar.

Gedruckt auf alterungsbeständigem,
säurefreiem Papier.

ISSN 0723-7464
ISBN 3-631-52138-3

Printed in Germany 1 2 4 5 6 7

www.peterlang.de

Vorwort

Die vorliegende Dissertation entstand aufgrund meines seit langem bestehenden Interesses an dem Einfluss der Psychologie auf die Kunstwissenschaft, mit deren Hilfe eine Sozialisation der Kunst im pädagogischen Bereich ermöglicht wird. In einer sich immer schneller verändernden Welt und vor dem Hintergrund zunehmender Multimedialisierung versucht diese Studie eine Balance zwischen Emotionalität und Rationalität an Tendenzen kunstpädagogischer Unterrichtsmodelle aufzuzeigen. Anhand der interdisziplinär geprägten Symbolik wird der Leser mit einer sinnlichen Wahrnehmung konfrontiert, die ihn in die Tiefen des Unterbewusstseins führt, seine Persönlichkeitsstruktur aufzudecken vermag und zur „Selbstbildung" beitragen kann. Um den kunst-pädagogischen Entwicklungen im 21. Jahrhundert gerecht zu werden steht ein Curriculum als Resultat im Mittelpunkt dieser Untersuchungen, das verschiedene Relaxationsmethoden kombinatorisch mit Lern- und Lehrzielen verknüpft.

Das Zustandekommen dieser Arbeit verdanke ich der Masaryk – Universität in Brno, im Speziellen der dort angegliederten Kunstpädagogischen Fakultät. Im Besonderen danke ich Frau Doc. PaedDr. Hana Babyradova, Ph.D., meiner Mentorin für ihre persönliche Unterstützung und ihren unermüdlichen Einsatz bei der Klärung wissenschaftlicher Fragestellungen. Herr Prof. Dr. S. Steiner hat mich freundschaftlich – geistig begleitet und zu manch lehrreichen Diskussionen angeregt. Auch ihm sei an dieser Stelle herzlich gedankt, dass er sich bereit erklärte, meine Arbeit zu lesen, um einen Kommentar an die Pädagogische Fakultät in Brno weiter zu leiten. Herrn Prof. Rothenhagen danke ich für seine Bemühung, wichtige Textstellen aus der tschechischen Literatur in die für mich verständliche Form der Germanistik umzusetzen. Ferner möchte ich Herrn Dönneweg, Frau Huber und Frau Kienemann von der Wissenschaftlichen Regionalbibliothek in Lörrach für ihren Einsatz im Hinblick auf Literaturrecherche und Quellenangaben danken. Meinem Ehemann Bodo danke ich für seine konstruktiven Anregungen und sein Verständnis hinsichtlich der zeitintensiven wissenschaftlichen Forschung. Nicht zuletzt verdanke ich meinen Eltern die Realisation dieser Dissertation, da sie mir zu jeder Zeit das Gefühl gaben, kompetente Gesprächspartner in einem für sie doch eher fremdartigen Betätigungsfeld zu sein. Mein Bruder und seine Familie gaben mir die psychologische Motivation während meiner dreijährigen Tätigkeit, die sie mir in Form von intensivem Kommunikationsaustausch zuteil werden ließen. Auch meinen Schwiegereltern möchte ich für ihr stetiges Interesse an meinem künstlerischen Schaffensvorgang Dank sagen.

Inhaltsverzeichnis

Einleitung

Zeichen, Symbole, Signete und Signale begleiten das menschliche Individuum ein Leben lang und beeinflussen bewusst oder unbewusst die täglich auf uns einströmende visuelle Wahrnehmung, ohne die eine Kommunikation nicht möglich wäre. Zunehmende Multimedialisierung und Vorspielung virtueller Realitäten gefährden die im traditionellen Sinn verstandene ästhetische Erziehung, bergen gleichzeitig aber auch die Chance, gewisse Anwendungen eines technologischen Fortschritts in kunstpädagogischer Hinsicht zu ermöglichen. Die in der verborgenen Symbolik enthaltene Doppeldeutigkeit sollte zunächst unter fachkundiger Anleitung erkannt, interpretiert und erfahrbar gemacht werden, um eine darüber weiterführende Reflexion einzuleiten. Damit das bis dahin Unbekannte in den Vordergrund der Betrachtung und des weiteren zu einer „Ich – Ausprägung" des Kunstkonsumenten gelangen kann, ist eine erkenntnistheoretische Ausführung über die interdisziplinär geprägte Symbolik empfehlenswert. Diese spezifische Art der sinnlichen Wahrnehmung findet ihren Ausdruck über das Unterbewusstsein und die in ihm gespeicherten Archetypenmuster, auch wenn einem solche Bilder bis dahin noch völlig unbekannt erschienen. Eine ästhetische Erziehung, die den medialen Anforderungen im 21. Jahrhundert gerecht werden möchte, sieht sich nicht nur mit neuen Technologien, sondern auch mit der fachspezifischen Akzeptanz gegenüber lern- und leistungsorientierten Fachdidaktiken konfrontiert. Die vorliegende Arbeit stellt unter anderem ein Plädoyer für entspannten, leistungsrelativierenden Kunstunterricht dar, dessen Erfolg sich vielleicht auch fächerübergreifend bemerkbar machen könnte. Anhand von fünf Kapiteln wird ausgehend von Grundlagenwissen und Grundlagenforschung die Wahrnehmung allgemeiner Symbolik, deren Bedeutung im künstlerischen Schaffensprozess sowie deren Einsatz in neueren kunstpädagogischen Unterrichtsmodellen erläutert.

Im ersten Kapitel nähert man sich der interdisziplinären Symbolik über Betrachtungsansätze aus der philosophisch – semiotischen Forschung. Wichtig erscheinen hier vor allem die Hinweise auf unterschiedliche Definitionsbegriffe, Transformationsprozesse und Bedeutungsinhalte, die vor dem Hintergrund eines historischen Zeitwandels aufgezeigt werden. In diesem Zusammenhang darf ein kurzer Einblick in die religiöse Symbolbildung nicht fehlen, bevor eine neue Kunsttheorie richtungsweisend das Sinnbildhafte des Symbols untersucht. Symbole als Signalwirkung in der Moderne und als allgemeingültige Ausdrucksmöglichkeit visueller Kommunikation bilden den einführenden Abschluss der Betrachtung.

Das zweite Kapitel befasst sich mit dem Einfluss der Psychologie auf die Anwendung allgemeiner Symbolik im Hinblick auf den Kunstschaffenden und seinen Arbeitsprozess. Hier richtet sich das Hauptmerkmal auf ein zur Symbolbildung neigendes Unterbewusstsein, das seit C. G. Jungs Forschung psychoanalytische Erlebnisse des Kunstbetrachters bewusst werden lässt. Transformationen von Traumsymbolik zum Trauminhalt werden hierbei ebenso berücksichtigt wie auch die etwas vernachlässigte Forschung über den Zusammenhang von künstlerischen Qualitäten des reinen Genies zu denen von genuitiv – krankhaften. Im Mittelpunkt steht außerdem die sinnlich – psychologische Wahrnehmung, deren Verbindung mit Reizeinwirkung und Reizselektion sowie die Grundlagen der symbolhaften Farbpsychologie.

Aufbauend auf dieser psychologischen Betrachtung der Symbolik wendet sich das dritte Kapitel der Reflexion visueller Kommunikationssysteme im Rahmen der kunstpädagogischen Sichtweise zu. Den Ausgangspunkt bildet hier die historische Komponente der ästhetischen Erziehung mit ihren Anfängen und Zielsetzungen. Anhand einer Studie über die Einsatzmöglichkeiten des Mandalas im Kunstunterricht werden nicht nur die pädagogische Anwendung, sondern auch therapeutische Momente und Erfahrungen innerhalb der Kunstpädagogik diskutiert. Daraus erfolgt überleitend eine kritische Auseinandersetzung mit der Wahrnehmung realer und intendierter Wirklichkeiten, in deren Folge die sogenannte Konsumentenerziehung den Symbolcharakter und die Signalwirkung gewisser Werbemarken hervorhebt. Abschließend werden die Verhaltensmuster der auf diese Weise angesprochenen Zielgruppen analysiert.

Konkrete Beispiele zur künstlerischen Symbolbildung werden im vierten Kapitel aufgezeigt und mittels einer vergleichenden Studie in einem Zeitraum zwischen dem 19. und 21. Jahrhundert diskutiert. Traumerlebnisse, visionäre Vorstellungen, rätselhafte Symbolik und irrationale Emotionen erfahren gerade im 19. Jahrhundert ihre Umsetzung im künstlerischen Schaffensprozess. Gegensätze und Gemeinsamkeiten dieser verschiedenen Kunstepochen werden an dieser Stelle anhand von Beispielen erläutert. Auf den Spuren moderner Malerei gelangt man über autobiografische Erfahrungen der Künstler zu einer visuell erfassbaren Symbolik, die in Anlehnung an die informelle Malerei ein Emotionales – Beteiligt – Sein evoziert. Abstraktionen vom Kunstwerk und Aggression gegenüber dem Kunstwerk kennzeichnen diese besondere Stilrichtung, die den Betrachter auf eine bildwörtlich – symbolische Kommunikations-ebene reduzieren möchte.

Im Mittelpunkt des fünften Kapitels steht zunächst die historische Entwicklung kunstpädagogischer Konzepte. Ausgehend von kunstbildnerischen Aktivitäten in Grund- und Hauptschule sowie in der Sekundarstufe soll die Effizienz der Modelle im Hinblick auf Selbstbildung und Persönlichkeitsfestigung untersucht werden, um den Bewusstseinsvorgang als Folge künstlerischen Schaffens umsetzen zu können. Dabei wird der zunehmende Einsatz multimedialer Technologien in der Weise kritisiert, dass sie zu Konzentrationsstörungen und Aufmerksamkeitsdefiziten führen. Da man sich jedoch vor diesen neueren Technologien nicht verschließen darf, sie sogar integrieren sollte, ist eine Kombination mit entspannungsfördernden Elementen möglich und auch empfehlenswert.

Aufgrund dieser Annahme werden neue Möglichkeiten aufgezeigt, sein eigenes „Ich" auf der Basis empfindungsorientierter Lernstrukturen auszuprägen, ohne die Zeichen einer neuen Zeitstruktur ausschließen zu müssen. Anspannung erfordert Entspannung in einer von Unruhe geprägten Welt, die gerade im visuellen Bereich über psychologisch geprägte Symbolik zu Irritation und Manipulation führen kann. Täglich strömen mediale Bilderfluten auf uns ein, die auch tiefenpsychologisch ihre Spuren im Unterbewusstsein hinterlassen. Die Deutung der damit jeweils verbundenen Symbolik ist unter anderem ein Anliegen dieser Arbeit, auch im Hinblick auf die therapeutischen Momente, die immer häufiger in der Kunstpädagogik zu finden sind. Bildungspolitisch erfährt die Sozialisation der Kunst mittlerweile eine größere Beachtung und nimmt mitunter den Stellenwert einer fächerübergreifenden Wertigkeit ein. Aus diesem Grunde ist es umso wichtiger, kombinatorische Modelle von kunstpädagogischen Lehrplänen zu entwickeln und deren Nutzen auf andere Fächer, wenn auch nur ansatzweise, zu übertragen.

Obgleich die Kunst unzertrennlich und eins ist und beide, Fantasie und Empfindung, zu ihrer Hervorbringung tätig sein müssen, so gibt es doch Kunstwerke der Fantasie und Kunstwerke der Empfindung, je nachdem sie sich einem dieser beiden ästhetischen Pole vorzugsweise nähern.

F. Schiller

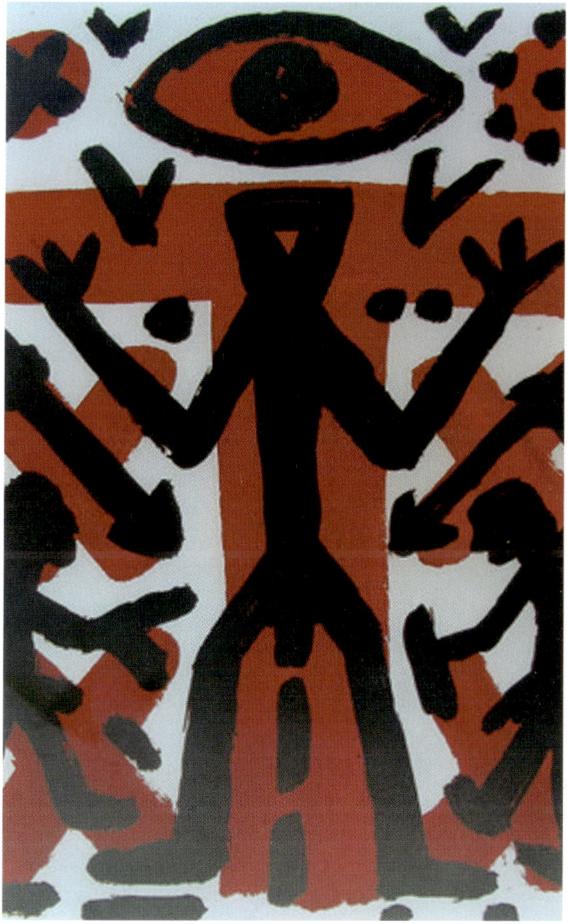

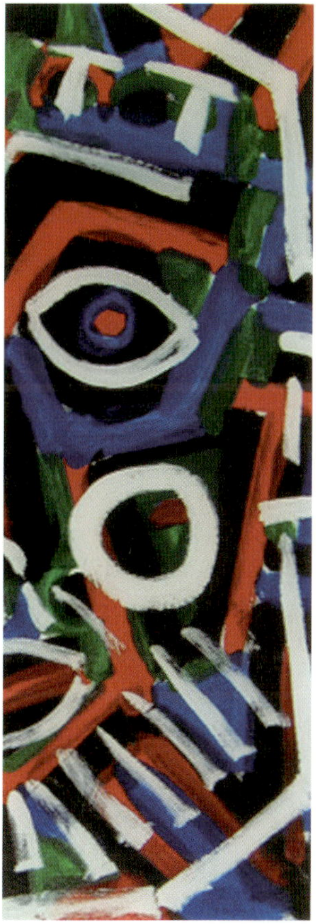

1. Philosophisch-semiotische Betrachtungen der interdisziplinären Symbolik

Die Frage nach dem Transformationsprozess vom Symbol zum Zeichen beziehungsweise vom Zeichen zum Symbol kann nur aufgrund einer näheren wissenschaftlichen Analyse und im Hinblick auf historische Modifikationen im philosophisch – semiotischen Forschungsbereich geklärt werden. Gemeinsamkeiten und Gegensätze innerhalb der Begriffsdefinitionen werden vor allem dort sichtbar, wenn es die disgruente Relation zwischen Zeichendefinition und visuellen Kommunikationsphänomenen betrifft. Non – Verbales schließt zunächst die Linguistik aus, um sich den rein visuellen Kommunikationserscheinungen widmen zu können. Inwieweit sich die semiotische Forschung unabhängig davon behaupten kann, erklärt sich an den Grundgedanken verschiedener Persönlichkeiten, die sich explizit mit der Symbol- und Zeichendefinition auf semiotischer Grundlage befasst haben. Dagegen stehen philosophische Aussagen, die eine Symbolfunktion hinsichtlich ihrer Anwendung auf die Kunstform betrachten und einer Deutung des philosophisch „Schönen und Erhabenen“ den Vorzug geben. Symbolik wird in der Verbindung mit verschiedenen philosophischen Aussagen erstmals als Ausdrucksmittel eines seelisch geprägten künstlerischen Schaffensvorgangs angesehen.

1.1 Grundlagenforschung der Semiotik

Aufgrund der Forschungsbemühungen von Peirce und de Saussure konnte sich die Semiotik mit Beginn des 20. Jahrhunderts zu einer eigenständigen Disziplin entwickeln. Zeichen, Zeichensysteme und Zeichenprozesse werden dieser allgemeinen Theoriebildung zugeschrieben. *Ihre empirische Untersuchungsmethode macht die Semiotik zur „formalen Universalwissenschaft“, insofern sie die „Bedeutung der Funktion von Zeichen als Zeichen“* analysiert (Schönrich, 1999, S.8). Eine in diesem Sinne allgemein verstandene Zeichentheorie ist universell einsetzbar und als Instrumentarium verschiedenster Analyseanforderungen zu verwenden. Aristoteles begriff die Semiotik vordergründig als eine Relevanz für die Rhetorik, da er in dem Zeichen eine existierende Sache mit Vergangenheitscharakter, Gegenwart oder Zukunft sieht. Die philosophische Schulrichtung der Stoa hingegen orientiert sich an den erkenntnis- und wissenschaftstheoretischen Zusammenhängen und stellt diese in den Mittelpunkt der Betrachtung, um sie als eine „Lehre von den Zeichen“ in Einklang mit der Logik zu sehen. Der Mensch benötigt Zeichen, damit geistige Vorstellungen oder nennen wir es Dinge bildlich sichtbar werden, um sie anderen Personen mitteilen zu können. Diese Zeichen stehen immer stellvertretend für vorher wahrgenommene Dinge und entsprechen einer Abbildung der reinen dargestellten Form. Nach Peirce, auf dessen Untersuchungen später noch eingegangen wird, haben Morris und Eco den didaktischen Kontext in Bezug auf Wahrnehmung und Interpretation von Zeichen modifiziert.

Wenn wir die von Peirce vorgeschlagenen triadischen Unterscheidungen des Zeichens heranziehen, bemerken wir, dass jeder der Zeichendefinitionen einem visuellen Kommunikationsphänomen entsprechen kann (Eco, 1972, S. 197). Das sogenannte semiotische Dreieck gliedert sich auf in ein Zeichenmittel, das sich auf ein Objekt bezieht, deren Interpretant als drittes Moment in Beziehung stehend interpretiert wird.

Bis heute definiert sich die Semiotik über diese Dreiteilung von Zeichen, Ding und Bedeutung. Um der weiteren Forschung nach den Gesetzmäßigkeiten von Symbol und Zeichen näher zu kommen, findet hier ausschließlich eine Betrachtung des Zeichens in seiner Beziehung zum Objekt und somit der Unterteilung in Ikon, Index und Symbol statt. Das Ikon steht für ein Zeichen, das mit dem Gegenstand, den es darstellt, eine gewisse Ähnlichkeit aufweist, womit es sich auch um die stilisierte Abbildung eines Gegenstandes handeln kann. Ein Index zeigt etwas an, ist richtungsweisend, in visueller Hinsicht betrachtet ein Anzeigepfeil, während das Symbol als Signal oder ikonographischer Code angesehen werden kann. Die wesentliche Eigenschaft des Zeichens ist nach Peirce die Stellvertreter – Funktion des Zeichens für ein Objekt (Müller, 1974, S.26). Peirce sieht somit den Bedeutungsträger im Zeichen, nicht im Objekt begründet. Aufgrund seiner Forschungen sollte das strukturierte Denken des menschlichen Individuums auf der Basis grafischer Zeichen darstellbar sein. Brekle stellt das Zeichen insofern ebenfalls als Bedeutungsträger dar, als es etwas repräsentieren und auf etwas hinweisen sollte. Im Gegensatz zum Signal, das auch als Zeichenträger fungieren kann, kommt dem Zeichen die Lieferung von Informationen und Sachverhalten zu. Über diese Definition gelangt man zu der sinnlichen Wahrnehmung eines Zeichens, dessen Medium, in dem das Zeichen seine Realisation erfährt, genügend Spielraum für Differenzierungen erlauben sollte.

1.1.1 Semiotische Grundgedanken nach Peirce

Nach einem auf philosophischer Ebene geführten Disput mit Kant hat Peirce die eigentliche Semiotik um 1905 mit einem ersten Versuch der spekulativen Grammatik begründet. Eine seiner Thesen betrifft die Auswirkungen der anthropomorphen Natur unserer Zeichensysteme sowie die Produktion von Zeichen auf eine geistige Ökologie. *Zunächst einmal müssen wir uns als Ausgangspunkt ernst nehmen, denn der gegenwärtige Zustand unseres Bewusstseins ist der einzige*

Zustand, von dem wir tatsächlich ausgehen können (Pape, 1998, S.10). Das, was sich hier in Form der Wahrnehmung, des Fühlens und Denkens auf die menschliche Gestalt bezieht, ist die einzig verfügbare sichere Erkenntnis, was für einen bestimmten Moment als unbezweifelbar angenommen werden kann. Peirce hat somit unter Berufung auf eine für alle Menschen gemeinsame Wahrnehmung der Welt die Philosophie des so genannten Kritischen Common Sensism entwickelt.

Seine allgemeingültig entworfene Zeichendefinition lässt sich, wie zuvor schon angedeutet in Ikons, Indices und Symbole katalogisieren, wobei der Objektbezug der Zeichen in die semiotische Theoriebildung einer Kommunikation integriert wird. An dieser Stelle sollte die Zeichen und Symboldefinition nach Peirce genauer untersucht werden. Demnach erklärt sich das Symbol als Bedeutungsträger für Vorstellungen, Erinnerungen an Erlebtes oder Personen sowie als bildhafte Übertragung in Form einer Metapher. Dagegen kann ein Zeichen den Stellenwert eines Ikons, Indices oder eines Symbols annehmen, solange es keinen wirklichen Interpretationsfaktor besitzt. Ein Zeichen kann lediglich als reines Zeichen aufgrund seiner zeichenkonstitutiven Beschaffenheit fungieren, unabhängig von einem eventuell vorhandenen Interpretanten oder Objekt. Dem Symbol kommt wiederum der Anspruch des Zeichens zu, da es zur Erkennung einer gewissen Interpretation bedarf. In der Terminologie der Semiotik fällt das Symbol auch unter den Begriff des Legizeichens, da es vergleichsweise einer ikonographischen Konvention entspricht. Ein Symbol wirkt, wie an späterer Stelle noch ausführlich erklärt wird, immer auf indirekte Art und Weise und in einer Form von Doppeldeutigkeit, indem es meist mit Assoziationen verbunden ist. Etwas real Existierendes kann ein Symbol als reales Objekt besitzen. Zum einen kann es einem bestimmten Ding entsprechen, zum anderen durch die Zugabe eines Indices als Teil des Symbols. Nach Peirce lassen sich Symbole nochmals in zwei Begriffe unterteilen, denen er die Verwendung degenerierter Symbole zuschreibt. Demnach definiert sich das Singuläre Symbol mit seinem Objektbezug zum existenten Einzelding, dessen Eigenschaften der reinen Wirklichkeit entsprechen, die diesem Ding explizit zugerechnet werden. Das Abstrakte Symbol hingegen erfährt seinen Objektbezug in der eigentlichen Eigenschaft, die ihm zukommt.

1.1.2 Transformationsprozess vom Symbol zum Zeichen

Einführend sollte erklärt werden, dass der Begriff des Symbols seinen Ursprung im griechischen Wort „Symbolon“ findet und in der Verbindung des Zusammenfügens als Erkennungszeichen fungierte. In der etymologischen Forschung stellt der Begriff des Symbols etwas Zusammengesetztes dar und kann einem sichtbaren Zeichen einer - wenn auch unsichtbaren - und nur ideellen Wirklichkeit entsprechen. *Beim Symbol sind also immer zwei Ebenen zu beachten: In etwas Äußerem kann sich etwas Inneres offenbaren, in etwas Sichtbarem etwas Unsichtbares, in etwas Körperlichem das Geistige, in einem Besonderen das Allgemeine* (Kast, 1996, S. 20). Es besteht also demnach ein endogener Zusammenhang zwischen dem Symbol und das mit ihm zu repräsentierende, worin auch der Unterschied zum Zeichen zu sehen ist, dem der für das Symbol so eigentümliche Bedeutungsüberschuss fehlt. Das Zeichen ist aufgrund seiner Rationalität erfassbar, während das Symbol irrational nicht fassbar erscheint und überwiegend von Emotion, Religion, Geistesgeschichte und künstlerischer Aktivität geprägt wird. Der wissenschaftlichen Begriffsdefinition des Symbols gerecht zu werden stellt sich in dem Sinn als äußerst schwierig dar, als dass man psychologische, philosophische, soziologische und linguistische Aspekte hinsichtlich der Differenzierung miteinbeziehen sollte.

Im Hinblick auf den Schwerpunkt der vorliegenden Arbeit richtet sich die Betrachtung im Wesentlichen auf die psychoanalytische Symboldiskussion, die als Voraussetzung zum Verständnis der Symboldidaktik dient. Freud diente die Traumsymbolik als Ausgangspunkt für seine Forschungen auf dem Gebiet der Einstufung neurotischer Charaktere in Zusammenhang mit der Verdrängung alles Libidinösen, während Jung in den Symbolen die Universalsprache der Menschheit begründet sah. Diese Symboldefinition erweist sich als hilfreich, insofern sie einen in die Lage versetzt, in ontogenetische und phylogenetische Ursprünge zurückzufinden. Meyer – Blanck benennt Lorenzers Konzept als Revision des Freudschen Ansatzes, in dem er die Symbole als bewusst psychische Phänomene mit starken Affektbesetzungen und zahlreichen Konnotationen auffasst, während er die Zeichen nochmals zum besseren Verständnis mit einer Armut an Konnotationen und Affektbesetzungen unterscheidet. (Meyer – Blanck, 1995, S. 12). *Symbol ist dort vorhanden, wo die Sprache Zeichen verschiedenen Grades produziert, in denen der Sinn sich nicht damit begnügt, etwas zu bezeichnen, sondern einen anderen Sinn bezeichnet, der nur in und mittels seiner Ausrichtung zu erreichen ist* (Ricoeur, 1993, S. 25). Anhand dieser Aussage wird deutlich, wie grundsätzlich verschieden Symbol und Zeichen in ihrer Begriffsdefinition voneinander entfernt sind. Seit Jungs Forschung auf dem Gebiet der Archetypen und archetypischer Symbolik in Mythen, Riten, Märchen, Sagen und Legenden gilt diese als einheitliche Symbolsprache, die den Menschen über die gesamten Menschheitsüberlieferungen informiert. Warum stellt sich aber nun die Frage nach der Transformation vom Symbol zum Zeichen oder auch umgekehrt? Vielleicht ist eine Erklärung darauf in der Begründung zu finden, dass Zeichen zwar keinen zweiten Sinnzusammenhang repräsentieren können, aber dennoch in bestimmten Situationen so funktionieren oder auch nicht.

Wenn wir selber uns der Welt in symbolisierender Einstellung nähern, kann das Zeichen ebenso dem Transformationsprozess zum Symbol unterworfen sein. Die interdisziplinär geprägte Symbolik soll dem menschlichen Individuum bewusst machen, dass wir in einer Welt leben, deren Symbole unseren Lebensweg mit Ursprungszeit, Blütezeit und Vergänglichkeit rekonstruiert. In dem Moment, in dem der Mensch das Symbol zum Gegenstand erklärt, gibt er ihm auch eine Bedeutung. Das zuerst gedachte sinnliche Zeichen wird zum Sinnhaften und somit zum Symbol transformiert. Die geistige Einflussnahme auf ein Zeichen lässt dieses somit zu einem Symbol werden, dessen Realexistenz außer Kraft gesetzt ist und das nunmehr eine Bedeutungs–Existenz erhält. *Der Geist ist so das menschliche Vermögen der Be – Deutung oder das Vermögen der Verwandlung von Zeichen in Symbole* (Saner, 1993, S.226). Dieses Zitat weist schon deutlich auf den Stellenwert der Symbolik hin, die dem psychologisch geprägten Schaffensprozess eines Künstlers unterworfen ist. Von daher umfasst der Symbolbegriff historisch und inhaltlich gesehen alle Zeichen, sofern sie ein Bedeutungsträger sind. Hiermit wäre auch die Grundkategorisierung einer allgemeinen Informationstheorie und Semiologie vorgegeben, die den Vorteil besitzt, modern und entmythologisiert aufzutreten, um sich letztlich doch mit der alten Tradition der Philosophie vereinbaren zu lassen. Nur das, was unter Punkt 1.4 noch angesprochen wird, nämlich die Unterschiede zwischen Analogien, Allegorien, Aphorismen und Symbolen im engeren Sinnzusammenhang, werden in der zuvor genannten Kategorie aufgehoben. Die menschliche Fähigkeit zur Symbolbildung wirkt sich produktiv auf den künstlerischen Arbeitsprozess aus, trägt zur Ideenbildung bei und beeinflusst nicht zuletzt unser „Selbst" durch die Erkenntnis dessen, was wir sein möchten oder könnten. Diese Erkenntnis ist der Doppeldeutigkeit des Symbols selber zuzuschreiben, indem es auf etwas anderes hinweist, unter anderem auf uns und somit unser eigenes „Ich". Trotzdem sollte das Zeichen nicht generell als isolierte Entität artikuliert werden, da sie, wie Eco schon formulierte nie als beobachtbare und stabile körperliche Existenz, sondern als Produkt einer Reihe von Relationen Bestand haben.

1.2 Philosophisch geprägte Symboldefinition

Unter Berücksichtigung struktureller Persönlichkeitsentwicklungen erhält man die Gewissheit, wie sehr die Philosophen zu allen Zeiten bemüht waren, immer neue Denkbestimmungen zu reflektieren, zu strukturieren und, wie es auch bei Hegel der Fall war, zu systematisieren. Gemäß der Tradition des 18. Jahrhunderts vertrat man die Auffassung, dass nur eine Gegenüberstellung von Antiker und Moderner Kunstform zulässig sei. In diesem Zusammenhang geht Hegel einen Schritt weiter und ordnet das Symbolische der Antike, der von ihm genannten klassischen Kunstform und das Allegorische der Moderne, der romantischen Kunstform zu, er bleibt aber weiterhin bei dem dualen System (symbolisch = griechisch antik; allegorisch = moderne Kunst). Kehrt man zunächst zu seinen theologisch geprägten Jugendschriften zurück, so wird ersichtlich, wie sehr er das Symbol in Verbindung zum Religiösen in der christlichen Religion sieht und zu diesem Zeitpunkt seinen Überlegungen nach auch findet. Ein konkretes Beispiel für seine damaligen Gedankengänge findet man in der Darstellung des christlichen Abendmahls, in dem er in Verbindung des gemeinsamen Essens und Trinkens einen symbolischen Vorgang und das Einfließen in den Geist Jesu – und die damit vollzogene Zugehörigkeit zu ihm – sieht. Da er eine systematische Verknüpfung zwischen Religion in der Kunst und der Philosophie sieht, betrachtet er, wie in seinem Werk der Phänomenologie des Geistes dargestellt, die Kunst in Korrelation zu der Religion. Konkret bedeutet dies bei Hegel, dass sich der absolute Geist in die Strukturen der Kunst, Religion und Wissenschaft aufspaltet. Vor diesem Hintergrund ist eine spätere Überprüfung seiner Gedankengänge verständlich, wobei er gleichzeitig eine eigene Kritikfähigkeit verspüren lässt. Er selber sieht es bei Betrachtung dieses Symbols als unmöglich an, das darin vermittelte Einswerden von Gefühl und Geist in der eigenen Fantasie herzustellen. Das Symbol erlangt für ihn somit nur an Bedeutung, wenn die Fantasie alles vereinigen kann, Gegenstand, Gefühl, Geist und Wirklichkeit. Zu diesem Zeitpunkt weicht er auch noch nicht von seiner Ansicht ab, dass nur die griechische Skulptur das typische Symbol darstellt, in dem sich alles Schöne als ein Abbild von Ansicht und Gefühlen zusammenfügt. Später dann, zu der Zeit seiner bedeutenden Berliner Ästhetikvorlesungen, weicht er vom dualen System der Kunstform ab und geht über zu einer triadischen Struktur, in der er die Kunstformen als symbolische, klassische und romantische klassifiziert. Die Antizipation des triadischen Systems sowie der Zusammenhang des Symbolbegriffs in Verbindung mit der orientalischen Kunstform ist andeutungsweise in dem Werk der Phänomenologie des Geistes präsent und beinhaltet erstmals die Wissenschaft einer Erfahrung des Bewusstseins. *Dieser Band stellt das werdende Wissen dar. Die Phänomenologie des Geistes soll an die Stelle der psychologischen Erklärungen oder auch der abstrakten Erörterungen über die Begründung des Wissens treten* (Pöggeler, 1977, S. 59). Das bis heute eigentliche Verständnis, in dem Symbol ein Zeichen zu sehen und dieses im Ursprung des orientalischen zu suchen, festigt sich bei Hegel mit dem Doppelverständnis von Gestalt und Bedeutung.

1.2.1 Erweiterung des Symbolbegriffs

Ausgehend von den philosophischen Reflexionen Schellings begründet auch Hegel das ursprünglich Symbolische ausschließlich in der griechischen Kunst und Mythologie. Dabei setzt er sich explizit mit dem Bereich der symbolischen Mythologie (Naturmythologie) und der geistigen Mythologie auseinander. Er sieht in der griechischen Kunst die geistige Mythologie bestätigt, da sie die Verbindung von Bedeutung und Gestalt in die Wirklichkeit umsetzt. Da er aber das Symbolische auch als einen fortlaufenden Prozess der Entwicklungsgeschichte ansieht, die durch die Vernunft bestimmt wird, und er somit diesem Prozess eine geistesgeschichtliche Deutung mit dem Ursprung aus der Teleologie zuschreibt, ist es zu verstehen, dass er seine bisherige Aussage nach eingehender Bearbeitung später revidiert und den Symbolbegriff der orientalischen Kunstform zuordnet. In der ersten seiner insgesamt vier Ästhetikvorlesungen bestimmt er das Konträre von Symbol und Zeichen. Für ihn enthält der abstrakt dargestellte Gedanke das Symbolische, das eine bildliche Form hervorbringt, während das Zeichen nach außen wirkt, dem man eine Bedeutung vorgibt, die man aber als solches nicht auf das Zeichen selbst beziehen kann. Folgerichtig wird hier zwischen der Bedeutung und dem Ausdruck eine klare Trennung erkennbar, weshalb auch Hegel das Symbol als zweideutig benennt. Seine Vorlesung lässt sich in eine mehrstufige Konzeption unterteilen. In der ersten Stufe geht er explizit auf den Zusammenhang zwischen der symbolischen Kunstform und den religiösen Ansichten der orientalen Bevölkerungsschichten ein. Hier legt er den Grundstein für sein Konzept des Natursymbols, das er aus religiösen Erkenntnissen der Inder, Parsen und vor allem der Ägypter gewonnen hat. Die zweite Stufe seines Konzeptes, die er dann als die für ihn wahre Symbolik bezeichnet, findet ihren Ursprung vorwiegend bei den Ägyptern, bestimmt aber nicht mehr die religiösen Aspekte, sondern wendet sich den Lebensmomenten zu, dem Seienden, Lebendigen, Geistigen und dem Tod, als Negation zum Natürlichen. Wie schon erwähnt entsinnt er mit der dritten Konzeptionsstufe ein weiteres Element der Symbolik, indem er den Ausdruck für ein Symbol beziehungsweise Zeichen von der Bedeutung trennt und nun beides für sich alleine stehen lässt. In späteren Vorlesungen über die Ästhetik formuliert er sogar die symbolische Kunstform zur Vorkunst um, womit er sie eindeutig als unvollendet charakterisiert und im Gegensatz zur griechischen Skulptur, der er immer noch zugetan scheint, negativ hervorhebt. Die ästhetische Bedeutung vermag er damit jedoch nicht auszudrücken, zumal er ohne inhaltliche Bewertung die symbolische Kunstform als erhaben und die klassische Kunstform als schön bestimmt. Mit der Erhabenheit und Schönheit signalisiert er keine Wertung, sondern nur den strukturellen Unterschied zwischen diesen beiden Kunstformen. Wie schon bereits erwähnt spaltet er die symbolische Kunstform in zwei Komponenten auf, in die Bedeutung und die äußerliche Form. Bei der Verbindung beider Komponenten unterstellt er dem Künstler in der Schaffensphase eine subjektive Willkür bezüglich der Vorgehensweise.

1.2.2 Bedeutung der symbolischen Kunstform in der Moderne

Schelling und Adorno waren die einzigen Philosophen, die der Kunst ihren bedeutsamen Stellenwert zu jener Zeit und auch im Hinblick auf die Moderne gaben. Um Schellings Ausführungen zum Kunstwerk und zu der Kunst im allgemeinen besser verstehen zu können, muss man sich zunächst mit seiner Naturphilosophie und dem von ihm als Gegenpart aufgestellten Transzendentalsystem auseinandersetzen. Er geht dabei von der an sich bewusstlosen Natur aus, die nach seinem System einen Entwicklungsprozess zum begreifenden „Ich" erfährt. (Bewusstloses wird zum Bewussten). Dies bedeutet, dass Naturphilosophie und Transzendentalphilosophie dieselben Grundgedanken beinhalten, das Identische von Bewusstlosem und Bewusstem. Aufgrund dieser Aussage gelangen die Produkte eines Genies zur objektiven Aussage, während das Identische, von dem die Philosophie ausgeht, als nicht objektiv angesehen wird. Folgerichtig gleicht das Kunstwerk dem „Ich" und wird wieder als Bewusstes und Bewusstloses greifbar. Die Identität von Kunst als reale Form und Philosophie als Ideal ergibt den vollkommenen Zusammenschluss. Damit bringt Schelling dann in erweiterter Form und im Gegensatz zu Hegel erstmals die Darstellung der Seele als höchstes Ziel der bildenden Kunst ein. Es gibt also demnach für ihn eine Verbindung der bildenden Kunst zwischen der Seele und der Natur allgemein, sowie der Natur des Menschen. Schellings Aussagen über die Beziehung zwischen Kunstwerk und Seele sind bis in die heutige Zeit übertragbar. Der Künstler muss in die Seele hinabsteigen, Abgeschiedenheit suchen und die dabei freiwerdenden Kräfte, vielleicht auch in Form von Schmerz nicht scheuen. Für Schelling müssen die innersten Gemüts- und Geisteskräfte artikuliert werden, um eine Begeisterung auslösen zu können. Leib und Seele stehen dabei in Einklang, wobei der Leib für die Form und die Seele für Anmut steht, obwohl die Seele auch für die Form stehen kann, da sie für ihn gleichbedeutend mit der Naturseele fungiert. Schelling betrachtet das Geschehen in der Natur als einen dialektischen Prozess des Werdens, in den die Welt gleich einem fortlaufenden Schöpfungsprozess eingebunden ist und der Mensch diesen Entwicklungsstadien mit Leib und Seele unterliegt. In der neueren Ästhetik wird Schellings Aussage zur Kunst als Antizipation eines natürlich gewordenen Menschen aktualisiert, womit auch seine Philosophie in Bezug auf Anthropologie, Psychologie, Existenz- und Lebensphilosophie wieder an Bedeutung gewinnt. Unter Punkt 1.2.3 wird diese Aktualität von

Schellings Natur- und Transzendentalphilosophie unter Berücksichtigung tiefenpsychologischer Aspekte im Symbolismus des 19. Jahrhunderts analysiert. Hegel beschäftigt sich dagegen in der letzten seiner Ästhetikvorlesungen mit den Merkmalen der modernen Kunst, obwohl er zuvor die These vom Vergangenheitscharakter aufgestellt hatte. Er befreit die moderne Kunst in seinen Überlegungen vom religiösen Inhalt, der zuvor bei der Bestimmung der symbolischen Kunstform für ihn allgegenwärtig war. Er sieht nun ein anderes Bewusstsein des Göttlichen in der christlichen Religion und begründet somit seine geänderte Denkbestimmung zum Inhalt der Kunst. An der Religion als dem eigentlichen Inhalt der Kunst hält er zwar nach wie vor fest, versteht aber nun durch die geschichtlichen Entwicklungsphasen Gott als Menschen und evoziert durch diese Menschwerdung Gottes ein neues künstlerisches Sujet in der Darstellungsweise. Der deutsche Philosoph und Essayist Max Bense sieht durch diese Vorlesungen die Möglichkeit einer Wiederbelebung der symbolischen Kunstform in der Moderne gegeben, obwohl Hegel an der These vom Vergangenheitscharakter der Kunstform festhält. Dies nachzuvollziehen fällt schwer, obgleich sich bestimmte Ansätze zur Semiotik, Semantik und Pragmatik erkennen lassen. Der Hegelschen Konzeption über die formelle Bildung kann man insofern zustimmen, als dass die Kunst durch Reflexion, Prüfung und Bewusstsein auch Kritik an der modernen Welt üben kann. Überträgt man diesen Ansatz in die Philosophie, so lässt sich daraus eine allgemeingültige Aktualität für die Ästhetik der modernen Welt ableiten.

1.2.3 Symbolismus in Korrelation zum Surrealismus

Im 19. Jahrhundert, genauer gesagt ab etwa 1880, wurde eine mit dem Symbolismus neue Botschaft in der Kunst sowie in der Literatur formuliert, die in dem Sinne keine Stilrichtung darstellte, sondern die bis dahin gültige Weltanschauung modifizierte. Zu dieser Zeit formierte sich die Gegenbewegung zur Aufklärung, die nun auch die Kunstströmungen in der Weise beeinflusste, indem sie die bisher explizit und ausschließlich dargestellte Realität vernachlässigte, damit sich der Künstler mit den Erscheinungen, die hinter der Wirklichkeit liegen sollten, auseinandersetzen konnte. Durch erfolgreich verlaufende naturwissenschaftliche Experimente schritt die klare Definition einiger bis dahin unerklärbarer Phänomene voran, so dass die Welt nur als wahr und wirklich empfunden wurde, wenn es für alles eine vernünftige Erklärung gab. Man könnte den Symbolismus, der sich in dieser Zeit manifestierte, als eine geistige Bewegung und künstlerische Strömung bezeichnen. In der Malerei wich man von religiösen Themen und proportional übereinstimmenden Menschendarstellungen ab und versuchte nun, die Orientierung des Betrachters zu beeinflussen und ihn selber nach dem Sinn der Bildaussage suchen zu lassen. Die bis zu diesem Zeitpunkt auch von der

Philosophie thematisierte Religion wurde vernachlässigt, der Maler wandte sich vielmehr dem esoterischen zu und bevorzugte dabei Bildthemen wie Liebe, Sünde, Krankheit, Verfall und Tod. Um die Erscheinungen, die hinter der Wirklichkeit liegen sollten, für sich selber sichtbar zu machen, stieg der Künstler in geheimnisvolle Bildwelten, wie zum Beispiel denen der Träume, Visionen, Halluzinationen, der Fantasie und Empfindungen, hinab. Eugen Drewermann, katholischer Theologe und Psychotherapeut, hat sich mit der Bedeutung religiöser Symbole und deren tiefenpsychologischer Bedeutung, ausführlich beschäftigt. *Es gibt Symbole nicht in der Einzahl; Symbole machen nur „Sinn“ im Rahmen einer symbolisierenden Weltbetrachtung; deren „Kunst“ ist es, die erfahrbare Welt mit einem geheimnisvollen Netz von Verweisungen und Bedeutungen zu überziehen, die allesamt in Verbindung miteinander stehen, sich wechselseitig erklären und nur als ganzes verstehbar sind* (Drewermann, 1993, S. 387). In diesem Zusammenhang werden die philosophischen Gedankengänge, in Bezug auf die symbolische Kunstform und das Symbol im Allgemeinen, noch strukturierter dargelegt. Drewermann bezieht sich in einem Kapitel seines Buches explizit auf den Stellenwert der Symbole im Symbolismus und Surrealismus. Er veranschaulicht, dass die Künstler dieser Epoche nur ein Abbild für den Betrachter schufen und sich dennoch von der reinen Darstellung des Identischen entfernten. Wenn man das Symbol zu dieser Zeit und noch bis heute als Zeichen versteht, so kann dieses Abbild gleichzeitig als Signal angesehen werden. Häufig treten mehrere Symbole auf, um einen Hinweis zu geben und den Betrachter in die gleiche Richtung zu lenken, in der er dann seine Wahrheit findet. Religiöse Symbole, von denen man sich in dieser Kunstepoche distanzierte, deuteten auf die geistige Präsenz, jedoch nicht auf etwas Gegenständliches hin. Damit erklärt sich auch die künstlerische Umkehr zur Darstellungsweise psychischer Realitäten. Dennoch wurden auch weiterhin zwei bedeutende religiöse Symbole verwandt.

Geburt und vor allem Tod stellen Symbole dar, die man philosophisch beschreiben kann. Das Entstehen des Seins aus dem Noch – Nichtsein und die Wiedergeburt aus dem Nichtmehrsein. Zudem versuchten die Künstler ihre Vergangenheit mittels bestimmter Traumsymbolik in die eigene Persönlichkeit einzubeziehen und ihre psychischen Erlebnisse auf diesem Wege zu verarbeiten. An dieser Stelle sollte auf die besondere Bedeutung der Seele bei der Gestaltung des Kunstwerks und im Kunstwerk selber hingewiesen werden. Im Symbolismus wird der Betrachter mit der Realität konfrontiert und doch psychologisch ins Unbekannte geführt. Mithilfe besonderer mimischer Ausdrucksweisen soll eine gewisse Seelenlage erklärt werden, die eine Verstärkung durch den Einsatz von bestimmten Licht- und Farbkomponenten gewinnt, wobei sich der Künstler in diesem Punkt oftmals Goethes Farbenlehre bedient.

Der Symbolismus steht dem nachfolgenden Surrealismus sehr nahe, da beide eklektisch und kein Kunststil sind, sondern lediglich eine Verhaltensweise zum Leben und zur Kunst darstellen. Der erste Weltkrieg und der damit unwillkürlich verbundene Zusammenbruch von bis dahin traditionellen Werten stellte den Nährboden für den Surrealismus. Aufgrund neuester Theorien der beiden Psychoanalytiker Freud und Jung über das Unbewusste in der menschlichen Psyche zielte diese künstlerische Stilrichtung auf die Ganzheit des Menschen, der sich durch seine Geisteshaltung sowohl von inneren wie auch äußeren Zwängen zu befreien suchte. Nicht umsonst wird der Surrealismus als die Welt des Traumes bezeichnet, dessen Einstieg in diese Welt oft nur durch Selbstexperimente gewährleistet wurde. Drogenkonsum, sowie Trance- und Hypnosezustand verhalfen dem Künstler dazu, seinen Eingebungen durch Assoziationen freien Lauf zu lassen, um somit den realen Einblick in die Funktion der menschlichen Denkstruktur zu erhalten, die fernab von jeglicher ästhetisch – moralischer Einsicht liegen sollte. Resultierend daraus ergab sich ein Abstieg in die verschiedensten Bewusstseinsebenen, wie die des Halb-, Vor- und Unbewussten, der Traumebene, der Halluzination bis hin zum Wahnsinn und, als letzte Stufe, des Irrationalen. Es galt nun, diese Zeichen und Symbole, die aus den tiefsten auch seelischen Ebenen an die Oberfläche drangen, mit den Elementen der Wirklichkeit zu kombinieren. Der Betrachter surrealistischer Kunst wird sich durch eben diese Kombination wesensfremder Bildelemente seiner eigenen in ihm hervorgerufenen Irritation nicht erwehren können. Damit war das Ziel der Künstler erreicht, die die vermeintlichen Widersprüche in ihrer Kunst zu einer doch harmonischen Synthese mit den Elementen des alltäglichen Lebens führen wollten. Als Vorgriff auf später folgende Kunststile gilt zu erwähnen, dass auch hier schon Wahn und Wirklichkeit auf ein und derselben Bildebene miteinander kommunizieren können. Andre Breton, Mitbegründer und Theoretiker des französischen Surrealismus, definiert diesen als reinen psychischen Automatismus, durch den man in Wort, Schrift oder durch irgendein anderes Tun etwas unternimmt, um das wirkliche Funktionieren des Denkens auszudrücken. Dies bedeutet ein Diktat des Denkens außerhalb jeder Kontrolle durch die Vernunft und jenseits jeder ästhetischen oder moralischen Erwägung. Bezüglich dieser Aussage, auch im Hinblick auf die ästhetischen Aspekte, sollte noch einmal auf die Denkbestimmungen der Philosophen in diesem Jahrhundert zurückgegriffen werden. Zwischen dem Tod von Schelling und dem Beginn der künstlerischen Gegenbewegung liegen nur 26 Jahre, eine aus heutiger Sicht relativ kurze Zeit, die grundlegende Veränderungen mit sich brachte. Vor diesem Hintergrund haben die philosophischen Aussagen Schellings bezüglich des Kunstwerks und der Seele, die der Künstler in die Schaffensphase seiner Meinung nach einbringen muss, bis heute, und man sieht es gerade am Beispiel des Symbolismus bestätigt, ihre Gültigkeit. Die erstmals in dieser Stilrichtung begründeten tiefenpsychologischen Ausdrucksmöglichkeiten von Seiten des Künstlers haben über die nachfolgenden Epochen und Kunstrichtungen bis zur heutigen Moderne ihren Bestand.

1.3 Bedeutungsinhalte von Analogien, Allegorien und Aphorismen im Vergleich zur Doppelwertigkeit des Symbols

Bevor der Einstieg in die verschiedensten Begriffsdefinitionen des Symbols erfolgen kann, müssen zunächst die mit ihm verwandten beziehungsweise ihm vorgelagerten Definitionen geklärt werden. *Analogien umschreiben Ähnlichkeiten und Verschiedenheiten von Sachverhalten und Dingen, indem sie unterschiedliche Aussagen in Verbindung bringen* (John, 1995, S. 12). Wir befinden uns damit in einem Zwischenstadium von kombinatorisch verbal – bildlichen Funktionen. Eine verbale Aussage findet ihre Verstärkung mithilfe eingefügter Bildvorstellungen, wie das Beispiel „Den gordischen Knoten zerschlagen" aufzeigt. Das, was analog gesagt wird, gibt keine eindeutige Definition, sondern lässt Spielraum für weitere Variationsmöglichkeiten. Allegorien bewegen sich einen Schritt auf die Symboldefinition zu, indem sie eine rational fassbare Darstellung eines abstrakten Begriffs in einem Bild vermitteln. Eine Personifikation der abstrakten Begriffe trägt dazu bei, dass eine bewusste Umsetzung gedanklicher Systeme in einem Bild erfolgen kann. Auf diesem Gedankenwege kommt die Allegorie der Versinnbildlichung im übertragenen Sinn auf das Symbol schon sehr viel näher. Trotzdem besteht ein grundlegender Unterschied zwischen Allegorie und Symbol in dem Sinn, dass das Symbol leichter verständlich ist und seine Bedeutung unmittelbar erkenntlich werden lässt. Ein Symbol könnte somit zu einem Teil einer Allegorie werden, nicht aber in umgekehrter Form. Dagegen findet die Metapher ihren Ursprung in der Sprachwissenschaft, obwohl auch sie einen abstrakten Begriff durch einen bildhaften Ausdruck zu ersetzen vermag. Genauer formuliert, handelt es sich hierbei um einen sprachlichen Ausdruck, bei dem ein Wort oder eine Wortgruppe aus seinem eigentlichen Bedeutungszusammenhang in einen anderen übertragen wird, ohne dass ein direkter Vergleich zwischen Bezeichnendem und Bezeichnetem möglich wäre. Aphorismen sind prägnant – geistreich oft prosaisch formulierte Gedanken, die eine Erfahrung, Erkenntnis oder Lebensweisheit enthalten. An dieser Stelle der vorliegenden Studie soll näher untersucht werden, ob Symbole überhaupt für den Menschen brauchbar sind, dass heißt ob sie in ihrer Funktion benötigt werden. Da sie aus der Geschichte und teilweise Erinnerung in unser Bewusstsein gelangen und ihr Inhalt dem eines Geistigen Schatzes entspricht, wäre ohne Symbolik und ihre damit verbundene Deutung ein gewisser Verlust an Menschlichkeit zu beklagen. *Nur der Mensch hat eine über seine Geburt hinausreichende Vergangenheit –*

und damit vielleicht eine Zukunft (Glunk, 1997, S. 23). Aus diesem Grund mag es effizient sein, gewisse Symbole wieder in seine Erinnerung zu bringen beziehungsweise den Teil einer neuen Symbolsprache zu erlernen. Jegliche Sprache erfährt durch ihren historischen Gebrauch und ihre Einbindung in geschichtliche Gegebenheiten eine gewisse Symbolüberlagerung. Vieles an der Symbolik mag mit einer Überschussbedeutung einhergehen, nach der man jedoch nicht immer sucht und die oftmals auch nur schwer zu finden ist. Um der Doppeldeutigkeit des Symbols näher zu gelangen, sollte hier noch einmal kurzzeitig auf das Zeichen hingewiesen werden, das nicht ganz zu Anfang der Betrachtung steht, sondern dessen Stelle zunächst vom Gegenstand eingenommen wurde.

Die eigentliche Zeichnung mit ihren Zeichen definierte Form und Materie dieses abzubildenden Gegenstands, womit eine so genannte Anpassung oder besser noch „Stilisierung" erreicht wurde. *Die Zeichnung passt sich dem Material und der Form der Unterlage an und erhöht dadurch einen zeichenhaften Ausdruck* (Frutiger, 2001, S. 242). Damit tendiert das Bild wieder mehr zum Zeichen und ist lediglich in der Lage, beim Betrachter einen symbolhaften Ausdruck zu hinterlassen. Symbole stehen in engem Zusammenhang mit der psychoanalytischen Forschung, auf die später noch genauer hingewiesen wird. Im Mittelpunkt dieser Wissenschaft steht die Doppeldeutigkeit, die den Symbolen zugesprochen wird und die an dieser Stelle der weiteren Erläuterung bedarf, indem von Bedeutungspolen die Rede ist, die eine wechselseitige Beziehung eingehen können. Der innerste Bedeutungsträger kann eine erhellende Funktion besitzen und zugleich von undurchdringbarem Dunkel geprägt sein.

Wie Verkehrsschilder bilden Symbole eine Art visueller Stenografie, doch haben sie vor allem emotionale, psychologische und spirituelle Wirkung (Tresidder, 2000, Vorwort).

Über ein in sich geschlossenes Symbolsystem wird dem Menschen somit das Gefühl vermittelt, mit seinem „Selbst" innerhalb der Gemeinschaft und mit dem Kosmos auf einer erhöhten Harmonieebene zu leben. Gegenstände, grafische Formen und rituelle Handlungen werden in diesem Zusammenhang zum Symbol erklärt, sobald man in ihnen eine gewisse Emotionalität und transzendentale Wertigkeit erkennen kann. Ziel dieser Arbeit ist es, alte Symbolik zu definieren, zu interpretieren und den Vergleich mit einer Symbolerneuerung in der Moderne anzustreben, deren Wissenschaftlichkeit darin begründet liegt, der Bedeutung des menschlich Seienden Ausdruck zu verleihen. Da die sachliche Sprache den Verstand niemals gänzlich befriedigen kann, sprechen gerade Symbole in besonderem Maße die Emotionalität des Menschen und seine geistigen Bedürfnisse im Hinblick auf das Kunstwerk an. Das Geheimnisvolle der Verschlüsselung und

Tarnung des ansonsten offen Dargestellten versetzt den nicht eingeweihten Kunstkonsumenten plötzlich in Unwissenheit und Unverständnis über die zu treffende Bildaussage. Darin ist der eigentliche Ursprung des Symbols mit seiner Vielfältigkeit, seiner Verschlungenheit, seinen Widersprüchen und oft unentwirrbaren Aussagen zu finden. In einer zunehmend von Multimedialisierung geprägten Zeitstruktur besteht die Gefahr einer Reduktion des bildhaften Denkens, mit dessen Hilfe wir eigentlich in der Lage wären, hinter die Wirklichkeit zu sehen um verbale und visuelle Manifestationen, sowie eine vielfältig und vielschichtig gestaltete Welt miteinander zu verknüpfen. Vieles scheint vergessen und wartet nur darauf, aus dem Unterbewusstsein an die Oberfläche unserer Betrachtung zu gelangen; die Rede ist von den in jedem menschlichen Bewusstsein nachweislich angelegten Archetypen, die mithilfe der Symbolkraft plötzlich und unerwartet in Erscheinung treten können. Visuell erfassbare Symbole bilden den eigentlichen Ausgangspunkt einer präverbalen Sprache. *Diese präverbale Sprache ist die Lebendigste und bleibt während des ganzen Lebens in Träumen und unbewussten Wahrnehmungen erhalten* (Walker, 1997, S. 8). Der eigentliche Inhalt des Menschseins besteht in der Fähigkeit zur Symbolbildung, das heißt in weiterem Sinn, Bilder zu erspüren, Emotionen in der Form des Bildhaften auszusenden und als Empfänger wiederum darauf reagieren zu können. Fachwissenschaftler vermuten, dass selbst auf der Netzhaut eines noch ungeborenen Kindes archetypische Muster und Formen allein durch erbliche Übertragung erscheinen und somit als eine der Grundanlagen vorhanden sind. An diesem Beispiel wird der Einfluss der Symbolik auf Naturwissenschaft und Philosophie deutlich, indem diese regelrecht ihre Modifikation zu Exegesen von Symbolen erfahren. Ein Symbol ist nicht immer nur ein Gegenstand des Sinnbildhaften, sondern kann jederzeit in die Gegenwart transformiert und dort sichtbar gemacht werden. In einer Pflanze spiegelt sich zum Beispiel die Transzendenz der Natur, in einem Sternenhimmel der Kosmos, und ein politisches Ereignis gibt den Sinn der Geschichte wieder, ohne dass man von diesen Dingen im Vorfeld informiert sein müsste.

Im Rahmen der Sozialisation der Kunst, auf die in dieser Studie unter anderem verwiesen wird, macht die Sozialwissenschaft mit empirischer und theoretischer Forschung darauf aufmerksam, dass Symbole nicht nur auf gewisse Sinnschichten verweisen, sondern abhängig von dem sozialen Kontext, in den sie eingebunden sind, auf das Potential der Zukunft und Wirklichkeit gerichtet sind. *Die in einer Gesellschaft organisierten Menschen treten – wie ich zu zeigen versucht habe – neben ihren realen in symbolische Beziehungen zueinander und drücken mit signifikanten Unterscheidungen ihre relativen sozialen Positionen aus* (Hülst, 1999, S. 21). Die objektive Struktur einer Gesellschaft kann weder über spezifische Codes oder Symbole hergeleitet werden, noch auf die eventuell subjektiven Empfindungen des menschlichen Individuums verweisen, da sie ausgehend von einer homogenen Gruppierung mithilfe der Sinnsetzungen kollektive Absichten oder vielmehr bestimmte Ideologien evoziert. Die Bildung zur Symbolfähigkeit setzt beim Menschen einen gewissen Bezug zum Transzendentalen voraus, ohne den er die in der realen Welt transportierten Bedeutungen durch Einsatz von Symbolen und deren Objektbezug nicht erkennen könnte.

Aufgrund der weiterführenden Betrachtung der Symbolik und ihrer Anwendung im Kunstwerk sollte hier eine Zusammenfassung über den Gegensatz von Zeichen und Symbol erfolgen. Das Zeichen steht immer für einen eindeutigen Bedeutungsträger, während dem Symbol immer eine Mehrdeutigkeit nachzuweisen ist. Das Wort „Symbol" findet seinen Ursprung im griechischen Verb „symballein", das soviel wie zusammenfügen bedeutet. Im Symbol, und das betrifft auch gerade das Kunstwerk, versteckt sich der Inhalt vor dem Betrachter, sodass die Bedeutung nicht offenkundig ist, sondern erst aus dem Zusammenhang erkennbar wird. Ist dem Kunstkonsumenten die Entschlüsselung des Symbols gelungen, so tritt gewöhnlich eine Reaktion des Unglaubens oder der Überraschung ein. Damit hat der Künstler, dessen Intention dahin ging, dem Symbol die Funktion eines Bedeutungsträgers zukommen zu lassen, sein Ziel erreicht. Künstlerischer Symboleinsatz erfolgt dann, wenn der Kunstschaffende auf etwas hinweisen möchte, auf seine erlebten Erfahrungen, seine Lebensumstände und seine psychische Befindlichkeit. Diese Art der visuellen Kommunikation trägt dazu bei, dass der Künstler und sein Werk eine gewisse Distanz zum Betrachter wahren können. Selbst Braque, Margritte und Chagall wehrten sich gegen jegliche Symbolinterpretation, um ihre Bilder vor einer „Entmystifizierung" zu schützen, da Symbole ja immer auf etwas hinweisen, das sie selber nicht sind. Der Umgang mit ihnen erfordert demnach eine ontische oder ontologische Differenzierung zu eben diesem Symbolisierten. Geht die Differenzierung verloren, so verschwindet das Symbol als eigentliches Symbol, womit sich das Charakteristikum von mythischer und transzendentaler Zeitstruktur erklärt, das mittlerweile weder den Begriff des Mythos, noch den des Symbols zu erkennen vermag. Die multimediale Welt verlangt daher nicht nach einem Symbolverzicht, sondern nach der kritischen Auseinandersetzung mit den mittlerweile sogenannten Gegenwelten, deren ursprünglich vom Menschen entwickelte Ideenbildung einem Interpretationsprozess und der Neugestaltung von Symbolen unterworfen ist.

1.3.1 Definition visuell bedeutsamer Symbole

Bevor man zu einer Definition beziehungsweise einer Interpretation vorliegender Symbole gelangen kann, müssen diese wahrgenommen und zunächst als Formen des nicht monistisch strukturierten Geistes erkannt werden. In Mythos, Religion,

Sprache, Kunst und Wissenschaft werden Formen von Symbolen assoziiert, die eine bestimmte Dimension der Wirklichkeit aufzeigen, aber dennoch voneinander getrennt und nicht übersetzbar sind. Da im Mythos die Anlage aller Symbolik zu finden ist, sind sie wiederum diachron durch den Emanationsprozess miteinander verbunden, den man als einen Weg des Geistes aus der Unmittelbarkeit der Zeichen verstehen könnte. Ziel dieser Studie ist an dieser Stelle, die Auslegung verschiedener visueller Symbole zu definieren, um dem Kunstbetrachter die Interpretationsfindung im Kunstwerk zu erleichtern und seine eigene Fähigkeit zur Symbolfindung überprüfen zu können.

Ein weit verbreitetes Symbol für die Schöpfung stellt das Ei dar, das meist auf dem Wasser schwimmend als Weltenei dargestellt wird und in dessen Innern sich, nach altem Mythos ein Bild von einem Gott befindet, der aus diesem Ei entsteigt. Wenn das Ei bei diesem Vorgang zerbricht, werden Schöpfungskräfte freigesetzt, die nach der chinesischen Mythologie zu einer Zweiteilung in einen hellen Himmel und eine dunkle Erde führen. Innerhalb des christlichen Osterrituals nimmt es einen Platz als Auferstehungssymbol ein und wird mit dem herannahenden Frühling in Verbindung gebracht. Ausgehend von der Schöpfungsmythologie nähert man sich unweigerlich dem Fruchtbarkeitssymbol, das schon seit den Höhlenmalereien aus dem Paläolithikum, seine Darstellung im Muttersymbol findet.

Der Frau als Empfängerin, Trägerin, Schützerin und Ernährerin des Lebens werden Behältnisse wie Körbe, Becher aber auch andere das Lebendige darstellende Symbole zugesprochen wie zum Beispiel der Mond, die Mondsichel, Seen, Meere und Flüsse. Bezüglich der Symbolisation im Kunstwerk wird das weibliche Prinzip durch die Raute verdeutlicht, die in Zusammenhang mit dem Leben, der Fruchtbarkeit und der Unschuld gebracht wird. Die Darstellung der weiblichen Emanation durch die Muschel oder Vulva bezieht sich, verstärkt durch die Verbindung mit dem Mond eindeutiger auf ein erotisch – weibliches Symbol. Eine gewisse Affinität zur Raute findet man in dem Yoni – Yantra Symbol, dessen Bedeutung sich aus dem indischen Sanskrit herleiten lässt und dem als Meditationsbild die Aufgabe der meditativen Ruhe sowie einem spirituellen Verständnis zugedacht wird. Eigentlich symbolisiert es die Genitalzone des weiblichen Körpers, womit der Bezug zu Mütterlichkeit, Schöpfung, Geburt und Liebe wiederhergestellt ist.

Demgegenüber steht der Phallus für ein Symbol, das eher zu symbolischer als erotischer Bedeutung gelangen kann, indem es ein Sonnensymbol in der Verbindung mit Aktivität darstellen soll und des Weiteren seine Betrachtung als Glücksbringer und Beschützer findet. Ebenso wie in der weiblichen Symbolik steckt in ihm das Sinnbild kosmischer Kräfte und die Quelle des Lebens, wenngleich er auch als machtvolle Gegenwart einer Gottheit oder als Zeichen magischer Kräfte bezeichnet wird. In der europäischen Volkstradition steht der Maibaum für ein berühmtes Phallussymbol, das den Frühling ankündigt, verbunden ist mit den landwirtschaftlichen Riten des Wiedererwachens der Natur und dessen axialer Bezug sich an die Symbolik des Lebensbaumes anlehnt.

Überhaupt stand der mikrokosmische Mensch als perfekte Darstellung des elementaren magischen Fünfecks im Mittelpunkt der mittelalterlichen symbolischen Betrachtung. Der Mensch als das Maß aller Dinge wurde zum Zentrum des Universums deklariert und in allen Büchern über die natürliche Wissenschaft abgebildet, so dass selbst Zigeuner, Hexen und Adepten dieses Symbol als Zauberamulett verwandten. Später spaltete man einzelne Körperregionen zur Symbolbildung auf, wie etwa die Hände, denen man wohltuende Kräfte zuschrieb wenn sie Königen, religiösen Führern oder Heilern zugehörten. Die europäische Kultur spricht der Rechten Hand einen größeren Symbolwert zu als der Linken, da sie für das männliche, solare Prinzip steht und das Handeln symbolisiert. Die Linke Hand dagegen steht für Schwäche, Passivität und das weibliche, lunare Prinzip, womit sie auch eine untergeordnete Position einnimmt. Unter christlichem Aspekt betrachtet symbolisiert die Hand Macht und Aktivität, wird aber im gestischen Gebrauch auch zum Symbol mit apotropäischer Wirkung. Jemandem ausgeliefert zu sein oder aber auch unter seinem Schutz zu stehen, sind die beiden möglichen Auslegungen im Bezug auf das Handsymbol in Verbindung zu Gott oder einem Herrscher.

Im christlichen Kunstwerk wird das Eingreifen Gottes durch eine Hand symbolisiert, die aus den Wolken herabdeutet. Auch heute in der modernen Welt kommt der rechten Hand eine Rechtsverbindlichkeit zu, indem sie zum Schwur erhoben wird. Betrachtet man das Auge unter visuellen Aspekten, so handelt es sich hierbei um ein noch suggestiveres Symbol als die Hand, da in der europäischen Symbolik das rechte Auge als aktiv und solar, das linke Auge dagegen als passiv und lunar angesehen wird. Demnach symbolisiert das oftmals dargestellte Sonnenauge die Allgegenwart der Götter. Ein einzelnes Auge bedeutet in der frühchristlichen Kunst die Anwesenheit Gottes, während ein Auge, umgeben von einem Dreieck, die göttliche Dreifaltigkeit darstellt. Später wird noch im Zusammenhang mit der Psychoanalyse darauf hingewiesen, dass man ein Auge mit innenliegender Iris zu den Archetypenmustern zählt. Außerdem steht das Auge als Hauptorgan der sinnlichen Wahrnehmung in symbolischer Einheit mit dem Geist. *Der Kreis ist eines der am häufigst verwendeten symbolischen Zeichen, der oft in Bezug oder Gegensatz zum Quadrat betrachtet wird. Kreis und Punkt haben oft die gleiche symbolische Bedeutung: Vollkommenheit, Einheitlichkeit,*

Abwesenheit von Unterscheidung und Teilung (Champeaux, 1993, S. 26). In ihm sieht man das Absolute und die Vollkommenheit in der symbolischen Einheit bestätigt, indem er in sich selbst zurückführt und, da er dem Kosmos ähnelt auch mit ihm kosmische Kräfte wirken können. Aufgrund dieser Betrachtungsweise wird ersichtlich, dass Jung in dem Kreis ein Symbol der Seele und des „Selbst" erkennt. Unter Punkt 3.4.1 sieht man diese Schlussfolgerung anhand der Mandalasymbolik charakterisiert. Ein Kreis definiert sich über eine an allen Punkten identische geometrische Form, die keinerlei Unterteilungen aufweist. Als Form ohne Anfang und Ende wird ihm daher vielleicht auch eine wichtige Bedeutung im mystischen Denken zuteil. *Der in sich geschlossene, nach allen Seiten gerundete Kreis bildet eine Einheit und enthält alle Möglichkeiten der Entfaltung* (John, 1995, S.58). Die Kreislinie scheint ein Innen von einem Außen zu trennen, scheint ein- und auszugrenzen und die Möglichkeit des Dazugehörens oder auch nicht zu geben. Selbst das eigene Wirkungsfeld kann mit einer Kreisform übereinstimmen, wenn etwas Kreise zieht und es somit zu gewissen Auswirkungen kommt, übernimmt man Verantwortlichkeit durch sein vorangegangenes Tun und rückt damit das Bildsymbol in sein eigenes Blickfeld.

Interessant wird an dieser Stelle die Betrachtung der Gegensätzlichkeit von Quadrat und Kreis. Dem Quadrat anhängig ist eine feste und dauerhafte Orientierung, während der Kreis dagegen richtungslos wirkt. Die quadratische Figur ist auf vier Seiten fixiert und verbindet die Idee von Befestigung oder besser gesagt Stagnation, eventuell auch von Stabilisierung innerhalb der Vollkommenheit, wenn man die Darstellung von Kreisen innerhalb eines Quadrates betrachtet. Es handelt sich bei dem Quadrat um ein adynamisches Symbol, das oft als Sinnbild im Gegensatz zum Kreis oder auch im Gegensatz zu Begrenztem und Unbegrenztem gesehen wird. Des Weiteren dient es als Symbol für die vier Himmelsrichtungen, weshalb es unter anderem auch weit verbreitet in der Architektur zum Beispiel als Grundriss seine Verwendung findet. Jung sieht in ihm das Symbol der Materie, des Leibes und der irdischen Realität. In der Vorgeschichte galt das Quadrat als tektonisches Zeichen, als ein Symbol für etwas von den Menschen gebaute, somit der Erde. Zieht man Linien zu allen Seiten hin, so ergibt sich im Innern eine Kreuzform, die die vier Enden der Welt andeuten sollen. Im Mittelalter wurde dem Quadrat eine besondere magische Stellung zuteil, indem man es in mehrere kleine Quadrate aufteilte, Buchstaben hineinschrieb, die dann in der Waagerechten, Senkrechten oder Vertikalen immer denselben Text ergaben. Das bekannteste dieser Quadrate war das sogenannte „Sator Arepo".

Im Hinblick auf die Tiersymbolik, ist die Schlange eines der bedeutungsvollsten und komplexesten Symbole, mit der als ursprünglich magisch – religiösem Sinnbild, die Schöpfergottheit selbst abgebildet wurde. Das Motiv des Uroboros, der sich in den Schwanz beißenden Schlange symbolisiert unter anderem die göttliche Selbstgenügsamkeit, aber auch die Ewigkeit. Der Abstieg des Geistes in die physische Welt und seine Rückkehr aus dieser Welt wird mit dem Symbol der ewigen Wiederkehr assoziiert. In der Heilkunst sieht man bis heute die Abbildung zweier sich um den Merkurstab ringelnden Schlangen, die für die Vermittlung entgegengesetzt wirkender Kräfte stehen sollen. In der Darstellung des Pferdes ist ein archetypisches Tiersymbol begründet, dem eine explizite Mehrdeutigkeit zu eigen gemacht wird, indem es zum einen für Vitalität, Schnelligkeit und Schönheit steht, zum anderen als Todesbote erscheinen und drittens als Sonnensymbol für Licht, Leben und geistige Erleuchtung geltend gemacht werden kann. Das wohl dominierendste Symbol der schöpferischen Energie bildet die Sonne, die seit Urzeiten als höchste Gottheit beziehungsweise als Manifestation von deren allwissender Kraft verehrt wird. Zumeist repräsentiert die Sonne das weibliche Prinzip, indem man sie in Ländern, wie Deutschland, Japan, Afrika und Neuseeland in weiblicher Form betrachtet. Dagegen bildet die Gestalt des Mondes ein kosmisches Bild für das Erscheinen und Verschwinden, das die irdischen Zyklen einer gewissen Veränderung unterwirft, wenn man nur an Geburt, Wachstum, Verfall, Tod und Wiedergeburt denkt und denen besonders die Pflanzen mit ihrer Vergänglichkeit unterstehen. In seiner dreitägigen Abwesenheit sah man ein Symbol für den Übergang vom Leben zum Tod oder auch vom Tod zum Leben. Durch seine ständig wechselnde Gestalt scheint er selbst zu leben und mit den verschiedenen Lebensrhythmen auf der Erde in Verbindung zu stehen, womit ihm auch letztlich der Stellenwert einer Zeitmessung zugesprochen wird. Ein weiteres mystisches Symbol wird in der Rose gesehen, die den Inbegriff der Blume darstellt und sowohl das Zentrum des kosmischen Rades wie auch der heiligen, romantischen Liebe evozieren soll.

Rosetten an Kirchenfenstern wurden von Jung hinsichtlich ihrer Übereinstimmung zum Mandalasymbol untersucht und zu einem Symbol der Kontemplation definiert. Aufgrund der wissenschaftlichen Forschung sollte an dieser Stelle nochmals auf die Biformität der Symbole als eigentliche Abbilder von Dingen des sichtbaren Universums hingewiesen werden, die als Muster, Farben, in Form von Linien oder geometrischen Mustern eine besonders starke Wirkung in uns hervorrufen. Wie man später noch in Zusammenhang mit der Jung´schen Psychoanalyse sehen kann, reagiert unser Unterbewusstsein auf diese oft abstrakte Symbolik, weil sie sich auf uralte menschliche Reaktionen in Koexistenz zu der Naturwelt bezieht. *Die symbolische Kraft von Kreis, Stern, Kreuz, Spirale und Swastika basiert auf einer kosmischen Dynamik, auf Richtungen im Raum oder auf natürliche Formen und Rhythmen* (Tresidder, 2000, S. 142).

Betrachtet man nun die Swastika, ein Ideogramm der kosmischen Dynamik und der schöpferischen Energie, so trifft man auf eines der ältesten Symbole, deren Herkunft aus der Übersetzung hergeleitet eine ursprünglich positive Bedeutung zukam. Der Name stammt aus dem indischen Sanskrit und trifft mit su = gut und asti = seiend eine positive Aussage über dieses Symbol. Grafisch gesehen, teilt die Swastika mit ihren Armen den Raum in vier Teile, was zu Urzeiten eine Assoziation mit den vier Windgöttern, den vier Jahreszeiten und den vier Himmelsrichtungen hervorrief. Im „Dritten Reich“ modifizierte sich dieses Symbol, das nun in rechtsgedrehter, dynamisch geneigter Form abgebildet wurde, zu einem politischen Symbol der brutalen Gewalt.

Alle Symbole finden ihren Ursprung in der Lebenskraft von Kosmos und Mikrokosmos, so auch die Spirale, die in vielfältigster Form in der Natur zu finden ist. Man denke hier nur zum Beispiel an Schneckenhäuser, Wirbelwinde Wasserstrudel oder die Doppelhelix unserer DNS. Ihre Verwendung findet sie vorwiegend zu dekorativen Zwecken als Schmuck oder wie bei den Maori als Tätowierung. Die sich entrollende Form weist man dem männlich phallischen zu, während man in der eingerollten Form das Weibliche zu erkennen vermag, womit auch dieses Symbol zum Fruchtbarkeitssymbol avancierte. Die sich öffnende Spirale ist ein Sinnbild für Ausdehnung, Entfaltung und Kontinuität, artikuliert damit eine Bewegungsstruktur und wird infolgedessen mit einer ununterbrochenen konzentrischen und zentripetalen Bewegung verglichen, die auf den Rhythmus des Lebens und Atems verweist.

Das reichste und dauerhafteste Symbol begegnet uns in Form des Kreuzes sowohl in der Kunst als auch im religiösen Bereich. Die beiden sich kreuzenden Linien deuten die vier Götter der Elemente, die vier Himmelsrichtungen, die vier Regen bringenden Winde und die vier Mondphasen an. Durch die vertikale Achse, die den Aufstieg andeutet und die horizontale Achse, die für das irdische Leben steht, wurde in ihr das Sinnbild des Lebensbaums gesehen. Im Christentum erfuhr das Kreuz durch den Kreuzestod Christi seine Modifikation zum Sinnbild des Leidens aber auch des Triumphes.

Als Gegenbild zum geordneten, offenen Haus bildet das Labyrinth mit seinem mythologischen Ursprung ein Liniengewirr, das Dädalus in Form eines Gefängnisses dem kretischen Minotaurus baute, womit auch der Bezug zur dämonischen Unterwelt hergestellt wäre. Da ihm der Sinn des Überganges in eine andere Welt oder Existenzform zuerkannt wird, findet man sie zum Beispiel in Fußbodenmustern von Kathedralen oder als Ersatz für die Pilgerreise nach Jerusalem in Linienform wieder. Vor psychoanalytischem Hintergrund betrachtet stellt das Labyrinth eine Initiation dar, die symbolische Rückkehr zur Wiedergeburt, zur Entdeckung eines geistigen Zentrums oder den mühsamen und oft verwirrenden Prozess auf dem Weg zur Selbsterkenntnis. Ein spirituelles Symbol zwischen Makrokosmos und Mikrokosmos ist der Baum, der als kosmischer Baum den Aufstieg andeuten kann, der als Lebens- und Opferbaum fungiert und der in umgekehrt wachsender Richtung den Himmel mit der Erde verbindet.

Die religiöse Verehrung heiliger Bäume hängt mit deren Verkörperung mythischer Lebensbäume zusammen, die man als Symbol und Sitz von Göttern und Geistern verehrte. Unter Punkt 1.3.2 wird noch genau auf den religiösen Symbolzusammenhang von Baum und Kreuz hingewiesen. Der Baumsymbolik als einem verbindenden Bedeutungsträger zwischen Himmel und Erde kommt der Berg als Symbol des geistigen Aufstiegs und der damit mühsam zu erringenden Höherentwicklung sehr nahe. Für den Irdischen bildet er den Weg zur Gottesnähe, während umgekehrt die Nichtirdischen ihren Weg zu den Irdischen gehen können, um in das Erdgeschehen einzugreifen. In Kunstwerken finden sich oft die Darstellungen von wolkenverhüllten heiligen Bergen, denen der Sitz von Göttern zugeschrieben wurde und von deren Ort bedeutsame geistige Ereignisse ihren Ausgang nahmen. Viele Wallfahrtskirchen, die auf einem Berg oder Hügel liegen, erinnern an diesen religiösen Ursprungsgedanken.

Ein anderes Sinnbild, dem wiederum verbindende Bedeutung zukommt, ist das Brückensymbol, das ähnlich einer Leiter Himmel und Erde verbindet und oft in Gestalt des Regenbogens den Seelen der Verstorbenen den Weg weist, den sie nach dem Tod zu gehen haben. In den Bereich der Todessymbolik fallen unterschiedliche Sinnbilder, denen allen die Negation zum Lebendigen und Erhellenden zu Eigen ist. Der Schatten zum Beispiel steht zunächst im Gegensatz zum Licht, womit er als Abbild jeder physikalischen Gestalt erscheint und das Erdverbundene des Menschen andeutet. Sobald jemand seine Seele dem Teufel verkauft hatte, ging der Schatten mit ihm verloren, ähnlich wie bei Geistergestalten. *Jung versteht unter dem Begriff Schatten die Gesamtheit der unterbewussten Persönlichkeitsschichten, die durch den Individuationsprozess stufenweise bewusst angeeignet und verwandelt werden* (Becker, 1992, S. 253).

Das Skelett in nachdenklicher Haltung mit der Sense oder dem Stundenglas abgebildet stellt die Personifikation der abgelaufenen Zeit und des Todes dar. Im Besonderen steht die Sense für etwas alles zerstörende und wird seit der Renaissance in Verbindung mit einem Gerippe, dem sogenannten Sensenmann gebracht. Auch wenn die symbolische Bedeutung der Treppe deckungsgleich mit der Leiter verläuft, so begegnet sie einem auch oftmals als absteigend unter die Erde oder in dunkle Bereiche führend, wie den des Totenreichs und des Unterbewusstseins. Später, unter Punkt 4.2 wird anhand der Kerkerlandschaften von

Giovanni Battista Piranesi die Bedeutung der immerwiederkehrenden Treppe genau analysiert. Bevor sich nun der Kreis von Symboldeutungen mit der Betrachtung des Menschen zu schließen beginnt, sollte vorher noch die Transformation des Winkels zum Pfeil und zu einer ursprünglich angewandten Waffe betrachtet werden. *Erst von etwa 20° an wird der Winkel zum eigentlichen Pfeil: der Innenraum wird klein und weniger sichtbar, dagegen löst die scharfe Spitze im Betrachter eine Reaktion von Gefahr aus, gegen die er sich zu schützen hat – das Winkelzeichen ist zur Waffe geworden* (Frutiger, 2001, S. 49). Aufgrund dieser Transformation steht es in enger Verbindung zum Leben, Verletzt – werden und sogar zum Tod. Das Betrachtererlebnis wird somit geprägt von Angst und Aggressivität als Grundmomente unserer psychologischen Anlage.

Zurückkommend auf die Mythologie sieht sich der Mensch mit seinem eigenen Körper in der Hierarchie aller Geschöpfe als der Vollkommendste an. Aufgrund dieser Annahme bestätigen sich die vielfältigsten Abbildungen der menschlichen Figur und ihr richtungsweisender Ausgangspunkt für die Konstruktion religiös – philosophischer Weltbilder, sowie für die Erklärung des gesamten Kosmos. Zusammenfassend sollte auch hier erwähnt werden, dass der moderne Mensch als Empfänger des Sinnbildhaften in einer Welt voller Bildüberflutungen lebt, die ihn lediglich zur Konsumation jedoch nicht zur Reflexion über das Gesehene anregt. Multimedial übermittelte, wie auch gedruckte Bilder führen zu einer Veränderung der allgemeinen Psyche der heutigen Generation, die ständig einem fotografischen Bildüberdruss ausgesetzt wird. Auf empfindungsorientierter Basis sollte man dem Kunstkonsumenten Möglichkeiten des Erkennens von versteckter, geheimnisvoller und doppeldeutiger Symbolik anbieten. Der Zugang zu symbolgeladener Gegenwartskunst kann mithilfe von Meditation, eingehender Betrachtung und mit der systematischen Suche nach verborgener Symbolik erfolgen. Viele Künstler vermitteln ihre Empfindungen und Anliegen in Form einer Symbolsprache über das Kunstwerk, wodurch auch die rege Nachfrage des Kunstkonsumenten an der Interpretation der verwendeten Zeichen zu erklären wäre.

1.3.2 Religiöse Symbolik als richtungweisendes Glaubensbekenntnis

Symbolik, in religiösem und ernstem Sinne aufgefasst, war von alters her das Mittel, höhere Wahrheiten zu schildern, da man mit Worten nicht Dinge beschreiben kann, für die es eben keine Worte gibt (Schwab, 1912, S.3). Anstatt der Worte setzte man also eine Art Bildersprache, die einen geheimen Sinn verbergen sollte und nur dem Betrachter, der den nötigen Tiefblick besaß, erlaubte, diesen Sinn zu erkennen. Bei dem, was es zu verbergen galt, konnte es sich auch um eine symbolische Handlung oder Zeremonie handeln, die dem Menschen höhere Wahrheiten wieder in Erinnerung rufen sollte. Symbole drücken mehr aus als man je mit Worten sagen könnte, so dass es Grund zu der Annahme gibt, dass sich mithilfe der Symbolik alles sagen lässt. Die innerweltlichen Gegebenheiten mit transzendentalen Sachverhalten jenseits der bestehenden Welt evident zu machen, ist der Zweck einer jeglichen Symbolisierung. Hierin zeigt sich auch die Toleranz des symbolischen Denkens mit ihrer Offenheit und grundsätzlichen Unabgeschlossenheit. Das sichtbar gewordene Geheimnis eines bestimmten Symbolträgers gehört der Art einer losen segmenthaften Bedeutung an, die sich mehr oder weniger gut ablesen lässt. Jedes Symbol kann nie mehr sein als nur ein Hinweis auf etwas und kann somit auch nie zu einem Beweis werden. Daher wird die Auslegung des Bedeutungsinhalts durch ähnliche Symbole, die in die gleiche Richtung weisen, erleichtert. Der Mensch, der geistig gesehen noch außerhalb des symbolischen Zusammenhangs steht, wird mit „Aberglauben" und „Unverstand" reagieren, wohingegen dem Gläubigen an dieser Stelle die Geheimnisse göttlicher Wahrheiten bewusst werden.

Das Symbol redet nur zu Gläubigen. Es trägt nie eine Wahrheit an sich; es ist nur in der Einheit mit dem Subjekt, das die jeweilige Bedeutung in dem Symbolträger sieht (Drewermann, 1993, S. 389). Die Irrationalität, die sich daraus aus dem symbolischen Denken ergibt, bezieht ihre Reflexion nicht aus dem Symbolismus, sondern aus der Verleugnung des Symbols, das lediglich nur ein Symbol sein kann und keine objektive Gegebenheit. Unter religiösem Gesichtspunkt betrachtet, handelt es sich auch bei dieser Art der Symbolik nicht um „Abzeichen" für etwas Gegenständliches, sondern um „Anzeichen" von etwas Geistigem, die sinnbildhaft auf die Gestaltung des Sichtbaren hinweisen sollen. In der komplexen Psychologie Jungs sind die Realitäten der rein psychischen Art in der Welt der Archetypen verankert und bilden, wie später noch zu analysieren ist, die objektive Struktur des Subjektiven. So sind zum Beispiel zwei theologische Symbole als Glaubenssymbole unterschiedlicher Gewichtung neu zu definieren. Geburt und Tod sind Symbole für das Geheimnis der Entstehung des Seins aus dem Noch – Nichtsein beziehungsweise einer Wiedergeburt aus dem Nichtmehrsein. Diese Art der Symbole können in einem Ängste hervorrufen, da sie durch die Inhalte des Unbewussten solange ausgelöst werden, bis sie durch eine persönlich formulierte Erklärung dem Ich zugeordnet werden können. Um ein offeneres, identischeres Leben in der Gegenwart führen zu können, müssen die Bilder des Unbewussten in symbolischer Form in die Gegenwart impliziert werden. Die Reflexion über eigene Traumsymbole eignet sich zum Beispiel hervorragend, um Vergangenes in die Persönlichkeit zu integrieren und einen Weg der Bewältigung dieses psychischen Materials zu finden. Anhand der Symbolik von Baum und Kreuz in religionsgeschichtlicher und tiefenpsychologischer Betrachtung wird ein Diskurs für ein richtungsweisendes Glaubensbekenntnis im Hinblick auf die theologisch geprägte Symbolik gewagt. Der Baum in Verbindung mit dem Kreuz betrachtet fällt unter die symbolischen Bilder, die im Menschen seit Urzeiten fest verankert sind und von der Stammesgeschichte bis hin zur Individualentwicklung zurückreichen. *Der Bedeutungsgehalt speziell der Baumsymbolik ist so universell und zugleich so bezeichnend, dass Koch mit einem gewissen Recht meinte, an der Art, wie jemand einen Baum zeichne, sei die gesamte Charakterstruktur eines Menschen abzulesen* (Drewermann, 1979, S. 5). Die Auseinandersetzung mit der Symbolik von Baum und Kreuz gilt innerhalb des Christentums als Menschheitssehnsucht nach innerer Einheit und göttlicher Offenbarung, somit gesehen steht sie für die Einheit von Psychologischem und Religiösen, von Überzeitlichen in Form der Archetypen und geschichtlich betrachtet, des Einmaligen.

Wie zuvor schon angedeutet umschließt die Symbolik des Baumes eine Bedeutung von Leben und Tod, vom Entstehen und Vergehen, sowie vom Wachstum und Sterben. Unter Berufung auf Jungs Forschung hinsichtlich der archetypischen Muster, haben sich sowohl der Baum als auch das Kreuz als Bilder der Mutter erwiesen. Der Baum und die Mutter stehen in so enger Verbindung zueinander, dass die Thematik von Sterben, Wiedergeburt, Mutterleibsregression und Inzest vor allem auch Auswirkungen auf die Kreuzessymbolik hat. Freud untersuchte die Symbolik des gekreuzigten Erlösers, in dem er zur naheliegendsten Deutung über den Ödipuskomplex gelangte, worin er die ursprünglich menschheitliche Mordneigung des Sohnes gegen den Vater, in diesem Sinne des Gottvaters, begründet sah. Indem das Aufhängen am Kreuzesholz der symbolischen Vereinigung mit der Mutter gleichkommt, ist in der Einheit von Kreuz und Gekreuzigtem der verdrängte Inzestwunsch präsent. Man kann unschwer erkennen, dass von dem Kreuz als symbolischem Bedeutungsträger ein schwieriger Prozess der Selbstfindung und Integration ausgeht. Einerseits bezieht es sich auf die Vereinigung mit dem Mütterlichen, ist aber zugleich ein Zeichen der Gegensatzvereinigung von Bewusstem und Unbewusstem, von dem eigenen Ich in Beziehung zur Mutter, von Himmel und Erde und von einem Oben und Unten.

1.4 Semiotik in der visuellen Kommunikation als werbeunterstützendes Mittel

Bis zu diesem Punkt wurde zunächst sichtbar gemacht, welche Interpretation dem reinen Zeichen und dem Symbolischen Bedeutungsträger beigemessen wird. Im Bereich der Werbeforschung werden mittlerweile Grundgedanken der Semiotik mit denen der visuellen Kommunikation kombiniert und bilden eine Synthese zwischen Konsument und Werbemittel. Zunächst sollte aber der grundlegende

Unterschied zwischen Werbung und Werbeforschung definiert werden. Unter dem Einsatz von besonderen Mitteln der Kommunikation zielt die reine auf den Konsumenten abgestimmte Werbung auf Manipulation und Beeinflussung des menschlichen Individuums. Webeforschung hingegen analysiert zunächst den Werbeprozess, um ihn später optimieren zu können. Im Gegensatz zum Kunstwerk und dessen Betrachtung mit seinen symbolischen Geheimnissen bedient sich die Werbeforschung zunehmend der Semiotik beziehungsweise der verschiedensten Zeichensysteme, um eindeutige Aussagen über das Werbemittel oder Werbeprodukt treffen zu können. *Aus der Sicht der Werbeforschung muss die Anwendung zeichentheoretischer Konzepte auf die Werbung enger auf das Zielsystem der Werbung ausgerichtet werden, und das erfordert, dass zwischen der Optimierung des Werbeprozesses und der normativen Wertung seiner Wirkungen unterschieden wird* (Müller, 1999, S.141). Die daraus resultierenden Möglichkeiten einer interdisziplinären Zusammenarbeit zwischen Werbeforschung und Semiotik wird allgemein positiv beurteilt, da zeichentheoretische Konzepte als eine fundierte Basis für die empirische Untersuchung von Werbung angesehen werden. Da wissenschaftlich erwiesen ist, dass 80% der Betrachtungszeit einer Werbekampagne auf den Bildteil entfallen, kommt dem Einsatz von Zeichen (Bildern) eine besondere Rolle zu.

Abhängig von bestimmten Wettbewerbssituationen verfolgt die Werbung die Strategieziele der Bekanntgabe eines Angebots sowie der Vermittlung verschiedenster Informationen darüber. Zudem soll sich der Betrachter von den angebotenen Produkten oder auch Dienstleistungen emotional angesprochen fühlen und sie hinsichtlich ihrer Komplexität informativ – emotional beurteilen können. Die Intention der meist auf semiotischer Basis durchgeführten Werbeanalysen geht dahin, einen visuellen Code zu dechiffrieren oder in ihm wenigstens eine Tiefenstruktur zu erkennen. In diesem Zusammenhang treten gleichzeitig mehrere Fragestellungen auf, die an dieser Stelle zwar nicht geklärt werden können, aber dennoch eine Diskussion darüber einleiten sollten. Zu klären wäre zum Beispiel die Frage, ob Zeichenkomplexe die Interpretationen und Assoziationen, die sie hinsichtlich der Kunst hervorrufen, auch im Werbekontext bewirken. Geht man wieder auf die Annahme der Doppeldeutigkeit des Symbols zurück, so wäre diese Frage zu verneinen. Ein Kunstwerk mag Zeichen enthalten, die aber immer in symbolischer Form auftreten und auf ihre Mehrdeutigkeit hin interpretiert werden. Unter Punkt 2.4 wird genauer erläutert wie der Kunstbetrachter sein Erlebnis vertiefen möchte und inwieweit er sich mit der Dekodierung versteckter Symbolik auseinandersetzt. Das kommunikationstheoretische Modell der Semiotik müsste also auch hinsichtlich des Involvements des einzelnen Menschen beziehungsweise ganzer Gruppen untersucht werden, inwiefern der oder die

Empfänger eines Zeichens an der Wahrnehmung und der anschließenden Dekodierung überhaupt interessiert sind.

1.4.1 Interkultureller Vergleich ikonographischer Kodierung

Eine multimedialisierte Welt mit zunehmender Informationsüberlastung bedeutet für den Konsumenten, dass er weniger Zeit zum Lesen oder Betrachten einer Werbekampagne aufbringen kann. Die an ihn gestellte Anforderung der Aufnahmegeschwindigkeit kann nur durch den vermehrten Einsatz von Bildelementen kompensiert werden. Ikonographische Codes bauen darauf auf, gewisse Bilder besonders schnell verstehen zu können, und somit ist in Vorspielung einer wirklichkeitsnahen Erscheinung eine Rezeption ohne vorherige Transformation des Bildes möglich. Um eine international und weltweit vernetzende Werbung durchführen zu können, müssen zur Visualisierung der Bildaussage Codes herangezogen werden, die einen interkulturellen Bestand gewährleisten. Anhand einer Studie über ikonographische Codes in Deutschland, den USA und Frankreich wurde festgestellt, dass erhebliche Abweichungen voneinander existieren. Aufgrund dieser Studie ist eine Standardisierung der Werbeaussage über ein Produkt mittels ikonographisch kodierter Bilder noch nicht möglich. Daraus wird ersichtlich wie problematisch eine interkulturelle Verwendung kulturspezifisch dekodierter Bilder sein kann. Die ikonographischen Codes lassen sich eher mit einem Lexikon vergleichen, aus dem die wahrgenommenen Bilder einer definitiven Wirklichkeit entsprechen. In unserem Unterbewussten ist ein bestimmtes Schemata der Wirklichkeit gespeichert, auf das wir hinsichtlich der Dekodierung zurückgreifen können, ohne eine Transformation, wie zum Beispiel bei abstrakter Kunst, vornehmen zu müssen.

Ein ikonographischer Code ist lediglich aufgrund seiner Verbindung von Schnelligkeit und dem Verstehen der Botschaft für die Werbung so interessant, weil Kommunikation nicht nur durch ihn erst möglich wird, sondern weil sowohl der Produzent als auch der Adressat dieselben Bedeutungskonventionen zum Verständnis heranziehen können. In diesem Sinne kann visuelle Kommunikation nur dann erfolgen, wenn die Botschaft von Sender und Empfänger übereinstimmend dekodiert werden kann. Wie anhand von Studien zu belegen ist, sind die untersuchten ikonographischen Codes verschiedenen kulturellen Konventionen unterworfen. Ein weiterer Code basiert auf der sogenannten Ausdrucksqualität der Zeichen, durch dessen Form sich bestimmte affektive Qualitäten ausdrücken lassen. Innerhalb der Semiotik wie auch der Sigmatik werden die verschiedenen Beziehungen zwischen Zeichen und Bezeichnetem untersucht, wobei die Zeichen ihre Beziehung als Ikon, Index, Symbol oder eben als Ausdrucksqualität erfüllen. *Bei der Untersuchung der Ausdrucksqualität wird ein Zeichen – Objekt*

– *Bezug thematisiert, wobei es sich bei dem Objekt um ein Gefühl handelt* (Müller, 1999, S.234). Es wird also ersichtlich, dass es sich bei der Ausdrucksqualität um eine emotionale Empfindung handelt, die vom Zeichen ausgeht, ohne dass sie vorher explizit enkodiert wurde. Aufgrund dieser Erkenntnis ist die Trennung von Semiotik, Semantik und Sigmatik gerade vor dem Hintergrund der Gestaltung von internationalen Kommunikationsmitteln nicht unumstritten. Mittlerweile wird es sogar als nützlich angesehen, diese drei Wissenschaften kompensiert als werbeunterstützende Mittel einzusetzen.

1.4.2 Beziehung von Zeichendefinition und visuellem Kommunikationsphänomen

Um weiteren Informationen über werbewirksame Mittel und deren weiterführende Signal- oder Symbolwirkung nachgehen zu können, soll an dieser Stelle noch einmal die semiotische Ausdrucksmöglichkeit der Qualitäten eines Zeichens untersucht werden. Nach der von Peirce vorgeschlagenen triadischen Unterscheidung des Zeichens entspricht jede Zeichendefinition einem visuellen Kommunikations - phänomen. Hat man sich vorher nur mit dem Ikon, dem Index und dem Symbol in ihrer Beziehung zum Objekt befasst, so wird hier nun das Zeichen als solches und in Beziehung zum Interpretanten betrachtet.

Das so genannte Qualizeichen kann zum Beispiel als Farbfleck innerhalb eines abstrakten Bildes auftreten und bestimmt somit das Zeichenmittel als Qualität, die der Grund für eine Beziehung zu einem Objekt werden könnte, vorausgesetzt, es sollte ein solcher Objektbezug hergestellt werden. Deshalb kann es auch nicht selbständig, sondern nur in Verbindung zu einem Sinzeichen auftreten, das dem eines Verkehrsschildes entsprechen kann. Die kleinste semiotische Größe des Qualizeichens ist der Punkt, dessen Qualität noch unerfüllt ist und der eher mit einem Fleck ohne Haken zu vergleichen ist. Er stellt somit die Behauptung der Existenz einer Qualität dar, die nicht selbständig existieren kann, sondern nur in Verbindung zu Individuen betrachtet werden muss.

Das Sinzeichen vollzieht den Schritt, den das Qualizeichen nicht vollziehen kann, indem es ein Zeichenmittel darstellt, das faktisch im Hier und Jetzt und für sich alleine bestehen kann, jedoch immer von einer jeweiligen Situation abhängig ist. Der aktuellen Situation angemessen, kann es heute so und morgen anders erscheinen. Das Legizeichen entspricht fast schon dem Symbol, indem beide eine ikonographische Konvention darstellen können. Sein Unterschied zum Sinzeichen besteht darin, dass es auf der Stufe der Drittheit drei Bestimmungsmomente enthält. In Beziehung zu dem Interpretanten stehen die Zeichen Rhema, Dicent und Argument. Das Rhema entspricht irgendeinem visuellen Zeichen, wenn es Terminus einer Aussage bildet, während das Dicent zwei visuelle Zeichen so miteinander verbindet, dass daraus ein Verhältnis hervorgeht. Das Argument bildet schließlich einen visuellen syntagmatischen Komplex, indem es Zeichen verschiedener Typisierung zueinander in Beziehung setzt. Als Beispiel sei hier die Gesamtheit der Verkehrskommunikation angegeben mit einem Hinweis auf mögliche Rutschgefahr und der darauf folgenden Geschwindigkeitsbegrenzung. Nach Peirce kommt dem Zeichen eine gewisse Stellvertreter – Funktion für ein Objekt zugute. *Das Zeichen wird von seinem Objekt, das es vertritt, determiniert, andererseits determiniert das Zeichen eine Vorstellung im Verstand des Menschen – diese Vorstellung nennt Peirce den Interpretanten des Zeichens – das heißt der Interpretant wird mittelbar durch das Objekt determiniert* (Schönrich, 1999, S. 26).

Interessanterweise unterteilt er die Semiotik in drei Kategorien, wobei anstelle vom Zeichen die Rede von Symbolen ist, was wiederum zur erschwerten Definition beider Wortbegriffe führen dürfte. Als Beispiel sei hier angeführt, dass er die Semiotik folgendermaßen unterteilt:

- Die formale Grammatik handelt von den formalen Bedingungen der Symbole.
- Die Logik handelt von den formalen Wahrheitsbedingungen von Symbolen.
- Die formale Rhetorik handelt von der Beziehung von Symbolen zu ihrem Interpretanten, das heißt von der Wirkung der Symbole auf die Gedanken des Empfängers.

Demnach liegt der Grundgedanke dieser Theoriebildung einer Zeichentheorie darin begründet, dass der höchste Grad an Realität nur durch Zeichen erreicht werden kann.

1.5 Signale und ihre Bedeutung in einer multimedialen Welt

Im Gegensatz zu allen anderen Zeichen kommt dem Signal – Zeichen eine weniger passiv vermittelnde oder informierende Funktion zu. Seine Zweckmäßigkeit liegt im Hinweis begründet, der in Form eines Befehls, eines Verbots, einer Warnung oder einer Instruktion in Erscheinung treten kann. Es handelt sich somit nicht mehr um grundlegende Formen der Kommunikation, sondern um die unmittelbare Reaktion von Seiten des Betrachters. Das Signal kann je nach seiner äußeren Gestalt, wie etwa in Form einer Tafel, gegen den Willen des Menschen, in dessen Blickfeld rücken. Diesen in vielfältigster Art und Weise auftretenden Signalen auszuweichen, ist kaum mehr möglich, da sie mittlerweile unseren Lebensraum beeinflussen und zu einem wesentlichen Bestandteil unseres Umweltbildes geworden sind. Anhand der Signale sieht man den Transformationsprozess des Zeichenbegriffs definitiv belegt, indem er sich seit der industriellen Revolution grundlegend gewandelt hat. Während noch in der Welt des Glaubens das Symbol vorherrschte, die Zeit der aufklärenden Vernunft durch das Zeichen geprägt wurde, so wird unsere multimediale Welt mit ihrer allseitigen Vermittlung und Kommunikation durch das Signal geregelt, wenn nicht sogar schon strukturiert.

Wurde zuvor noch die Problematik einer interkulturellen ikonographischen Kodierung besprochen, so findet man heute häufig die Verwendung von Piktogrammen in Zusammenhang mit der modernen Wegweisung und Information. Ihr Vorteil besteht in der Verständigung, die über Landesgrenzen hinausgehen kann und die Informationen in einer allgemeingültigen Klarheit vermittelt. Diese Art der Bild – Zeichen – Information hat in den letzten Jahren dazu geführt, das der Mensch, hinsichtlich der Wegweisung seine Lese – Gewohnheit umstellen musste. Eine bestimmte Anzahl von Piktogrammen erleichtert uns ein richtungsorientiertes Leben in einer zunehmend orientierungslos gewordenen Welt. Selbst der Konsument ist auf Signale und Piktogramme angewiesen, die ihn zu dem Produkt führen sollen, das er zu kaufen beabsichtigt. In unserer modernen Wirtschaft, in der jeder Mensch als Konsument tituliert werden kann, deutet alles auf das richtige Marken – Zeichen, beziehungsweise auf das richtige Identitätsbild der Konsumgüter hin. Der visuelle Tagesablauf des menschlichen Individuums ist vom Morgen bis zum Abend geprägt von Zeichen, die uns eine Wahrheit vorspielen, Angebot und Bedürfnis beeinflussen und sich so ins Blickfeld drängen, dass ein Ausweichen nicht mehr möglich ist. Aufgrund dieser verminderten Wahrnehmung, werden Kurz – Zeichen verwendet, damit sich die Chance erhöht, im Erkennungsbereich des Konsumenten einen bleibenden Platz einzunehmen. Bleibt das Zeichen in der Erinnerung haften, so ist die Kreation eines Marken – Identitätsbildes ausgereift, dem die Transformation vom visuell – anonymen zur Markenpositionierung gelungen ist. Ein geeignetes Identitätsbild zu finden, wird über die grafische Darstellungsweise mit ihrem punkthaften Ausdruck erleichtert, oftmals auch über das Einbinden der Initialen eines Unternehmens, das wiederum die Möglichkeit zur Differenzierung und Abstrahierung eines jeglichen konkreten Bildes bietet. Anhand dieses Beispiels zeigt sich nochmals die Transformation vom Bild zum Symbol. Es handelt sich dabei um eine gewisse „Sublimation“ des zuvor Gegenständlichen, in der Weise, dass die naturalistische Wiedergabe eine Reduktion zum Zeichen erfährt und aus dem Abbild ein Sinnbild entsteht. Um dabei die symbolische Aussage zu verstärken, werden oftmals zwei oder mehrere Objekte in einer Darstellung miteinander verbunden. Seit langer Zeit können die Alphabet – Zeichen ihrer eigentlichen Bedeutung als Vermittler von Aussagen oder zum Festhalten von Gedanken nicht mehr gerecht werden. Ohne Zeichen, Symbole und Signale ist eine heutige

Orientierung und Kommunikation undenkbar, sodass der geschriebene Ausdruck mittels Bildvermittlung notwendigerweise ergänzt werden muss. Die Buchstabenreihen der Verbal – Sprachen, die unter bestimmten historischen Bedingungen entstanden, sind festgelegt aber abstrakt, während sich die Zeichen – Reihen der Bildsprachen dem Fortschritt anpassen und in ihrer Anwendung klärend und normend wirken. Zeichen, Symbole und Signale prägen den Ausdruck unserer Zeit, indem sie Vergangenes enthalten, erklären und bewahren, wirken sie auch richtungsweisend in die Zukunft. Gegenseitige Verständigung zwischen den Personen einer Gruppe, mit der Vielzahl ihrer Ausdrucksmöglichkeiten, war seit Beginn des Lebens eine der wichtigsten Bedingungen für das Überleben. Diese Notwendigkeit der Kommunikation mit ihrer fortschreitenden Verbesserung und Modifikation ist als eine der wesentlichsten Faktoren für das Wachstum der menschlichen Zivilisation anzusehen.

1.5.1 Symbolwirkung des menschlichen Körpers im multimedialen Zeitalter

Zu unterscheiden sind Nacktheit und Aktdarstellung. Als Akt wird man von anderen nackt gesehen und doch nicht als man selbst erkannt. Ein nackter Körper muss als Objekt gesehen werden, um zu einem Akt zu werden. Nacktheit enthüllt sich selbst; ein Akt wird zur Schau gestellt. Sehen erzeugt Distanz (Hornbostel – Jockel, 2002, S.46). Dieses Zitat soll in die Denkstrukturen des multimedialen Zeitalters überleiten und den Beweis dafür liefern, dass die symbolische Darstellung des menschlichen Körpers immer mehr in den Bereich einer voyeuristischen Zur – Schau – Stellung gerät. Obwohl sich die Mehrheit der Bevölkerung vom so genannten Jugend- und Körperwahn distanziert, verlangt unsere Gesellschaft geradezu nach Grenzüberschreitungen, die durch neue Medien nicht nur ihre technische Umsetzung, sondern auch ihre Legalisierung erfahren, fernab von jeglicher Moralvorstellung. Die Darstellung des menschlichen Körpers im Zeitalter der Moderne unterliegt einem Wandel von der rein künstlerischen Sichtweise hin zu aggressiven Werbestrategien, wobei letztere darauf ausgerichtet sind, den Konsumenten durch provozierendes Bildmaterial zum Kauf anzuregen. War es bis vor wenigen Jahren noch die „Schamgrenze", die unser „Selbst" vor der Enthüllung schützte, so scheinen heute die Tabubrüche in dieser Hinsicht zum Alltag zu gehören. Enthüllung als Folge des Verhüllens kann sowohl im Kunstwerk, wie auch in der Werbung ästhetisch, erotisch und geheimnisvoll wirken und bei der Betrachtung eine Erwartung sowie eine Entdeckung auslösen, sofern wir uns in der dargestellten Szene wohlfühlen können und uns nicht als intimer Eindringling empfinden.

Die multimediale Kultur des 20. und 21. Jahrhunderts aber geht im Hinblick auf die körperliche Abbildung mit einer Entwicklungsgeschichte einher, die dem

Menschen den Bezug zu seinem „Selbst" oftmals entzieht. Heute steht nicht mehr die Natürlichkeit des menschlichen Körpers, sondern dessen öffentliche Inszenierung im Vordergrund. Aufmerksamkeit zu erreichen, ohne Rücksicht auf den Inhalt der Botschaft zu nehmen, so lautet die Devise, da unser Medienzeitalter vom internationalen Informationsaustausch auf schnellstmöglichem Niveau lebt. Folglich erfährt hierbei sowohl die Nachrichtenübermittlung wie auch die visuelle Kommunikation eine Reduktion auf das „Wesentliche". Verglichen mit der körperlichen Darstellung kann in diesem Zusammenhang dann nur noch von einer Art „Rohmaterial" gesprochen werden, das nach einer kurzlebigen Verarbeitung verlangt. Das, was den Menschen mit all seiner Menschlichkeit auszeichnet, rückt auf diese Weise in den Hintergrund der Betrachtung. Nur die Körperhülle wird auf das Maß von Jugendlichkeit, Attraktivität und figürlicher Perfektion reduziert, wobei im Gegensatz zu vorigen Jahrhunderten die Abbildung der Geschlechter mittlerweile gleichwertig verteilt ist.

Dem nackten weiblichen Körper wurde seit jeher in der Kunst eine besondere symbolische Stellung zuteil. Das Verhältnis der Frau zu ihrer eigenen Leiblichkeit stellte sich insofern anders dar, als man die künstlerische Betrachtung des weiblichen Körpers für jeden Mann zuließ. Bis in das 20. Jahrhundert war der Kirche und Gesellschaft daran gelegen, die Frau von der Erkenntnis der Körperlichkeit und Sexualität abzuhalten. In dieser Zeit galt es sogar als verpönt, seine eigene Nacktheit zu betrachten, so dass die schickliche Frau selbst im Bad noch ihren Körper mit einem Hemd bedecken musste. Männern war das Aktstudium erlaubt, während Frauen noch davon ausgeschlossen waren, und selbst wenn sie Künstlerinnen werden wollten, mussten sie enorme Anstrengungen auf sich nehmen, um die menschliche Anatomie studieren zu können. Mit dieser Reglementierung legte man unter anderem den Grundstein für die Präsenz des weiblichen Aktes, der im 19. Jahrhundert die Repräsentation des männlichen Körpers um ein Vielfaches überstieg und damit ausschließlich zur Symbolisierung des unbekleideten weiblichen Körpers führte. Die Rollencharakterisierung von Mann und Frau hielt somit Einzug in Kunst und Kultur. Im weiteren Verlauf des 19. Jahrhunderts vollzog sich dann der Wandel in der Bedeutung und Gleichstellung von Mann und Frau.

Seitdem die Werbestrategen im 20. Jahrhundert, gerade im Bereich der Kosmetikbranche nun auch den männlichen Körper als Konsumenten entdeckt haben, wird dieser meist muskulös, durchtrainiert und mit einem mimischen Ausdruck von Gelassenheit gegenüber unserem doch in Hektik geratenen Tagesablauf dargestellt. Mittlerweile findet sogar der androgyne Typus, wenn er denn werbewirksam in Szene zu setzen ist, seine Bevorzugung. Bedauerlicherweise wird der alte Mensch zunehmend in unserer Gesellschaft ausgegrenzt und kommt somit auch als symbolischer Werbeträger beziehungsweise Werbevermittler kaum in Frage. Hier beweist sich, dass viel von unserer Natürlichkeit in Bezug auf das Körpergefühl verlorengegangen ist, wenn wir den Ablauf der Lebensuhr, zu der ja auch das Alter gehört, ignorieren. Gerne wird in diesem Zusammenhang nur von dem ästhetisch ansehnlichen Körper gesprochen, dem die vielleicht interessante Erscheinung im Alter entgegensteht. Ästhetik und Schönheit evoziert der Mensch in der multimedialen Welt ausschließlich über die Definition der Jugendlichkeit. Anstelle einer gewissen Aussagekraft von inszenierter Selbstdarstellung tritt in der Jugend die Gestaltung des Körpers bis hin zu demonstrativer Symbolwirkung in Form des Piercings und der Tätowierung. Grenzwerte der visuellen Artikulation werden auf diese Art und Weise getestet und bewusst überschritten. Zurück bleiben offene Fragen nach dem ästhetisch „Schönen", das vielen fragwürdig, oftmals abstoßend und fremd erscheint. Der körperlichen Verzierung oder auch Verunstaltung steht die Kreation des perfekten Körpers als Wunsch vieler Jugendlicher gegenüber. Hier dienen zum Beispiel die zahlreichen Computerspiele mit ihren animierten Darstellern als Vorbildfunktion. Viele möchten gerne so aussehen wie „Lara Croft" oder „Aki Ross", um hier nur zwei Figuren perfekt gestylter und computeranimierter weiblicher Körper zu nennen.

Ein Unterschied zwischen lebendigem Körper und computergesteuerter Animation ist visuell kaum fassbar, so dass eine sofortige Identifikation mit der „Person" und ihren Fähigkeiten erfolgen kann. Dieses Phänomen der Orientierung an Persönlichkeiten ist in der Pubertätsphase ausreichend bekannt und dort besonders stark ausgeprägt. Obwohl der Computer unser Leben auf vielfältigste Art und Weise beeinflusst, findet mittlerweile eine Rückkoppelung auf die Leinwand, sprich zum Film statt. Man denke hier nur an die Filmproduktion „Matrix", in dem sich für den Betrachter auf subtilster Darstellungsebene die Grenzen der Realität und Computeranimation verwischen, so dass er am Ende seine bis dahin eigene bewusst erlebte Welt gedanklich überprüfen und aufs Neue realisieren muss, um nicht in den Sog einer Scheinwelt zu geraten. Scheinwelten beinhalten Körper, die nicht real sind, aber aufgrund ihrer Makellosigkeit den Betrachter zur Stimulation seiner Sinne und Einstellung gegenüber der eigenen Körperlichkeit so beeinflussen, dass er sich mit dem „Kunstobjekt" identifiziert und sein „Äußeres" dem „Ideal", das zur Symbolfigur mutiert, angleichen möchte. Diese Angleichung umfasst unter anderem die Verhüllung durch bestimmte Kleidungsstücke, die angesichts der visuellen „Schein – Realität" Begeisterung auslösen und bisweilen „Kultstatus" erreichen können. Der Betrachter bestimmt ab diesem Moment durch seine Nachfrage die wiederum von Werbestrategen angebotene Produktpalette der Symbole und ihre Wirkung. Ziel ist es, sein Erscheinungsbild durch äußerliche Veränderung zu inszenieren, so wie auch die „Idealfiguren" im Film in Szene gesetzt werden. Die in solchen Filmen oftmals dargestellte „Nacktheit" der Protagonisten versetzt den Zuschauer in eine andere visuell idealisierte Welt, in der er sich von seinem eigenen „Ich" längst entfernt hat und lediglich den für ihn unerreichbaren Wunschvorstellungen folgen kann. An dieser Stelle sollte festgehalten werden, dass eine Verschiebung der Werte und der Wertigkeit des menschlichen Körpers als Symbol in unserem Zeitalter stattfindet, die durchaus auf die zunehmende multimediale Entwicklung zurückzuführen ist.

Die Möglichkeiten visueller Kommunikation sind in den letzten Jahren explosionsartig angestiegen, beeinflussen unseren ganzen Lebensstil und lassen uns als Individuum für die Masse Mensch immer gläserner und durchsichtiger erscheinen. Neue Kommunikationsmittel, wie zum Beispiel das Fotohandy, mittlerweile ein Statussymbol, grenzen die persönliche Intimsphäre aus und speichern uns, sichtbar für andere Personen, ob in gewünschter oder unangenehmer Situation auf der Bildfläche ab. Aufgrund dieser Erkenntnisse kann explizit die Grenze zwischen künstlerischer und medialer Aktdarstellung beziehungsweise Nacktheit gezogen werden. Die körperliche Darstellung ist untrennbar an das „Ich" gebunden, das in dem Moment der medialen Inszenierung ein Risiko zur Auflösung in sich trägt. Künstlerische Nacktheit dagegen wird den Menschen, gemäß ihrer Bestimmung immer zu sich selbst führen, ohne seine Persönlichkeit oder Intimsphäre zu verletzen.

1.5.2 Symbolgeprägte Bildinhalte der informellen Kunst

„Informel, das geht schnell", lautete und lautet ein Vorurteil über diese künstlerische Stilrichtung bis heute. Das dem nicht so ist, und welche Bedeutung der informellen Kunst zuteil werden sollte, wird unter kunsthistorischen Gesichtspunkten betrachtet und erläutert. Der Begriff „Informel" wurde von dem französischen Kunstkritiker Michel Tapie begründet, der die Bedeutsamkeit des Formenlosen mit der Wortschöpfung „signifiance de l´informel auszudrücken versuchte. Die informelle Kunst kann als Negation zur vorangegangenen geometrischen Abstraktion, der konkreten Kunst gewertet werden, da hier erstmals von Kompositionsschematas, von Proportionalitäten und festen Formen abgesehen wird. Die Künstler, die sich nach 1950 dieser neuen Richtung anschlossen, versuchten, das Maximum der wiedergewonnenen Freiheit in der Kunst und somit in ihren Bildern auf symbolische Art und Weise darzustellen. Besonderer Wert wurde nun vielmehr auf den Modus Procedendi gelegt, der gleich einem aktionistischen Malakt den Künstler dazu befähigte, Flecken, Linien, Farbverläufe und abstrakte Psychogramme auf die Leinwand zu projizieren. Die eigene Innerlichkeit, der Bezug zur Welt, zu dem Kosmos und dem eigenen Selbst fand seine Entladung, gleich einem eruptionsartigen Vulkanausbruch, in den Werken der informellen Kunst. Das oftmals zerschundene Seelenleben des Künstlers ist an der wie auch immer geschundenen Bildfläche abzulesen. Die Frage nach der Bedeutung dieser Bilder kann nur im Hinblick auf eine symbolhafte Darstellung von inneren Seelenzuständen beantwortet werden.

Mit Beginn des 20. Jahrhunderts wandte man sich in der Kunst von der naturgetreuen Wiedergabe der äußeren Erscheinung der Welt ab und strebte die künstlerische Darstellungsweise des eigenen lebendigen Gefühls an. Beeinflussend wirkten zu dieser Zeit die kulturkritischen Anmerkungen von Friedrich Nietzsche, die neuen Lebensphilosophien und nicht zuletzt die damals bahnbrechende Psychoanalyse von Sigmund Freud.

Begleitet von dieser vielschichtigen, gedanklichen Aufbruchstimmung änderten sich die Bildinhalte in dem Sinne, dass der Künstler seine Religiosität, die Frage nach seiner Existenz sowie naturmystische Aspekte und Weltuntergangsvisionen darin zu verarbeiten suchte. Diese expressiven Tendenzen sind in der Malerei allerdings schon seit dem Mittelalter aufgetreten, seitdem der Künstler in der Lage ist, seine Krisen und seelischen Spannungszustände selber zu reflektieren. In die Zeit des Expressionismus fällt zudem die psychische Verarbeitung positiver und negativer Empfindungen, die die Persönlichkeit prägten und neue Ausdrucksformen kreierten. Um zu einer Steigerung des Bildinhalts und der Form zu gelangen, griffen die expressionistischen Künstler zur Deformation der Linie sowie der flächenhaften Darstellungsweise, damit die vormals ästhetischen Elemente allein durch instinktives Handeln ersetzt werden konnten. Obwohl der Farbbedeutung eine psychologische Wirkung nach wie vor zuteil wurde, liegt im Holzschnitt eines der bedeutendsten Wahrzeichen dieser Kunstrichtung. Der monumentale, ja teilweise sogar bedrohlich wirkende Hell – Dunkel Kontrast lässt auf das Bewusstsein des Künstlers schließen, das im Schöpfungsprozess seine Vollendung erfährt, auch auf die Gefahr hin, dass ein selbstzerstörerischer Prozess in Gang gesetzt wird. Besessen von einer Idee, unter Vernachlässigung der Ausführung, rückt die Qualität der Malerei in den Hintergrund und kann die Intensität der Konzeption nie erreichen. Das zeigt sich vor allem auch an den schöpferischen Techniken, denen man sich zu dieser Zeit bediente. Frottage und Grattage, das Reiben und Abkratzen in und von Farbe auf der Leinwand konnte den Ausdruck der seelischen Empfindung mithilfe von Symbolen nur noch deutlicher hervorheben. Zur Zeit der Nationalsozialistischen Diktatur herrschte in Deutschland in dem Bereich der künstlerischen Entwicklung eine angespannte Situation. Die Kunstwerke, die jegliche Anpassungsfähigkeit an vorgegebene politische Richtlinien vermissen ließen, wurden sofort als entartete Kunst deklariert und somit der öffentlichen Diskussion entzogen. Weitgehend schlimmer traf es die Künstler selber, die politisch verfolgt emigrierten oder sogar interniert wurden und an den Folgen einer mehrjährigen Gefangenschaft zeitlebens litten. Dieses physische und psychische Leiden und die damit verbundenen Erlebnisse mussten über ein Ventil, dementsprechend im Kunstwerk, später an die Oberfläche gelangen. Bis Mitte des 20. Jahrhunderts galt die auf Traditionen beruhende gegenständliche Malerei als richtungsweisende Kunst, die sich dann aber nach dem 2. Weltkrieg erschöpfte. Dem Künstler erschlossen sich nun neue Perspektiven, sein Innerstes und damit sich selbst mitzuteilen.

Unter dem Wort „Informel", als Ausdruck einer formlosen Kunst darf man nun keineswegs verstehen, dass diese Kunst nicht fähig wäre, unter Betonung des Malprozesses dennoch formen-, symbol-, oder zeichenähnliche Gebilde und Bilder zu realisieren. War es noch der Anspruch der Bildinhalte, die den Künstler in der ersten Hälfte des 20. Jahrhunderts gefangen nahmen, so veränderte sich das Bild in der Weise, dass es nichts mehr illustrieren oder schildern sollte, sondern selber in die Lage versetzt wurde zu reagieren. Das informelle Werk bezieht seine mit dieser Aussage völlige Offenheit aus dem Bereich seelischer Regungen, die auf der Leinwand fixiert werden, aus der Verselbständigung der Farbe und vor allem aus dem Geist, der die Überwindung des traditionellen Bildbegriffs einleitet. Aus diesem Grund steht der Begriff „Informel" als Synonym für maximale Freiheit in der Kunst der Nachkriegszeit. Die enge Verbindung zum vorangegangenen Surrealismus lässt sich anhand des Gebrauchs von Sinnzeichen und symbolischen Emblemen ableiten, die erneut die surreale Erfahrung der Dinge veranschaulichen. Eine neue Farb- und Formgebung gibt dem Künstler von da an die Möglichkeit, sich vom Gegenständlichen zu lösen und seinen Gefühlen freien Lauf zu lassen.

Nach den ersten kriegsbedingten Anlaufschwierigkeiten entwickelte sich in Deutschland das Rhein – Ruhr Gebiet zu einem künstlerischen Brennpunkt, dessen Maler vor allem den Gedankenaustausch mit Paris und später auch New York suchten. Dabei sollte sich die sogenannte Ecole de Paris als Dreh- und Angelpunkt für die deutsche Nachkriegskunst erweisen. In dieser Gruppe hatten sich Maler verschiedener Nationalitäten nach dem Ende des 2. Weltkrieges verbunden, um schwerpunktmäßig auf dem Gebiet der abstrakten Malerei, aber besonders der informellen Kunst tätig zu werden. Die Begriffe „Freiheit" und „Offenheit" ziehen sich gleich einem roten Faden durch die Sinnbeschreibung des „Informel", wobei es immer auch um das Verhältnis von Formen und Farben in der Bildebene geht. In diesem Zusammenhang sollte man noch einmal näher auf die Kompositionsgesetze eingehen, die im Informel, wie auch im Abstrakten Expressionismus in den USA, im besonderen aber in der Kunst von Jackson

Pollock überwunden werden. Form und Farbe werden als Korrespondenzpartner in klassisch komponierten Tafelbildern angesehen. Das Kompositionsprinzip wird in dem Moment durchbrochen, wo die Form entfällt, das Bild einseitig belastet wird und die Harmonie verloren geht. Das bedeutet aber nichts Negatives, denn nun eröffnet sich für den Maler eine völlige Freiheit in Bezug auf Farbe, Form und Raumvorstellung. Das Bild erscheint nun formoffen, womit die Komposition auf eine andere Sinnebene verlagert wird. Folgerichtig scheint die Komposition überwunden zu sein, kann aber noch mitgedacht, zumindest berücksichtigt werden. Der Farbsymbolik wird nun im informellen Bild eine besondere Stellung zuteil. War sie vorher, im traditionellen Bild, an Form beziehungsweise Gegenstand gebunden, erhält sie nun uneingeschränkte Freiheit, existiert um ihrer selbst willen und kann sogar alleiniger Bild- und Bedeutungsträger sein. In der Bedeutung, die der Farbe nun zukommt, liegt die Analogie zur amerikanisch expressiven Malerei. Eine ästhetische Analogie zu der Freiheit, die in der modernen Gesellschaft als höchstes Gut angesehen wird, beinhaltet das informelle Werk. Neben der Farbe wird diese Kunst zum Ereignis, zum Ausdruck eines spontanen oft sogar ekstatischen Malvorgangs, wobei die Leinwand nur zum Grundriss, der Malakt jedoch als eine Art von meditativer und symbolgeladener Bewegung im Bild festgehalten wird. Die Leinwand mutiert zum reinen Tatort einer Mitteilungsform des Künstlers, der in dieser Form nur einmal existent ist. Das bedeutet, dass jedes Bild zu einem Unikat wird, dessen Struktur der Künstler noch zu liefern vermag, die der Betrachter aber für sich selbst kreativ zu füllen hat. Die zudem energiegeladenen elementaren Ausdrucksmittel lösen die Bildgrenzen auf oder gehen sogar darüber hinaus. Sucht man nach einer Bedeutung und formuliert man diese wiederum in der Terminologie der Semiotik, so würde man sagen können, dass es sich um einen Idiolekt handelt, ein radikal individuelles Bildsystem, das man nicht über die Erfahrungen einzelner Codes erklären kann.

1.6 Neuere soziologische Kunstpädagogik und ihre Beziehung zum Sinnbildhaften

Gegenwärtig werden innerhalb der Kunstpädagogik über die Begriffsdefinitionen von Kunsterziehung und Kunstunterricht diskutiert, deren Hintergründe auf fachdidaktischer, pädagogischer und vielleicht auch auf weltanschaulicher Art basieren. Das Ziel der Kunsterziehung ist die Betrachtung des ganzheitlichen Menschen mit einer Sinngebung und einem Sinnverständnis unter Ausschluss neuerer intellektueller Verbalisierung. Wer sich der Kunsterziehung verschrieben hat, sieht die von Grund auf angelegten schöpferischen Kräfte, den Genius im Menschen, mit seiner Entwicklung, seiner Entfaltung und seinem persönlichkeitsimmanenten Wachstum. Zunächst wird aber zu klären sein, welche Existenzberechtigung diesem Fach im Bildungskanon und in der Schulwirklichkeit wirklich zukommt. Will man diese Frage näher beantworten können, so muss man sich damit auseinandersetzen, was man selber unter Kunst verstehen möchte, da die kunstpädagogischen Konzeptionen nicht von der Kunst selber, sondern so wie sie verstanden wird geprägt ist. In dem Bereich der Begriffsdefinition hat mittlerweile schon ein Transformationsprozess stattgefunden, indem sowohl die bildende Kunst wie auch die Theorie der bildenden Kunst zu den Begriffen der „Kunst" und „Kunsttheorie" modifiziert wurden. Da aber die Kunst hinsichtlich ihrer begrifflichen Erschließung unter eine Form des Seins – Verhaltens fällt, entzieht sie sich somit der verbalistisch artikulierenden Theorie. *Die künstlerische Tätigkeit ist also ein Bewusstseinsvorgang, der sich im Kunstwerk realisiert, so wie das abstrakte Denken sich im Begriff realisiert* (Nündel, 1971, S.19). Unter diesem Gesichtspunkt entwickelte sich die Kunsttheorie aus der Einsicht in die Voraussetzungen und Bedingungen innerhalb der Gesetze des künstlerischen Seins – Verhaltens und wird in den Schriften Konrad Fiedlers präzisiert. *Fiedler behauptet die Eigenwertigkeit des künstlerischen Denkens gegenüber dem begrifflichen Denken. Die künstlerische Tätigkeit besteht in der Entwicklung des anschaulichen Wirklichkeitsbesitzes zu immer höheren, klareren, gegliederten Formen seines Seins* (Nündel, 1971, S.19). Da die künstlerische Tätigkeit nur durch die künstlerische Vorstellung und der damit verbundenen vorhergehenden Entwicklung der Wahrnehmung möglich und an diese untrennbar gebunden ist, wird sich der Inhalt des Kunstwerks immer nur über die Form definieren lassen. Deshalb zählen auch ästhetische, abstrakte, illustrative, emotionale oder abbildende Inhalte zu Nebenwerten außerkünstlerischer Natur. Dies beinhaltet auch die Erklärung, dass man Kunstwerke nicht übersetzen oder von Seiten der Kunstwissenschaft, der Kunstgeschichte oder mit den Mitteln der Empfindung oder des Geschmacks verstehen kann, sondern sie sind nur greifbar mit den Mitteln des künstlerischen Bewusstseins. Ein mit der verbalen Sprache vergleichbarer Code im Hinblick auf den Inhalt des Kunstwerks ist gemäß seiner Anwendung nicht möglich. Kommt man an dieser Stelle der Betrachtung auf die Merkmale des Zeichens zurück, so lassen sich gewisse visuell ästhetische Momente und Elemente in Bezug auf das Objekt von Seiten des Senders, auf den Interpretanten von Seiten des Empfängers und auf den Mittelbezug hinsichtlich des Transports beschreiben. In diesem Zusammenhang findet man selten ein isoliertes singuläres Zeichen vor, vielmehr hat man es zumeist mit zusammengeschlossenen Zeichen, den so genannten Superzeichen zu tun, wenn man nur zum Beispiel das erweiterte Bezugsfeld der Kunstpädagogik, das der visuellen Kommunikation analysiert. Die Einflussnahme der visuellen Medien, die einen Großteil der gesellschaftlichen Kommunikation heute ausmachen erfordert die Einbindung der Kunstpädagogik zur Reflexion über den unveränderlichen Begriff der Kunst, der sich als prozessual, fortwährend erneuernder Begriff darstellt. *Dagegen sind Symbole als ikonische Zeichen dadurch charakterisiert, dass sie einen mehr oder weniger scharf umrissenen Sinngehalt in selektiv transponierter Struktur verkörpern, mit anderen Worten, dass ihre Gestalt die visualisierte Explikation von Aspekten eines rationalen oder irrationalen Bedeutungszusammenhangs darstellt* (Kobbert, 1986, S. 156). Die im Kunstwerk eingesetzte Symbolik ersetzt nicht Verdrängtes, sondern tritt stellvertretend für Erlebnisse des Künstlers auf, wie zum Beispiel seine Emotionen, seinen Seelenzustand, seine verarbeiteten Gedankengänge und Bezüge zur Wirklichkeit. Dabei wirkt das Symbol als Hinweis auf einen versteckten Bildinhalt und lenkt somit den Blick des Betrachters nicht ab, sondern hin auf das Geheimnisvolle.

1.6.1 Visuelle Symbolik kontra verbaler Publizistik

Die wissenschaftliche Terminologie bietet in Bezug auf die Begriffe „Zeichen" und „Symbol" ein kaum überschaubares Feld variierender Bedeutungsinhalte. Dieser Umstand liegt vor allem darin begründet, dass die wissenschaftlichen Disziplinen wie Philosophie, Theologie, Soziologie, Psychologie und die allgemeine Kommunikationswissenschaft Symbol – Definitionen mit unterschiedlicher Präzision und Begrenzung entwickelt haben, so dass innerhalb der einzelnen Fachrichtungen keine Übereinstimmung herrscht, was der einheitlichen Terminologie des Symbols zugute käme. Eine kurze und doch einfache Definition für das Symbol könnte in der Erläuterung zu finden sein, dass es sich dabei um etwas handelt, was immer für etwas anderes steht. Hiermit wird wieder auf die zumindest Doppeldeutigkeit, wenn nicht sogar Mehrdeutigkeit des Symbols hingewiesen. Wie der Übergang zwischen symbolhaftem Bild und Symbol ist auch der zwischen Symbol und Zeichen nicht immer eindeutig. *Das reine Zeichen enthält im Gegensatz zum Symbol meist eine eng begrenzte Aussage; es kann willkürlich gesetzt werden und bedarf nicht wie das Symbol einer gewissen inneren Analogie zu dem Gegenstand oder Sachverhalt, der ihm zugrunde liegt* (Rabbow, 1966, S. 3). Bei dem Symbol handelt es sich demnach um ein Sinn – Bild, dem ein erweiterter Sinn zugrunde liegt und der über das unmittelbar Sichtbare im Bild hinausweist. Die Grenzen zwischen symbolhaften Bildern und eigentlichen Symbolen erweisen sich in Form von fließenden Übergängen, jedoch weisen Symbole einen höheren Abstraktionsgrad auf, wodurch sie besonders bei der Verbildlichung abstrakter Begriffe zum Einsatz kommen. Ein Zeichen kann allerdings auch durch Anreicherung mit historischen oder gefühlsmäßigen Bedeutungsinhalten zum Symbol transformieren, beispielsweise auch im Verlauf symbolpublizistischer Demonstrationen.

In diesem Zusammenhang sei noch ein kurzer Diskurs zum Emblem gewagt, das in der politischen Symbolpublizistik den Rang eines Symbols einnehmen kann. Ursprünglich verstand man unter dem Begriff eine „Einlegearbeit", die später als Synonym für das Sinnbild verwendet wurde, obwohl es dem Zeichen näher steht, da es sich zumeist um ein Zierrat und Zugehörigkeitskennzeichen handelt. Dort wo Symbole vorherrschen, hat die verbale Publizistik lediglich die Funktion eines beigefügten Bedeutungsträgers, der die symbolträchtige Aussage auf anderer Ebene verstärken soll. Unter Punkt 2.4.3 wird dies anhand von Beispielen genuitiv – krankhafter künstlerischer Tätigkeit noch genauer analysiert, indem auf die Bedeutung verbaler Sprache in Verbindung zum Kunstwerk und als unterstützendes Reflexionsmittel hingewiesen wird. Eine ähnliche Wirkung erreichen Symbole in Verbindung mit verbalen Ausdrucksformen auf dem Gebiet des interkulturellen Austauschs, im speziellen in dem Bereich des Modedesigns, deren visuelle Sprache von jedem als Transformation gesellschaftlicher Codes angesehen und akzeptiert werden kann. Mittlerweile haben gewisse Modedesigner den Trend der Zeit erkannt, wo es nicht mehr nur um neue Entwicklungstendenzen geht, sondern um die Kombination vergangener Philosophien mit neueren Weltanschauungen. Eine Moskauer Modedesignerin hat sich mit ihren textilen Kreationen darauf spezialisiert Symbole und aussagekräftige Codes auf den gemusterten Kleidungsstücken zu präsentieren. *Wir sind umgeben von Zeichen, die wir ständig entschlüsseln müssen. Kleidung bedeutet für mich auch Kommunikation der Trägerin mit der Umwelt. Symbole oder Ornamente sind zusätzlich zum Kleidungsstück selbst ein sehr starker und aussagekräftiger Code, der eine bestimmte Weltanschauung charakterisieren kann* (Kvadrat, 2003, S.14). Indem die Designerin diese Symbole auf Kleidungsstücke und damit letztendlich auf den menschlichen Körper überträgt, erfahren sie eine Veränderung der Bedeutung. Sie können von anderen gelesen werden und zur Kontaktaufnahme zwischenmenschlicher Beziehung führen. Alte Symbole der Stillebenmalerei oder der visionären Malerei bieten somit genügend Potenzial zur Neuinterpretation und Umsetzung auf eine moderne, zeitgemäße Weise.

1.6.2 Kunstpädagogisches Trainingsfeld der Kommunikation mittels Zeichen

Innerhalb des kunstpädagogischen Trainingsfeldes erweisen sich Zeichen für Schulkinder allseits präsent und im Alltagsleben visuell erfassbar. Zeichen für Fußgänger oder Radfahrer, Pfeile die durch eine Links- oder Rechtsmarkierung ein „um die Ecke biegen" anzeigen sind als Bestandteile der visuellen Kommunikation in der Gedankenstruktur fest verankert. *All diese Zeichen sind gestalterisch umgesetzte Vorgänge unseres optischen Alltags. Sie sind unsere Schriftzeichen, Bildzeichen mit nachsprechbarem Inhalt. Der nächste Schritt ist, Bildzei-*

chen und im Schriftzeichen festgehaltenes Wort miteinander zu kombinieren (Kampmann, 1974, S. 78). In unserer zunehmend multimedialen Welt wird für Kinder und Jugendliche vieles davon abhängen inwieweit man Zeichen zu lesen verstehen mag, sie als warnend oder positiv informierend einordnen kann oder ob man mit ihnen durch eigenen Einsatz warnen, manipulieren, verletzen oder auch sachlich informieren möchte, denn nicht alle Zeichenkombinationen sind zum Wohle des Zeichenempfängers gedacht. Möglichst früh sollte man Kinder mit diesem Tatbestand vertraut machen, damit sie den Zeichen bewusster und kritischer begegnen können.

Für den ersten Einstieg in die Welt der visuellen Kommunikation heißt das:

- *Zeichen sehen lernen*
- *Zeichen sammeln*
- *Eigene Zeichen erstellen*
- *Eigene Zeichen anwenden*
- *Fremde Zeichen lesen oder entlarven können*
- *Fremde Zeichen zu einer eigenen Absicht verwandeln*

(Kampmann, 1974, S.78).

In der vorliegenden Arbeit wird die Definition des Zeichens nur in Zusammenhang mit der semiotischen Grundlagenforschung erwähnt. Des weiteren gilt es nun explizit das Symbol, seine Bedeutungsvermittlung, den psychoanalytischen Gebrauch und seine kritische Anwendung im multimedialen Zeitalter zu analysieren. *Die Beziehung zwischen begrifflicher und visueller Bedeutung wird oft durch das Wort „symbolisieren" ausgedrückt. Allerdings hat der Symbol – Begriff auch andere Bedeutungsfacetten, etwa im psychoanalytischen Gebrauch: Dort ist ein Symbol eine begrifflich visuelle oder eine visuelle Metapher, die ihre Bedeutung nicht sogleich offenbart* (Schuster, 2000, S. 76). Während Ziffern und Buchstaben von den Semiotikern als Symbol bezeichnet werden, sieht der Psychologe hier das Zeichen als eindeutigen Träger einer Bedeutungsvermittlung. Selbst bildhafte Vereinfachungen werden als Symbol gedeutet, obwohl es sich hierbei um die sogenannten Piktogramme handelt, die ihre Anwendung als Abbildungsrelation finden. Kennzeichnende Attribute in einer künstlerisch dargestellten Form sind lediglich Beigaben zum Bildinhalt, können aber nicht eindeutig als Symbole definiert werden, da sie durch dieses Attribut nur zu einer Identifikation bestimmter Darstellungen beitragen können. *Das Problem der Integration von Symbolen in den Rahmen der Kunstwerke ist auf das engste mit den Kernfragen über die Funktion von Symbolen in der Kunst und ihren Wirkungen auf den Kunstbetrachter verbunden* (Kreitler – Kreitler, 1980, S. 301). Es gibt drei Hauptansichten über die Symbolfunktion, nämlich die der Vereinigung, der Offenbarung und der Adaption, die sich gegenseitig nicht ausschließen müssen. Über eine kombinatorische Anwendung untereinander erfährt der Symbolausdruck eine entspannende Wirkung sowie einen orientierenden Effekt. Die Vereinigungsfunktion der Symbole kann zu einer gewünschten Entspannung führen, während sich die orientierende Wirkung aus den beiden anderen Funktionen der Offenbarung und der Adaption herleitet.

Im weiteren Verlauf dieser Arbeit sollen für die Bezeichnung „Symbol" diejenigen spezifischen Sachverhalte wissenschaftlich erforscht werden, die vorwiegend auf der psychoanalytischen Sinnebene miteinander korrespondieren, da erwiesenermaßen die Aussagen, die das Wachbewusstsein nicht zulässt, in symbolischer Form zum Ausdruck gelangen.

Im Symbol versteckt sich der eigentliche Inhalt in der Weise, dass er die bewusste Zensur umgehen kann, wobei ersichtlich wird, dass es sich nicht um eine offenkundige Bedeutung des Symbols handelt, sondern diese erst aus dem Zusammenhang erschlossen werden kann. Wichtigstes Merkmal der echten Symbolik ist die Darstellung von unbewusstem Material, das nach Freud und Jung auf einer entwicklungsgeschichtlichen Grundlage basiert und jedes Individuum beziehungsweise jede ethnologische Gruppe betrifft. Im Vergleich zur unendlichen Anzahl der Symbole, ist die Zahl der Vorstellungen, die symbolisiert werden können, verhältnismäßig gering, da sich die symbolisierten Inhalte zumeist nur auf das psychische Selbst, auf Geburt, Tod, Liebe und den engsten Familienkreis beschränken. Nach der Enthüllung des Symbols tritt immer eine bewusste Reaktion charakteristischerweise in der Form des Unglaubens und der Überraschung ein, die kunstpsychologisch betrachtet ein entspanntes Betrachtererlebnis nicht nur zulässt, sondern auch fördert, womit die positive Arbeit mit Symbolen und ihrer Interpretation vorläufig erwiesen wäre.

Ich sollte hier einräumen, dass ich bei dem Begriff der Kunst an das denke, was das Wesen der Dinge sichtbar macht. Es ist mir ziemlich gleich, ob es von der Natur oder vom Menschen, durch Handarbeit oder maschinell, absichtlich oder unabsichtlich gemacht worden ist. Es kommt einzig darauf an, ob die Gestalt dafür sorgt, dass meine Augen das Gesehene auch verstehen können. Ist das der Fall, dann nenne ich es Kunst.

R. Arnheim

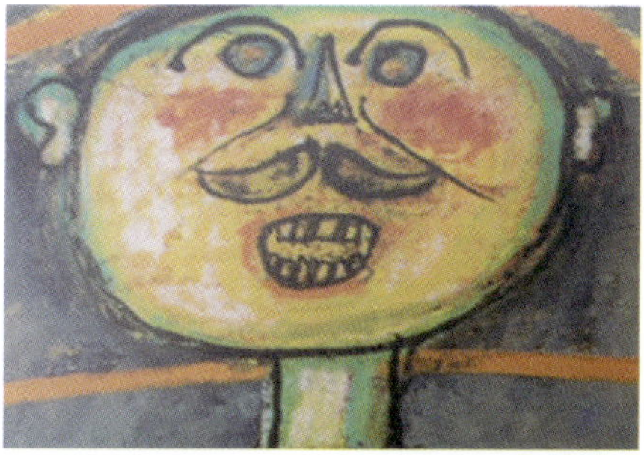

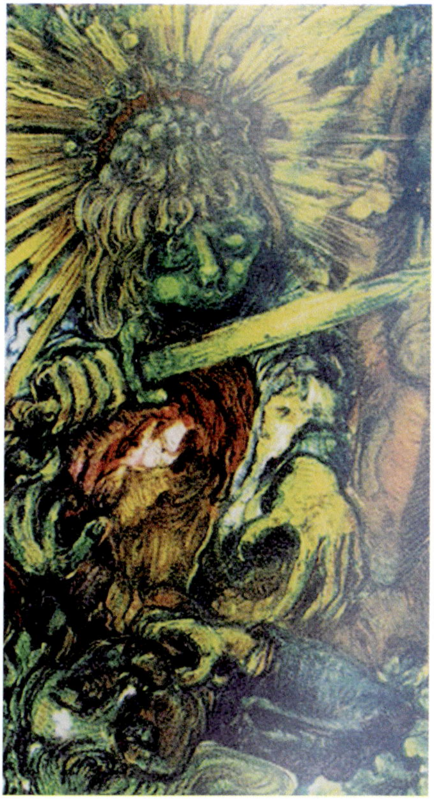

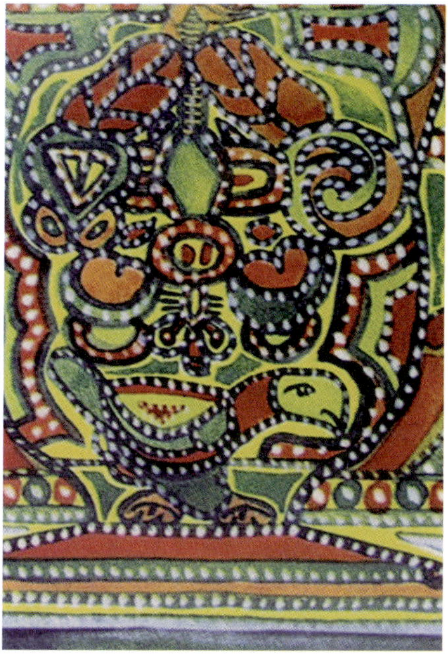

2. Interaktionale Diskrepanz bei der Wahrnehmung allgemeiner Symbolik

Die psychologisch geprägte Symbolik, ihre sinnliche Wahrnehmung und psychoanalytische Entschlüsselung bildet einen Schwerpunkt dieser Arbeit im Hinblick auf die Vermittlung kunstpädagogischer Anwendungsbeispiele. Im Vordergrund der Arbeit steht die Analyse mit anschließender Reflexion über symbolische Inhalte, seien es psychoanalytische Auswertungen bestimmter Trauminhalte oder Untersuchungen kunstpsychologischer Prozesse in Verbindung zum Betrachtererlebnis, sowie in Korrelation zum Kunstwerk. Symbole erkennen, sie analysieren zu können, mit ihnen über die künstlerischen Empfindungen hinaus in Kontakt zu treten, all dies sind Aufgabenstellungen für einen Kunstunterricht, der im Gegensatz zu einer medialen Zeitstruktur die Rückbesinnung auf innere Werte wie Gefühl und Emotion fördert.

Da man sich aufgrund neuerer soziologischer Kunsttheorien dem technologischen Fortschritt nicht verschließen darf, sollte an dieser Stelle eine kombinatorische Kunstpädagogik mit Entspannung und Anspannung maßgebend, sowie richtungsweisend in Form einer vermindert leistungsorientierten Arbeit ihre Anwendung finden. Der wissenschaftliche Einstieg in dieses Kapitel wird durch eine psychologisch geprägte Grundlagenforschung ermöglicht. Dabei werden allgemeine psychologische Modelle erklärt, um anschließend über das weit gespannte Feld der Wahrnehmung zu dem eigentlichen Bewusstsein des Menschen zu gelangen, das ihm im psychoanalytischen Sinn mithilfe des Unterbewusstseins die Fähigkeit zur Symbolbildung erleichtert.

Symbole im Kunstwerk ausfindig zu machen, sie interpretieren zu können, steht in Abhängigkeit zur Persönlichkeitsstruktur des menschlichen Individuums und wird durch die Speicherung des Gesehenen im Gedächtnis sowie durch Motivation und emotionale Elemente geprägt. Kunstpsychologische Prozesse werden hierbei genauso berücksichtigt, wie die Zusammenhänge von künstlerischen Qualitäten zu genuitiv - krankhaftem Verhalten, unter Berücksichtigung der in dieser Kunst inhaltlich vertretenen Symbolanwendung. Über Freuds Traumanalyse, ihre Inhalte und Symbolik gelangt man zu dem Individuationsprozess, den Jung als wichtigen Schritt zur Ausprägung des eigenen „Selbst“ ansieht und der die Hintergründe zur menschlichen Fähigkeit der Symbolbildung aufzeigt.

Um die anschließende Transformation des Bildes zum Symbol erforschen zu können, bietet sich ein Diskurs über Reizeinwirkung, Reizaufnahme und Reizselektion an, die maßgeblich an der Umsetzung von bioelektrischen Signalen und somit von Farb- und Objektwahrnehmung beteiligt sind. Alle soeben genannten

Prozesse der sinnlichen Wahrnehmung führen bezüglich des Kunstwerks und seiner kunstpsychologischen Betrachtung zur Modifikation der bildlichen Form in Richtung einer symbolischen Sichtweise, die unter Anleitung erlernt werden sollte, um einer möglichen Orientierungslosigkeit vorzubeugen. Erwartungshaltung und Reaktionen des Kunstbetrachters weisen auf die im Unterbewusstsein angelegten kunstpsychologischen Prozesse hin, die mit der Betrachtung des Kunstwerks in direktem Zusammenhang stehen. Im Mittelpunkt der Betrachtung steht weiterhin die Ausbildung des „Selbst“, die im kunstpädagogischen Sinne ihre Förderung mittels des Kunstunterrichts und innerhalb der ästhetischen Erziehung erfährt. Um dieser Thematisierung des Selbst auch gerecht werden zu können, ist auf die veränderte Stellung des Kunstbetrachters zum Kunstkonsumenten hinzuweisen, dem in einer von neuen Technologien geprägten Welt eine angepasste Form der visuellen Kommunikation zuteil wird. Er steht nicht mehr nur vor dem Kunstwerk, sondern ist vielmehr in der Lage, es zu rezipieren, in den Bildinhalt einzudringen, den Kern der Aussage zu analysieren, um auf diesem Wege, wenn auch unbewusst seiner Selbstbildung beziehungsweise Selbstfindung näher zu kommen. Kunstbetrachtung wird somit zu einem tiefenpsychologischen Erlebnis, das, wenn es zu einer Befriedigung der Sinne kommt, mit nachfolgender Entspannung einhergehen kann, die basierend auf den neueren Forschungsergebnissen der Kunstpsychologie bis zur Lustbefriedigung führt.

2.1 Psychologische Grundlagen der Entschlüsselung

Im 19. Jahrhundert begann Wilhelm Wundt mit der Erforschung bestimmter Elemente des Bewusstseins, denen der Empfindungen und begründete somit die wissenschaftliche Psychologie. Während man sich zunächst auf das direkt beobachtete Verhalten konzentrierte, so gehören heute das offene Verhalten, das Erleben und das Bewusstsein zu den Forschungsbereichen der modernen Psychologie, wobei in dem Verhalten zumeist innere Funktionen und Prozesse mit eingeschlossen sind. Um spezifischen Fragestellungen innerhalb der Psychologie gerecht zu werden, können zur Klärung gewisse Modellstrukturen beitragen, die sich nach dem heutigen Stand der Forschung mit jeweiligen psychologischen Prozessen des menschlichen Individuums auseinandersetzen. In dieser Arbeit werden die Grundlagen des biopsychologischen, des psychodynamischen, des behavioristischen, des kognitiven und humanistischen Modells kurz umrissen, um des weiteren auf die Folgen für die heutige Psychologie und deren Anwendung eingehen zu können. Die psychologische Forschung auf dem Gebiet der biopsychologischen Modelle setzt sich vor allem mit dem Verhalten bezüglich biopsychologischer Prozesse in Bezug auf die verschiedenen Gehirnmechanismen auseinander. Daraus folgt allerdings die reduktionistische Annahme, dass das Verhalten als eine Art von psychologischer Funktionsebene lediglich durch biologische Strukturen und Prozesse erklärt werden kann.

Die von Sigmund Freud begründete Psychoanalyse leistete den entscheidenden Beitrag zu einem psychodynamischen Modell, in dessen Verlauf das Verhalten untersucht wird, das durch Triebkräfte, innere Konflikte und Motivationen gesteuert wird, die allesamt wiederum unbewusst als auch bewusst auftreten können. Konflikthafte Erfahrungen, die das Verhalten eines Menschen über sein ganzes Leben beeinflussen, treten oft in verhüllter Form, zum Beispiel durch die Archetypenmuster oder durch Symbolbildung ins Bewusstsein des Individuums. Um unerwünschte egoistische, sexuelle und destruktive Impulse aus dem Bewusstsein vorläufig zu verdrängen, werden soziale Mechanismen entwickelt, die genau auf dieses psychologische Fehlverhalten ausgerichtet sind. In diesem Sinne ist die Psychoanalyse als Persönlichkeitstheorie und gleichzeitige Therapiemethode zu verstehen. Das von Freud erforschte Unbewusste, das den Mittelpunkt seines Konzepts bildet, ist in der Form von Gedanken, Einstellungen Impulsen, Wünschen, Beweggründen und Gefühlen zu betrachten, deren Zugang der menschlichen Bewusstseinsbildung verweigert wird. Im Unterschied dazu werden nach dem behavioristischen Modell, das John B. Watson entwickelte, Verhaltensreaktionen durch bestimmte Reize, sogenannte Stimuli aus der Umgebung des menschlichen Individuums determiniert. Diese psychologische Schulrichtung prägte in grundlegender Art und Weise die amerikanische Psychologie und bestimmte in Deutschland die Forschung der Sechziger und Siebziger Jahre. Psychische Phänomene werden im Behavioristischen Modell als Reiz – Reaktions – Zusammenhänge beschrieben, wobei als Fachausdrücke englische Begriffe verwandt werden. „Stimulus" steht dabei für den Reiz und „Response" für die untersuchte Reaktion, so dass als Abkürzung immer von der S – R – Psychologie die Rede ist. Innerhalb dieses Modells besteht die Aufgabe des Psychologen darin, die funktionalen Beziehungen zwischen dem Verhalten und den Reizen zu identifizieren. Eine weitere psychologische Schulrichtung orientiert sich am kognitiven Modell, das alle Prozesse und Strukturen des Wissens und Erkennens untersucht, indem die Kognitionen als Informationsprozesse angesehen werden, die zwischen dem „Reizinput" und dem „Verhaltensoutput" bestehen. Diese beeinflussen den Menschen in der Weise, dass er in die Lage versetzt wird, seine objektive Welt in eine subjektive Welt zu transformieren, die danach mit Bedeutung versehen ist und somit sein Handeln bestimmt.

Der kognitive Ansatz findet in vielen Bereichen der Psychologie seine Anwendung wie zum Beispiel in der Therapie, der Stressforschung, der Sozialpsychologie und der Entwicklungspsychologie. In Zusammenhang der kognitionspsychologischen Forschung ist des weiteren der Einfluss der Gestaltpsychologie zu nennen, die sich auf die Organisation der menschlichen Erfahrung und der zugrunde liegenden Reizmuster bezieht, wonach das Ganze mehr sein soll als die Summe seiner Teile. Gestaltpsychologen erforschen das menschliche Individuum hinsichtlich der Wahrnehmung von Bewegung, der Einschätzung von Größenverhältnissen und der visuellen Auffassungsgabe von Farben bei unterschiedlicher Beleuchtung. Resultierend aus dieser Art der Untersuchungen erhält man wahrnehmungszentrierte Erklärungen für bestimmte Lernstrukturen, für das Gedächtnis und als Hilfestellung bei Problemlösungsprozessen.

Das humanistische Modell hebt die Fähigkeit des Menschen hervor, selbständig vernünftige Entscheidungen treffen zu können, was aus einer gewissen Kompetenz und seinem Wachstumspotential hervorgeht. Ansatzweise ergeben sich daraus Leitlinien für Therapie und Beratung, die auf dem Prinzip der Selbstregulation aufbauen. Im weiteren Verlauf der Arbeit wird explizit auf das psychodynamische Modell mit seinen psychoanalytischen Ansätzen und das kognitiv ausgerichtete Modell mit lernzentrierten Strukturmechanismen eingegangen.

Bevor jedoch ein grundlegender Vergleich möglich wird, muss man sich mit den Grundlagen der Wahrnehmung auseinandersetzen, die egal auf welcher Ebene unser Leben entscheidend beeinflussen. *Wahrnehmung ist ein konstruktiver Prozess, der die sensorische Stimulation überschreitet, um zu entdecken, welche Gegenstände in der uns umgebenden Welt existieren* (Zimbardo, 1995, S. 207). Ausgehend von den auf uns einströmenden Informationen besteht die Hauptaufgabe der Wahrnehmung darin, diese proximalen Reize zu prüfen und festzustellen, was der distale Reiz ist. Zur Vereinfachung sollte man sich den Wahrnehmungsprozess als ein dreistufiges Modell vor Augen führen, auf dessen erster Stufe die sensorischen Sinnesempfindungen kodiert, das heißt verschlüsselt werden, um eine anschließende Analyse zu ermöglichen. Versteht man daraus folgend die Wahrnehmung im engeren Sinne, so werden Informationen zusammengefasst und organisiert, um des weiteren auf der Stufe einer Klassifikation als Objekte identifiziert und kategorisiert werden zu können.

Die Wahrnehmung einzelner Teile zu einem Ganzen ist auch immer abhängig von dem Bezugsrahmen, der sie umgibt. Das menschliche Individuum neigt dazu, diese Teile vornehmlich in einem räumlichen und zeitlichen Kontext, in dem sie erfahrbar werden, zu organisieren und interpretieren. Genauso wird der Bezugsrahmen meist als fest und die Teile als beweglich angesehen, unabhängig, wie die Gegebenheiten der sensorischen Stimulation verlaufen. Obwohl sich die Merkmale der Netzhautbilder ständig verändern, besteht ein Interesse daran, die abgebildeten Gegenstände in beständiger Größe, Form und Position wahrzunehmen. Das bereits vorher erworbene Wissen verstärkt diese bestimmten Wahrnehmungskonstanzen, die nur unter extremen Bedingungen zusammenbrechen können. Ansonsten zeigt die Untersuchung von Wahrnehmungskonstanzen, dass die Hauptfunktion der Wahrnehmung darin besteht, unveränderliche Merkmale von veränderlichen Reizen zu entdecken. An dieser Stelle sei wieder auf die Mehrdeutigkeit des Symbols hingewiesen, die wahrnehmungstechnisch dadurch zustande kommt, dass ein und dieselbe Information zu unterschiedlichen Perzepten organisiert werden kann, wobei dasselbe Perzept wiederum eine unterschiedliche Klassifikation und Interpretation erfährt. Die Klassifikation als dritte Stufe der Wahrnehmung beinhaltet die Identifikation von Objekten, die mithilfe von Top – Down – Prozessen eine Bedeutung erhalten. Hiermit sind Prozesse gemeint, die Gedächtnis, Motivation und Persönlichkeitseigenschaften zur Entschlüsselung heranziehen.

Die Wahrnehmung umfasst also alle Reize aus der Umwelt und aus dem Körperinnern, die über die Sinnesorgane aufgenommen und im Großhirn verarbeitet werden, mit dem Ziel, sich durch einen Gewinn an Informationen in der Umwelt bestmöglich zurechtzufinden. Unter Wahrnehmungsvorgängen versteht man also alle komplexen psychischen Prozesse, die aus Sinnesempfindungen und Erfahrungen bestehen. Der Einsatz des Willens kann lediglich die Aufmerksamkeit auf bestimmte Reize erhöhen, um eine optimale Organismusanpassung zu ermöglichen. *Mithilfe von Wahrnehmungen erkennen wir also den gegenwärtigen Zustand unserer Umwelt und dessen Veränderung, gewinnen also unser Weltbild* (Leibold, 1988, S. 445). All diese Wahrnehmungsvorgänge unterstehen jedoch einer niemals vollkommenen Objektivität. Der Mensch wird nie die objektive Wirklichkeit bemerken können, da seine Realität eine eigene ist und immer von Erfahrungen und Interessen geprägt wird. Wie und was man von der Umwelt wahrnimmt, bestimmt des Weiteren das Alter, das Geschlecht, der Beruf, die soziale Schicht und Kulturzugehörigkeit des jeweiligen Menschen. Mithilfe der Wahrnehmung kann eine subjektive Eigenwelt geschaffen werden, die sich mit jedem Individuum verändert und mit ihm auch wieder vergeht. Diese subjektiven Wahrnehmungsunterschiede können so grundlegend ausgeprägt sein, dass selbst zwei Menschen aufgrund ihrer unterschiedlichen Wahrnehmung in verschiedenen Welten beziehungsweise Realitäten leben können. Während die traditionelle Psychologie die Wahrnehmung aus der Assoziation von einzelnen Elementen erklärt, die sich dann zu einer Ganzheit zusammenfügen lassen, betrachtet die moderne Psychologie die Wahrnehmungsobjekte als Gesamtgestalt, womit den Objekten eine Eigenschaft zukommt, die nicht in ihren Teilen, sondern in ihrer Gestaltsqualität begründet liegt, die der Mensch im Wahrnehmungsakt zuerst erfassen kann. Das Chaos der Reize, die auf unsere Sinnesorgane treffen, werden somit über die Fähigkeit zur Wahrnehmung von Gestalten in eine gewisse Ordnung gebracht, worüber die Gestaltpsychologie näher definiert wäre. Ein weiterer Unterschied in der Wahrnehmung von Realitäten beziehungsweise der objektiven Wirklichkeit besteht durch die unterschiedliche Ausprägung der Sinnesorgane beim Menschen, die zu individuell verschiedenen Weltbildern führen kann. Im Vordergrund können optische Wahrnehmungen stehen, wobei manch andere Menschen den akustischen oder haptischen Wahrnehmungen den Vorzug geben. Betrachtet man den Wahrnehmungsakt unter biopsychologischen und physiologischen Gesichtspunkten, so gelangt man zu der Schlussfolgerung, dass dieser ein mehrstufiger Prozess ist. Bei der visuellen Wahrnehmung erfolgt eine Übertragung der angeblickten Gegenstände oder Ausschnitte als strukturierte Lichtwellenmuster in das Auge. Von den Rezeptoren werden diese in elektrische Signale umgewandelt und an die neuronalen Systeme weitergeleitet, die diese wiederum verarbeiten. Diese einzelnen Verarbeitungsprozesse führen zu der eigentlichen Wahrnehmung, die nicht nur über physiologische Schritte zustande kommt, sondern an der auch kognitive Prozesse wie Denken und Erinnern beteiligt sind. *Bei der Untersuchung des Wahrnehmungsprozesses können wir drei unterschiedliche Arten von Fragen stellen: die Frage nach den Reizinformationen, die Frage nach den physiologischen Grundlagen und die Frage nach den kognitiven Einflüssen. Jede führt zu spezifischen Einsichten über und Sichtweisen auf den Wahrnehmungsprozess* (Goldstein, 2001, S. 34).

Die physiologische Entschlüsselung der Wahrnehmung begann Anfang des 20. Jahrhunderts, indem der Aufbau des Neurons und die wesentlichen Elemente Wahrnehmung bekannt waren. In den zwanziger Jahren erzielte man einen der wichtigsten Fortschritte auf diesem Gebiet, indem man erstmalig in der Lage war, elektrische Signale von Neuronen abzuleiten. Das Neuron kann Signale über weite Entfernungen leiten und zudem Veränderungen der Reizintensität melden, womit es die Fähigkeit besitzt, einen Beitrag zur Informationsübertragung zu leisten. Diese Informationen werden zunächst in Form von Signalen über kleine Spalten, den Synapsen hinweg, mithilfe chemischer Substanzen, den sogenannten Neurotransmittern von einem Neuron zum anderen übertragen. Diese Substanzen üben eine erregende oder hemmende Wirkung auf das nächste Neuron aus, womit das Problem der sensorischen Codierung auftaucht, wie Nervenimpulse also überhaupt Umwelteigenschaften repräsentieren können. Reizeinwirkung und Reizintensität sind also von immenser Bedeutung für den eigentlichen Wahrnehmungsvorgang und die Informationsverarbeitung im Gehirn. Ständig werden Informationen an den Organismus übermittelt, die er für sein Handeln braucht oder die ihm bei der Bewältigung bestimmter Lebenssituationen helfen sollen. Dies ist eine der primären und allgemeinsten Funktionen der physikalischen Reizeinwirkung auf das menschliche Individuum. *Die Art der Reizeinwirkung, der ein Individuum in den verschiedenen Stadien seines Lebens ausgesetzt ist, übt einen beträchtlichen prägenden Einfluss auf die Leistungsfähigkeit und Funktionstüchtigkeit des Organismus aus* (Wittling, 1976, S. 11). Ein visueller Wahrnehmungseindruck kann nur dann zustande kommen, wenn ein adäquater physikalischer Reiz auf das optische System trifft. Adäquat bedeutet in dieser Hinsicht, dass der Lichtreiz, der auf das menschliche Auge trifft, einer bestimmten Intensität entsprechen muss, um überhaupt vom Gehirn registriert zu werden. Dazu muss dieser Lichtreiz die absolute Schwelle der Lichtempfindlichkeit des Auges überschreiten und durch die Zeitdauer der Reizeinwirkung determiniert werden.

Die auslösende Reizsituation wird nie zeitgleich mit dem Wahrnehmungseindruck auftreten können, sondern immer um einen bestimmten Zeitbetrag verschoben sein, somit der sogenannten Latenzzeit folgen. Nachweislich wird der Wahrnehmungseindruck nicht schlagartig mit der Reizeinwirkung beendet, sondern klingt erst allmählich ab und ist daher während einer bestimmten Zeit, der visuellen Persistenzzeit noch präsent. Es besteht demnach ein zeitlicher Zusammenhang zwischen Reizeinwirkung und Wahrnehmung, der von den Phänomenen der visuellen Latenz und Persistenz gekennzeichnet ist. Eine spezifische Art der Wahrnehmung, die an dieser Stelle noch erwähnt werden sollte, ist die der visuellen Bewegungswahrnehmung, die sich in der Evolution schon früh entwickelte, da das Überleben eng mit dieser Art der Wahrnehmung verknüpft war. Anders als die üblichen Reizmuster, gestaltet sich die Bewegung in der Weise als viel komplexer als dass sie nicht nur die Abbildung eines Lichtpunktes darstellt, der sich über die Netzhaut bewegt.

Alle Arten von Informationen über unsere Welt werden in Form der Bewegung an uns geliefert, mit deren Hilfe wir unter anderem in die Lage versetzt werden, dreidimensionale Körper zu erkennen, das eigene Gleichgewicht zu halten und uns zielgerichtet in unserer Umwelt fortzubewegen. Über die Bewegungswahrnehmung hinaus treten wir somit in eine Interaktion mit der Umwelt und ihren Strukturen. Im Hinblick auf die verschiedenen Wahrnehmungsprozesse und die damit verbundene kunstpsychologische Forschung sollte hier unbedingt auch auf das haptisch – somatische System hingewiesen werden, das die Hautsinne und Haltungssinne umfasst. Aufgrund der Reizung der Rezeptorsysteme der Haut können dort Berührungen wahrgenommen werden, während das propriozeptive beziehungsweise kinästhetische System in Form der Haltungssinne besonders wichtig ist, da es die Koordinationsbewegung zwischen Gliedmaßen und Fingern signalisiert und in dem Sinne auch steuert. Anatomisch betrachtet weist das somatosensorische System eine gewisse Parallele zum visuellen

System auf, indem es genauso über verschiedene Rezeptoren und parallel zum Cortex aufsteigende Bahnen verfügt. Das aktive Berühren wird in dem Moment wahrgenommen, sobald man die Oberfläche eines Gegenstands durch Fingerbewegung abtastet. Psychophysische Untersuchungen des aktiven Berührens befassen sich schwerpunktmäßig mit dem subjektiven Erleben des aktiven und passiven Berührens, sowie auch mit der Fähigkeit von Personen bestimmte Gegenstände aufgrund dieser Berührung zu erkennen.

Über die soeben genannten frühesten Stufen der Wahrnehmung, bei der eine Informationsverarbeitung ohne Aufmerksamkeitssteuerung eintritt, gelangt man zu dem Bewusstsein, außerhalb dessen eine Informationsverarbeitung nicht bewusst, unterbewusst oder unbewusst sein kann. Bewusstsein steht als allgemeiner Begriff für die Bewusstheit, die sich aus den unmittelbaren Erfahrungen ableiten lässt. Der Begriff schließt sowohl den Zustand des bewussten Erlebens, wie auch ein gewisses Gefühl des Selbst mit ein. Das Bewusstsein ermöglicht uns, all das, was wir bemerken, zu selektieren, die Fülle von Erfahrungen zu unterteilen und die für uns relevanten Gedächtnisinhalte überlegt einzusetzen, damit die Repräsentation der Wirklichkeit auf das Genaueste konstruiert werden kann. Konzentrierte Bewusstheit ist mit Aufmerksamkeit gleichzusetzen, da nur in diesem Zustand höhere geistige Prozesse ablaufen können.

Der Aufmerksamkeitsprozess funktioniert wie ein selektiver Filter, der wie ein abgestuft arbeitender Mechanismus Input und Wissen integriert, wobei seiner Kapazität Grenzen gesetzt sind, die lediglich durch Lernen einer Erweiterung näherkommen. Tagträume, Fantasien, Schlaf und Träume zählen zu den alltäglichen Bewusstseinsveränderungen, während Halluzinationen, hypnotische Zustände und Veränderungen des Bewusstseins mittels Drogen zu erweiterten Bewusstseinszuständen führen, auf die noch in Kapitel 4. in Bezug auf die autobiografischen Erfahrungen einzelner Künstler genauestens eingegangen wird. Bestimmte chemische Substanzen zählen zu den bewusstseinsverändernden Drogen, die sowohl innere Prozesse wie auch äußeres Verhalten beeinflussen, indem sie für eine gewisse Zeit die Wahrnehmung verändern und eine falsche Realität vortäuschen. Biophysiologisch wirken sie in der Form, dass sie die eben erwähnten Aktivitäten der Neurotransmitter an den Synapsen blockieren, verstärken oder verlängern.

Die normativen Funktionen des Bewusstseins überwachen zum einen unser Selbst, so dass wir uns darüber bewusst sind, was sich innerhalb unseres Körpers und in unserer Umgebung ereignet. In anderer Hinsicht steuern sie unsere Handlungen in der Art und Weise, dass sie mit Ereignissen in der äußeren Welt koordiniert werden können. Es gibt aber auch Ereignisse, die unser Bewusstsein beeinflussen, obwohl sie sich in einem bestimmten Zeitraum nicht im Zentrum unserer Aufmerksamkeit befinden. Zu diesen Ereignissen zählen vorbewusste Erinnerungen, die zwar jederzeit abrufbar sind, aber zum jeweiligen Zeitpunkt nicht unbedingt einen Bestandteil des Bewusstseins bilden. Ereignisse, die unterbewusst auf uns einwirken, beeinflussen unser Verhalten obwohl man sich ihrer Wahrnehmung gar nicht bewusst ist. *Nach der psychoanalytischen Theorie sind manche emotional schmerzvollen Erinnerungen und Impulse dem Bewusstsein nicht zugänglich, weil sie verdrängt – das heißt, ins Unbewusste verschoben – wurden* (Atkinson, 2001, S. 223). Unser Verhalten wird zwar von unbewussten Gedanken und Impulsen beeinflusst, obwohl diese nur auf indirektem Wege in unser Bewusstsein gelangen können wie zum Beispiel über den Weg des Traums oder über sonstiges irrationales Verhalten, das durch besondere Umstände hervorgerufen werden kann. Unter Punkt 2.3 wird später noch erläutert, in welcher Weise Freud den Träumen psychische Ursachen zuschrieb, indem er zwischen manifesten und latenten Trauminhalten unterschied und in den Träumen verkleidete Wünsche begründet sah. Innerhalb der Psychoanalyse dient das Bewusstsein zudem der Orientierung und Realitätsanpassung, womit es unter anderem einer der Ich – Funktionen zugeordnet wird. In der modernen kritischen Psychologie vertritt man mittlerweile die Auffassung, dass Träumen ein kognitiver Prozess sei, der lediglich die Sorgen und emotionalen Anliegen eines Individuums in visuell aufbereiteter Form darstellt. Das Bewusstsein kann im Gegensatz zum Unbewussten, das willentlich nicht beeinflussbar ist, zum Beispiel durch Aufmerksamkeit willentlich auf etwas gelenkt werden. Es steht unter Mitwirkung aller Sinnesorgane sowie des Denkens, des Fühlens und des Wollens als Begriff für das Innesein des Selbst und das der Umwelt.

Über die Wahrnehmung und Verarbeitung von Informationen gelangt man schließlich zur Gedächtnisleistung als einer Form des Erinnerns, die sich in ein dreistufiges System unterteilen lässt. Demnach werden Informationen, die unsere Sinne erreichen, zunächst enkodiert, danach abgespeichert, um später je nach Bedarf wieder abgerufen werden zu können. Für diese Leistung stehen mit dem sensorischen Gedächtnis, dem Kurzzeitgedächtnis und dem Langzeitgedächtnis drei Gedächtnissysteme zur Verfügung. Das sensorische Gedächtnis verfügt über eine große Aufnahmekapazität, die aber nur für kurze Zeit abgespeichert werden kann und deren Enkodierung mittels Reizenergie in einen neuronalen Code umgewandelt wird. Sensorische Informationen erfahren ihre Übertragung an das Kurzzeitgedächtnis über die Aufmerksamkeit und Mustererkennung. Dort besteht auch nur eine begrenzte Aufnahmekapazität, die ohne jegliche Wiederholung immer nur auf kurze Dauer gespeichert wird, obwohl an dieser Stelle die Informationen doch bewusst verarbeitet werden. Da das Kurzzeitgedächtnis einen Teil unserer psychologischen Gegenwart bildet und Material aus dem sensorischen beziehungsweise dem Langzeitgedächtnis erhalten kann, bezeichnet man es auch als Arbeitsgedächtnis. Dagegen bestehen die Inhalte des Langzeitgedächtnisses aus dem gesammelten Wissen einer Person über seine Umwelt und das eigene Selbst, womit auch die unbegrenzte Speicherkapazität zu erklären wäre. Je vertrauter einem selbst das bewusst abgespeicherte Material erscheint und je besser man es organisatorisch wieder abrufen kann, umso effektiver gestaltet sich das Behalten von enkodierten Informationen.

Diese Aussage verweist auf das explizite Gedächtnis das mit gewissen Arten von Behaltensleistungen gekennzeichnet ist, bei denen wir uns bewusst an Vergangenes erinnern. *Das implizite Gedächtnis manifestiert sich dagegen in Verbesserungen bei perzeptiven, motorischen oder kognitiven Aufgaben, ohne dass wir uns dabei bewusst an die Erfahrungen erinnern könnten, die zu diesen Verbesserungen geführt haben* (Atkinson, 2001, S. 295). Treten Formen von Amnesien auf, so bricht das explizite Gedächtnis, das die Wiedergabe von faktischen Informationen gewährleistet, zusammen, während das implizite Gedächtnis weiterhin normal funktioniert. Unter diesem Gesichtspunkt vermutet man in der Forschung, dass sowohl für das explizite wie auch für das implizite Gedächtnis getrennte Speichersysteme zuständig sind. Der Erinnerungsprozess, der aus einer vorangegangenen Gedächtnisleistung resultiert, ist ein konstruktiver Prozess und mit dem eines mechanischen Aufzeichnens nicht zu vergleichen. Das menschliche Individuum erinnert sich nur an das, woran es sich auch erinnern will und auf dessen Erinnerung es auch vorbereitet ist. Dies gelingt vielfach durch den Aufbau gewisser Schematas, die bei den konstruktiven Gedächtnisprozessen eine wichtige Rolle spielen. Es handelt sich dabei um kognitive Strukturen, die schon aus vergangenen Erfahrungen resultieren und damit neue Erwartungen sowie einen Interpretationskontext für neue Erfahrungen bereitstellen, womit sie den Menschen in der Hinsicht der gewünschten Erinnerungen beeinflussen, vorausgesetzt dieser ist auch genügend motiviert für diese Art der Erinnerungsleistung.

Motivation dient unter anderem dazu, körperliche wie psychische Aktivitäten aufrechtzuerhalten beziehungsweise diese, wenn nötig zu regulieren, um bei einer eventuell eintretenden Mangelmotivation ein Equilibrium wiederherstellen zu können. In der Motivationsforschung spiegeln humanistische Ansätze angeborene menschliche Bedürfnisse in der Form wieder, dass der Mensch erst dann durch höhere Bedürfnisse psychischer Art motiviert wird, wenn niedrigere biologische Bedürfnisse schon befriedigt sind. Diese motivationalen Zustände werden sowohl von inneren Triebfaktoren wie auch äußeren Anreizfaktoren bestimmt. Während die Anreize das Ziel jedes motivierten Handelns bilden, der normalerweise eine Belohnung folgt, dienen die Triebfaktoren eher der Homöostase, der Aufrechterhaltung des stabilen inneren Zustandes, der wiederum gekennzeichnet ist durch den Sollwert, den Istwert und schließlich durch die Reaktion, die annähernd dem tatsächlichen Zustand entgegenkommt. Im Hinblick auf die unter Punkt 2.4 aufgeführten kunstpsychologischen Grundlagen sei an dieser Stelle erwähnt, dass der Mensch über die Leistungsmotivation und Bedürfnisbefriedigung hinaus Fantasien entwickelt, die als Reaktion auf Bilder mit mehrdeutigem Inhalt entstehen.

Um ein Kunstwerk beziehungsweise die in ihm enthaltene Symbolik entschlüsseln zu können, ist die Untersuchung der an diesem Vorgang beteiligten Emotionen und die der eigenen Persönlichkeit unbedingt erforderlich. Emotionen sind komplexe Muster von physiologischen Veränderungen, die als Reaktion auf bedeutsame persönliche Situationen auftreten. Erregung, kognitive Prozesse und Verhaltensweisen umfassen die physiologische Reaktion auf innere und äußere Reize sowie Gedanken und Kognitionen, die diese Reaktionen begleiten. Über die universell erkennbaren Emotionen wie zum Beispiel Fröhlichkeit, Wut, Furcht, Traurigkeit, Ekel und Verachtung hinaus gestattet der Gesichtsausdruck die Kommunikation von Emotionen, die durch sozial verankerte Darstellungsregeln angeben, unter welchen Bedingungen es angemessen ist, eine bestimmte Emotion auch zu zeigen. Hinsichtlich des Kunstwerks beeinflusst die emotionale Stimmung die Beurteilung von Objekten und Menschen als auch die Einschätzung der Zukunftsaussichten so wie die jeweilige Persönlichkeitsstruktur die Vorstellungen des Kunstkonsumenten beeinflusst. *Persönlichkeit ist das, was ein Individuum charakterisiert – was an einer Person über unterschiedliche Situationen und über die Zeit hinweg typisch und einzigartig ist* (Zimbardo, 1995, S. 506). Aufgrund dieser Betrachtungsweise untersuchen Persönlichkeitstheoretiker die gesamte Person als Summe von verschiedenen Prozessen, wie denen der Gefühle, Gedanken und Handlungen.

Innerhalb Freuds Strukturmodell der Persönlichkeit bildet das Es den primitivsten Teil, aus dem sich die anderen Subsysteme entwickeln und das immer dem Lustprinzip folgt. Das Ich dagegen folgt dem Realitätsprinzip und entscheidet für sich, welche Impulse aus dem Es befriedigt werden sollen und auf welche Art und Weise. Im Über – Ich findet das Gewissen seine Repräsentation in Form von gesellschaftlichen Werten und Moralvorstellungen. *Nach Freud gleicht der menschliche Geist einem Eisberg: Sichtbar ist das Bewusste (die jeweils aktuellen Bewusstseinsinhalte), an der Wasseroberfläche ist das Vorbewusste (die potenziellen Bewusstseinsinhalte), und der größte Teil unter Wasser ist das Unbewusste (Wünsche, Impulse und Erinnerungen, die unser Denken und Handeln entscheidend beeinflussen)* (Atkinson, 2001, S. 445).

Hier kommt grundlegend der Mechanismus der Verdrängung zum Vorschein, bei dem bedrohliche Gedanken oder Impulse ins Unbewusste verlagert werden. Die Persönlichkeit eines Menschen bezieht sich somit auf die charakteristischen Gedankenmuster, Emotionen und Verhaltensweisen, die den individuellen Stil einer Person ausmacht, sobald sie eine Interaktion mit der physikalischen und sozialen Umwelt eingeht.

2.1.1 Informelle Kunst als Ausdrucksmittel innerer Seelenzustände in Form von Symbolen, Zeichen, Psychogrammen und Farbverläufen

Auf dem Wege der Entschlüsselung psychisch geprägter Symbolik ein Stück näher zu kommen, bietet sich eine genauere Untersuchung der informellen Kunst geradezu an. In Verbindung mit der Ecole de Paris werden zwei Künstler deutscher Abstammung genannt, die als die Erfinder und wichtigsten Anreger der abstrakten psychografischen Malerei gelten. Zum einen Hans Hartung, der 1904 in Leipzig geboren wird und im Alter von 31 Jahren nach Paris geht, um sich dieser Künstlergruppe anzuschließen, zum anderen Otto Wolfgang Schulze, genannt Wols. Seit 1922 experimentierte Hartung anhand von Aquarellen, um damit seine psychomotorischen Energien umzusetzen. Entwicklungsgeschichtlich betrachtet lehnen sich die ersten Arbeiten von Hartung an einen frühen Kandinsky an und suchen die Nähe zum deutschen Expressionismus. Später setzt er sich dann in seinen Werken mit dem Kubismus auseinander, ohne dabei das dynamisch – psychografische Verständnis der Form aus den Augen zu verlieren. In den dreißiger Jahren entstehen Arbeiten kalligrafischer Lineatur, die nach 1945 dann auf eine kraftvolle Handschrift deuten, mit der sich die angespannte Energie zu entladen vermag. Als eigentliches Thema des Bildes gestaltet sich eine Pinselschrift auf- und niederfahrender Striche, die sich kreuzen oder zu Bündeln vereinen und dem Auge des Betrachters einen möglichen zeitlichen Ablauf des Schaffensprozess in Form einer malerischen Bewegungsspur übermitteln. Der Vergleich einer direkten Niederschrift in geistiger Auseinandersetzung und erregter Spannung kommt diesem Malakt sehr nahe. Mitte der 50er Jahre ist eine Verdichtung des Balken- und Liniengeflechts in seinen Bildern erkennbar, wobei die Farbwerte beschränkt zum Einsatz kommen.

Ein Crescendo der Zeichen und Symbole ist die Folge von filigran gesetzten Linien, die den Raum förmlich zu zerschneiden scheinen. Die informelle Kunst von Hartung beinhaltet die Gegensätze Zufall und Ordnung, Chaos und Gestalt sowie energetische Bewegung und rhythmische Konstruktion, zeigt aber auch die Sehnsüchte, diese Gegensätze in einem Bild gleichzeitig aufheben zu wollen. Wols Kunst dagegen resultiert aus den negativ bedingten Lebensumständen und Erfahrungen im 2. Weltkrieg. Zu Beginn des Krieges wird er interniert, leidet unter den Qualen der Gefangenschaft und beginnt, gleich einer Therapie, mit der Aquarellmalerei, um die Geschehnisse verarbeiten zu können. Aus Verzweiflung konsumiert er zeitgleich zuviel Alkohol, was man thematisierend in seinen Bildern wiederfindet. An den vierzig informellen Werken ist genau abzulesen, dass hier ein Künstler zeitlebens leidend und aus seelischer Not heraus versucht, seine innersten Empfindungen mithilfe der Kunst und seiner selbst mitzuteilen. Er dringt dabei in die untersten Bewusstseinsschichten vor, in denen eine Steuerung durch den Intellekt nicht mehr möglich ist und die schöpferische Phase der Rationalität entzogen wird. Ähnlich wie bei der psychedelischen Kunst wirkt der Alkohol als ein Mittel, das zu einer gewissen Enthemmung beiträgt, in dem Fall wie bei Wols aber zur nahenden Zerstörung führt, die in seinen Werken deutlich erkennbar ist. Gemäß den wissenschaftlichen Traumanalysen von Carl Gustav Jung handelt es sich bei den Werken von Wols um initiierende Bilder, in deren Strichnetzen und psychischen Improvisationen der Betrachter ein hohes Maß an Verletzlichkeit und Sensibilität erfährt. Verschwimmende, formlose Farbverläufe und ein darin zu suchendes Strichwerk weisen Analogien zu den Werken von Jackson Pollock auf, der zur selben Zeit in Amerika mit seinen Allover – Paintings für Aufmerksamkeit sorgte. Letztendlich aber war die Psyche dem eigenen Schaffensprozess nicht mehr gewachsen, so dass Wols′ selbstzerstörerischer Prozess mit seinem Tod im Alter von nur 38 Jahren endete.

Der 1912 in Hagen geborene Emil Schumacher versuchte, in seinen Bildern die beiden wesentlichen Facetten der informellen Kunst zu vereinen. Struktur und expressive Gestik lässt er durch lebhafte Materialien auf farbigen Malgründen zum Ausdruck kommen. Schumachers Werke sind von Intensität und den malerischen Vorgängen sowie der Verbindung von Farb- und Linienverläufen geprägt. Sein Ausspruch: „Ich ziehe gerne Linien“ spiegelt sich unverkennbar in seinen Bildern wider. Bekannt ist, dass er sich zunächst auf unbewusste Art und Weise diese Linienstrukturen zunutze machte, später dann aber aus einer vielleicht noch verhaltenen Spontaneität heraus handelte. Bei der Betrachtung seiner Werke kann man sich des Gefühls nicht erwehren, dass sich hier ein Maler unentwegt auf ein neues Abenteuer einlässt und dieses auch bewusst sucht. Obwohl er auch schon in frühen Arbeiten an der Zerstörung von Materie interessiert ist und seine Linien förmlich in die Oberfläche eingräbt, so entsteht keine Malerei der Irritation, sondern nur eine Störung des Bildes auf materieller Ebene. Wie bei vielen anderen Künstlern des Informel wird auch hier die Oberfläche verletzt, aber mehr aus einer spirituellen Handlung heraus, um die Bereiche des Untergrundes zu erkunden. Es entstehen dabei fast geologisch anmutende Landschaften, die, so scheint es, jedenfalls mithilfe des ganzen Körpers, des Geistes und der Seele gemalt werden. Die nötige Spannung, die diese Bilder brauchen, um den Betrachter in ihren Bann zu ziehen, entsteht aus dem Gebrauch von Zeichen und Symbolen, die, wie immer man es auch interpretieren mag, doch auch hier aus den tieferen Bewusstseinsschichten an die Oberfläche dringen.

Karl Otto Götz, ein deutscher Maler, der in den 50er Jahren in Frankfurt am Main und in Paris lebte, sorgte mit der Entwicklung einer eigenen Malweise für Aufmerksamkeit, der sogenannten Rakeltechnik. Wie so oft in der Kunst des Informel liegt der Schwerpunkt in der eigentlichen symbolisch anmutenden Malaktion, dem Schaffensprozess. Ein seiner Meinung nach misslungenes Bild wird nicht nur weggeworfen, sondern auch noch durch den Vorgang des Auswischens zerstört, um erst dann einen Neuanfang wagen zu können. Götz beschrieb diesen Vorgang in der Art und Weise, dass er seine Wirbelbilder in nur drei bis vier Sekunden malt, während er jedoch zur Entwicklung dieser Malmethode drei bis vier Jahre brauchte. Er selbst gesteht, dass er manchmal bis zu 20 Bilder malt und wieder zerstört, bis die letzte für ihn geltende Version entsteht. Dies mag dann auch der Grund dafür sein, warum er letztendlich während der Bildentstehung zu einer Ausgewogenheit von spontanen, reflexiven und emotional – rationalen Momenten gelangt, die mitunter symbolische Charakterzüge tragen. An dieser Stelle sollte unbedingt noch auf das Konträre in der Kunst von Tapies und Pollock hingewiesen werden.

Die Werke des katalanischen Malers und Grafikers Antoni Tapies erlangten zum Teil fast mystischen Charakter, nachdem er sich am Anfang noch beeinflusst von Klee und dem Surrealismus, später der phantastischen und informellen Kunst zuwandte und das Kreuz als christliches Symbol in seinen Bildern instrumentalisierte. Ob es allerdings als dieses Symbol oder als Memento Mori gedeutet werden kann, ist fraglich. Sicher ist aber, dass die Wirkung auf atavistischen Erinnerungen und dem expressiven Einfluss der Zeichensprache beruht. Während sich Tapies in seinen Bildern mit geschichtlichen und vielleicht auch vorgeschichtlichen Erinnerungen auseinandersetzt und somit Altes oder sogar Uraltes evoziert, beschäftigten sich die jungen Maler in Amerika zeitgleich mit der Darstellung von neuer Vitalität einer selbstbewussten Generation.

Pollocks Werke trugen dazu bei, dass sich die amerikanische Kunst erstmals von europäischen Vorbildern lösen und profilieren konnte. Bis heute ist nicht erklärbar, wie der plötzlich eintretende Bruch mit allen Traditionen in seiner künstlerischen Entwicklung zustande kam. Er kreierte ein neues Malverfahren, eine neue Technik, die es ihm ermöglichte, Aktion, Bewegung und Tempo für den Betrachter sichtbar zu machen. Körper, Geist und Seele fließen während Pollocks Malvorgang zusammen, sind untrennbar und nicht mehr zu differenzieren. Bei seinen Drip – Paintings ist die Bewegungsspur, die der Einsatz des Körpers auf der Leinwand hinterlässt, eindeutig nachvollziehbar. Ein Zentrum oder vielleicht auch ein aus der energetischen Kraft resultierendes Bildzentrum wird man vergeblich suchen, da es außerhalb liegt und nur im Künstler als dem Täter seiner Aktion zu finden ist.

Der Schwerpunkt liegt in der Aktion, die die Produkte dem Zufall überlässt und sich über alle ästhetischen Regeln der Komposition hinwegsetzt, um allein psychische Zustände in symbolischer Form zu reflektieren. Form- und Gegenstandslos, nicht mehr Form oder noch nicht Form, so lässt sich die Malerei des Informel charakterisieren. In nur diesem einen Satz sind all die Wiedersprüche zu finden, die auch in den Werken der informellen Künstler präsent sind. Für den Betrachter entsteht eine Ungewissheit darüber, ob sich die Welt in den Bildern aufzulösen scheint oder ob es sich um die Entstehungsphase eines neuen Kosmos handelt. Zwischen Bedeutung und Entzug einer eindeutigen Aussage liegt die eigentliche Malrichtung des Informel. Bis heute gilt auch zum Teil von Kritikerseite her noch die Meinung, dass die Künstler einer Willkür im Schaffensvorgang unterlagen und dabei ihre Gefühle auf der Leinwand mithilfe leerer Gestik abluden. Die beiden unterschiedlichsten Definitionen im Zusammenhang mit informeller Kunst findet man in der kunstgeschichtlichen Literatur. Demnach fühlt sich der Künstler selbst der surrealistischen Methodik der Ecriture automatique verbunden, die ihm alle psychischen Freiheiten eröffnet. Unter anderem auch die Freiheit einer automatischen Funktion der Sinne heraus, symbolgeladene Psychogramme auf den Malgrund zu bringen oder wie schon erwähnt diese in den Untergrund einzugraben. Dies steht nun im Gegensatz zu der Aussage, es handele sich im informellen Bild eher um die Synthese oder auch den Kontrast von spontaner und kontrollierter Malaktion. Der Betrachter kann sich allerdings voller Offenheit und Freiheit dem informellen Werk zuwenden, auch ohne jegliche Vorinformationen über diese Kunstrichtung erhalten zu haben.

2.1.2 Psychologische Aspekte und Konsequenzen des Leib – Seele - Konflikts

In der Psychologie geht man davon aus, dass der Körper nicht als rein messbares Gebilde erfasst werden kann, sondern, dass man ihn als beseelt betrachten muss. Die deutsche Psychologie unterscheidet zwischen den beiden Begriffen des subjektiven Körpers und dem Leib. Das, was auf die menschliche Welt hindeutet, ist das vorbewusste Bemerken und Handeln, dass den Leib unter diesen Bedingungen die Stelle des subjektiven Körpers einnehmen lässt. In dem Moment, wo das Bewusstsein eintritt, in der Welt zu sein, konstituiert sich auch die eigene Leiblichkeit. Da sich das Bewusstsein vom Bewusstseinsträger nicht trennen lässt, gelangt man über die Einstellungen zur Außenwelt auf die Ebenen des Erlebens und Verhaltens. Der Unterschied zwischen diesen beiden Ebenen gestaltet sich nicht so groß, sobald ein Affekt zustande kommt. Mit dem bewussten Erleben des Affektes beginnt der Anfang eines nachfolgenden Verhaltens. Anstelle des Affektes kann aber auch jedes andere Erleben zu einer psychisch wie physischen Reaktion führen. Betrachtet man nun nochmals den Malprozess der informellen Künstler unter all diesen Gesichtspunkten, wird man sich dem Eindruck eines psychischen Aktionismus nicht entziehen können. Das, was die Seele zu verarbeiten sucht, entlädt sich über den Körper, der gleich einem Empfänger die seelischen Regungen aufnimmt und als Sender in der Malaktion auf die Leinwand projiziert. Belgin schreibt in seinem Buch über die Kunst des Informel, dass sich die Bilder einer symbolischen Bedeutung verweigern und als reine Entitäten wahrzunehmen sind.

Die Traumanalysen von Freud und Jung zeigen aber, dass die sogenannte Psychosymbolik in vielen Werken verschiedenster Kunstrichtungen zu finden ist. Wenn man davon ausgeht, dass im speziellen der informelle Künstler seine innersten Seelenzustände im Malvorgang darstellt, so ist damit untrennbar die Niederschrift seiner Befindlichkeit verbunden, sei es als Zeichen, haptische Spur oder auch, und diesem sollte ebenso eine Bedeutung zukommen, als Farbensymbolik. Viele Maler des Informel arbeiteten ausschließlich mit Farbverläufen und konnten damit ihre Spannungszustände, ihre seelischen Qualen oder auch positive Energien instrumentalisieren. Als Betrachter informeller Werke, kann man sich öffnen, muss nicht nach der Bedeutung des Bildes fragen, aber als Suchender wird einem die psychologisch – symbolisch geprägte Welt des Künstlers geöffnet, wenn man ihr um seiner selbst willen mit der nötigen Sensibilität begegnet und den Versuch unternimmt, seiner seelischen Bewegungsspur zu folgen. *Psychische Vorgänge haben nichts von den Eigenschaften der Materie; die Freude an einem Kunstwerk besteht nicht aus Atomen und Molekülen, der Gedanke an die Lebensziele, die man sich gesetzt hat, hat keine Masse und kein Gewicht. Andererseits hat die Materie nichts von den Eigenschaften des Psychischen; die Atome haben kein Bewusstsein, sie können nichts empfinden und wahrnehmen, sie fühlen nichts und sie wollen nichts* (Rohracher, 1976, S. 12). Im Menschen sind nun beide Arten dieser spezifischen Vorgänge vereinigt, da der Körper aus Atomen besteht, aber das bewusste Erleben als unkörperlich angesehen wird und in keiner Abhängigkeit zu Raum und Zeit steht. Durch diese Beziehung der beiden Komponenten im menschlichen Körper wird man sich darüber bewusst, dass Veränderungen innerhalb der Körperlichkeit auch zu Veränderungen im bewussten Erleben eines jeden einzelnen führen und umgekehrt.

Die Frage nach den wechselseitigen Zusammenhängen von zweierlei ganz verschiedenen Vorgängen stellt die eigentliche Problematik des Leib – Seele – Problems dar. Bis heute gibt es keine konkrete Lösung, sondern lediglich eine

Klarstellung des Problems hat über verschiedene Theorieansätze hinaus stattfinden können. Bis in die Gegenwart hinein hat die von Descartes begründete Hypothese der Wechselwirkungstheorie viele Anhänger gefunden. Aufbauend auf dem Dualismus, dass dem Körper eine von ihm wesensverschiedene Seele gegenüberstehe und nur beide zusammen den lebendigen Menschen ausmachen, begründet sich diese Theorie in dem Kausalzusammenhang von Körper und Seele, wonach beide in wechselseitiger Beziehung Veränderungen hervorrufen können, so dass folgerichtig die bewussten Erlebnisse eintreten könnten.

2.2 Symbolik in der tiefenpsychologischen Bedeutung

Die Entdeckung der Tiefenpsychologie durch Jung stellt sich von größter Bedeutung auch im Zusammenhang mit der von ihm entwickelten Archetypenlehre dar. Jungs Auffassung bestand darin, dass man die Symbole des ursprünglich Religiösen nicht als unbedingt historisch und vom Menschen unabhängige Welt betrachten dürfe, sondern dass vielmehr die Psyche des Menschen selbst in der Lage ist, objektive Strukturen und Vorstellungsinhalte aufzubauen und abzurufen. Im Gegensatz zur Freudschen Triebtheorie mit einem simplen Reiz – Reflex – Schema, wonach sich die Triebhandlung aus einer periodischen Spannung im Körperinneren abzuleiten versucht, richtete Jung vielmehr seine Betrachtung auf die Außenreize, das von ihm bezeichnete „Bildangebot", das bestimmte Verhaltensweisen auszulösen vermag. Ohne weitere empirische Erhebungen vorzunehmen, unterstellte er, dass es in der Psyche des Menschen eine Vielzahl von Bildern geben müsse, die das menschliche Verhalten, ob kollektiv in der Gesellschaft, Kultur oder Religion entscheidend mit beeinflusst. *Ein anderes Argument für die Annahme angeborener Bildvorstellungen im Unbewussten der menschlichen Psyche erwuchs Jung aus der Kultur- und Religionsgeschichte der Menschheit* (Drewermann, 1993, S. 273). Aufgrund wissenschaftlicher Forschung tauchen historisch unabhängig voneinander überall auf der Erde vergleichbare Bild- und Vorstellungskomplexe auf, die sowohl als gesellschaftlich und religiöse Rituale, als auch in mythischen Weltdeutungen ihre Begründung finden.

Das Konzept von Adolf Bastian, das er um die Jahrhundertwende von den Völkergedanken aufstellte, bildete für Jung den Grundstein seiner weiteren psychologischen Begründung. Demnach soll sich hinter der Verschiedenartigkeit der Kulturen eine Gleichartigkeit der menschlichen Psyche befinden, die immer wieder die gleichen Bilder hervorzubringen vermag, um sich darüber mitteilen zu können und selbst anzuschauen. Aufgrund dieser Theorie ließe sich jede beliebige Erscheinung in Kultur und Religion verstehen und sogar rechtfertigen. An dieser Stelle besteht ein wesentlicher Unterschied zwischen der komplexen

Psychologie Jungs und der Psychoanalyse Freuds, der schon mit dem Verständnis des „Unbewussten“ zusammenhängt. Freud definiert mit dem Begriff des „Unbewussten“ im Wesentlichen das Reservoir der psychischen Inhalte, die aus dem Bewusstsein verdrängt wurden mit Hinweis auf eine Ich – Unverträglichkeit. Sowohl in der Traumsymbolik wie auch in der religiösen und gesellschaftlichen Symbolik bestand für ihn eine Ausdrucksform der ursprünglichen Triebwünsche, die durch eine Zensur des Über - Ichs entstellt wurden. Er griff zwar weiterhin auf den Symbolismus der Traumsprache zurück, blieb aber bei der Ansicht, dass sich das Unbewusste lediglich auf den Bereich des Verdrängten beschränkt. Die eigentliche Absicht der Psychoanalyse blieb also darauf gerichtet, das Uneigentliche an den symbolischen Ausdrucksformen zu erkennen und dem Bewusstsein die dahinter liegenden verborgenen latenten Wunschregungen zugänglich zu machen.

Dagegen führte Jung den Freudschen Ansatz in dem Sinne weiter, indem auch er in dem unbewussten Material der Psyche nur einen geringen Anteil des Unbewussten ansah, so dass das Bewusstsein nur einen winzigen Teil der psychischen Vorgänge ausmacht, die ansonsten im wesentlichen unbewusst ablaufen. Folgerichtig wird die Symbolsprache der Träume, die eine archaische, ursprüngliche Form des Vorstellens bildet, als Symbolik des Religiösen und Ausdruck einer unbewussten Weisheit der menschlichen Psyche betrachtet. Aus der eher kritischen Einstellung Freuds heraus modifizierte sich bei Jung die eher bestätigende Auffassung der gesellschaftlichen, religiösen und individuellen Symbolik, die allerdings auch mit Gefahren bezüglich der Interpretation einhergeht. Bei der Darstellung der Archetypenlehre hat Jung darauf hingewiesen, dass die Bilder des Unbewussten nicht unbedingt harmlos und ungefährlich sein müssen. Die kollektive Magie dieser Bilder kann dazu beitragen, den Menschen seinem eigenen Selbst näher zu führen, oder ihn aber als Einzelperson in der Massenpsychologie aufgehen zu lassen, womit erwiesen wäre, dass der gesamte Bereich des archetypischen Materials eine ambivalente Struktur aufweist und nach tiefenpsychologischer Deutung verlangt. Die Erforschung des Menschen und seiner Symbole bedeutet eigentlich, dass man den Menschen in seiner Beziehung zum Unbewussten untersucht.

Da nach Jung das Unbewusste der Helfer, Freund und Ratgeber des Bewusstseins sein soll, kann das menschliche Individuum am effektivsten durch die Träume mit dem Unbewussten in Verbindung treten. Freud hat auf empirische Art und Weise den unbewussten Hintergrund unseres Bewusstseins untersucht und nachgewiesen, dass Träume nicht bloß zufällig auftreten, sondern mit Gedanken und Problemen aus dem Bewusstsein in Zusammenhang stehen. Bei der im Traum wahrgenommenen Symbolik handelt es sich um abgespaltete Teile des

Bewusstseinsbereichs, die zu anderer Zeit und unter anderen Bedingungen bewusst werden können. *Jeder Psychologe, der eine gewisse Anzahl Träume sich hat erzählen lassen, weiß, dass Traumsymbole viel mannigfaltiger sind als die körperlichen Symptome einer Neurose. Oft bestehen sie aus höchst verfeinerten, malerischen Phantasien* (Jung, 1999, S. 25). Gerade der Mensch ist in der Lage, Symbole spontan, in Form von Träumen zu produzieren, was die menschliche Fähigkeit zur Symbolbildung bestätigt und womit sich der Traum als das grundlegende und zugänglichste Material erweist. Da der Mensch von der Anzahl und Qualität seiner Sinne abhängig ist, die ihm nur eine begrenzte Wahrnehmung erlauben, gibt es nichts, was er vollends durchschauen könnte. Gewisse Ereignisse, die man nicht bewusst wahrgenommen hat, bleiben unter der sogenannten Bewusstseinsschwelle liegen und können später durch plötzliche Intuition oder intensives Nachdenken abgerufen werden. Auch wenn etwas aus dem Bewusstsein verschwindet, so kann es, obwohl unsichtbar, dennoch existent sein.

Ein Teil des Unbewussten beinhaltet also eine Fülle von abgespeicherten Gedanken, Eindrücken und Bildern, die unser Bewusstsein weiterhin beeinflussen können. Diese Inhalte bilden die Ursprünge des Traums in Form von menschlicher Symbolbildung, die nur dann entstehen kann, wenn bestimmte Begriffe ihre unbewusste Bedeutung offenbaren. Solche Traumbilder erscheinen oft malerischer und lebhafter als die Erfahrungen, die in der Wirklichkeit gemacht worden sind, so dass ein plötzliches Erwachen mit Irritation und Verstörung einhergehen kann, da den vorangegangenen Ideen im Traum oftmals eine größere psychische Bedeutung zukommt. Wie schon erwähnt ist der Mensch bestrebt, die homöostatischen Funktionen des Körpers aufrechtzuerhalten beziehungsweise ein Equilibrium herzustellen, das die Körperfunktionen in einem ausgewogenen Zustand aufrechterhält. Die Funktion der Träume trägt im Wesentlichen dazu bei, über die Produktion von Traummaterial die psychische Balance wiederherzustellen, wenn diese vorher aus dem Gleichgewicht geraten ist. So kompensiert der Traum auch die Mängel der Persönlichkeitsstruktur und kann vor zukünftigen Gefahren warnen, da das, was mit dem Bewusstsein nicht wahrgenommen wird vom Unbewussten registriert und durch Träume mitgeteilt werden kann. Zu einer immensen psychischen Störung kommt es in dem Moment, wo das Unbewusste vom Bewussten getrennt oder dissoziiert wird, da die geistige Stabilität und die physiologische Gesundheit nur im Verbund funktionieren. Symbole treten immer spontan im Traum auf und bilden daher die Hauptquelle der menschlichen Symbolkenntnis. *Lernen sie soviel wie möglich über Symbolik, aber vergessen sie dann alles wieder, wenn sie einen Traum analysieren* (Jung, 1999, S. 56).

In den Traumsymbolen manifestiert sich die menschliche Psyche dergestalt, dass sie sich der Kontrollmöglichkeit des bewussten Verstandes entzieht. Der

Traum, in dem kein Gedanke hervorgebracht werden kann, überschreitet die Schwelle des Bewusstseins in dem Moment, wo er aufhört, ein Traum zu sein, und die Gedankengänge wieder einsetzen. Das, was mit den Sinnen außen wahrgenommen wird sind physiologische Impulse, die denen der Instinkte gleichzusetzen sind. Gleichzeitig können diese Instinkte auch in inneren Phantasien erscheinen und ihre Gegenwart durch symbolische Bilder manifestieren. Diese inneren Bilder beziehungsweise Erscheinungen bezeichnet Jung als Archetypen. Die Bedeutsamkeit von Symbolen zu erfassen, die aus der Vergangenheit kommen und in unseren Träumen erscheinen, ist für das menschliche Individuum nur schwer nachzuvollziehen. Vielleicht erscheint es einfacher, sich deutlich zu machen, dass lediglich die spezifischen Formen der Archetypenmuster eine Veränderung erfahren, ohne ihre psychische Bedeutung modifizieren zu müssen. Wenn der natürliche Aufbau des Bewusstseins gestört ist, ziehen sich vor allem Kinder gerne in eine Innerlichkeit zurück, die im Traum und symbolischen Zeichnungen häufig ein Kreis-, Viereck- und Kernmotiv aufweist. Hierin wird der Bezug zur Seele beziehungsweise zum Aufbau der Persönlichkeit hergestellt. Das Unbewusste gestaltet sich in der Art und Weise, dass alle Inhalte verwischen und ineinander übergehen, so dass man nie sicher sein kann, wo etwas beginnt und aufhört. Eine seelische Regulierung des Lebens findet nur dort eindeutig statt, wo der Mensch in seiner Religion gefestigt ist, an ihre Inhalte und Lehren glaubt und sich der religiösen Symbolik öffnen kann.

2.2.1 Psychedelische Kunst als kritisches Mittel zur Symbolbildung

Innerhalb der kunsthistorischen und kunstpsychologischen Forschung ist nachgewiesen worden, dass die Menschen schon seit Jahrtausenden bewusstseinsverändernde Substanzen konsumiert haben, um die Tiefen des eigenen Ichs zu erforschen und auch die äußere Welt auf ungewöhnliche Art und Weise wahrnehmen zu können. Diese sogenannte psychedelische Erfahrung ermöglicht das Erleben von Erkenntnis- und Bewusstseinsstadien, die sich außerhalb des Wachbewusstseins befinden und vom Traumzustand wesentlich zu unterscheiden sind. Unter dem Einfluss von psychedelischen Drogen erweitert sich das Bewusstsein und gleitet in tiefe meist unerreichbare Regionen der Psyche ab, wodurch es zu Veränderungen der sinnlichen Erfahrung, der Gedanken, von Emotionen und des Selbstbewusstseins kommen kann. Künstler, die sich diesem Prozess der psychedelischen Erfahrung unterwerfen, erkennen die Einflussnahme auf ihren Schaffensvorgang an und gestehen sich selber die daraus resultierenden Reaktionen ihrer Bewusstseinsveränderung ein.

Der gezielte Einsatz von psychedelischen Drogen zu Forschungszwecken hat gezeigt, dass vor allem Künstler auf diese Art der Erfahrung ansprechen, am meisten davon profitieren und in der Lage sind, sich mit dem veränderten Wahrnehmungszustand am besten zu arrangieren. *Die Individualität des Künstlers ist, genauso wie für seine schöpferische Produktion, immer auch die ausschlaggebende Determinante für seine psychedelische Erfahrung* (Masters, 1969, S. 90).

Viele Phänomene, die im psychedelischen Erleben vorkommen, sind für den Künstler von besonderer Relevanz. So können zum Beispiel schöpferische Hemmungen überwunden werden, Wahrnehmungskonstanten lösen sich auf, die Konzentration wird erhöht, die Grenzen des eigenen Ichs werden überschritten und vor allem ermöglicht dieser Prozess den Zugang zu unbewusstem Material. In symbolischer und mythologischer Form werden visuelle Bildwelten und Fantasien aufgenommen, die aus dem Erkennen tiefer psychischer und geistiger Ebenen des Ichs resultieren und sich mit der Fähigkeit zu tiefem religiösen und mystischen Erleben verbinden. Der Betrachter psychedelischer Kunst tritt aufgrund der Lebendigkeit und farbenfrohen, experimentellen Züge in eine Interaktion mit dem Kunstwerk, dessen Inhalt sich dionysisch, exstatisch und energiegeladen präsentiert. Es ist erstaunlich, dass im erweiterten Bewusstseinszustand der verschiedenen Künstler immer wieder das Mandalasymbol auftritt, das seinen Ursprung im Bereich der Archetypenmuster findet. Auf vielfältigste Art wird dieses Symbol, zumeist in einer extremen Farbintensität künstlerisch umgesetzt.

Anhand dieses Beispiels lässt sich erkennen, dass die psychedelische Reise nach innen verläuft und eine Vielschichtigkeit des Bewusstseins enthüllen kann, die aufgrund von Wahrnehmungsverzerrung und Wahrnehmungsintensivierung stattfindet. Zu Beginn des psychedelischen Erlebnisses findet zunächst eine radikale Veränderung der sinnlichen Wahrnehmung, besonders der auf optischem Gebiet statt. Farben und Strukturen treten dabei in unzähligen Variabeln auf, wie man sie zuvor noch nie gesehen hat. Die wahrgenommenen Bilder können dabei verzerrt oder übertrieben scharf erscheinen, wobei sich einem zumeist die äußere Welt schön und magisch darstellt.

Wie schon erwähnt sind Künstler geradezu prädestiniert dazu, sich psychedelischen Erlebnissen zu öffnen und diese zu verarbeiten, da sie an den Veränderungen der Wahrnehmung von äußerer Wirklichkeit interessiert und eidetischen Phänomenen gegenüber aufgeschlossen sind. Eidetische Phänomene sind optische Erscheinungen, die man selbst mit geschlossenen Augen wahrnimmt beziehungsweise die sich auch durch den konzentrierten Blick auf eine Leinwand projizieren lassen. Die dabei erscheinenden Formen sind von visionärer Erscheinung und können zwei- oder dreidimensional auftauchen, während die Größe der vorgespiegelten Gegenstände von gigantischen Ausmaßen bis zu liliputanischen Gestalten variieren kann. Im psychedelischen Zustand erlebt der Künstler Bild-

und Gedankenfolgen in Minutenschnelle, wofür das normale Bewusstsein Stunden brauchen würde, um diesen ununterbrochenen Fluss aufrechtzuerhalten. Dabei durchläuft die künstlerische Erfahrung, unabhängig von persönlichen oder äußeren Faktoren, bestimmte Muster sich ständig vertiefender Ebenen auf dem Weg zu einer immer komplexeren Bewusstwerdung. Der Beginn der Erfahrung liegt auf der oberflächlichsten, der sensorischen Ebene, um sich dann fortschreitend weiter vertiefen zu können über die sogenannte memoral – analytische, die symbolische bis hin zur tiefsten, der Integral – Ebene, die jedoch nur selten erreicht wird. Eine starke Intensivierung aller Sinneswahrnehmungen, wie denen des Gesichts, Tast- und Gehörsinns, wird zunächst auf der sensorischen Ebene bemerkt, wobei auch gleichzeitig synästhetische Phänomene auftreten können, bei denen man Farben hört und Geräusche sieht.

Als Ergebnis kann sich schließlich das Durchbrechen jener Schranken einstellen, die das Bewusstsein vom Unbewussten trennen. Unbewusste Inhalte können in dem Moment in großen Mengen auf das Bewusstsein einströmen und von diesem aufgenommen werden. Damit verlässt man nun die äußere Welt und somit die der Sinneswahrnehmung, um auf die nächste memoral – analytische und symbolische Ebene hinabzusteigen, auf der der eigene geistige Innenraum, unter Berücksichtigung des Ichs, der persönlichen Probleme und Werte, erforscht wird. Die Ziele der psychedelischen Erfahrung liegen immer in der Ausweitung des Bewusstseins, so dass auch mehr bewusst werden kann. Im Gegensatz zu der Kunstform des Surrealismus, der das Schöne mit dem Bizarren gleichzustellen versuchte, zeigt sie sich reifer, indem sie nicht von Halluzinationen oder dem Wahnsinn fasziniert ist, sondern lediglich Symbole, Bilder und Motive in den Tiefen des erweiterten Geistes sucht. Die Gemeinsamkeiten mit dem Surrealismus und anderen Kunstformen besteht allerdings darin, dass sie den Betrachter zu einer neuen Bewusstwerdung zwingt und ihn jeglicher Auswahlmöglichkeit entzieht. Eine vergleichsweise Betrachtung älterer Kunst lässt auf Wahrnehmungen und Erkenntnisse schließen, die denen der psychedelischen Kunst sehr ähnlich sind, obwohl man diese Künstler der Vergangenheit nicht als psychedelische Künstler bezeichnen sollte. In diesem Zusammenhang ist lediglich von einem psychedelischen Empfindungsvermögen zu sprechen, dass sich in Bezug auf diese Künstler der Vergangenheit in zwei Kategorien unterteilen lässt. Während die Wahrnehmungen und Bilder der einen Gruppe der sensorischen Ebene entstammen, verfügt die zweite Gruppe über immense Erkenntnisse der tieferen Ebenen.

Wie noch unter Kapitel 4. erläutert werden soll, gibt es nur wenige Künstler, die beiden Gruppen angehören, so auch zum Beispiel Blake, dem eine visionäre Darstellungsweise seiner Bilder nachgesagt wird. *Psychedelika lösen die eigene*

Identität und den Wahrnehmungsrahmen auf – ein Prozess, der normalerweise „Ego – Tod" genannt wird. Als nächstes erlebt man die rohen oder undifferenzierten Energieströme, die aus einem formlosen oder nicht näher bestimmbaren Bereich durch die Sinneswahrnehmungen wabern. Man findet Zugang zu den im Bewusstsein vorhandenen Lagerstätten von Bildwelten und aktiv schöpferischer Kräfte, um grenzenlose Visionen von großer Bestechlichkeit, Schönheit und Bedeutung zu generieren (Turner, 1997, S. 17). Ganz so idealistisch sollte man den zu diesem künstlerischen Zweck gesteuerten Drogenkonsum nicht betrachten, da durch die Einnahme chemischer Substanzen keinerlei Inspiration geliefert werden kann, sondern lediglich der bereits weit genug entwickelten Persönlichkeit geholfen wird, sich von verbliebenen Hindernissen zu lösen, die dem schöpferischen Prozess im Wege stehen könnten. *Ich habe immer wieder betont, dass Drogen lediglich Mittel sind, Zustände außergewöhnlichen Bewusstseins zu erreichen, und dass sie nicht mit den Erfahrungen selbst verwechselt werden dürfen* (Weil, 2000, S. 174). Diese Zustände vermögen demnach etwas Spezifisches auszulösen, was sie selber nicht in sich tragen. Die Erfahrungen, die sie hervorrufen, scheinen sich also nicht wesentlich von denen zu unterscheiden, die auch auf natürlichem Wege hervorgerufen werden können. Albert Hofmann hat einmal gesagt, dass nur ein äußerer Raum existiert, während es so viele innere Räume wie Menschen gibt.

Mit innerem Raum ist in diesem Zusammenhang das Bewusstsein gemeint, dessen Tor sich über Träume und psychedelische Erfahrung öffnen lässt, wobei der Traum immer das bewusste Erleben des inneren Raums eines Schlafenden darstellt. *Das Bewusstsein entzieht sich einer wissenschaftlichen Definition, denn es ist das, was ich brauche, um darüber nachzudenken, was Bewusstsein ist. Es kann nur umschrieben werden als rezeptives und kreatives geistiges Zentrum des „Ichs". Durch diese Tore zu inneren Räumen kann der Mensch Bereiche betreten, die in der sinnlich wahrnehmbaren Welt des Wachbewusstseins verschlossen bleiben* (Rätsch, 1992, S. 13). Viele Maler, wie zum Beispiel Bosch haben ihre inneren Räume durch Verwendung eigenartiger Symbolik visuell sichtbar werden lassen.

Diese Kunst entspricht dem Begriff der visionären Darstellung, wo sich das Kunstwerk selbst in den Mittelpunkt stellt, ohne zu fragen, wie es zustande kam, geschweige denn an welchen Inhalt, Stil oder Zeit es gebunden sein mag. Die besten Leistungen der psychedelischen Kunst sind mit denen der visionären Kunst vergleichbar, da sie ebenfalls mit plastischer Deutlichkeit Visionen darzustellen vermag, die mit inhaltlichen Merkmalen der visionären Kunst übereinstimmen.

In beiden Kunstformen finden sich gleichermaßen Synästhesien, Entgrenzungs- und Identifikationserfahrungen, kristalline Strukturen, große Ornament- und Detailreichtümer, sowie archetypische Themen und, die allesamt eine Aufweichung erstarrter Wahrnehmungskonstanten hervorrufen können. Da sich der Künstler immer auf der Suche nach der Seele und somit dem Sitz des Bewusstseins befindet, möchte er die Dinge, die für ihn damit verbunden hinter der Wahrheit liegen, aufspüren und im Kunstwerk wiedergeben. Der Kunstschaffende ist darum bemüht, den adäquaten bildnerischen Ausdruck für diese Seele zu finden und sucht deshalb nach den sogenannten Pforten der Wahrnehmung, um sich mithilfe von Techniken und Zuständen den Zugang zu seiner inneren Welt, seiner Inspiration und Kreativität zu verschaffen.

Natürlich sollte man die in den sechziger und siebziger Jahren erforschte psychedelische Kunst auch unter kritischem Aspekt betrachten und in ihr lediglich ein kontrolliert eingesetztes Mittel zur Bewusstseinsveränderung und der damit verbundenen kreativen Ausdrucksmöglichkeit ansehen. Positiv zu bewerten ist diese Art der wissenschaftlichen Forschung unter dem Aspekt des dosierten Einsatzes von Psychedelika und der Testreihen mit freiwilligen Probanden, die ausschließlich aus dem Bereich der künstlerisch Schaffenden zur Verfügung standen. Auch heute geht der Wunsch vieler Künstler dahin, durch den Konsum von sogenannten weichen Drogen, wie zum Beispiel der des Alkohols, seinen Bewusstseinszustand erweitern zu können, um zu einer neuen andersartig gelagerten schöpferischen Qualität und Kreativität gelangen zu können. Man sollte sich allerdings auch hier der Gefahren bewusst sein, die dem Alkoholkonsum als einer Art von Einstiegsdroge in relativ verharmloster Form nachgesagt wird. Viele Jugendliche konsumieren sogenannte harmlose Alkoholmischgetränke, ohne sich über die Folgen im Klaren zu sein. Hierin liegt die Diskrepanz zwischen künstlerischer Kreativität und ihrer Erforschung sowie jugendlicher Naivität mit ihren unabsehbaren gesundheitlichen Schäden, auf die leider noch immer zu wenig hingewiesen werden.

2.2.2 Psychoanalytische Ansätze zu den Erlebnissen des Kunstbetrachters

In den letzten fünfzig Jahren waren vier Theorieansätze (Psychoanalyse, Gestalttheorie, Behaviorismus, Neobehaviorismus und Informationstheorie) maßgebend daran beteiligt, das Kunstbetrachtererlebnis unter psychologischem Gesichtspunkt zu entschlüsseln. Die grundlegende Auffassung der Psychoanalyse besteht darin, dass zwar alles menschliche Verhalten vom Ich geleitet und ausgeführt wird, sich später bei genauerer Untersuchung aber als das Produkt von unbewussten Bedürfnissen und Trieben sowie von Über – Ich Schranken erweist. Dagegen beschäftigten sich gestaltorientierte Forscher lediglich mit den wahrnehmungsorganisierenden Faktoren des Kunstbetrachtererlebnisses, also mit dem was er sieht und hört. Diese allgemeinen Aussagen über die gesamte Wahrnehmung bieten keinen Lösungsansatz zu Themen wie dem ödipalen Mythos, der in unzähligen Variationen in Bildinhalten zu finden ist. Innerhalb des Behaviorismus sorgte Berlyne für einen bemerkenswerten Fortschritt im Bereich der Ästhetik, indem er davon ausging, dass das eindeutigste kunstpsychologische Merkmal eines Kunstwerks darin besteht, einen Anstieg an Erregung und ein nachfolgendes Entspannen dieser Erregung zu ermöglichen. Die Informationstheorie unterliegt dagegen der Hauptthese von Ungewissheit und Information, wobei die Ungewissheit als unsicherer, labiler Zustand und somit als unangenehm und frustrierend definiert wird, wenn durch die Mehrdeutigkeit der Situation die Erwartungen des Wahrnehmenden nicht bestätigt werden können.

Um die Lustquelle, die vom Betrachter bei der Wahrnehmung des Kunstwerks empfunden wird, genauer definieren zu können, beschäftigt sich diese Arbeit ausschließlich mit den Beiträgen der Psychoanalyse im Hinblick auf das Kunstbetrachtererlebnis. Ausgehend von dem künstlerischen Modus Procedendi, in dem der Schaffende all seine seelischen Konflikte, Traumata und unbewussten Begierden verarbeiten kann, lassen sich diese Aspekte auch auf den Betrachter projizieren. Während der Künstler seine Triebe, die durch das Über – Ich motiviert werden, in verschlüsselter, symbolischer Form darstellt, darf der Wahrnehmende seinen Wünschen freien Lauf lassen, die das Kunstwerk ihm als gesellschaftlich annehmbares Produkt präsentiert. Dieser Prozess ähnelt der Befriedigung von Trieben und Wunschvorstellungen in Traum und Tagtraum. Der Inhalt des Kunstwerks legitimiert den Betrachter dazu, seine Phantasien und Triebbefriedigungen anzunehmen, womit auch das lustvolle Kunsterlebnis erklärt werden kann. *Die Hauptvorzüge dieses Erlebnisses bestehen aus der Ermöglichung eines gewissen Maßes an Entspannung unter Bedingungen, die dem Über – Ich annehmbar und dem Ich angenehm sind und die Kontrolle und Beherrschung der Situation aufrechterhalten* (Kreitler, 1980, S. 23). Wie dieses Erlebnis beim einzelnen Kunstkonsumenten ausfällt, steht in enger Verbindung zu seiner Persönlichkeitsstruktur. Es besteht lediglich die Möglichkeit, wenn von den verschiedenen Typologien des Menschen gesprochen wird (introvertiert, extrovertiert oder bezüglich seiner Sexualitätseinstellung), die mittlere Reaktion auf ein Kunstwerk zu untersuchen.

Diese Beschäftigung mit Kunstwerken auf psychoanalytischer Ebene reicht bis zu den Anfängen der Paher zurück, die in dem Studium kultureller Denkmäler zusätzliche Einsichten zu finden suchten. Dieses nicht klinische Arbeitsfeld beschäftigte sich hauptsächlich mit der Ubiquität von Motiven des Fantasielebens eines Individuums in Bezug auf die literarische und mythologische Überlieferung, mit der engen Verbindung zwischen der Lebensgeschichte des Künstlers und seinem Werk sowie der darauf folgenden klinischen Untersuchung und Beobachtung zwischen der Verbindung schöpferischer Einbildungskraft und der menschlichen Produktivität. *Für die Untersuchung der künstlerischen Phantasie war wichtig, Verbindungen zwischen vorbewussten Elementen im Werk des Künstlers und solchen Dingen, deren er sich schon immer bewusst war, herzustellen* (Rump, 1981, S. 22). Aus psychoanalytischen Ansätzen heraus interessierte man sich für die Kunst, da die Kunstgeschichte immerhin das Material zur Verfügung stellte, an dem die Gültigkeit der psychoanalytischen Theorie erprobt werden konnte. Freud begann dann als erster damit, das Wechselspiel von historischen Einflüssen, Kindheitserfahrungen, Verdrängung und unbewusster Motivation im Hinblick auf das Kunstwerk zu analysieren. *Sich vorübergehend unbewussten Prozessen überlassen zu können, ohne von ihnen beherrscht zu werden hält Kris für eine entscheidende Fähigkeit des Kreativen. Er nennt sie „Regression im Dienste des Ich" und deutet damit die Dominanz des Ich im Schaffensprozess an* (Kobbert, 1986, S. 50). Das, was der Künstler an Wertmaßstäben an sein eigenes Kunstwerk legt, entspricht letztendlich den Idealprinzipien seiner eigenen Ich – Funktion, womit die formale Modifikation des Kunstwerks zur Verkörperung von Ich – Werten erklärt wäre. Selbst der Betrachter, der sich in den Bildinhalt projizieren kann, erkennt, dass in dem Kunstwerk etwas von dem eigenen Wesen des Künstlers zur Vollendung gelangt ist.

2.2.3 Freud und der Schlüsselbegriff der „Sublimation"

Jeden Tag tritt der Mensch in eine Interaktion mit seiner sozialen und physikalischen Umwelt. Das geschieht in Form von Gedankengängen, Emotionen sowie Verhaltensweisen, die die Individualität einer Person hervorheben, und seine Persönlichkeit. In Zusammenhang mit diesem Begriff hat Sigmund Freud ein sogenanntes „Strukturmodell" entwickelt, das in dem Es, Ich und Über – Ich alle Handlungen, Gedanken und Emotionen begründet sieht. Das Es, das einzig und allein vom Lustprinzip gesteuert wird, steht für die primitivste Stufe auf dieser Skala. Dagegen kann das Ich der Realität folgen und selber entscheiden welche Impulse befriedigt werden sollen, deren Ursprünge im Es zu finden sind. Moralvorstellungen und das Gewissen eines jeden Menschen liegen im Bereich des Über – Ich, das gewissermaßen als Kontrollorgan funktioniert.

Nach Freuds Theorie der Persönlichkeitsdynamik wird davon ausgegangen, dass jedes Individuum eine konstante Menge psychischer Energie enthält, die wiederum ihren Abfluss in Träumen oder neurotischen Symptomen sucht, sollte eine verbotene Handlung oder ein verbotener Impuls unterdrückt werden. Freud hat sich nicht nur mit der psychischen Energie der Individuen, der Libido befasst, sondern auch Untersuchungen im Bereich der künstlerischen Kreativität durchgeführt. Er kam zu dem Ergebnis, dass Triebbefriedigungen oder auch Wünsche, die vom Ich nicht erfüllt werden können oder dürfen, dennoch vom Über – Ich unter Berücksichtigung sozialer Normen sogar als wertvoll eingestuft werden. Schlussfolgernd sieht er die Bildinhalte im symbolischen Sinn als Stellvertreter für libidinöse Energien, die Künstler und Betrachter gleichermaßen befriedigen. Von dieser berühmten Theorie ausgehend, dass Künstler in ihren Arbeiten unbewusste Begierden in einer vom Über – Ich gezügelten und behinderten, sublimierten, symbolischen Form darstellen, wurde eine Fülle von psychoanalytischen Studien erstellt, die auf das Verhältnis zwischen manifesten und latenten Bildinhalten sowie auf unbewusste Motive und Konflikte des Künstlers gerichtet waren. *Die Wahrnehmung von Kunstwerken ermöglicht den unbefriedigten Wünschen stellvertretende Phantasiebefriedigung in sublimierter und daher gesellschaftlich annehmbarer Form* (Kreitler, 1980, S. 22). Das entspricht ungefähr dem gleichen Prozess, der die Befriedigung in Träumen und Tagträumen zustande bringt. Durch Symbolisierung, Verschiebung, Umkehrung und traumähnliche Verzerrungen werden die latenten Bildinhalte in der Weise verstellt, dass sie verdrängte Wünsche aktivieren und Befriedigung als Fantasien zulassen. Der Betrachter ist somit durch den gesellschaftlich annehmbaren manifesten Inhalt vor seinem Über – Ich geschützt, kann sich mit dem Bildinhalt sogar identifizieren und seine unbewussten Wünsche ohne Hemmung auf ihn projizieren. Der lustvolle Charakter des Kunstbetrachtererlebnisses hängt also wesentlich mit der sublimierten Triebbefriedigung zusammen.

2.3 Zusammenhang von Traumsymbolik und Traumanalyse

Unter diesem Punkt sollte einführend erwähnt werden, dass der Symbolbegriff über die psychoanalytische Anwendung hinaus dem Kunstverständnis zu mehr Beachtung verholfen hat. Jedes Kunstwerk enthält auf symbolischer Ebene Elemente, Formen und Inhalte, die mithilfe des Visuellen über die Grenzen des eigenen „Selbst“ hinausgehen. Die Negation dazu bildet der Traum, in dem man zwar auch über sich selbst hinauswachsen kann, der aber nur eine Flucht aus der Wirklichkeit darstellt. Im Traumbewusstsein der Realität zu entfliehen, kann Spannungen und Konflikte lösen, solange der Bezug zur Realität bestehen bleibt und auch schwierige Aufgaben weiterhin gelöst werden.

Das Ichbewusstsein sowie jegliche Kontrollfunktionen werden, anders als vom Wachbewusstsein, während der Traumphase ausgeschaltet. Biophysiologisch betrachtet träumt der Mensch durchschnittlich 4 – 5-mal pro Nacht, gleichgültig ob er sich nach dem Erwachen daran erinnert oder nicht. Dabei werden von den verschiedenen Hirnzentren aus die Bilder auf die Sehrinde des Gehirns übertragen. Der Traumschlaf, der sich deutlich vom Tiefschlaf unterscheidet, wird wegen der schnellen Augenbewegungen auch REM – Schlaf (rapid eyes movement) genannt. In diesem Zustand können sowohl die Aktivität des Gehirns, als auch die sonstigen Körperfunktionen weitaus gesteigerter sein als im Wachzustand. Die Körpermuskulatur erfährt zum Beispiel eine stärkere Erschlaffung als im Tiefschlaf, während Atmung und Puls oft beschleunigt sein können. *Der Träumer ist schwerer als der Tiefschläfer zu wecken, entspannt sich stärker als im Tiefschlaf und erholt sich wahrscheinlich in dieser Phase vor allem seelisch – geistig, während der Tiefschlaf für die körperliche Erholung wichtig zu sein scheint* (Leibold, 1988, S. 415). Wird der Traumschlaf über einen längeren Zeitraum unterbrochen oder behindert, so können trotz ausreichendem Tiefschlaf ernste körperlich – seelische Störungen auftreten, die nur durch ein Nachholen versäumter Träume ausgeglichen werden können. Im Allgemeinen zeichnen sich Träume durch eigentümliche Bewusstseinsabläufe aus, die während des Schlafs stattfinden und sich vor allem in Form von Bilderlebnissen mit symbolischem Charakter, also demnach mit verborgenen Sinninhalten bemerkbar machen.

Die Funktionen des Verstandes, der Vernunft und sogar die im Wachzustand vorhandenen Hemmungen werden im Traumgeschehen aufgehoben, so dass der eigentliche Ablauf des Alltags jegliche Logik vermissen lässt, indem Personen, Situationen, Raum und Zeitabfolgen zu einer eigenartigen Stimmung ineinander verschmelzen. Gewisse Traumvorstellungen können so real erscheinen, dass der Träumer meint, an dem Geschehenen teilzuhaben, wobei auch moralische Hemmungen im Traum aufgehoben sein können, so dass Handlungen begangen werden, zu denen der Träumer im Wachzustand niemals fähig wäre. Das Erinnerungsvermögen erfährt in diesem Moment eine immense Steigerung, indem Ereignisse bewusst werden, die schon lange zurückliegen und daher das Traumgeschehen noch komplizierter gestalten. Auch können Reste von Tagesgedanken weiterentwickelt und sogar zu Ende gedacht werden, um ein Alltagsproblem tatsächlich später zu einer Lösung zu führen. In der modernen Traumforschung werden Träume als sinnvolles, dem Unbewussten entspringendes Geschehen angesehen, dessen symbolisch verschlüsselte Bilder Auskunft über verdrängte Ängste, Konflikte, Triebe und Wünsche des Träumers geben. Im Rahmen der Traumdeutung werden sie entschlüsselt, danach ins Bewusstsein gerufen, dort verarbeitet, um anschließend ihren störenden Einfluss zu verlieren. Nach Freud werden Träume durch Sinneseindrücke in der Nacht, durch Tagesreste wie Gedanken, Erinnerungen, Vorstellungen und durch Verdrängung ausgelöst, wobei sich das Verdrängte seinen Weg in das Traumgeschehen durch Anknüpfung an aktuelle Sinneseindrücke und Tagesreste bahnt.

Das Verdrängte, das weiterhin dem Bewusstsein unbekannt bleiben soll wird, in den manifesten Trauminhalt verkleidet, der den tatsächlichen Traum bildet und hinter dem der latente Traumgedanke, das eigentlich Verdrängte versteckt bleibt. Freud bezeichnete diese Transformation vom latenten zum manifesten Trauminhalt als Traumarbeit und definierte diese als Folge der Zensur durch das Über – Ich. Sobald man darauffolgend mit der Traumdeutung beginnt, wird der Rückführungsprozess zum latenten Trauminhalt beziehungsweise zum Verdrängten in Gang gesetzt. Freuds Grundannahme bestand darin, dass jeder Trauminhalt eine Wunscherfüllung sei, die dem Individuum im Wachbewusstsein peinlich sei, wenn es sich denn um die Erfüllung eines unbewussten Wunsches handele. *Nach heutiger moderner psychoanalytischer Auffassung wird das Gewicht vom Wunscherfüllungscharakter auch des Angsttraums verlegt auf die Tatsache, dass der Traum auf einen Konflikt aufmerksam macht, mit dem sich der Träumer auseinandersetzen sollte* (Dechene, 1989, S. 372). Freud vertritt die Ansicht, dass die latenten Traumgedanken in Verbindung zu verdrängten Sexualwünschen stehen und der unterbewussten Reflexion zuzuordnen sind. Interessant wird für ihn erst die darauffolgende Umwandlung der Traumgedanken zum Trauminhalt, der somit das Resultat, der vom Individuum geleisteten psychischen Arbeit während der Traumbildung, darstellt. Freud bediente sich ausschließlich der Traumsymbolik in seiner Psychoanalyse. Diese Spezifikation sollte sich später als zu einseitig herausstellen, da wie schon erwähnt, Probleme bei der Definition eines Symbols auftreten können.

Versucht man das Symbol rational zu erfassen, so verliert es sein eigentliches Wesen. Jung war es, der sich der Traumsymbolik im Hinblick auf die assoziativ – analytische Deutung zuwandte. Er vertritt auch die gegensätzliche Auffassung zur Entstehung des Trauminhalts. Seine Kompensationstheorie beinhaltet die rein psychologische Fassung des Traums, der darin eine spannungslösende und ausgleichende Funktion übernimmt. Genauer gesagt bereitet der Traum alles auf, was das Wachbewusstsein vernachlässigt oder auch falsch bearbeitet hat. Mit Hinweis auf die Traumsymbolik ging Jung dazu über, das Symbol als etwas zu begreifen, das zur Enthüllung des Bezugsobjektes beitragen soll, anstelle es zu verbergen. Nun wird auch der eigentliche Vorgang des Traumes erklärbar, in dem der menschliche Geist während der Schlafphase in der Lage ist, abstrakte Vorgänge durch Bilder zu visualisieren. Jung fasst den Traum als Selbstdarstellung der aktuellen unbewussten Situation in symbolischer Form auf und sieht in ihm unter anderem einen Lösungsversuch von aktuellen Konflikten. Durch die empirisch – biologische Forschung konnte mittlerweile bewiesen werden, dass dem Traum nach Jung eine wichtige Funktion im Zusammenhang mit der Selbsterneuerung des psychischen Systems zukommt, die auch in die Richtung eines unbewussten Individuationsprozesses zielt.

2.3.1 Traum und Angsttheorie nach Freud

Nicht nur über Symptome lässt sich auf den Charakter des menschlichen Individuums schließen, sondern auch über Träume, die eine entscheidende Hilfe auf dem Weg der Persönlichkeitsfindung darstellen können. Die Traumdeutung bildet dafür eine subtile Interpretationsanleitung, mithilfe derer aus dem manifesten Traum auf die latenten Traumgedanken zurückgedacht werden kann. Ziel ist es, die infantil – triebhafte Persönlichkeit dabei zum Vorschein kommen zu lassen. Freud bezeichnete nicht umsonst den Traum und seine Deutung als Königsweg zum Unbewussten, da das Unbewusste des Seelenlebens im Traum noch vollständiger und deutlicher zum Ausdruck kommt als in der neurotischen Symptomatik. Man könnte letztendlich behaupten, dass der Traum den Charakter eines jeden Menschen wiederzuspiegeln vermag, da der Mensch sich faktisch so darstellt wie er auch träumt. Das bedeutet, dass der Ängstliche angsthaft, der Mutige mutig und der Triebhafte triebhaft träumen wird, da die Traumszenen viel offener die Einstellung des Träumers anzeigen als sein bewusstes Reden oder Argumentieren.

In der Tiefenpsychologie gestaltet sich das Unheimliche als besonders interessant, da es eine spezifische Art des Schreckhaften darstellt, das auf Altbekanntes, längst Vertrautes zurückgeht, das einen trotz dieser Vertrautheit unheimlich berührt, weil in diesem Moment unsere Aktions- und Empfindungsfähigkeit merklich eingeschränkt ist. Dieser Fall kann zum Beispiel im Verlauf eines Albtraums auftreten, wo sich Realität und Irrationales auf zunächst undurchsichtige Art und Weise vermischen. Freud schien sich sehr früh im klaren zu sein, dass die Angst im Mittelpunkt aller psychischen Fehlentwicklungen steht. Alles, was heimlich ist, kann demnach auch unheimlich werden, sobald das Verdrängte ins Bewusstsein eindringt, dort Schrecken auslöst, die bis hin zur Panik gelangen kann. Manche unheimlich wirkende Inhalte des Seelenlebens, wie Stille, Alleinsein, Tod und Dunkelheit werden durch die Verdrängung dämonisiert und steigern sich über das große Gefühl des Hilflos – Sein bis hin zur Überlebensangst.

Im Verlauf seiner Theoriebildungen gelangte Freud zu einer dreiteiligen Kategorisierung der Angst, wobei er in ihr ein zunächst triebhaftes Phänomen und die daraus resultierende Auswirkung einer Libidostauung infolge ungelöster Triebspannungen begründet sah. Später verlagerte Freud sein Interesse mehr auf die Ich – Psychologie und entdeckte mit der Realangst und der neurotischen

Angst zwei wichtigere Angstquellen, die es genauer zu erforschen galt. Im Stadium der Realangst fürchtet man sich in einer von außen konkret auftretenden Gefahrensituation, während bei der neurotischen Anstrengung die Gefahr von innen ausgeht, indem Verdrängtes plötzlich ins Bewusstsein vorstößt, woraufhin das Ich in einen Alarmzustand versetzt wird, der sich bis hin zur Panik ausweiten kann, wenn zuviel verdrängtes Material aufgehoben wurde. In diesem Moment beeinflussen die Ansprüche des Es das Ich so massiv, dass letzteres am liebsten die Flucht ergreifen würde. Bei der dritten Kategorie seiner Angsttheorien vertritt Freud den Standpunkt, dass die Angstreaktion immer mit psychisch traumatisierenden Gefahrensituationen verbunden sei. Er sieht die Angst immer dann in Erscheinung treten, wenn das Ich durch Reizüberflutung bedroht wird. Da Freud in der Angst einen Ausdruck von Hilflosigkeit im Ich begründet sieht, drohen dem Ich gleichermaßen Gefahren, die vom Es und Über – Ich ausgehen können. Solange das Ich innerhalb der drei Instanzen bestehen kann, bleibt es relativ angstfrei und verfällt lediglich in dem Moment der Angst, wenn es vor einem oder sogar allen drei Instanzen kapitulieren muss.

Freud nennt drei Hauptquellen für die mächtige Angstanfälligkeit des Menschen.

1. *Der Mensch ist viel länger hilflos und abhängig als alle anderen Lebewesen. Er wird unfertig in die Welt geschickt und benötigt fast zwei Jahrzehnte, um erwachsen und selbständig zu werden. Nur wenn ihn die Umwelt liebevoll und fürsorgend unterstützt, kann er gesund heranwachsen. Darum bleibt er aber auch zeitlebens von seinen Beziehungspersonen abhängig; er fürchtet nichts so sehr wie das Alleingelassen – Werden. Ohne Liebe und Nähe zu den Mitmenschen kann er gar nicht leben.*

2. *Die Sexualität ist überaus bedrängend und stellt schwere Aufgaben an das Ich, welches sie organisieren und ins Leben einbauen soll. Die Kultur begünstigt nur wenig diese Integration; sie schafft Gebote und Verbote, die eher auf Verdrängung tendieren. So entsteht ein Zwiespalt im Ich, der meistens Angst hervorruft.*

3. *Das Seelenleben des Menschen ist in sich selbst aufgespalten und gegliedert. Es wird dadurch labilisiert und brüchig; Es, Ich und Über – Ich können zueinander in Gegensatz treten, wobei diese Antagonismen den psychischen Zusammenhang unter Umständen aufsprengen* (Rattner, 2001, S. 37).

Resümierend aus Freuds Angsttheorien kommt der Angst im Menschenleben die Bedeutung zu, dass sie in der Regel eine gescheiterte Trieb- und Persönlichkeitsentwicklung darstellt. Ein starkes Ich kann dagegen die Belastungen durch seine eigene Vergangenheit oder durch Triebbedürfnisse und Kontaktschwierigkeiten besser bewältigen, als ein geschwächtes Ich, das schon bei durchschnittlichen Komplikationen zum Angstsignal greifen wird. Auch ist ein gestärktes Ich in der Lage, gewisse Symptome zu erzeugen, die die Angst neutralisieren und nach Bedarf binden können.

Um die Angst auch hinsichtlich ihrer symbolhaften Artikulation im Kunstwerk und durch den Künstler selber begreifen zu können, sollte man sich zunächst über eine Strukturanalyse diesem Angstphänomen nähern, um es im einzelnen begreifbarer und zugänglicher zu gestalten. Eigentlich fällt die Angst unter den Begriff des Affekts, der als solcher das Gegenteil eines Gefühls darstellt. Gefühle sind Emotionen und Werthaltungen, durch die der Mensch in eine Interaktion mit anderen Individuen und der Umwelt tritt, wogegen Affekte auf einer Linie mit der Selbstbehauptung liegen und von einer wirklichen Ohnmacht bis hin zu Macht und Überlegenheit führen. Angst bedeutet in diesem Sinne die Abwesenheit von Gefühlen, wodurch man sich leicht zu einem Angstcharakter entwickeln kann, wenn über einen längeren Zeitraum hinweg eine Gefühlsabstinenz existiert hat.

Diese so genannte emotionale Abkapselung führt letztendlich zum Angstanfall oder zu einer allgemein ängstlichen Lebensführung, in der sich der Angsttyp vollkommen auf sein Privatleben und sein sorgenvolles Lebenskonzept konzentriert, sich selber einengt und zu wenig in die Welt expandiert. Angst ist in dem Sinne gleichzusetzen mit einem Fluchtaffekt, der einem die Möglichkeit gibt, die gefürchtete Welt, die Mitmenschen und die irdische Welt im Allgemeinen abzulehnen. Menschen, die unter dieser Angstform leiden, sehnen sich nach Geborgenheit in einer sie verwöhnenden Umwelt, die für sie mit keinerlei Schwierigkeiten verbunden ist. Die Angst kann auch als Folge von mangelhafter Tüchtigkeit auftreten, denn wer beruflich und sozial erfolgreich ist und genügend Geschicklichkeiten aufweist, braucht sich nicht zu ängstigen, selbst wenn er ab und zu an seine Grenzen stößt, so wird nicht gleich ein Katastrophenalarm ausgelöst. Schon im Kindesalter sollte darauf geachtet werden, Schwierigkeiten zu überwinden, damit keinerlei Angstgefühle auftreten können.

In der tiefenpsychologischen Betrachtung wird gerne der Zusammenhang von Angst und Aggression erforscht, wobei der Gedanke nahe liegt, dass die Aggression als eine Antwort auf die Angst zu verstehen ist, da ein verängstigter Mensch dazu neigt, über Zorn, Wut und Gewaltsamkeit als Überkompensation der Angst andere Menschen einzuschüchtern oder sogar zu beherrschen. Da der Angsttyp zu einer Misstrauenshaltung gegenüber seiner Umwelt tendiert, neigt er auch dazu, jederzeit und überall eine gewisse Feindseligkeit ihm gegenüber zu erwarten, womit er sich selber der sozialen Einbettung in der Gesellschaft entzieht, nicht zu kooperieren vermag und ein Defizit an Sozialinteressen aufweist. Um also einen ersten Schritt aus der Angstkrankheit zu finden, müssen zunächst soziale Bindungen gefestigt werden. Wie schon eingangs besprochen, können über den Albtraum bestimmte Strukturen der Angst in Form von unbewussten Triebvorstellungen oder unerfüllten Wünschen manifestiert werden. Im Hinblick auf die kunstpsychologische Erforschung des Kunstwerks wird an dieser Stelle darauf hingewiesen, dass besonders die Künstler des Mittelalters sowie im 18. Jahrhundert von Albträumen und Visionen heimgesucht wurden und ihre Erlebnisse im Kunstwerk auf symbolische Art und Weise sichtbar zu machen versuchten, damit sich das Unbewusste oder Verdrängte nicht direkt dem Betrachter zu offenbaren vermochte. Symbole und ihr Einsatz im Kunstwerk schützen den Künstler vor der öffentlichen Zur – Schau – Stellung seines innersten Seelenlebens, so dass der Kunstschaffende lediglich auf etwas hinweisen möchte, auf seine erlebten Erfahrungen, seine Lebensumstände oder eben seine psychische Befindlichkeit. Der Künstler entwickelt zu diesem Zweck eine Art von Geheimsprache, die es ihm erlaubt, sein Kunstwerk vor der Entmystifizierung durch den Betrachter zu schützen. Nur er möchte seine Ängste über die symbolische Spur des Kunstwerks hinaus verstehen lernen, möchte aber die Deutung oder Bedeutung des Bildinhalts für sich in Anspruch nehmen, gleichwohl aber den Betrachter am Werk teilhaben lassen.

2.3.2 Der Initialtraum und die Angst vor dem Unbewussten

Im Allgemeinen wird behauptet, dass die Jungsche Psychologie nur auf das sich in der zweiten Lebenshälfte befindende menschliche Individuum anwendbar sei. Das stellt sich insofern als Irrtum heraus, als dass der Individuationsprozess, also die seelische Entwicklung eines Menschen von der Geburt bis zum Tod andauert und somit auch die erste Lebenshälfte umschließt. In dieser Zeit werden die Probleme des sogenannten Schattens bearbeitet und bewusst gemacht, so dass es zu einer Stärkung des Ichs kommen kann. *Angst vor dem Leben und den Forderungen nach Anpassung an die Umwelt, die Tendenz, sich in seine Phantasien zurückzuziehen und ein Kind zu bleiben, haben – besonders bei den jungen Introvertierten – schon so manchen Individuationsprozess aufgehalten* (Jung, 1999, S. 274). Eine Förderung der seelischen Entwicklung ist nur dann möglich, wenn die Tiefen der unbewussten Bereiche angeregt werden und man die in den Träumen verborgene reichhaltige Symbolik zu analysieren vermag. Welche Bedeutung den Symbolen innerhalb des Individuationsprozesses zukommt, wird anhand eines von Jacobi kommentierten Initialtraums verdeutlicht.

Es geht dabei um einen jungen introvertierten Mann, der sich aufgrund einer starken Mutterbindung innerlich genötigt fühlte, an seiner Seele zu arbeiten. Die analytische Arbeit umfasste neun Monate, in denen der Mann an 35 Sitzungen teilnahm und 50 Träume zur Deutung beziehungsweise Analyse vorlegte. Analysen in einer solch kurzen Zeit zu erstellen, sind nur dann möglich, wenn die Träume stark symbolgeladen sind und den Entwicklungsprozess auf diese Art und Weise beschleunigen. Zudem hängt alles von der Bereitschaft des Individuums ab, das innere Geschehen zu realisieren und das Material, das von den unbewussten seelischen Bereichen geliefert wird, umzusetzen oder vielmehr zu akzeptieren und auf sich einwirken zu lassen.

Wie die meisten Introvertierten führte dieser junge Mann ein nach außen hin gerichtetes monotones Leben, das sich auf seinen Beruf beschränkte und nur gelegentliche Treffen mit Freunden zuließ. Obwohl Jacobi seine Kindheit und Jugendzeit zu analysieren versuchte, gelangte man doch immer sehr schnell zur Untersuchung seiner Träume, die mit Problemen der Innenwelt korrespondierten. Nicht alles, was aus einer Analyse dabei hervorgeht, kann dem Patienten mitgeteilt werden, da die Symbolwelt der Träume explosiv auf den Träumenden einwirkt, er somit von Ängsten überfallen werden kann und aus einer Abwehrreaktion zu Rationalisierungen greifen wird. Eine schwere psychische Krise ist infolge von einer inneren Bilderflut, die auf ihn eindringt, ebenso möglich. In dem von Jacobi beschriebenen Initialtraum geht es im Wesentlichen um einen Ausflug dieses jungen Mannes mit einer ihm unbekannten Gesellschaft. Er möchte einen Berg besteigen, während die anderen eine Rast vorziehen. In der Wirklichkeit gelangt er aber wieder ins Tal zurück und verliert dabei die Orientierung. Er findet den Weg zu der Gesellschaft nicht und trifft auf eine alte Frau, die ihm die richtige Richtung zeigt. Um zu der Gesellschaft zurückzufinden, muss er entlang einer doppelspurigen Bergbahnlinie emporsteigen, in deren Wagen, die sich talwärts bewegen, Menschen sitzen, die tot sind. Der junge Mann befürchtet, dass das auch mit ihm geschehen könnte, aber als er nach rechts abschwenken muss, erwarten ihn Menschen, die ihn zu einem Gasthof führen. Da sich zudem ein Platzregen einstellt, bedauert er seine Ausrüstung, den Rucksack und seinen Motorroller nicht dabei zu haben. Er fügt sich schließlich dem Rat der Anwesenden, alles erst am nächsten Morgen zu holen. Jung misst dem ersten Traum innerhalb einer Analyse immer besondere Bedeutung zu, da er seiner Meinung nach oft eine antizipatorische Bedeutung hat.

Indem man die Entscheidung trifft, sich einer Analyse zu unterziehen konfrontiert man seine Psyche unweigerlich mit jenen Tiefen, aus denen archetypische Bilder und Symbole aufsteigen, die auf kollektiv gültige Verhaltensformen und Lösungen hinweisen. Was sagt aber nun der Traum über die spätere Entwicklung des jungen Mannes aus. Zunächst einmal beschreibt der Traum einen Ausflug, sogar eine Art von Wanderung, die gut zu seinem Vorhaben passt, sich einer Analyse zu unterziehen. Der Individuationsprozess findet seine Symbolisierung oft in einer Entdeckungsreise in unbekannte Länder. Im Symbol der Bergbesteigung sieht man die erste Hälfte seiner Lebensreise dargestellt, in dem Sinne, dass der Aufstieg aus unbewussten Bereichen zu einem erhöhten Standpunkt des Ich erfolgt, was wiederum auf eine vermehrte Bewusstheit schließen lässt und der Analyse eine vielversprechende Aussicht bietet.

Dass er schon bald nach Beginn der Wanderung halt macht, deutet darauf hin, dass er sich kurz seiner wesenseigentümlichen Passivität hingibt, um sich der aktiven Teilnahme am Leben entziehen zu können. Plötzlich wird ihm bewusst, dass es schon Mittag ist und somit Zeit wird, weiter zu gehen, denn mit Mittag ist in diesem Zusammenhang der „Lebensmittag" gemeint. Die sich für ihn anschließende Bergbesteigung ist ein bekanntes Symbol für eine Übergangssituation, die von einer Einstellung hinüber in eine andere führen kann.

Dass er diesen Übergang ohne äußere Hilfe besteht, ist von entscheidender Bedeutung für sein Ich, was auch durch das Zurücklassen seiner Ausrüstung verdeutlicht wird. Obwohl er guten Willens ist, schafft er den Anstieg nicht und gelangt zurück ins Tal, da sein Ich die Orientierung verloren hat. Sein bewusstes Ich hatte sich zwar schon zum Handeln entschieden, während seine übrigen seelischen Eigenschaften in der noch alten Passivität verharren und das Ich nicht begleiten wollen. Diese spezifische Situation wird durch die anderen Mitglieder der Gesellschaft personifiziert. *Wenn nämlich der Träumer selber in einem Traum erscheint, dann steht er darin meistens nur für seine bewusste Seite, für sein Ich; dagegen repräsentieren die weiteren Figuren die mehr oder weniger unbewussten Züge des Träumers* (Jung, 1999, S. 279). Zu diesem Zeitpunkt befindet sich der junge Mann nun in einer ausweglosen Situation, die er sich nicht einzugestehen erlaubt. Die alte Frau, die ihm den richtigen Weg weist, steht für die Weisheit der ewigen weiblichen Natur, der er als Rationalist zunächst ablehnend gegenübertritt. Er entscheidet sich jedoch bewusst, den Weg der Individuation zu gehen, indem er auf Anraten der alten Frau von einem anderen Ort emporsteigen möchte, um wieder zu der verlassenen Gesellschaft zu gelangen, die er zurückgelassen hat und die jene Eigenschaften seiner Seele symbolisiert. An der richtigen Stelle angekommen, schlägt er bewusst eine neue Richtung ein, die ihn zur Außenwelt hinführt. Die vorher verlassenen Leute erwarten ihn dort, wo er sich den bisher unbekannten Zügen seiner Psyche bewusst zuwenden kann. Er schließt sich somit dem Kollektiv an, um Dach und Nahrung zu finden. Der fallende Regen symbolisiert eine Spannungslösung, sowie die Versöhnung zwischen Himmel und Erde. Anschließend möchte der junge Mann, die Werte, die er zurückließ, wieder zu sich holen, was auf die Suche nach sozialem Kontakt und der Stärkung des eigenen Ich schließen lässt. Zunächst findet er sich mit dem Rat seiner Kameraden ab, mit seinem Vorhaben, bis zum nächsten Morgen zu warten. Aufs Neue hat er sich damit einer fremden Anweisung unterworfen und somit einen großen Schritt auf seinem Entwicklungsweg erreicht. Die konflikthaften Gegensätze, die die Seele des jungen Mannes in Spannung hielten, werden durch seinen bewussten Drang zum Aufstieg und seine Tendenz zu passiver Kontemplation symbolisiert.

2.4 Grundlagen kunstpsychologischer Untersuchungen des Betrachtererlebnisses

Die wissenschaftliche Forschung im Bereich der Kunstpsychologie wird unter anderem auch in der Literatur als „experimentelle Ästhetik" benannt und beschäftigt sich mit jeglicher Art von Kunstprozessen, die nachhaltig auf den Menschen einwirken oder ein emotionales Beteiligt – Sein hervorrufen. Als sogenannte empirische Disziplin liegt der Schwerpunkt der Untersuchung auf dem Kunstschaffenden und dem Betrachter, den man gemäß unseres fortschrittliebenden Zeitalters und mit Verweis auch auf die Werbung als Kunstkonsumenten titulieren kann. In diesem Kapitel und im Hinblick auf die Grundlagen der Kunstpsychologie wird sich ausschließlich dem Betrachtererlebnis zugewandt, um eine konkrete Typisierung vornehmen zu können und die charakteristischsten Merkmale zu definieren. Wie messbar ist eigentlich ein Kunsterlebnis?

Zunächst einmal wird es gesteuert von der Wahrnehmung, von Bedeutungsinhalten und einer eventuell eintretenden Identifikation mit dem Objekt. Das alles lässt sich heute mithilfe der Experimentalpsychologie sowie unter Laborbedingungen simulieren, wodurch die aufgrund einer ästhetischen Reaktion vom Kunstwerk aus erfolgende Stimulation des Kandidaten eine Messbarkeit erfährt. Dem Betrachter wird somit die Urteilsfähigkeit in Zusammenhang mit dem Kunstprozess eingeräumt. Er entscheidet für sich, welche schönen und ästhetischen Empfindungen in ihm hervorgerufen werden dürfen. Bevor er jedoch diese Aussage artikulieren kann, bedarf es der Konzentration auf das Objekt, die stets mit Konfliktlösungen verbunden ist. Ein Kunstwerk enthält viele Reizvariablen, die zunächst Aufmerksamkeitsreaktionen verlangen, Assoziationen und eine mögliche Interpretation auslösen.

Lässt sich der Betrachter auf das Kunstwerk ein, so sieht er sich unwillkürlich mit elementarer Vielartigkeit, Komplexität und Überraschungseffekten konfrontiert. Das Resultat aus dieser momentanen „Überforderung" ist ein Anstieg der Erregung, dem bei gelungener Konfliktlösung die Entspannung beziehungsweise der Erregungsabfall folgen kann. Die Balance, die vorher im mittleren Bereich der Wahrnehmung aus dem Gleichgewicht geriet, ist somit wiederhergestellt. Wie schon erwähnt, funktioniert der menschliche Organismus nach dem sogenannten „homöostatischen Modell", das nichts anderes besagt, als dass ein Equilibrium erhalten bleiben muss, um die psychologischen und physiologischen Prozesse aufrechtzuerhalten oder im Fall einer Fehlfunktion zu reanimieren. Das bedeutet aber nicht, dass jede Art von Spannung als unangenehm empfunden wird. Der Betrachter kann bereits vor der Visualisierung des Kunstwerks Spannungen aufgebaut haben, die nun durch die Summierung neuer kunstspezifischer Spannungen zur Entspannung führen. Alle soeben angeführten Reaktionen können nur auftreten, wenn der Kunstkonsument sein emotionales Beteiligt – Sein am Kunstwerk zulässt. Für ihn wird die Kunst zu einem Erlebnis, wenn er reaktionsfreudig die ihm angebotenen Reize aufnimmt. Das Resultat bildet die „Einstellung" des Betrachters gegenüber dem Kunstobjekt. Den eigentlichen Lustgewinn, den die Betrachtung eines Bildes hervorruft, kann man sich oftmals selbst nicht erklären. Dabei gibt es einige an dieser Stelle nennenswerte Gründe, die die emotionale Reaktion auf ein Kunstwerk beeinflussen. Wie schon erwähnt tritt die Lustbefriedigung unter anderem durch Entspannung ein, die von der Reizintensität des Objekts abhängig ist. Da die Bildfläche eingerahmt ist, hat die Wahrnehmung keine Möglichkeit, außerhalb dieser Grenze zu agieren, um eine eventuelle Beunruhigung aufzunehmen. Außerdem steht dem Betrachter genügend Zeit zur Verfügung, die er zur Registrierung des Bildinhalts benötigt, bei der der Einsatz eines einzigen Sinneskanals notwendig ist. Die Bildbetrachtung zieht keinerlei Handlungsbedarf nach sich, so dass es dem Konsumenten leicht fällt, das Kunstwerk auf ästhetische Aspekte zu reduzieren. Wahrnehmung und Darstellung von Objekten bilden die Kernpunkte zur Untersuchung kunstpsychologischer Abstraktion. Hierin liegt die Diskrepanz zwischen der Objektwahrnehmung und der Objektdarstellung. In der Kunsttheorie stellt sich die Frage, ob die bildliche Darstellung nur eine Abbildung eines Objekts ist, das man zuvor lediglich wahrgenommen hat. Um auch an dieser Stelle wieder auf den Lustgewinn zurückzukommen, wird auf das Harmoniebedürfnis verwiesen, das mit jedem Wahrnehmungserlebnis verbunden ist und im Kunstwerk an das Proportionalitätsgefühl geknüpft ist. *Das Gefühl für Proportion ist mit dem Wahrnehmungserlebnis untrennbar verbunden, und es ist – wie alle Wahrnehmungseigenschaften – dynamisch. Gut ausgewogene Form ist eine Hauptquelle sowohl für die Harmonie, die sich in vielen Erzeugnissen der Natur und des Menschen findet, als auch für den Genuss, den diese Harmonie vermittelt* (Arnheim, 1977, S. 102). Der Betrachter versucht also, die Form hinsichtlich ihrer „guten Gestalt" so zu verändern, dass Kunstbetrachtung für ihn zum Erlebnis wird. Wenn davon gesprochen wird, dass jeder Mensch seinen eigenen Standpunkt hat, so versteht man darunter gerne die politisch – ideologische Sichtweise.

Studien zur Kunsttheorie haben gezeigt, dass sowohl der Betrachter, als auch der Künstler selbst, physisch gesehen ihre eigenen Standpunkte haben. Jeder Mensch steht und bewegt sich auf verschiedene Art und Weise, wodurch zunächst eine Gewichtsverlagerung zustande kommt, die im Endeffekt eine andere Haltung und Gehweise zur Folge hat, deren Auswirkung sich in unterschiedlichster Evokation widerspiegelt. Publikum, Künstler und deren Werke werden heute leider immer mehr durch eine Kommunikationsstörung voneinander getrennt. Ausstellungskriterien, die den Schutz der Exponate sichern sollen, isolieren die Objekte vor dem Betrachter, obwohl dieser doch dazu beitragen könnte, die notwendige Lebendigkeit des Kunstwerks herzustellen.

Die „Kunst zum Anfassen“, um das Betrachtererlebnis vervollständigen zu können, wäre demnach wünschenswert. Gerade in der Moderne stellt sich in diesem Zusammenhang die Frage nach der Berechtigung einer fachlich qualifizierten Kunstdidaktik, die jegliche Auseinandersetzung mit aktueller Kunst vermissen lässt. Bis heute gilt die Vermittlung historischer Kunst im Unterricht als leichter und sinnvoller gegenüber der Gegenwartskunst, die man gerne als strittig, sperrig und interessefremd bezeichnet und deren Interpretation vernachlässigt beziehungsweise ganz vermieden wird. Tatsache ist, dass man dem Schüler die persönliche Kunsterfahrung, die dem professionellen Künstler jederzeit zuteil werden darf, vorenthält. Kunstpädagogik, die sich selber und somit auch den Schüler der Gegenwartskunst entzieht, trägt zur Verhinderung des intellektuellen Abenteuers bei, auf das sich der Kunstschaffende gewissermaßen immer aufs Neue einlässt. Leider muss an dieser Stelle auch erwähnt werden, dass der Kunstpädagoge selber nicht ganz unschuldig ist an dieser Situation. Viele Kunstlehrer fühlen sich zum produzierenden Künstler geboren, verschließen sich daher auch vor der Konkurrenzkunst oder zeigen offen ihre Voreingenommenheit. Unter diesen Umständen ist Kunstunterricht nur schwer durchführbar, zumal die Leistungsbewertung in Form von Noten die Freiheit und Offenheit des kunstschaffenden Schülers einschränkt. Aktuelle Kunst wird in diesem Sinne auf Unterrichtsverfahren reduziert, obwohl die Bezeichnung „Methode“, wenn auch nur in der Theorie, bestehen bleibt. Mangelhafte Kompetenz im eigenen Verstehen derartiger Kunst veranlasst den Pädagogen, sich gegenüber aktueller Gegenwartskunst zu verweigern. Gerade das Ästhetische der Postmoderne bietet dem Betrachter experimentell – reflexive Haltung und Handlung an, die er mithilfe alter und neuer Technologien, traditioneller und moderner Medien zum Ausdrucksmittel gestalten könnte, wenn man ihm denn auch den Freiraum gewähren würde. Auch das gehört zur Kulturarbeit und müsste im Unterricht Verwendung finden.

Berechtigterweise stellt sich nun die Frage, warum es überhaupt eine Kunstdidaktik für aktuelle Kunst gibt. Die Antwort lautet, weil dafür immer noch Seminare angeboten werden, obwohl die Kunstproduktion längst ohne sie bestehen könnte. Das Bildungsereignis, in dem ich mein „Ich“ als Kunstrezeption wiederfinde, ist ohnehin nicht auf die Hilfe der Kunstdidaktik angewiesen, die in demselben Maße wie die Kunstpädagogik im Bereich der Gegenwartskunst als überflüssig erscheint. Trotzdem wird in Kapitel 4. der Versuch unternommen, eine vergleichende Studie über historische Kunst und Gegenwartskunst zu erstellen, die auch im Hinblick auf die aktuelle Kunstpädagogik neuere Ansätze als richtungsweisendes Modell für einen modernen multimedial geprägten Kunstunterricht zu bieten hat.

2.4.1 Erwartungshaltung und Reaktion

Der erste Eindruck eines Bildwerks ist durch seine Anmutungsweise gekennzeichnet, das heißt durch die Art, wie es den Betrachter anspricht. Einige Interpreten, zum Beispiel Staiger, messen diesem persönlichen Betroffensein größte Bedeutung bei, weil es noch vor jeglichem Erkennen und Verstehen den Zugang zum Werk vorentscheidet (Kobbert, 1986, S. 88). Fühlt sich der Betrachter ausreichend motiviert, dem Kunstwerk gegenüberzutreten, so folgt er seiner natürlichen Erwartungshaltung, die er mit dem Objekt verbindet. Der positiven Erwartung kann jedoch eine negative Enttäuschung folgen, die den Kunstkonsumenten in einen Schwebezustand der Ungewissheit versetzt. Findet er allerdings eine Bestätigung seiner Erwartung, so kann dies wieder zu dem Lustgewinn führen, den der Betrachter, wenn auch nur unterschwellig, erhofft hat. Wie schon angesprochen sind die vor der Lust liegenden Erregungsebenen von entscheidender Bedeutung, da hohe und niedrige als unangenehm empfunden werden, während dem Zustand in der Normalebene auch die Lustbefriedigung folgen kann. *In der Literatur findet man die Untersuchung der mittleren Reaktion auf ein Kunstwerk (möglicherweise differenziert nach verschiedenen Typologien, zum Beispiel Introversion, Extraversion, oder nach Einstellungen zur Sexualität). Auf dem Hintergrund der psychoanalytischen Ebene wurde erhellt, wie ein Künstler dazu kommt ein bestimmtes Kunstwerk zu schaffen. Manchmal wird auch untersucht, was die „Tiefenbotschaft“ eines Kunstwerks ist, warum ein berühmtes Kunstwerk eben berühmt ist* (Schurian, 1993, S. 79).

Ähnlich verhält es sich mit den freigesetzten Emotionen und dem Gefallen an einem Kunstobjekt. Die Empfindungen, die mit der Gefälligkeit einhergehen, stehen in engem Zusammenhang mit der Reizintensität, die ein Mindestmaß erreichen muss, um das auszulösen, was man allgemein als Wohlgefallen bezeichnet. Um seiner Erwartungshaltung gemäß auch reagieren zu können, hält sich das Publikum an gewissen Ansichten fest, die es über die Kunst und das Kunstwerk für zutreffend hält. Unter anderem werden positive Gefühle genannt, die angeregt werden sollten, um einen emotionalen Eindruck zu hinterlassen. Gewünscht wird auch eine provozierende, nachdenklich stimmende Kunst, wobei vielfach die Innovation und das Vermitteln neuer Sichtweisen für die Betrachtung im Vordergrund stehen. Um die Orientierung im Bildwerk nicht zu verlieren, sucht der Kunstkonsument nach Vereinfachung und Symmetrie. Er findet dies durch Visualisierung der einfachsten Form, die dargestellt ist. Alles davon Abweichende reduziert er wahrnehmungstechnisch bis zum Erreichen der für ihn annehmbaren Form.

Auslöser hierfür ist das aus zwei Hälften bestehende Gesichtsfeld, das symmetrische Gestaltungen bevorzugt, weil sie die Wahrnehmung vereinfachen und somit durch die Gleichbehandlung bei der Musteranalyse eine Erweiterung des Gesichtsfelds eintreten lässt. Bei der Reaktion auf ein Kunstwerk stehen Emotionen und Gefühle oft im Vordergrund der Betrachtung, da das Kunstwerk als solches in erster Linie Freude bereiten soll, wobei Freude mit Emotion gleichzusetzen wäre. Das Kunstwerk, das die besonderen Aspekte der Wirklichkeit einzufangen und wiederzugeben vermag, unterliegt damit weder der sinnlichen Wahrnehmung oder dem Intellekt des Betrachters, sondern vielmehr einer dritten kognitiven Fähigkeit, die als das „Gefühl" beschrieben wird. Diese, dem Kunstwerk eigenen Aspekte der Wirklichkeit werden nicht nur als Tatsacheninformation aufgenommen, sondern lösen zudem seelische Zustände in Form von Emotionen und Gefühlen aus. Die bisher genannte Kunstpsychologie untersucht ein normales beziehungsweise mittleres Kunsterlebnis, wobei es durchaus im individuellen Fall zu tiefer Bewegung durch einen Bildinhalt kommen kann. Viele Menschen fühlen sich durch ein großes Kunstwerk beeindruckt, weil es die allgemeine Grundsituation des Lebens in Szene setzt. Der Betrachter ist aber auch durchaus in der Lage, zu einem sogenannten Gipfelerlebnis zu gelangen, indem eine intensivere Kunstreaktion zwischen dem individuellen Erlebnis und dem spezifischen Kunstwerk zustande kommt. Aufgrund dieser Reaktion bleiben persönlich bedeutsame Kunstwerke im Gedächtnis präsent und können in bestimmten Lebenslagen sogar als Orientierungshilfe dienen.

2.4.2 Entwicklung kunstpsychologischer Prozesse

Die Psychologie der Kunst ist ebenso wie andere Wissenschaften zukunftsorientiert, das heißt, sie wird ihre Beobachtungen hinsichtlich des Betrachters erweitern müssen. Man begibt sich damit unwillkürlich auch auf ein Gebiet, das derweil umstritten ist und dessen Frage nach der Koexistenz von genialer Kreativität und Verarbeitung psychischer Krisen immer noch unzulänglich beantwortet wird. Nach Lange – Eichbaum und Kurth liegt die Wahrscheinlichkeit nahe, dass Genies, speziell Maler, häufig psychische Krankheiten erleben und Konflikte in ihren Bildern thematisieren, wodurch ihre Persönlichkeitsstruktur Schaden nimmt. Viele Künstler „müssen“ introvertiert sein, um das schaffen zu können, wozu manch andere Menschen nicht den Mut und die Entschlossenheit aufbringen.

Dem Kunstbetrachter fällt es leicht, den genialen Künstler für geistig gestört zu halten, damit er seine Leistungen und die eigene persönliche Instabilität als nicht so schmerzhaft empfinden muss. In dem Kunstwerk spiegelt sich nichts anderes als das individuelle Verhalten einer normalen oder gestörten Persönlichkeit wider. An dieser Stelle sollte auf den Begriff der „Kunst“ und den des „Ausdrucks“ von Kunstwerken hingewiesen werden. Die Diskrepanz zwischen diesen beiden Begriffen beschreibt die Schwierigkeit der Einstufung in die kunstpsychologische Wissenschaft. Es stellt sich also die Frage nach einer Verbindung zwischen Kunst und Wahnsinn. Notwendig ist sie bestimmt nicht, aber der Künstler ist durchaus in der Lage, seinen Wahnsinn in eine kreative Leistung einzubinden. Um des Betrachtererlebnisses Willen täte es gut, die Bildwerke unabhängig von deren Herkunft zu betrachten und die Qualität der Bilder, gerade geistesgestörter Künstler nicht sofort in Frage zu stellen.

Hans Prinzhorn hat einmal gesagt, dass das Werk nicht aus Gesundheit oder Krankheit, sondern aus Gestaltungskraft entsteht. Wahnerlebnisse sind deshalb nicht unbedingt ein krankhaftes Erscheinungsbild, sondern lediglich als Reaktion auf psychische Ausnahmesituationen zu verstehen. Ähnlich wie beim Drogen- oder Alkoholrausch wird die Wirklichkeit aus dem Alltagsbewusstsein in die Welt der Träume und Fantasien transformiert. Der Mensch ist dann unfähig, die Realität als solche zu begreifen. Hier liegt der Grenzbereich zwischen der Terminologie gesund/krank und normal/abartig, wenn man von der reinen Verbalisierung ausgeht. Vielmehr öffnet sich doch die Landschaft der menschlichen Seele in der künstlerischen Darstellung, die oft unheimlich, vielleicht auch rätselhaft oder schauerlich die Identität des Künstlers offenbart. Seit Jahrhunderten haben sich zahlreiche Künstler mit den unbewussten Vorgängen des menschlichen Denkens, dem Wahn, den Visionen und Träumen auseinandergesetzt. Genannt seien zum Beispiel die Maler Hieronymus Bosch, Pieter Breugel, William Blake und Henry Fuseli.

Die Kunstprodukte der Neuzeit, die man gerne als „Irrenkunst“ bezeichnet, vorausgesetzt, es handelt sich um Produkte psychisch erkrankter Personen, werden somit gleichzeitig als Nichtkunst abqualifiziert. Hans Prinzhorn war der Erste, der der „Bildnerei der Geisteskranken“ ihren Namen gab und ihre Fremdartigkeit an- und ernstnahm. Zur näheren Erläuterung sei an dieser Stelle erwähnt, dass 75% der Bildwerke von Schizophrenie – kranken gemalt werden, deren Antrieb allein in ihrem Drang zur Gestaltung und Darstellungskraft begründet liegt. Der schizophrene Künstler neigt dazu, in Form von Symbolwiederholungen und mithilfe ornamentaler Muster die ihm zur Verfügung stehende Zeichenfläche vollständig auszufüllen. Um die Bedeutsamkeit seiner Werke hervorzuheben, fügt der Urheber Schriftsätze hinzu, die seine Arbeit mystifizieren sollen. Hier kann die kunstpsychologische Forschung wieder zur Klärung herangezogen werden, um die Beziehung zwischen dem Seelenzustand des Schaffenden und dem des Schizophrenen zu dekodieren.

Der Schaffende steht in Bezug zu seiner eigenen Inspiration und der folgenden Umsetzung, der Gestaltung, während der Schizophrene sein eigenes Weltgefühl durch Gestaltung visualisieren möchte. Als Basis für diese Erläuterung kann man die Kunstgeschichte mit all ihren Darstellungen von phantastischer, irrealer und visionärer Malerei betrachten. Studien haben gezeigt, dass besonders die Bildwerke Schizophrener nicht nur dem Bereich der ernsten Kunst zuzuordnen sind, sondern Ähnlichkeiten zu den Werken von Primitiven, Kindern und vieler anderer Kulturen aufweisen. Auch hier sollte noch einmal auf das Betrachtererlebnis in der kunstpsychologischen Forschung eingegangen werden. Die „Bildnerei der Geisteskranken" konfrontiert den Betrachter mit fremdartig anmutenden Inhalten und einer ungewöhnlichen Gestaltungsweise. Wird nun das Interesse an dieser Kunst geweckt, so kann sich der Betrachter seinen Assoziationen hingeben, die Erregung und Aufregung des Künstlers nachempfinden und schließlich über den Orientierungsreflex ebenfalls zu einem lustvollen Erlebnis gelangen.

2.4.3 Symbolik in der genuitiv – krankhaften Bildnerei

Die von Wahnerlebnissen und Halluzinationen geprägte Bildnerei von Geisteskranken trägt eine subtil anmutende Symbolik in sich, in die der Verfasser selbst gerne mancherlei Geheimnisse hineindeuten möchte. Eine grundlegende Gemeinsamkeit der analysierten Bildwerke lässt sich auf gewisse Impulse eines Gestaltungsdranges zurückführen, deren Grundcharakter auf einer selbständigen Schöpfung mit Eigengesetzlichkeiten basiert. Obwohl man am Beispiel mittelalterlicher Kunst mit der Unheimlichkeitssphäre künstlerischer Fantastik vertraut ist, wirken diese Bilder weiterhin unheimlich und nur schwer zugänglich, da sie sich vornehmlich auf Erlebnissphären beziehen, die uns fremd sind und bleiben.

Eine schlüssige Analyse einfachster Kritzeleien lässt sich aufgrund fehlender Vorstudien über primitivste Ausdrucksmöglichkeiten nicht erstellen, zumal auch das dazu notwendige Vergleichsmaterial von gesunden Erwachsenen völlig fehlt.

Die Unbeholfenheit, die bei den Kritzeleien psychisch erkrankter Personen zutage tritt, lässt nicht unbedingt auf pathologische Zustände des Urhebers schließen, sondern steht vielmehr als Merkmal für eine ungeübte Hand oder für den Mangel an elementaren Formabsichten. Einen Unterschied in den Kritzeleien genuitiv krankhafter Personen und Erwachsenen zu finden, ist rein theoretisch nicht möglich. Lediglich der persönliche Linienrhythmus und die Hauptgestaltungstendenzen vermögen Aufschluss über den Verfasser zu geben. Sieht man von allem künstlerischen Werturteil ab, so besticht das Bildmaterial durch befremdende quantitative Züge, die das für einen ursprünglich Gewohnte überbieten. So tauchen etwa endlose Musterreihungen auf, die mit solch einer Pedanterie ausgeführt werden, so dass dem Motiv damit keine höhere formale Absicht unterstellt werden kann. Auf der anderen Seite könnte man dem Bildmaterial eine starre Konsequenz unterstellen, die allerdings zu keinem Zeitpunkt von Impulsen reguliert oder durch Formgesetzmäßigkeiten gemildert würde. Durch die ganze Systematik zieht sich eine befremdende Willkürkomponente, die in der Regel durch Leerheit übertrieben wird und sich damit keiner Gesamtform unterordnen kann. Die völlige Unbefangenheit des Urhebers kann nur durch echte Lebendigkeit im Hinblick auf den einheitlichen Rhythmus der Strichführung gewertet werden, der gerade in ornamentalen Bildwerken zu wuchernder Üppigkeit ausufert. Diese Lebendigkeit des Rhythmus gilt es, als Ausdrucksform triebhaften Handelns näher zu untersuchen. Ein weiterer Aspekt der genuitiv – krankhaften Bildnerei liegt im Bereich der Abbildtendenz, das heißt genauer gesagt in der Wahl der Motive, die mit größter Sorglosigkeit ausgesucht werden, indem sie, sobald sie in das Bewusstsein rücken sich jeglichem anschaulichem Zusammenhang widersetzen und unbekümmert auf dem Papier festgehalten werden. Der naturgegebene Formzusammenhang von Teilen zu einem Ganzen vernachlässigt der Verfasser dabei ganz, um sich ausschließlich auf Bruchstücke, wie zum Beispiel der Darstellung von Körperteilen, konzentrieren zu können. *Gerade hierin scheint eher ein brauchbares Merkmal gegeben zu sein. Denn in der Kinderzeichnung und in der Kritzelei des gesunden Erwachsenen überwiegen – wenn schon reale Motive dargestellt werden – die naturgegebenen Zusammenhänge mindestens bis zur Einheit des Organismus. Bei den Formteilen handelt es sich eben psychologisch nicht um Abbildung, sondern um eine symbolische Bilderschrift, die noch eng verwandt ist mit den Bilderschriften der frühen Kulturvölker und der Primitiven* (Prinzhorn, 2001, S. 293/294). Im Vergleich zur Kinderzeichnung und denen gesunder Erwachsener fehlen hier die perspektivische Darstellung, der einheitliche Größenmaßstab, sowie die Anschauungseinheit in Form eines Blickpunktes.

Eine andere Eigenschaft, die empirisch belegt als Merkmal einer genuitiv – krankhaften Bildnerei gelten kann, ist das vollständige Ausfüllen der zur Verfügung stehenden Bildfläche mit ornamentalen Mustern, Symbolen und leeren Kritzeleien, die möglicherweise noch im Rahmen der Gestaltungstendenzen liegen mögen, denen die überschaubare Einfachheit jedoch abhanden gekommen ist. In diesem Zusammenhang sei an den Bildschriftcharakter derartiger Zeichnungen erinnert, bei denen es nicht auf die genaue Abbildung der Gegenstände ankommt, sondern die lediglich hinsichtlich ihrer Bedeutung veranschaulicht werden. Der Verfasser solcher Bildwerke steht in seiner frei gewählten Assoziation dem naturalistischen Zeichner gegenüber. Jedes seiner ausgewählten Zeichen steht in Verbindung zu festen Begriffen, die wiederum einen bestimmten Bedeutungscharakter besitzen und nur dem Kenner zugänglich sind.

In diesem Sinne könnte man sie als Bilder- oder Symbolschrift bezeichnen, die nur dem Zeichner zugänglich ist und die im Hinblick auf ein klinisches Symptom als Verbigerieren in Bildzeichen ihre Auffälligkeit findet. Zusammenfassend sei an dieser Stelle festzuhalten, dass ein pathologischer Zustand besteht, wenn beispielsweise eine Mischung von Linien, Buchstaben, Ziffern, Abbildfragmenten, eine Anordnung zu lückenloser Flächenfüllung und der Charakter einer geheimen Bilderschrift vorliegt. Es sei aber auch hier ausdrücklich darauf hingewiesen, dass diese Merkmale nicht unbedingt im Sinne eines körperlichen Symptoms auftreten müssen, sondern dass sie vielmehr des Öfteren im Gesamtbereich der Kunst nachweisbar sind.

Das, was in der Normalität als Absurd gelten mag, kann in der Gesamtrechnung eines gestalteten Werkes vollends aufgehen. In der Willkür der Wahl von Formteilen und ihrer Vermischung untereinander zeigt sich die Zügellosigkeit und Pointelosigkeit, die im Bildwerk gesunder Erwachsener nur selten vorkommt. Die psychologische Grundlage dieser Neigung hängt erwiesenermaßen mit der spielerischen Einstellung zusammen, die letztendlich auch auf dem Verhältnis zur Umwelt beruht. Gegenstände in der Außenwelt verlieren für den Urheber ihren Eigenwert und müssen nicht mehr als Abbildung beziehungsweise als Nachbildung dargestellt werden, sondern bilden lediglich das Material für eine weltabgewandte, autistische Psyche. Sobald die außerhalb liegenden Gegenstände ihren Eigenwert verloren haben, finden sie ihre Transformation zu dienenden Objekten, die die seelischen Regungen des Bildners repräsentieren. Der Urheber, der dabei seine Machtvollkommenheit aus sicher wahnhaften Einfällen zieht, hebt die Bedeutsamkeit seiner Werke durch orakelhafte Beischriften hervor, die Erinnerungen an Erlebtes, Wünsche, Ängste oder Zauberabsichten darstellen sollen. *Die Gewohnheit, alle Dinge der Außenwelt nur als Material für den eigenen seelischen Haushalt zu verwenden, führt nun auch verhältnismäßig einfache Begabungen unversehens zu einer mehr oder weniger symbolischen, jedenfalls aber ganz festen beständigen Formensprache – zu einem persönlichen Stil* (Prinzhorn, 2001, S. 299). Aus der autistischen Weltabgewandtheit und Selbstherrlichkeit ergibt sich also eine Eigenschaft, die durch den substantiellen Gehalt der Symbolik intensiviert wird. In diesem Zusammenhang sei der Frage nachzugehen, inwieweit der Zeichner traditionelle Symbole verwendet oder sogar selbst neue kreiert, um seinen Bildwerken jene Bedeutsamkeit zukommen zu lassen, die er gerne hineininterpretiert. Aus kunstpsychologischen Studien geht hervor, dass die Quellen der Symboltradition im Bereich der religiösen Symbolik, im volkstümlichen Brauchtum sowie im besonderen Studium begründet liegen. Die beiden ersten Quellen fließen dem Zeichner, ähnlich wie einem Archetypenmuster von selbst zu, während die dritte Quelle von einer Vorliebe für den dekorativen Aufbau der symbolischen Formen gekennzeichnet ist, die eine Art graphische Rekonstruktion des Vorstellungsbereichs widerspiegeln. Diese Verfahrensweise ist auf allen Gestaltungsstufen gleichermaßen anzutreffen.

Problematisch wird die Symboldeutung in dem Moment, wo der Kranke weltanschauliche Kämpfe mit Trieben und kulturellen Mächten beginnt, sich wohl traditioneller Symbolik bedient, jedoch aus den eigenen Konflikten heraus einen anderen Standpunkt bezieht und intuitiv neue Zeichen erfindet oder alten Zeichen eine neue Bedeutung zukommen lässt. *Die wahre Bedeutung des Symbolbedürfnisses für die Gestaltung erblicken wir jedenfalls erst in der Verschiebung des Akzentes unter den Gestaltungskomponenten* (Prinzhorn, 2001, S. 39). Damit fungiert das symbolische Bild als Merkmal für magisch – religiöse Vorstellungen, Gegenstände und deren Eigenschaften. In der Funktion einer Art von Mitteilungsbedürfnis kann aus symbolischen Zeichen eine ganze Bilderschrift entstehen, die bis hin zu einer Buchstabenschrift ihre Transformation erfährt. Eines der wichtigsten Merkmale genuitiv – krankhafter Bildnerei ist somit die Beziehung von Bild, Symbol und Schrift zu einem Gesamtgehalt im Bildwerk.

2.5 Symbolgehalte im kunstpsychologischen Arbeitsprozess

Wie schon zuvor erwähnt erlaubt vorwiegend die Schizophrenieerkrankung dem Kranken, künstlerische Arbeiten anzufertigen, wobei vor allem durch die Physiognomisierung den Dingen ein Gesicht verliehen wird. Hierbei wird die gesamte Umwelt als belebt und ausdruckshaltig empfunden, so dass der Urheber in jeder Wahrnehmungssituation, wie zum Beispiel bei der Betrachtung einer Landschaft Gesichter und Augen sehen kann, die manch anderem verborgen bleiben mögen, obwohl die Physiognomisierung eine natürliche Qualität des menschlichen Erlebens darstellt. Bildwerke dieser Künstler beeindrucken durch eine gewisse Disproportionalität, die fernab von jeglichen ästhetischen Forderungen liegt und ein wesentliches Merkmal dieser Kunstrichtung bildet, indem sie gerade dadurch einen besonderen und fremden Eindruck beim Betrachter hinterlässt. Sogenannte Perseverationen, also ständige Wiederholungen einer Grundform oder eines Musters sind in dieser Art der Bildnerei des öfteren anzutreffen, kennzeichnen aufgrund des Krankheitsbildes eine übersteigerte Tendenz zur Stereotypisierung und werden wegen fehlender formalästhetischer Prinzipien nicht mehr unter den Begriffen „schön" oder „angenehm" betrachtet. *Bilder normaler und geisteskranker Künstler drücken Gedanken und Wünsche oder Handlungsmöglichkeiten in einer archaischen, einer bildhaften Weise aus. Verschiedene Figuren oder Bilder werden zu neuen Bildern verschmolzen. Agglutinierung nennt man diese Verschmelzung von verschiedenen bekannten Bildern zu einem einzigen neuen Bild mit oft grotesk anmutendem Inhalt* (Schuster, 1992, S. 167). Die Krankheit zerstört also die künstlerischen Fähigkeiten und Fertigkeiten nicht, so dass sie sehr widerstandsfähig und ursprünglich sein müssen, wenn denn diese Bildwerke, obgleich ihrer Fremdartigkeit den Betrachter beeindrucken können.

Das ästhetische Empfinden und das Symbolverständnis des gesunden menschlichen Individuums erlaubt große Abweichungen von üblichen Formen, womit die besondere Faszination, die von den Werken psychisch Kranker ausgeht, erklärt wäre. Deren bildhafte Vorstellungen sind oft Kommunikationsversuche aus einer Welt des Wahns, die den gesunden Betrachter womöglich erschauern lässt und ihm den Eindruck in eine fremde Vorstellungswelt gewährt. Ähnlich wie bei dem analysierten Betrachtererlebnis in der Kunstpsychologie wirken diese Bildinhalte auf uns selber zurück, indem sie direkte, offenere Zugangsmöglichkeiten zu den tieferen Schichten unserer Seele bieten.

Durch die Betrachtung solch symbolgeladener Bilder wird das Bewusstsein des gesunden Kunstkonsumenten kurzfristig von unbewussten Inhalten überschwemmt, so dass es zu einer sogenannten „Scheininfektion" mit dem Wahn kommen kann, die wiederum zu neuen Gedankengängen, neuen Assoziationen und Kreativität anregt. Viele Forschungsansätze untersuchten bisher die zeichnerische Aktivität von psychisch Kranken im Hinblick auf das Unterbewusstsein. Letztendlich gelangte man zu dem Schluss, dass die Psychoanalyse die am besten methodisch strukturierte Form der Interpretation darstellt. Die zeichnerische Arbeit wurde zur Analyse des Ich vor allem bei den Erwachsenen eingesetzt, die aufgrund des Verlustes ihrer Ich – Integrität in die freudianische Therapie nicht hineinpassten. Aus diesem Grund gibt es viele Beispiele nonverbaler Kommunikation in der psychoanalytischen Arbeit, die für eine kunstpsychologische Forschung von besonderer Bedeutung ist, weil die zeichnerische Aktivität insofern als Sprache verstanden wird, als dass ihr eine eigene Semantik, Grammatik und weitere spezifische Eigenschaften zukommt, die diese Bildwerke von anderen

Kunstwerken unterscheiden. *Die Analyse dieser Sprache innerhalb der psychoanalytischen Interpretation legte ein besonderes Gewicht auf das zeichnerische Symbol, das sie als versteckte Kommunikation verstand, die es zu entschlüsseln galt* (Thomashoff, 1999, S. 3).

In diesem Zusammenhang wurde der Ursprung und die Entwicklung von Zeichensymbolen untersucht, die von Zeit zu Zeit einem gewissen Wandel unterlagen. Zunächst wurden sie als Zeichen verstanden und unter „Sonstigem" geführt, bis eine symbolische Repräsentanz schrittweise herausgearbeitet werden konnte. War dies eindeutig der Fall, so verstand man den Inhalt des Symbols als Ausdruck der Objektrepräsentanz, von der es seine Herleitung erfahren hatte. Will man sich dem Problem und der Symbolik in der psychischen Erkrankung zuwenden, so sollte man sein Augenmerk ausschließlich auf das Kunstwerk richten und es ohne absolute Einordnung betrachten. Wahnerlebnisse, die zu symbolgeladenen Bildwerken führen, müssen nicht unbedingt krankhafter Natur sein, sondern treten häufig in psychischen Ausnahmesituationen wie Reizüberflutung, Bewusstseinsveränderungen und unter dem Einfluss von Drogen auf. Wie bei jeder tieferen Erregung, jedem starken Affekt und jedem Rauschzustand, so handelt es sich auch bei der akuten schizophrenen Psychose um eine Transformation der Wirklichkeit des eigenen Alltagslebens in die Welt des Traumes und der Fantasie.

Vordergründig geht es also nicht um den Grenzbereich von gesund oder krank beziehungsweise von normal und abartig, sondern um die Landschaft unserer Seele, die trotz der unheimlich anmutenden und rätselhaften Fremdartigkeit doch einen Teil unserer Identität bildet. Es sind somit Landschaften unseres Innenlebens, die zum Objekt der künstlerischen Darstellung werden, so wie es die Landschaften unserer Umwelt sind. *Die Bilder Schizophrener geben uns Einblick in die Tiefe unseres Bewusstseins und vermitteln uns dadurch den Zugang zu den Grundschichten unserer seelischen Strukturen. Bilder dieser psychotischen Seelenlandschaft erschrecken und ergreifen uns daher. Die Auseinandersetzung mit ihnen gibt uns die Möglichkeit, das Labyrinth des menschlichen Wesens aus ungewöhnlichen Perspektiven zu sehen. Sie hilft dadurch, die Welt des Schizophrenen wie auch die unsere besser zu verstehen* (Thomashoff, 1999, S. 69). Der Symbolik in dieser besonderen Form des Bildwerks kommt insofern die Bedeutung eines verschlüsselten Gesamtinhalts zu als dass die Darstellungsform durch Symbol, Zeichen oder Bild die Wirklichkeit des Urhebers an sich repräsentiert. Mithilfe des „schizophrenen Konkretismus", werden die bildhaften, symbolischen und abstrakt – sprachlichen Darstellungsformen auf die konkrete Ebene der ursprünglich begreifbaren Welt reduziert und bilden somit den Schlüssel zum Verständnis von psychotischen Erlebniswelten.

Dubuffet war derjenige, der in diesen Bildwerken den Künstler ohne künstlerische Ausbildung und ohne genauere Kenntnis zeitgenössischer und traditioneller Kunst begründet sah. Er sammelte diese Bilder über vierzig Jahre lang, stellte sie aus, publizierte sie und kämpfte um deren Anerkennung in der Kunstwelt. *Für die Bezeichnung einer Produktion als Art brut verlangte Dubuffet völlige Unabhängigkeit von der kulturellen Kunst sowie etwas Überraschendes, selbst Erfundenes und das Schaffen aus einer inneren Notwendigkeit, einer extremen Spannung, einem „hohen Fieber". Echtes künstlerisches Schaffen habe immer etwas mit Wahnsinn und Manie zu tun, sei niemals „normal", meinte er* (Navratil, 1998, S. 1). Das Fehlen jeglicher Information über Kunst kann auch einen positiven Wert haben, indem der Art – brut Künstler ein Maß an Authentizität erreichen kann, das dem informierten Künstler vorenthalten bleibt, da er sich mit seinen Werken meist an zeitgenössische Künstler anlehnt oder stilistische Eigentümlichkeiten anderer Künstler übernimmt. Wie schon zuvor erwähnt interpretiert der Art – brut Künstler mithilfe symbolischer Elemente gerne Geheimnisse in sein Bildwerk hinein, die dem Betrachter bisweilen verborgen bleiben. In diesem Sinne schafft der Künstler seine Kunst nur für sich selbst, nicht für andere. Vielmehr verbirgt er sie gerne vor anderen und schafft sich damit einen „imaginären Adressaten", vielleicht aber auch gar keinen, sondern versteht das Bild als eine Botschaft an sich selbst.

2.5.1 Symbolhafte Kinderzeichnung in Korrelation zu moderner Kunst

Im Hinblick auf die Entwicklungspsychologie und aus Sicht der Pädagogik gibt es genügend Literatur aus dem Bereich der Kinderkunst, die sich über die pädagogische Diskussion hinaus bis in das 16. Jahrhundert auf Castiglione und bis in das 18. Jahrhundert auf Rousseau und Pestalozzi zurückverfolgen lässt. In der zweiten Hälfte des 19. Jahrhunderts setzte allerdings erst die Thematisierung unter psychologischen Gesichtspunkten ein, indem man Versuche unternahm, diverse Kinderzeichnungen wissenschaftlich zu analysieren, wobei sich diese wissenschaftliche Diskussion nur selten auf den Erfindungsreichtum der Kinderkunst bezog. Die Künstler selber untersuchten diesen Aspekt des Themas eher in ihren eigenen Bildern, als in der Auseinandersetzung in Form von Büchern oder Aufsätzen. Vor der Veröffentlichung zu diesem speziellen Thema diente dem Künstler die Kinderzeichnung in Zusammenhang mit seiner Reflexion über die eigene Arbeit.

Die Diskrepanz zwischen der akademischen Malerei des 19. Jahrhunderts und einem kindlichen Gekritzel liegt in der damaligen Auffassung von der Kunst als „Können" begründet, was somit als das genaue Gegenteil zu verstehen ist. Einige der treuesten Anhänger der traditionellen Malerei öffneten sich jedoch gegenüber den Qualitäten der Kindlichkeit und Naivität und erkannten die künstlerische Größe, die letztendlich in der spirituellen Tiefe als in der technischen Geschicklichkeit verborgen lag. Aufgrund dieser Auseinandersetzung bildet das sogenannte „Primitive“ ein Gegenmodell, um die hierarchische Erstarrung der europäischen Kultur bekämpfen zu können. Der Primitivismus basiert demnach auf der Beschäftigung mit der Kinderkunst und geriet somit zu einer eigenen Spielart.

Viele Künstler des 20. Jahrhunderts setzten sich intensiv mit der Kinderkunst auseinander und fanden darin eine Quelle von Anregungen für das eigene Werk. Besondere Aufmerksamkeit wurde der Kinderkunst nach dem zweiten Weltkrieg zuteil, als Dubuffet und die Cobra Künstler sich als eifrige Sammler hervortaten, um aus dieser Kunst neue Anregungen schöpfen zu können. Zudem befasste sich wohl jeder bedeutende Künstler zu dieser Zeit mit der Psychoanalyse und dem Existenzialismus, die beide unmittelbar auf das Thema der Kindheit zurückführen. *Die Kindheit gehört zwar zu den wichtigsten Bereichen gemeinsamer menschlicher Erfahrung, aber im Laufe der Sozialisation zum Erwachsenen wird sie vergessen und unter Konventionen vergraben. Heutzutage gilt allerdings als selbstverständlich, dass das Kind in uns – von dem bei den Cobra Künstlern häufig die Rede ist – dennoch das Verhalten des Erwachsenen nachhaltig beeinflusst, auch und gerade dann, wenn dieses geheime Selbst im Unbewussten verborgen liegt und unzugänglich bleibt für etwaige Versuche, es zu ändern oder seine Energien produktiv zu nutzen* (Fineberg, 1995, S. 34). Zum Beispiel bezeugen Kandinskys kunsttheoretische Schriften, dass er in der Kinderkunst eine Quelle für seine eigenen Bemühungen sah, die Gegenständlichkeit in der Malerei zu überwinden, um eine universelle Bildsprache entdecken zu können. Für ihn galt es, den zu seiner Zeit herrschenden Materialismus zu sprengen und eine Form zu finden, die das innere, „geistige“ Bewusstsein des Betrachters direkt berühren sollte.

Kandinsky und auch andere Künstler schätzten die Authentizität des Ausdrucks in der Kinderkunst sowie den Fantasiereichtum, der durch einfache Symbolik zumeist aus dem Reich der Träume seine Darstellung fand. In der Kindheit liegen alle unbeantworteten Fragen, die den Ausgangspunkt für die Erfahrung eines Erwachsenen bilden. Diese Aussage fand auch Klee bestätigt, als er 1902 aus Rom zurückkehrte und im elterlichen Haus auf einige seiner alten Kinderzeichnungen stieß, die ihn derart berührten, dass er sie mit dem Geist seiner Kindheit identifizierte und die ihn zu den Wurzeln seiner eigenen Kreativität führten. Auf der Suche nach Authentizität verlief die Wiederentdeckung seiner Kinderzeichnungen richtungsweisend für seine gesamte spätere künstlerische Laufbahn. Zehn Jahre lang konzentrierte sich Klee auf die Anlage seiner Kinderzeichnungen und später auf die generellen Prinzipien der Kunst von Kindern. Ab 1918 beschäftigte er sich vor allem mit der Ikonographie von Kunstwerken aus Kinderzeiten, besonders aber mit denen aus seiner eigenen Kindheit, woraufhin sich sein Stil in den dreißiger Jahren einer ganz und gar kindhaften Unmittelbarkeit zuwandte. Von Seiten der Kunsttheorie sieht man in dem avantgardistischen Künstler ein Individuum, der die Dinge anders betrachtet und sie in oft verstörender Weise künstlerisch umsetzt. Hinsichtlich der Kinderkunst mag dies zutreffen, da das Kind seine Triebhaftigkeit, Aggressivität und Gier in Verbindung mit dem Gestaltungsdrang ausleben kann, wodurch die Bildinhalte tatsächlich verstörend auf den Betrachter wirken. Hierin zeigt sich aber auch die Nähe zu der Bildnerei der Geisteskranken, die in der Art und Weise schockiert als dass all das zur Enthüllung gelangt, was die Zivilisation in Form von Verhaltensnormen, Bildungsideen und familiären Zwängen systematisch in den Bereich des Unbewussten verbannt.

Beim Kind drängt sich das Unbewusste durch den Traum ins Bewusstsein und wird durch Symbole zugänglich gemacht, während diese Ausdrucksformen beim Erwachsenen unterdrückt werden sollen oder zumindest, wenn sie pathologischen Ursprungs sind, keinerlei Anerkennung erfahren. Dubuffet sagte in diesem Zusammenhang, dass er nach einer Kunst strebt, die direkt mit dem täglichen Leben verbunden ist und aus ihm hervorgeht, die somit die unmittelbare Ausstrahlung des wirklichen Lebens und der wahren Empfindungen ist. *Der freie mentale Raum der Kindheit bietet einen direkteren Zugang zu jenen affektiven Reaktionen, die jedes Individuum mit den Dingen verbindet, welche es umgeben. Indem er die wahre Regung unseres Denkens erforschte, die er in der Kinderkunst antraf, entdeckte Dubuffet eine alles umfassende Ursprünglichkeit* (Fineberg, 1995, S. 186). Dubuffet sah in der Kinderkunst mehr als nur etwaige formale Einfälle, die die Künstler nach eigenem Belieben in ihren Werken verwenden konnten. Er entdeckte vielmehr einen Ausdruck von Wildheit, jenseits der kulturellen Sichtweisen und besonders eine Offenheit verbunden mit der Bereitschaft, alles wahrzunehmen, das fernab jeglicher Welthierarchien lag. Zwei besonders auffällige Komponenten charakterisieren die Kinderkunst: zum einen ist es die Gewohnheit, dreidimensionale Gegenstände als in sich geschlossene Entitäten darzustellen, deren räumlicher Bezug zu ihrer Umgebung gänzlich fehlt, und zum anderen ist es der Hang des jugendlichen Künstlers, sich selbst in das Geschehen des Bildinhalts hineinzuprojizieren. Das Kind platziert dabei die Motive häufig in der Art und Weise, als befände es sich selbst im Bild, also in unmittelbarer Nähe des abgebildeten Ereignisses, so dass die räumlichen Kategorien, wie zum Beispiel oben, unten, links und rechts ihre Relevanz verlieren und eine gewisse Distanz des Beobachterstandpunktes darstellen.

Auch viele junge amerikanische Künstler der vierziger Jahre, wie Pollock und Rothko lehnten ihre Bildinhalte an Kindheitserinnerungen an, indem sie die Erforschung des eigenen Innenlebens zur Quelle ihrer künstlerischen Aussage machten und damit verbundene Entwicklung des Denkens bis in die Kindheit zurückverfolgten. In den Werken von Pollock sieht man sich mit einer chaotischen Flut von Bildern aus dem Unbewussten konfrontiert und wird über sein später freies gestisches Zeichnen an das Gekritzel von Kindern erinnert. Pollock war somit sichtlich bestrebt, sich von dem erwachsenen Bewusstsein zu befreien, um über diesen spezifischen Weg der Malerei und aus einem existenzialistischen Blickwinkel heraus zur eigenen Kindheit zurückzufinden.

2.5.2 Begriffsdefinition zu künstlerischer Ästhetik und sinnlich – psychologischer Wahrnehmung in Bezug auf die Atmosphären der Kunst

Einleitend sollte an dieser Stelle auf die geschichtliche Entwicklung der wissenschaftlich – philosophisch geprägten „Ästhetik" eingegangen werden, um spätere Auswirkungen auf die mittelalterliche und im Gegensatz dazu moderne Kunst benennen zu können. Ursprünglich diente die „Lehre vom Schönen" zur Konfrontation des Menschen mit der sinnlich wahrnehmbaren Wirklichkeit. Ausgangspunkt hierfür bildet die antike, griechische Philosophie, die seit Platons Auffassung vom metaphysischen Charakter des Schönen als sogenannte göttliche Qualität bis in das heutige multimediale Zeitalter vielen Neuansätzen und gedanklichen Umstrukturierungen unterworfen ist.

Besonders im Mittelalter zeichnete sich die Definition des Ästhetikbegriffs vor allem dadurch aus, dass eine Trennung zwischen der Theorie des Schönen, der Kunsttheorie und der Theorie der sinnlichen Wahrnehmung vollzogen wurde. In dieser Zeit herrschte auch die Vorstellung, dass der Mensch das Schöne nicht direkt erschaffen könne, sondern lediglich durch Kunstfertigkeiten aufzudecken imstande wäre. Erst im 18. Jahrhundert, im Zeitalter der Aufklärung wurde die Geschichte der Ästhetik durch Begriffe wie das Empfinden, das Malerische, das Genie, die Originalität und nicht zuletzt durch den Begriff der schöpferischen Phantasie revolutioniert. Gleichzeitig wandten sich die Maler den Lehren der Psychologie zu, um den Blick des Betrachters anhand von Bildern auf die Gestaltung ihrer eigenen inneren Welt zu lenken, anstelle die lediglich sichtbare, reale Welt abzubilden. Eine weitere Aufspaltung erfährt der mittlerweile neu eingeführte Begriff der „Schönen Künste" im 20. Jahrhundert, in dem sich die Grenzen zwischen Kunst und Leben und somit auch zwischen Ästhetik und Lebenswirklichkeit verwischen. Der multimediale Einfluss auf die heutige Kunstszene kann das Ende der herkömmlichen Lehre vom Kunstschönen bedeuten und wird, gemessen an der technischen Entwicklung ein neues Zeitalter für die Begriffsdefinition einläuten. Über den Deutungsweg des zuvor schon angesprochenen Leib – Seele – Konflikts gelangt man zu den Atmosphären der Kunst, die durch das leibliche Spüren und Empfinden von Umgebungen unterschiedlicher Qualitäten wahrgenommen werden. Während sich die im traditionellen Sinn verstandene Ästhetik mit den Kriterien zur Wertschätzung von Kunst, mit Kunstkritik und Kunstgeschichte auseinandersetzt, muss sich die neuere Ästhetik dem problematischen Kunstverständnis moderner Werke stellen, die oftmals gar nichts mehr darstellen, symbolisieren oder bezeichnen, in denen man nur das Wirken als die soeben genannte künstlerische Atmosphäre wieder findet.

Dieses Wirken der Dinge (Kunstwerk, Mensch) ist als ein Aus – sich – heraustreten zu verstehen und beinhaltet die Summe aus eigenleiblichem Empfinden von Umgebungen, der daraus resultierenden Befindlichkeit sowie letztendlich der Modifikation unseres Befindens in anderen Umgebungen. Die neue Ästhetik muss sich heute, wenn sie denn eine mittlerweile sinn- und bedeutungslos gewordene Kunst verstehen will, der Emotion, dem Imaginativen und Affektiven und dementsprechend einer völligen Sinnlichkeit zuwenden, die durch das Atmosphärische wirken kann. Auch der amerikanische Künstler Jeff Koons sieht die Kunst als Atmosphärentechnik, als eine Technik zur Beeinflussung von Empfindungen. Obwohl heute die Kunst für jeden Menschen verständlich sein sollte, vertritt Koons die Meinung, dass sie weiterhin eine elitäre Stellung in unserer Gesellschaft einnimmt, schwer zu verstehen und nur nach eingehender Schulung zu deuten sei. Aufgrund dieser Erkenntnis fordert er eine Umkehr zur Banalität und zum Trivialen, um die Gefühle der Menschen ansprechen zu können. Hier sei nur kurz angemerkt, dass sich Koons´ bisweilen kitschige Kunstdarstellungen der realen Dinge hervorragend als Beispiele zur Trivialkunst eignen.

Sehen, Wahrnehmen und künstlerische Atmosphäre geraten in dem Moment der spezifischen Anwendung zur Einheit, da sich das Eine ohne das Andere förmlich ausschließt. Etwas, das für uns in Erscheinung tritt, wird zunächst wahrgenommen. Dieses Wahrnehmungsverhalten gegenüber künstlerischer Gestaltung lässt sich überraschend schnell vom rein rezeptiven zum produktiven umwandeln. Das ursprüngliche Wahrnehmen kann zur Kunst werden und sich bis hin zur Fähigkeit des ästhetischen Wahrnehmens ausbilden. Differenzierend sollte hier noch erwähnt werden, dass ein Bild oder Objekt keinerlei Stimmung und Empfindung unterworfen ist, sondern diese einzig und allein den Qualitäten eigener innerer, seelischer Erfahrung entsprechen. In Kapitel 4. wird noch genauer auf diese Zusammenhänge bezüglich des Malers Hieronymus Bosch eingegangen.

2.6 Reizeinwirkung auf das menschliche Individuum in Form von Reizaufnahme und Reizselektion

An dieser Stelle und im Hinblick auf die folgenden Kapitel wird die physiologische und psychologische Funktion der Wahrnehmung genauer analysiert, um die wichtige Beziehung zwischen Reiz und Empfindung definieren zu können. Obwohl das menschliche Individuum viele Sinnesorgane besitzt, die einströmende Reize aufnehmen können, so sind diese oft zu schwach, um Empfindungen auszulösen. Aufgrund dieser Tatsache muss ein bestimmter Stärkegrad erreicht werden, damit es zu einer Reizbemerkung kommen kann, weshalb man auch in der Psychologie von der Reizschwelle spricht, die gewissermaßen überschritten werden muss, um eine Empfindung auszulösen. Überhaupt werden unserer Wahrnehmung unüberschreitbare Grenzen gesetzt, indem wir die Wirklichkeit nicht so wahrnehmen wie sie wirklich ist, mit ihren Atomen, Molekülen oder Schwingungen, sondern indem wir lediglich Farben, Dinge, Geräusche und Gerüche registrieren, die uns somit nur einen kleinen Teil der Wirklichkeit zugänglich machen.

Wie schon erwähnt werden für die Sinnesorgane nur jene Vorgänge bewusst, die vorher einen bestimmten Stärkegrad erreicht haben. Die anatomische Grundlage aller Sinne besteht in einem Empfängerorgan, dem sogenannten Rezeptor, von welchem eine Nervenleitung in das Gehirn führt und für die wiederum eine Endstation beziehungsweise ein Zentrum zur Verfügung steht. Diese Zentren bilden die eigentlichen Entstehungsorte der Empfindungen, die je nach Art der Reize unterteilt werden in Photorezeptoren für die Lichtempfindlichkeit, in Phonorezeptoren für Schallreize, in Chemorezeptoren für chemische Reize, in Tangorezeptoren für Berührung, Druck und Stoßreize, in Thermorezeptoren für Temperaturreize und in Statorezeptoren für Gleichgewichtsreize. *Für alle Sinnessysteme, das heißt für alle Rezeptoren und die dazugehörigen Gehirnzentren, gilt ein allgemeines Gesetz, das der deutsche Physiologe Johannes Müller schon 1827 unter dem sehr unklaren Namen – Gesetz der spezifischen Sinnesenergie formuliert hat: jedes Sinnessystem erzeugt ausschließlich seine spezifische Art von Empfindungen, unabhängig von der Art des Reizes. Den Übergang vom Unbemerkbaren zum eben Merkbaren bezeichnet man als Reizschwelle* (Rohracher, 1976, S. 111). Ebenso handelt es sich um die Reizschwelle, wenn ein Übergang vom Merkbaren zum nicht mehr Empfindbaren vorliegt. Somit könnte man die Reizschwellen auch in Qualitätsschwellen unterteilen, wobei die sogenannte Intensitätsschwelle den Übergang vom unmerklichen zum eben merklichen Stärkegrad eines Reizes kennzeichnet.

Nach dem Weberschen Gesetz muss die Reizstärke in einem gleichbleibenden Verhältnis ansteigen, damit aufeinanderfolgende Reize als merklich stärker empfunden werden können. Experimentelle Untersuchungen ergaben allerdings, dass das Webersche Gesetz bei sehr schwachen und sehr starken Reizen nicht mehr zur Anwendung gelangen kann. Ein Lichtreiz muss beispielsweise mit einer gewissen Intensität dargeboten werden, um die Wahrnehmungsschwelle überschreiten zu können und um letztlich durch die Zeitdauer der Reizeinwirkung determiniert zu werden. *Zwischen Reizdauer und Reizintensität besteht eine reziproke Beziehung der Art, dass die zum Überschreiten der Wahrnehmungsschwelle erforderliche Reizintensität umso höher sein muss, je kürzer die Reizdauer ist, und dass sie umso geringer sein kann, je länger die Reizdauer ist* (Wittling, 1976, S. 39). Folglich kann ein schwacher länger andauernder Lichtreiz vom Auge ebenso hell empfunden werden wie ein intensiver kurzzeitiger Lichtimpuls. In einer zunehmend multimedialen Welt wären wir einem totalen Reizchaos ausgeliefert, wenn all diese auf den Organismus einströmenden Sinnes- und Umweltreize auch zu einer bewussten Wahrnehmung führen würden. Da die Wahrnehmung jedoch kein passiver Vorgang ist, bei dem alle auf die Sinnesorgane auftreffenden Reize dem Bewusstsein zugänglich gemacht werden, sondern einem aktiven Prozess unterliegt, können Reizaspekte je nach Bedürfnis und Intention selektiert und bewusst verarbeitet werden, um eine Anpassung an gegebene Umweltbedingungen zu erleichtern. Redundante und für den Augenblick irrelevante Reize werden nicht bearbeitet und belasten die Aufnahme- und Verarbeitungskapazität des Organismus in keiner Weise. Nach neuesten informationstechnischen Berechnungen der Aufnahme- und Verarbeitungskapazität aller Sinnesorgane, ist der Mensch mithilfe der visuellen Wahrnehmung in der Lage, aus einer Gesamtheit von Reizen, die auf das menschliche Auge treffen, die Informationsmenge von 3 Millionen bit pro Sekunde aufzunehmen. Demnach sind Reize also Vorgänge, die auf den menschlichen Organismus einwirken und die Sinnesorgane in der Weise erregen, als dass sie von innen als Innenreiz oder von außen als Außenreiz auftreten können. Auf einen Reiz folgt das menschliche Verhalten in Form einer Reaktion, des sogenannten Reflexes, der immer einer bestimmten Stärke unterliegen muss, damit die Reaktion auch erfolgen kann. Unterhalb der zuvor schon angesprochenen Reizschwelle bleiben die schwachen Reize verborgen und werden nicht wahrgenommen, während eine Häufung von unterschwelligen Reizen zu einer Reizsummation und dennoch zu einer Reaktion führen kann. *Unter dem Reizsummenphänomen versteht man die Tatsache, dass sich verschiedene Schlüsselreize gegenseitig verstärken können. Reizsummation findet in der Werbung statt (laufende Wiederkehr des Markenzeichens)* (Dechene, 1989, S. 307). Demgegenüber können überschwellig starke Reize zur Schmerzauslösung führen, die in Verbindung mit der Reizschwelle je nach innerer Ermüdung und Konzentration oder äußerer Situationen wechselnd empfunden werden. In diesem Zusammenhang wird zwischen adäquaten und inadäquaten Reizen unterschieden, wobei ein dem Sinnesorgan entsprechender Reiz wie zum Beispiel das Licht als adäquat eingestuft wird. Ein inadäquater Reiz kann aber auch eine dem Sinnesorgan entsprechende Empfindung beziehungsweise Täuschung hervorrufen, wenn etwa eine Lichtempfindung durch Druck auf das Auge erzeugt wird und man in diesem Moment funkelnde Lichter wahrnimmt.

Zuletzt sei noch der aversive Reiz genannt, der als unangenehm empfunden wird und dem man auszuweichen versucht. Alle die bisher genannten Reize finden im kunstpsychologischen Prozess ihre Anwendung und können mithilfe experimenteller Forschung sichtbar gemacht werden, wenn etwa eine Kamera zum Einsatz gelangt, die die Augenbewegungen eines Probanden über ein Bildwerk definieren soll. In diesem Moment erfährt das Kunsterlebnis, von dem schon die Rede war, seine Messbarkeit und kann hinsichtlich der kunstpsychologischen Forschung analysiert werden.

2.6.1 Farbwahrnehmung im Vergleich zu Objektwahrnehmung

Ein Schwerpunkt dieser Arbeit liegt in dem Bereich der visuellen Wahrnehmung, mit deren Hilfe erst eine visuelle Kommunikation möglich wird und die vornehmlich auf der physiologischen Basis des Sehens beruht. Innerhalb der Psychologie der Wahrnehmung wird die Integration von sensorischen Informationen zu sogenannten Perzepten untersucht, die als Resultate aus Wahrnehmungsprozessen ihre Verwendung bei der Interaktion mit der Umwelt finden. Eine kurze Einführung soll an dieser Stelle den physiologischen Vorgang des Sehens verdeutlichen. Der visuelle Cortex funktioniert nach dem Prinzip der Arbeitsteilung, wonach Lokalisierung und Erkennung von unterschiedlichen Regionen des Gehirns durchgeführt werden. Im oberen Teil des Cortex befindet sich die Region, die eine Lokalisierung vornimmt, während im unteren Teil des Cortex die Erkennung realisiert wird. Beim Erkennungsprozess ist darauf hinzuweisen, dass er sich in separate Module für Farbe, Form und Textur untergliedern lässt. Jegliche Art der Wahrnehmung aktiviert einen großen Bereich der menschlichen Hirnrinde, da alle Dinge durch elektrische Signale an das Gehirn vermittelt werden und in diesem Sinne also auch indirekt wahrgenommen werden können. In dem Moment, wo Licht in das Auge einfällt, zu Netzhautbildern fokussiert und in elektrische Signale des Nervensystems umgewandelt wird, beginnt der eigentliche Sehvorgang. Die Umwandlung des Lichts in elektrische Signale erfolgt durch die schon erwähnten Photorezeptoren in Form von Stäbchen und Zapfen im Innern des Auges.

Diese Art der Wahrnehmung hängt eng mit der neuronalen Verarbeitung zusammen, indem die Signale analysiert und umgewandelt werden, so dass sie Informationen übertragen, die das visuelle System schließlich benutzen kann. Die Verarbeitung der neuronalen Signale findet in Netzwerken von Nervenfasern statt, die man auch als neuronale Schaltkreise bezeichnet. Aufgrund dieser physiologischen Erkenntnisse hängt die Farbwahrnehmung eng mit der Beleuchtung zusammen, wonach bei schwacher Beleuchtung die Welt in Grauschattierungen wahrgenommen wird, während eine helle Ausleuchtung zur Wahrnehmung von chromatischen Farben führt. In ihrer spezifischen Funktion dienen die Farbabstufungen zur Unterscheidung von Objekten, dem Gliedern einer wahrgenommenen Szene oder aber es geht eine Signalwirkung von ihnen aus.

Durch die Kombination der vier bekannten Grundfarben – Rot, Grün, Gelb und Blau mit Schwarz und Weiß können alle Farben hergestellt werden, die wir zu unterscheiden in der Lage sind. Das, was mit der Farbwahrnehmung im engeren Sinne zusammenhängt, ist die physikalische Eigenschaft der Wellenlänge des eintreffenden Lichts. Bei der Beleuchtung eines Gegenstandes spielt deshalb die unterschiedliche Lichtintensität in der Weise eine wichtige Rolle, als dass die achromatische Farbe ihre Konstanz behält beziehungsweise nur geringfügig ändert, womit eine relative Konstanz, die sogenannte Helligkeitskonstanz auftritt, die wiederum in direkter Abhängigkeit zu den Reflexionsgraden benachbarter Bereiche steht. Genauso verändert sich eine wahrgenommene Farbe nur geringfügig, wenn das Objekt mit unterschiedlichen Lichtspektren beleuchtet wird wie zum Beispiel mit Tages- und Kunstlicht. Diese relative Konstanz der chromatischen Farben unter verschiedenen Lichtverhältnissen bezeichnet man als Farbkonstanz. Im Verlauf dieser physikalischen Untersuchung gelangt man wieder zu der Wahrnehmungskonstanz, die ein Objekt immer gleich erscheinen lässt, obwohl sich seine Abbildung auf der Netzhaut permanent ändert. Ein Objekt erkennen zu können hängt mit der Bestimmung der Bedeutung eines Gegenstandes zusammen, während die Lokalisierung lediglich seinen Ort bestimmt.

Diese Objekterkennung geht auf die Wahrnehmungsorganisation zurück, wonach bestimmte Gruppierungen in der Wahrnehmung von Teilen zu größeren Einheiten zusammengefügt werden. Eine Gruppe von Psychologen begründete in den 20er Jahren eine Richtung, die man bis heute als Gestaltpsychologie bezeichnet und deren Erkenntnisinteresse sich im besonderen auf die Wahrnehmungsorganisation bezog, wonach sie postulierten, dass das Ganze mehr als die Summe seiner Teile sei. Unter diesem Aspekt betrachtet untersuchten sie solche Regeln, nach denen man gewisse Teilformen zu einem Ganzen organisiert und bezeichneten das Resultat als die Gestaltgesetze der Wahrnehmung.

Eines der auffälligsten Merkmale der Wahrnehmungsorganisation ist die Trennung von Figur und Grund, genauer gesagt die Trennung eines Gegenstandes von seinem Hintergrund. Einige Wissenschaftler nehmen sogar an, dass sich die Objektwahrnehmung in einer Folge von Stufen vollzieht, wobei das Objekt zu Beginn der Wahrnehmung in elementare Einheiten, in sogenannte Elementarmerkmale zerlegt wird. Zusammenfassend sei hier erwähnt, dass die Gestaltgesetze diejenigen Bedingungen erfassen, wofür eine Reizkombination steht, dass sie als Einheit im Sinne einer Gestalt erlebt wird und nicht als Einheit aufgrund von Erfahrung. Bezüglich der Nähe wird zum Beispiel Wahrgenommenes in raum – zeitlicher Nähe als zusammengehörig empfunden, so wie auch einander ähnliche Elemente als zusammengehörig angesehen werden wie einander unähnliche. Des Weiteren kann man in einer unübersichtlichen Zeichnung eine Linie bis zum Ende verfolgen oder fehlende Teile einer Figur innerhalb der Wahrnehmung ergänzen. Diese Art von übergeordneten Gesetzen wie das sogenannte Prägnanzprinzip bilden die Grundlage der Gestaltpsychologie, wonach die Ausbildung der Wahrnehmungseinheiten in der Weise erfolgt, dass eine möglichst einfache und einprägsame Gestalt gebildet werden kann.

2.6.2 Grundlagen der symbolhaften Farbpsychologie

Farben wurden schon zu allen Zeiten und in allen Kulturen eine symbolische Bedeutung beigemessen, die sich zum Teil auch in religiösen Riten und Mythen ausdrückte. Diese Symbolik ist allerdings nicht einheitlich (Leibold, 1988, S. 127). Vor dem 19. Jahrhundert war dem Menschen nur eine begrenzte Anzahl von Farbtönen und Pigmenten bekannt, die meist organischen Ursprungs und zudem sehr teuer waren, so dass sich nur Privilegierte Stoffe und Dekorationen leisten konnten. Die mittlerweile zunehmende Verwendung von Farbe sowie deren Einsatz im Wettbewerb um höhere Umsätze führte zu einer schnellen Entwicklung im Bereich der farbpsychologischen Forschung. Lüscher hat einmal gesagt, dass die Farben Einfluss auf uns haben, und diese Einflüsse tief auf unsere psychische und physische Verfassung wirken. (Lüscher, 1973).

So wird zum Beispiel die Farbe Blau von ruhigen, empfindsamen und introvertierten Menschen bevorzugt, die in ihr eine Grundbedeutung für das Gemüt und den Intellekt ansehen. Rot wird dagegen von extrovertierten, selbstbewussten Menschen ausgewählt, die in ihr das Symbol für Tatkraft und seelische Aktivität erkennen. Gelb symbolisiert eine heiter – gelöste Stimmung, die sich auf diejenigen Menschen positiv auswirkt, die zwar rasch Kontakte finden, diese aber nur oberflächlich behandeln und daher ständig auf der Suche nach etwas Neuem sind. Grün steht mit seiner frischen natürlichen Ausstrahlung als Sinnbild für das materielle Leben und wird somit meist von ausgeglichenen, unkomplizierten, aber auch widerstandsfähigen Menschen gewählt. Braun gilt als Symbol der Erdverbundenheit und Geborgenheit, womit sie ein Auswahlkriterium für bodenständige und mit beiden Füßen im Leben stehende Personen bildet. Violett bildet dazu den Kontrapunkt, indem es die Vereinigung von Gegensätzen symbolisiert. Interessanterweise wählen immerhin 75% aller Kinder vor der Pubertät diese Farbe als ihre Lieblingsfarbe aus, während sie beim Erwachsenen auf eine gewisse Entscheidungsschwäche, Labilität und ein Gefühl des Unverstandenseins hindeutet. Grau ist eine Farbe, die man weder in hell noch in dunkel unterteilen kann, die somit als Symbol für eine Art von Neutralität, der Abschirmung und Distanziertheit steht. Personen, die diese Farbe bevorzugen, bringen damit ihre eigene Distanz anderen Menschen gegenüber zum Ausdruck. Schwarz symbolisiert durch seine beunruhigende und geheimnisvolle Wirkung das Endgültige, Unabänderliche, die Finsternis sowie die Angst vor dem Tod. In Verbindung mit einem neutralen Weiß fühlen sich vor allem gemütsarme Menschen zu dieser Farbe hingezogen. *Farben hat man auch in sich, denn jede Farbe wird von der Eigenfarbe des Menschen aus beurteilt; es können eine oder zwei daraus im Überschuss vorhanden sein, das sind dann die sogenannten Vorzugsfarben oder Lieblingsfarben: Da die Vorzugsfarbe durch körperliche und seelische Einwirkungen verändert werden kann, liegt es nahe, die persönliche Farbskala als Ausdruck des Individuellen anzusehen* (Frieling, 1961, S. 15). Obwohl sich im Laufe des Lebens die Skala der bevorzugten Farben verändert, gilt weiterhin eine Reihenfolge in der Farbbevorzugung von Blau, Rot, Grün, Gelb, Orange, Violett, Braun, Schwarz und Weiß.

Die so genannte Innenfarbe des Menschen wird durch den Lüscher – Farbtest erkennbar und sollte des Weiteren bei der Farbberatung berücksichtigt werden, da durch die Farbdynamik Kräfte freigesetzt werden, die vor allem der Künstler einzuschätzen vermag, die aber dem Unwissenden nicht bewusst sind. Künstler verleihen über die Farbgebung eines Bildes hinaus ihrem Empfinden Bedeutung und setzen Farbverläufe gezielt als symbolische Komponente innerhalb des Bildwerks ein. Dabei werden sie wohl am nachhaltigsten durch Farberlebnisse und Erfahrungen, die sie in und mit der Natur gemacht haben geprägt. Der Kunstschaffende sieht in der ästhetischen Farbenlehre allein die Farbwirkungen und nicht die von Chemikern erforschten Farbwirklichkeiten. *Ich weiß, dass das tiefste und wesentlichste Geheimnis der Farbwirkungen selbst dem Auge unsichtbar bleibt und nur mit dem Herzen geschaut werden kann* (Itten, 1998, S. 11). Demnach verwendeten die Künstler der Romantik und Frühgotik eindeutige und ungetrübte Farbkomponenten, um der Farbe als solches einen symbolisch expressiven Wert zukommen zu lassen. Die eindeutige und symbolhafte Wirkung sollte ähnlich wie die der Formen betont werden.

Heute im multimedialen Zeitalter kommt der Farbe ein Stellenwert zu, der auf der optisch – materiellen Art und Weise beruht, das seelisch – geistige Erleben aber vernachlässigt. Durch wissenschaftliche Forschung wurde nachgewiesen, dass Farben Strahlungskräfte und Energien besitzen, die in positiver oder negativer Art ständig auf das menschliche Individuum bewusst oder unbewusst einwirken. Im Gegensatz zu der physikalisch – chemischen Wirklichkeit der Farbe ist die Farbwahrnehmung die psycho – physische Wirklichkeit, die damit zur Farbwirkung transformiert wird. Farbwirklichkeit und Farbwirkung sind demnach nicht miteinander gleichzusetzen und erfahren dadurch einen dynamisch – expressiven, unwirklichen und schwebenden Ausdruck. Resultierend daraus eröffnet sich dem Künstler die Möglichkeit Unsagbares auszudrücken, da sich Wirklichkeitsform und Farbe in unwirkliche Vibrationen umwandeln können. Zur gewünschten Farbharmonie kommt es erst dann, wenn ein Gleichgewicht und somit die Symmetrie der Farbkräfte hergestellt werden kann, wobei das menschliche Auge immer bestrebt ist automatisch dieses Gleichgewicht zu erzeugen. Diese spezifische Erscheinungsform nennt man den Successiv – Kontrast, der beweist, dass das Auge nur dann befriedigt oder im Gleichgewicht ist, wenn es das Komplementärgesetz erfüllen kann, das folglich zu einer psychischen Empfindung führt.

Im Hinblick auf den menschlichen optischen Sinnes – Apparat versteht man unter Harmonie also einen psycho – physischen Zustand des Gleichgewichts, bei dem die Dissimilation und Assimilation der Sehsubstanz gleich groß sind. *Den optischen, elektromagnetischen und chemischen Prozessen, die in unserem Auge und Gehirn beim Anschauen von Farben ausgelöst werden, entsprechen oft parallele Prozesse im Seelenbezirk des Menschen. Diese, durch das Erlebnis der Farbenkräfte bewirkten Erschütterungen können sich bis in das innerste Zentrum fortpflanzen und dadurch entscheidende Regionen des seelisch – geistigen Erlebens treffen. Goethe sprach von der sinnlich – sittlichen Wirkung der Farben* (Itten, 1998, S. 130). In der Farbe steckt eine gewisse Symbolbedeutung, die das Bild an sich gesehen nicht erfüllen kann, da der Künstler für seine Gestaltung Bildflächen und Farben verwendet, die seelischen Kraftströme aber aus ihm selbst heraus fließen und somit in eine Symbolhaftigkeit übergehen können. Mittels Intuition und Inspiration gestaltet er seine Empfindung im Bildwerk, wobei ihm die Ausdruckskraft der Farben als ein wesentliches Element der Gestaltung zur Verfügung steht. Inwieweit das für die alten Meister und modernen Künstler zutrifft wird in Kapitel 4. ausführlicher behandelt. Heute ist die chemische Forschung im Bereich der Farben soweit fortgeschritten, dass mithilfe komplexer Kohlenstoffverbindungen eine Vielfalt von Pigmentfarben hergestellt werden kann. *Die Farben üben je nach Ton und Schattierung, die vom Pigment-*

farbstoff abhängen, unterschiedliche Energien auf uns aus (Mella, 1991, S. 25). Diese Art der Wirkung kann der Mensch als Wärme, Kälte, als schwach oder stark und als intensiv beziehungsweise beruhigend empfinden. In dieser Hinsicht sind die weichen, kühleren Pastellfarben von den leuchtenden Primärfarben zu unterscheiden, die eine wärmere und stärkere Energie ausstrahlen.

Da Farben miteinander kommunizieren und Signale sowie Botschaften aussenden, sei an dieser Stelle nochmals ein Überblick über die grundlegendsten Farben auch im Hinblick auf ihren symbolischen Einsatz im Kunstwerk gegeben. *Zur Theorie der Wirkung von Farben wird hier ein neuer Begriff eingeführt: psychologische Konträrfarben. Psychologische Konträrfarben sind jene Farbenpaare, die jeweils den größten Gegensatz in der Wirkung auf Gefühl und Verstand darstellen, Gegensätze, wie sie auch in der Symbolik vorrangig verwendet werden* (Heller, 2000, S. 14). Dementsprechend können in ein und demselben Farbklang niemals psychologische Konträrfarben nebeneinander bestehen, da weder eine Eigenschaft noch ein Gefühl gleichzeitig das Gegenteil darstellen kann. Kombiniert der Kunstschaffende dagegen diese Konträrfarben in seiner künstlerischen Gestaltung miteinander, so ergibt sich wiederum ein widersprüchlicher Effekt, der allerdings eine gewisse Aufmerksamkeit erregen wird. In der Farbsymbolik kommt der Farbe Blau wohl die wichtigste Bedeutung zu, indem sie nach alter Tradition das weibliche Prinzip symbolisiert und ebenso in der alten Malerei als die Symbolfarbe der Mariendarstellung verwendet wurde.

Im Gegensatz dazu steht mit der Farbe Rot eine zweigeteilte elementare Erfahrung des Menschen mit dem Feuer und dem Blut. Sowohl die psychologische als auch die symbolische Wirkung des Bluts transformiert das Rot zur dominanten Farbe aller positiven Lebensgefühle. Heute findet allerdings durch die Werbung eine Übersättigung mit dieser Farbe statt, weil man generell der Meinung ist, dass diese Farbe Signalwirkung besitzt, obwohl sie doch die Farbe aller Farben ist und aufgrund dieser Tatsache übermäßig eingesetzt wird. Wie schon erwähnt symbolisiert die Farbe Violett eine Verbindung von Gegensätzen wie Blau und Rot, wie männlich und weiblich und wie Sinnlichkeit und Geist. Aus dem Altertum ist sie mehr als Purpur bekannt, der die Farbe der Herrscher war und vor allem die Macht symbolisierte. Violett liegt als Farbe gesehen zwischen den Bereichen von Leben und Tod. Durch Schwarz kann als Farbe der Negation aus Liebe Hass werden, da sie imstande ist, jede positive Bedeutung einer bunten Farbe ins negative Gegenteil umzukehren. In dieser Umkehrung aller Werte zeigt sich die stärkste Wirkung von Schwarz. Bezüglich der heutigen Modefarben wird der Farbe Braun eine besondere Stellung zuteil, indem sie eigentlich als reine Farbe gesehen am häufigsten abgelehnt wird, da sie mehr ein Gemisch als eine reine Farbe darstellt. Vom psychologischen Sinn her gesehen ist Braun eindeutig eine Farbe, weil ihr eine eigene Symbolik zukommt als bei allen anderen Farben. Die meisten der braunen Begriffe sind negativ besetzt und obwohl diese Farbe Verachtung findet ist sie dennoch überall präsent. Zuletzt sei noch das Grau genannt, das jeglichen Charakter und Kraft vermissen lässt. Wie Schwarz und Weiß handelt es sich um eine unbunte Farbe, die psychologisch gesehen am schwierigsten zu erfassen ist.

Jegliche Charakterisierung kann nur vage und niemals eindeutig vorgenommen werden. Grau ist zum einen zu schwach, um männlich zu wirken, zum anderen zu bedrohlich, um weiblich zu sein. Des Weiteren ist es weder der Wärme noch der Kälte und weder dem geistigen noch dem materiellen zuzuordnen, womit sich die zuvor erwähnte Distanziertheit gegenüber allem hiermit bestätigt. *Symbolik ohne optisch – sinnliche Richtigkeit und ohne psychisch – sittliche Kraft wäre blutleerer Formalismus. Sinnlich – expressive Wirkung ohne geistig – symbolische Wahrheit und psychisch – expressive Kraft wäre naturalistische, imitative Banalität. Psychisch – expressive Wirkung ohne symbolisch – konstruktiven Gehalt und ohne optisch – sinnliche Kraft würde im Bereich eines sentimentalen Ausdrucks bleiben* (Itten, 1998, S. 17). Das, was Itten hier über den Einsatz der Farbsymbolik im künstlerischen Bereich postuliert, wird den Künstlern seit Jahrhunderten geläufig sein. Die vorliegende Arbeit konzentriert sich aber vielmehr auf die symbolischen Ausdrucksformen, die innerhalb des künstlerischen Schaffensprozess sichtbar werden. Farbverläufe spielen dabei sicherlich eine ebenso große Rolle wie symbolhafte Zeichen, die über die psychoanalytische Deutung ihre Interpretation erfahren. Wie in Kapitel 4. gezeigt wird, ist eine unbunte Schwarz – Weiß Darstellung frei von jeglicher Farbsymbolik und kann lediglich über die eigentliche Abbildung in ihrer bedeutsamen Symbolik analysiert werden, um letztendlich Rückschlüsse auf die Persönlichkeitsstruktur des Künstlers ziehen zu können. In der zeitgenössischen Kunst findet sich oftmals die Kombination von symbolischer Darstellung und Farbsymbolik, um dem Dargestellten eine nachdrückliche Aussagekraft zu verleihen, während in der modernen Kunst mittlerweile die Abstraktion so weit fortgeschritten ist, dass oft eine Entschlüsselung nur noch über die Interpretation von Farbkomponenten möglich wird. Im Vergleich zur gegenständlichen Abbildung läge dann der künstlerische Schwerpunkt im Schaffensprozess und seiner psychologischen Reflexion begründet.

Das dem Künstler vorschwebende innere Bild ist eine Gestalt im strengsten Sinne des Wortes: Es wird nicht gemacht, nicht zusammengefügt, nicht komponiert. Mit anderen Worten: Das innere Bild entsteht, indem es wächst, indem es sich selber ausformt und durchgliedert und bis zu seiner Vollendung umordnet und berichtigt. Es bildet sich aus einem keimhaften, zunächst kaum greifbaren Etwas, das man künstlerische Idee zu nennen pflegt, und von welchem der Schöpfer zunächst nicht mehr oder nicht viel mehr als sein Glanz – Charakter vorschwebt, zu welchem er dann irgendwie zunächst mehr oder weniger skizzenhaft die zugehörige Struktur zu ertasten sucht.

W. Metzger

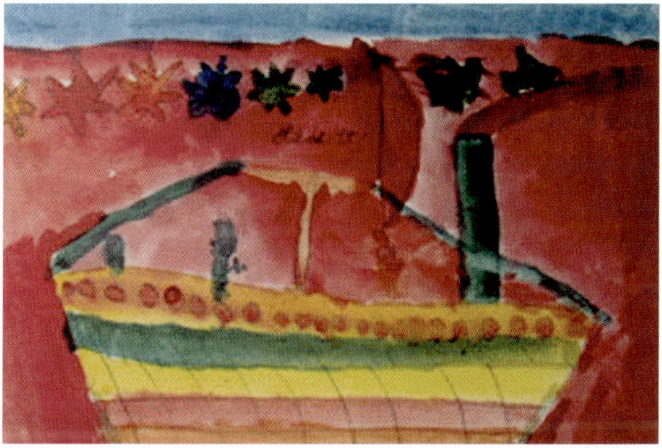

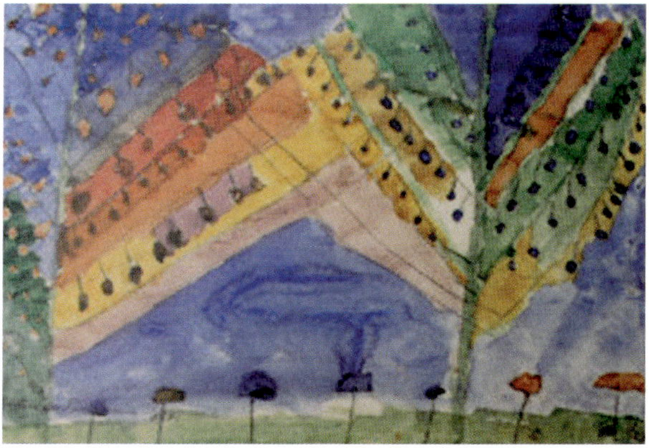

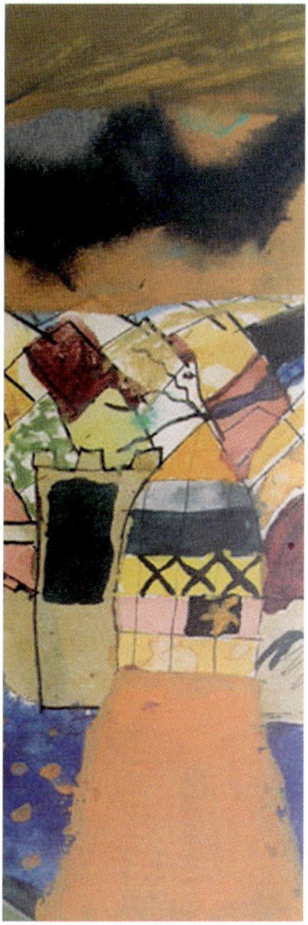

3. Analyse visueller Kommunikationssysteme in Reflexion zur kunstpädagogischen Sichtweise

Dieses Kapitel soll in erster Linie eine Einleitung in die Strukturen der kunstpädagogischen Richtlinien vermitteln sowie den Unterschied zwischen Kunsterziehung und Kunstunterricht aufzeigen. In diesem Zusammenhang wird im Besonderen auf die spezifische Ausbildung der Ich – Persönlichkeit zum eigenen „Selbst“ hingewiesen. Im Hinblick auf Kapitel 5. und die Ausarbeitung eines Curriculums mit integriertem Relaxationsverfahren werden auch hier schon die therapeutischen Momente in der Kunstpädagogik aufgezeigt. Als Beispiel dazu dient eine vorher angelegte Studie über die Mandalasymbolik, an der sowohl jugendliche wie auch erwachsene Probanden teilnahmen.

Die wissenschaftliche Auswertung dieser Studie bildet einen der Schwerpunkte des vorliegenden Kapitels und dient zur Vorbereitung auf kombinatorisch angelegte Unterrichtsmodelle, die vor dem Hintergrund des multimedialen Zeitalters einen Kontrapunkt hinsichtlich der Wahrnehmung der äußeren Welt und der Verarbeitung innerer Bilder über die Psyche hinaus setzen sollten. Jedes menschliche Individuum ist heute einer immensen Reizüberflutung ausgesetzt, der man sich aufgrund der fortschrittlichen Technologien nur schwer entziehen kann. Aggressivität, Konzentrationsschwäche, Nervosität und psychische Probleme sind die Folgen, die ihre Entladung oft in Gewaltausbrüchen findet. Da man sich aber der technologischen Entwicklung stellen muss und insbesondere diese integrieren sollte, bietet die vorliegende Arbeit eine Möglichkeit an, den Katalysator für die Anspannung in Form von Entspannung einzusetzen, um somit den Körper gemäß dem zuvor schon erwähnten homöostatischen Modell wieder in ein psychologisches und physiologisches Gleichgewicht zu bringen. Dieses Equilibrium wird dringend benötigt, wenn man schwerwiegende, vor allem psychologische Schäden vermeiden möchte. Innerhalb der Kunstpädagogik besteht die Chance einer non verbalen, rein visuellen Kommunikation über Bilderwelten hinaus, die unsere Wahrnehmung beeinflussen, unsere im innersten angelegte Transzendenz zur Natur fördern, die tiefsten Schichten unserer Seele ansprechen und unser eigenverantwortliches Handeln steuern.

Der Begriff der visuellen Kommunikation ist gewissermaßen eine transformierte Begriffsdefinition zum bildnerischen Gestalten, um somit einer zeitgemäßen Umstrukturierung gerecht zu werden. Werbekommunikation und Werbepsychologie erfahren hierbei ebenso ihre kritische Betrachtung, wie die Bewusstseinsbildung von realen und intendierten Wirklichkeiten, die in einer zunehmend computerorientierten Welt einer Differenzierung unterliegen sollten. In diesem

Zusammenhang gibt diese Arbeit eine Anleitung zu kritischer Konsumentenerziehung und hebt dennoch den Symbolcharakter und seine Auswirkungen von Markenidentität und Markenpositionierung hervor. In welcher Art und Weise eine Verknüpfung der soeben genannten Punkte in kunstpädagogischer Hinsicht möglich ist, wird sich anhand des Involvements der angesprochenen Zielgruppen zeigen, die unter psychologischen Aspekten untersucht werden. Letztendlich bestehen die Ziele der heutigen neueren ästhetischen Erziehung darin, therapeutische Erfahrungen aus der Kunstpädagogik zur allgemein pädagogischen Anwendung hin zu transformieren, um resultierend daraus auch fächerübergreifend wirken zu können. Das vorliegende Kapitel dient gewissermaßen im Vorfeld als Bestandsaufnahme von Bildungszielen, von ästhetischer Erziehung und von den Entwicklungsstadien der Kunstpädagogik im multimedialen Zeitalter. Inwieweit eine Verknüpfung von zeitgenössischer und moderner Kunst innerhalb des Kunstunterrichts möglich ist, wird weiterhin anhand der interdisziplinär geprägten Symbolik und ihren Auswirkungen auf den seelischen Zustand des Kunstschaffenden sowie des Rezipienten erläutert. Die Stimmung eines Künstlers erspüren beziehungsweise nachempfinden zu können, sollte eine grundlegende Intention der kunstpädagogischen Anwendung und eines der wichtigsten Bildungsziele innerhalb des Kunstunterrichts sein, wobei der Betrachtung zeitgenössischer Kunst erwiesenermaßen ein geringerer Stellenwert zukommt als der modernen Kunstform. Diese Diskrepanz ist unter anderem in einer unzureichenden kunstpädagogischen Ausbildung zu finden. Auch hier sollten weiterführende Konzepte angestrebt werden, deren Inhalte eine Art Balance zwischen Rationalität und Emotionalität herstellen. Im Bereich der Werbepsychologie bildet dies einen entscheidenden Aspekt, der unter Punkt 3.6.1 noch genauer erläutert wird. Ein Kunstunterricht, der seine Legitimation als ausgleichendes Fach gegenüber anderen wissenschaftsorientierten Fächern behalten möchte, muss dem Transformationsprozess des multimedialen Zeitalters angepasst werden. Natur- und Umwelterfahrungen gehören an dieser Stelle ebenso zu einer konzeptionellen Struktur wie die Auseinandersetzung mit neueren Technologien, aufgezeigt am Beispiel Film, Computeranimation und Fotografie.

Den für die Psyche wichtigen Gegenpol bilden Entspannungsarbeiten, wie am Beispiel des Mandalas noch ausführlich gezeigt wird. Aufgrund der Annahme, dass Lernen nicht nur leistungsorientiert vonstatten geht, sondern gerade im Bereich der Kunstpädagogik zur Entspannung führen kann, wird in Kapitel 5. das Lernen auf empfindungsorientierter Basis hinsichtlich der psychologischen Inhalte genauer untersucht. Kunstpädagogik bildet hier eine Lernstrategie zum Selbstbildungs- und Selbstfindungsprozess, der das menschliche Individuum mit den tiefsten Schichten seiner innersten Psyche vertraut macht, um so auf diese

Art und Weise eine Reflexion über Erlebtes, Verinnerlichtes und auch über äußere Einflüsse, die ständig auf den Menschen einwirken, anzuregen. Dabei liegt der Schwerpunkt auf der kunstpädagogischen Anleitung der Schüler, womit man unweigerlich wieder in den Bereich der visuellen Kommunikationssysteme gelangt, die ohne sinnliche Wahrnehmung nicht möglich wäre. Im Vordergrund hat also die Schulung der sinnlichen Wahrnehmung zu stehen, bevor mit der eigentlichen Reflexion und einem kommunikativen Austausch darüber begonnen werden kann. Visuelle Kommunikation findet nicht nur auf der Ebene rein sichtbarer Erfahrungen statt, sondern schließt auch haptisch – somatische Erlebnisse mit ein, bei denen die Wahrnehmung über den Tastsinn im Vordergrund steht. Das Erspüren des künstlerisch zu verarbeitenden Materials schult die sinnliche Wahrnehmung, führt zur inneren Einkehr und höheren Bewusstseinsebenen. Auf diese Art kann der Schaffensprozess eines Künstlers aktiv nachvollzogen werden, indem man sich in seine psychische Verfassung hineinversetzt und das dabei Erfahrbare einfach mit sich selbst geschehen lässt. Der sachgemäße Umgang mit diesen spezifischen Methoden der kunstpädagogischen Anleitung sowie diverser Entspannungstechniken bedarf allerdings der besonderen Schulung des Pädagogen, die als Schwerpunktthema in Kapitel 5. untersucht wird. Des weiteren gelangt man über die Symbolbildung hinaus zu meditativen Formen der inneren Einkehr, zur Ruhe und zur Förderung der Persönlichkeitsausprägung über die Erkenntnis des eigenen „Selbst“. Kunstpädagogisch lässt sich dies anhand vergleichender Bildinterpretationen von zeitgenössischer und moderner Kunst analysieren, indem man versucht, die Spuren des Künstlers nachzuempfinden, um letztendlich über den Nachahmungseffekt zu einem neuen Bildeindruck zu gelangen, der lediglich noch die Absicht des Originals erkennen lässt.

3.1 Grundlagen kunstpädagogischer Bildungsziele

Die Phänomenologie der Kunst in pädagogischer Hinsicht erklärbar beziehungsweise erfahrbar zu machen, stellt die schwierige Situation des Kunstunterrichts dar, der zur Orientierung in einer Welt beitragen soll, die von visuellem Analphabetismus geprägt ist. Jegliche Art der Kommunikation ist für den Menschen von existenzieller Bedeutung, so dass gerade die Kunsterziehung auf das Leben im kulturellen Umfeld vorbereiten sollte und gleichzeitig mit Denkanstößen zu deren Veränderung beitragen kann. In unserer Zeit der Moderne ist es wichtig, audiovisuelle Medien in die Kunstpädagogik zu integrieren und sie als Gegenstand in den Kunstunterricht einzubinden, wobei jedoch die weiterhin ästhetische Gestaltung im Vordergrund stehen darf und auch stehen sollte. Die Schulung, durch kreative Tätigkeit seine affektiven Bedürfnisse nicht nur zu kontrollieren, sondern auch eine Stärkung der Persönlichkeit hervorzuheben, ist das pädagogische Mittel der Kunsterziehung, die die Sozialisation der Person und ihre Selbstwahrnehmung in dieser Welt auf besondere Art und Weise fördert. Unter diesen Aspekten bietet die Kunstpädagogik dem Schüler viele Möglichkeiten der Entfaltung zur Autonomie und Individualitätsbildung.

Jeder diesem Fach zugeordnete Lernprozess lässt sich in mehrere Phasen unterteilen.

- Ausgangspunkt bildet hierfür die vom Lehrer vorgegebene Problemstellung, die zunächst nach einem Lösungsansatz verlangt
- Während der Bearbeitung stellt sich die Reflexionsphase ein, die Voraussetzung für eine sich anschließende Wertung ist.
- Mit den genannten Lernprozessen kann der Betroffene seine Position im positiven Sinn festlegen, andererseits besteht auch eine Einschränkung der Persönlichkeit durch den vorgegebenen Grenzbereich.

Kommunikativ werden Informationen vermittelt, die mithilfe von Materialien und Technologien den eigenen kreierten Ausdruck in einen Eindruck transformieren sollen. Das ist jedenfalls der Wunsch des Absenders, der seinen Sendekanal so gestaltet, dass der Empfänger in der Lage ist, die haptisch – visuellen Rezeptionsvorgänge richtig zu entschlüsseln. Hier wird die Bedeutsamkeit der Interaktion sichtbar, die ein gesteigertes Interesse erfahren kann, wenn experimentelle Studien anhand unterschiedlichster Materialien im Kunstunterricht zur Anwendung gelangen. Durch das Bearbeiten von Holz und Stein, durch Fingerpainting, Schmieren, Kritzeln oder Matschen etc. erfährt der Schüler Handlungsformen, die später sein eigenes Schaffen erlebbar beziehungsweise ertastbar machen. Die eigentliche Aufgabe des Kunstpädagogen bezieht sich daher auf die sprachliche Umsetzung öffentlich als wertvoll erachteter Kunst, in dem Sinne, dass diese wiederum in die pädagogische Zielsetzung eingebunden werden kann. Schwierigkeiten treten wie in jedem anderen Unterrichtsfach in der Pubertätsphase auf, die mit der Distanzierung von der Natur einhergeht. Bis zu diesem Zeitpunkt zeichnet und malt das Kind instinktiv sicher und mit einem Selbstvertrauen, das mithilfe des Kunstunterrichts so belassen wird, wie die natürlichen Anlagen dazu vorhanden sind. Während und nach der Pubertät ist es wichtig, die schöpferischen Uranlagen zu steigern und im folgenden reifen Alter umzusetzen. Heute versteht sich Kunsterziehung allerdings mehr denn je als Konsumentenerziehung. Längst hat die Zeichenpädagogik ihren Stellenwert als Primat der propädeutischen Funktion des Zeichnens verloren. Dafür eröffnen sich dem Kunstpädagogen neue Möglichkeiten, auf die in dieser Arbeit noch explizit eingegangen werden. *Kunstpädagogik meint sowohl ein zugehöriges Schulfach, das bil-*

dende Kunst als Bezugsfeld hat und unter verschiedenen Namen firmiert (Kunsterziehung, Kunstunterricht, Bildende Kunst, Bildnerisches Gestalten usw.), als auch einen Lernbereich, für den Kunst nicht ausschließlicher Inhalt und wichtigstes Ziel ist (Visuelle Kommunikation) (Schütz, 1979, S. 16).

Heute erfährt die Kunstpädagogik mit dem Übergang des Kunstunterrichts zur Visuellen Kommunikation eine Ausweitung auf den Gesamtbereich des visuell Wahrnehmbaren, die anhand von direkten Unterrichtsmodellen und exemplarischen Analysen gestützt wird. In diesem Zusammenhang wird nach einem einheitlichen Prinzip gesucht, wonach eine Didaktik im visuellen Bereich den Anspruch auf Erziehung zur Mündigkeit in den Mittelpunkt ihrer Überlegungen rückt. Dabei wäre zu berücksichtigen, alle Teilcurricula aus der Antinomie von Objekt und Intention von visuellen Gegenständen zu entwickeln. Des weiteren sollte das übergeordnete Ziel der unterrichtspraktischen Arbeit im Erkennen der Differenz zwischen Objekt und Intention, sowie zwischen realen und intendierten Wirklichkeiten liegen. Gerade in einer multimedial geprägten Welt mit zunehmend computergestützten Arbeitsmethoden ist der kritische Umgang mit der Gesamtheit des visuell Wahrnehmbaren im kunstpädagogischen Bereich von immenser Wichtigkeit. Hier eröffnet sich dem Pädagogen ein Bezugsfeld, der medialen Reizüberflutung entgegenzuwirken, die Persönlichkeit jedes einzelnen über eine spezifische Förderung hinaus auszubilden und vor allem auf die positiven und negativen Einflüsse neuer Technologien innerhalb der visuellen Kommunikation hinzuweisen. Auf diese Weise schließt die Kunstpädagogik ein fächerübergreifendes Lern- und Erziehungsprinzip mit ein, indem sie das sinnlich Wahrnehmbare, das Denken, Verhalten und eigenverantwortliche Handeln zum Bewusstsein bringt und dieses im Rahmen einer ästhetischen Erziehung schult.

Außerdem wird mit dem Begriff der Kunstpädagogik wie auch mit der Museumspädagogik eine Didaktik der bildenden Kunst impliziert, die auch das Verhältnis von der Kunst zur Öffentlichkeit anspricht. In diesem Zusammenhang wird auch die traditionelle Ausrichtung dieses Fachs an der Bildenden Kunst deutlich, die solche Bereiche zum Unterrichtsgegenstand macht, die zwar allgemein mit Kunst assoziiert werden, aber im schulischen Bereich dennoch oft zu kurz kommen. Dies beinhaltet zum Beispiel die Wirkung von Farben und Formen auf das Befinden und Urteilsvermögen des Schülers, wie auch die Vorstellung von schön und hässlich. Eine Klassifizierung von ästhetisch wertvollem und wertlosem trägt dazu bei, die Richtung des eigenen Wertgefühls definieren zu können. Des Weiteren wird in der Kunstpädagogik über Genuss, Lustbefriedigung, Spiel und Phantasie die eigene Kreativität gefördert, mit deren Hilfe man wiederum konkrete Kritik an der Gesellschaft und ihren Normen üben kann. Als eines der wichtigsten Bildungsziele lernt der Schüler objektiv gute oder schlechte Kunstwerke beziehungsweise bildnerische Mittel zu unterscheiden, wobei allerdings im kunsttherapeutischen Bereich das Nicht – Kunstwerk, das Beinahe – Kunstwerk und sogar das Anti – Kunstwerk ihre Bedeutung finden.

Die vorliegende Arbeit möchte unter anderem richtungsweisend für therapeutische Momente in der Kunstpädagogik eintreten und auch den Schüler mit der spezifischen Art der pädagogischen Anwendung vertraut machen. Vor dem Hintergrund einer zunehmenden Integration verhaltensgestörter Kinder zählt die Aufklärung über anders gelagerte Verhaltensweisen, wie auch die Umsetzung therapeutischer Aufgabenstellungen zu einem wesentlichen Bestandteil des Kunstunterrichts. Über die Selbstdarstellung hinaus sollten dabei Hemmungen in der Art und Weise abgebaut werden, so dass auch das schlechte Kunstwerk noch die Chance einer Daseinsberechtigung erhalten kann. Die Vielfältigkeit des menschlichen Individuums und seiner kreativen künstlerischen Leistung erfordert individuelle Förderung und verlangt gleichzeitig die Akzeptanz derer, die als Außenstehende daran teilhaben, sei es als Betrachter oder aktiv Teilnehmender. Jeder künstlerisch Schaffende sollte über die sinnliche Wahrnehmung mit seiner eigenen Sichtweise vertraut gemacht werden, um zumindest positive und negative Differenzierungen im Kunstwerk ausfindig machen zu können.

3.1.1 Anfänge der ästhetischen Erziehung

Im 17. und 18. Jahrhundert findet erstmals die zeichnerische Übung Zugang zu den Lehrplänen der Schulen. Beeinflusst vom Sensualismus und Empirismus dient sie zum Zweck der Wahrnehmung einer auf philosophischer Basis begründeten erkenntnistheoretischen Wirklichkeit. Das 19. Jahrhundert wird geprägt von kulturpessimistischem Gedankengut und reformpädagogischen Bemühungen, die von den Zielsetzungen der Kunsterziehung regelrecht provoziert werden. Obwohl unter diesem damaligen Begriff sowohl bildnerisches Schaffen als auch Singen, Tanzen und Gymnastik fielen, etablierte sich dieses lediglich im Kunstunterricht, der laut Tradition der Schulen damit seine Berechtigung fand. Allerdings wurde in den Künstlertheorien des 19. Jahrhunderts die Aussichtslosigkeit der Geschichte sichtbar. Man bediente sich vorwiegend der ornamentalen Gestaltung, die ästhetisch neutral bleibt und somit das Verhalten zur Wirklichkeit verhindert. Wie auch heute anhand der Bildnerei der Geisteskranken zu beobachten ist, wird das Seelische, das Leid des Ichs und die eigenen Ängste in linearen Ornamentalmustern und endlos erscheinenden Wiederholungen dargestellt. Fachhistorisch erhält die Kunsterziehung im 20. Jahrhundert ihre Legitimation als Ausgleich zu mathematisch – naturwissenschaftlichen Schulfächern, wobei sie mit der Begründung zur Entspannung und Erholung reichlich missverstanden wird. Auf die in diesem Zusammenhang zu nennende kompensatorische

Bedeutung ästhetisch – bildnerischer Praxis, die unschwer bezweifelt werden kann, wird des Weiteren noch genauer eingegangen. Wie schon vorweg angedeutet trägt die ästhetische Erziehung dazu bei, das menschliche Individuum selbstbewusst, handlungsfähig und eigenverantwortlich zu machen, wodurch der Ausdruck und die eigene Identität unterstützt werden. Der Mensch schult mit dem Gestaltungsdrang sein Wahrnehmungsvermögen und setzt sich in Bezug zur gesellschaftlich – kulturellen Realität, womit die Ernsthaftigkeit der Allgemeinbildung auf diesem Gebiet erbracht wäre. Warum wohl malen Schüler das Blatt nicht vollständig aus, differenzieren keine Farben, gliedern nicht den Raum, stellen Figuren nicht in Bewegung dar oder sind nicht zur Abstraktion bereit? Auf diese Frage hat Gunter Otto geantwortet, dass sie vielleicht noch nicht gelernt haben, was man bei ihnen vermisst, da es auch noch niemand gefordert hat. Fordern und Förderung der anlagebedingten Persönlichkeitsstruktur wird mithilfe des Kunstunterrichts in zunehmendem Maße dem Menschen behilflich sein, seinen individuellen Standpunkt in der Gesellschaft zu suchen und diesen auch zu finden. *Ästhetische Erziehung bezieht sich inhaltlich über Kunst hinaus auf Gegenstände und Prozesse hinsichtlich ihrer Wahrnehmung, Realisation und Interpretation. Sie will nicht nur Erkenntnisse und Fertigkeiten vermitteln, sondern auch Verhaltensänderungen bewirken* (Schütz, 1979, S. 23). Grundsätzlich können diese Ziele nicht allein in einem Fachunterricht bearbeitet werden, da die ästhetische Erziehung interdisziplinär arbeitet, indem sich die Unterrichtsmethoden sowohl in analytischen (theoretischen) und visualisierenden (praktischen) Arbeitsphasen aufgliedern. Die normativ ästhetische Erziehung birgt aber auch einige Gefahren hinsichtlich der objektiven Vermittlung eines Wertgefühls, dass durch fehlgeleitete Handlung den Bereich der Subjektivität erreichen kann. So wird dem Schüler zum Beispiel mithilfe des Wertgefühls ein zuverlässiges Mittel angeboten, um objektive Erkenntnisse über die Wirklichkeit zu gewinnen, wobei jedoch dem Ausbilden der Fähigkeit, rational zu urteilen, entgegengearbeitet wird. *Wenn wir jedoch wollen, dass der Schüler lernt, einen Menschen nicht zu bekämpfen, nur weil dieser auf ihn emotional, zum Beispiel wegen seines Aussehens einen unsympathischen Eindruck macht, dann müssen wir ihm auch zeigen, dass ein Bild objektiv nicht schlecht ist, nur weil er, wir oder irgend jemand anderes es nicht mag oder für ästhetisch minderwertig hält* (Giffhorn, 1979, S. 49).

Folgt man dagegen der Vermittlung des subjektiven Wertgefühls, so wird die Verhaltenstendenz, das Wertgefühl anderer für verbindlich zu halten, unterstützt. Auf diese Weise findet der Schüler eine gewisse Ermutigung in der Hinsicht, anderen sein Wertgefühl aufzuzwingen, zumindest jedoch die Selbstbestimmung anderer zu behindern oder sich selbst unnötig fremden Absichten unterzuordnen, indem er die Chancen zur eigenen Selbstbestimmung nicht genügend nutzt. Hinsichtlich der objektiven Beurteilung von Kunst stellt sich in der Moderne die Frage nach der Berechtigung einer fachlich qualifizierten Kunstdidaktik, die jegliche Auseinandersetzung mit aktueller Kunst vermissen lässt. Bis heute gilt die Vermittlung historischer Kunst im Unterricht als leichter und sinnvoller gegenüber der Gegenwartskunst, die man gerne als strittig, sperrig und interessefremd bezeichnet und deren Interpretation vernachlässigt beziehungsweise ganz vermieden wird.

Tatsache ist, dass man dem Schüler die persönliche Kunsterfahrung, die dem professionellen Künstler jederzeit zuteil werden darf, vorenthält. Kunstpädagogik, die sich selber und somit auch den Schüler der Gegenwartskunst entzieht, trägt zur Verhinderung des intellektuellen Abenteuers bei, auf das sich der Kunstschaffende gewissermaßen immer aufs Neue einlässt. Leider muss an dieser Stelle auch erwähnt werden, dass der Kunstpädagoge selber nicht ganz unschuldig ist an dieser Situation. Viele Kunstlehrer fühlen sich zum produzierenden Künstler geboren, verschließen sich daher auch vor der Konkurrenzkunst oder zeigen offen ihre Voreingenommenheit. Unter diesen Umständen ist Kunstunterricht nur schwer durchführbar, zumal die Leistungsbewertung in Form von Noten die Freiheit und Offenheit des kunstschaffenden Schülers einschränkt. Aktuelle Kunst wird in diesem Sinne auf Unterrichtsverfahren reduziert, obwohl die Bezeichnung „Methode", wenn auch nur in der Theorie, bestehen bleibt. Mangelhafte Kompetenz im eigenen Verstehen derartiger Kunst veranlasst den Pädagogen, sich gegenüber aktueller Gegenwartskunst zu verweigern. Gerade das Ästhetische der Postmoderne bietet dem Betrachter experimentell – reflexive Haltung und Handlung an, die er mithilfe alter und neuer Technologien, traditioneller und moderner Medien zum Ausdrucksmittel gestalten könnte, wenn man ihm denn auch den Freiraum gewähren würde.

Auch das gehört zur Kulturarbeit und müsste heute im Unterricht seine Verwendung finden. An dieser Stelle sollte kritisch erwähnt werden, warum es überhaupt eine Kunstdidaktik für aktuelle Kunst gibt. Die Antwort lautet, weil dafür immer noch Seminare angeboten werden, obwohl die Kunstproduktion längst ohne sie bestehen könnte. Das Bildungsereignis, in dem ich mein eigenes „Ich" als Kunstrezeption wiederfinde, ist ohnehin nicht auf die Hilfe der Kunstdidaktik angewiesen, die in demselben Maße wie die Kunstpädagogik im Bereich der Gegenwartskunst als überflüssig erscheint. *Schulpraktiker werfen den Didaktikern häufig vor, dass die Resultate ihrer kunstpädagogischen Forschung praxisfern seien, obwohl Kunstdidaktiker seit langem Interesse an Praxisbezügen ihrer Theorien bekundet haben* (Wienecke, 1986, S. 9).

Der Begriff „Praxis" umfasst hier nichts weiter als das kunstdidaktische Handeln im Berufsalltag von Lehrern und Theoretikern, wobei zwischen beiderlei Praxis und Reflexionen kunstpädagogischer Erkenntnis eine Verbindung gesehen wird. Mittlerweile findet also auch in der Kunstpädagogik eine gewisse kombinatorische Transformation von Rezeption und kreativem Handeln statt. Dabei erfährt gerade auch die Kunstdidaktik in den letzten Jahren eine wissenschaftstheoretische Aufarbeitung in kunstpädagogische Theoriegruppen, wie zum Beispiel denen der allgemeinen Wissenschaftstheorie, der Erkenntnistheorie, der Erkenntniskritik, der Forschungswissenschaft, der Metawissenschaft, der Psychologie der Wissenschaft und der Wissenschaftsgeschichte.

3.1.2 Ziele ästhetischer Erziehung

Ziele der ästhetischen Erziehung wären demnach die Fähigkeiten

- *im spielerischen wie im arbeitenden Umgang mit ästhetischen Gegenständen Genuss zu empfinden und sich zu sensibilisieren,*
- *die Struktur ästhetischer Gegenstände zu erkennen und selber strukturieren zu können,*
- *die kommunikative Funktion ästhetischer Gegenstände zu erkennen, selber über diese kommunizieren und solche Medien herstellen zu können,*
- *aus den gewonnenen Einsichten und Erfahrungen Konsequenzen zu ziehen und diese in einsichtiges und zielgerichtetes Handeln umzusetzen* (Schütz, 1979, S. 158).

An dieser Stelle soll auf die wissenschaftliche Betrachtung unseres gesamten Weltbildes im Vergleich zur Kunst als eigene Form der Erkenntnis hingewiesen werden. Heute im Zeitalter der Moderne und nach genügend Forschungsmöglichkeiten ist man sich einig darüber, dass nichts geschieht, was nicht der wissenschaftlichen Betrachtung zugänglich wäre, da über die menschliche Wahrnehmung hinaus sich die Wissenschaft sofort der Dinge bemächtigt. Hierin deutet sich aber bereits der Sekundärcharakter der Wissenschaft mit der Tatsache an, dass die wissenschaftliche Erkenntnis auf etwas angewiesen ist, das vor ihr schon vorhanden ist. Das, was in der Natur, im menschlichen Geiste selber, im Mikrokosmos, im Makrokosmos, in der Gegenwart oder Vergangenheit geschieht, ist das Primäre, auf das sich die wissenschaftliche Einsicht hin richtet als vielmehr auf das vorhandene Erkenntnisobjekt.

Obwohl die Kunst auch Objekt unterschiedlicher Erkenntnisrichtungen und Erkenntnisinteressen sein kann, so ist sie doch im Wesentlichen etwas, das vom menschlichen Subjekt ausgeht und aus ihm heraus erwächst. In diesem Sinne sollte man Kunst als Kunst ansehen, in ihrem eigenen Lebenskreis verweilen und somit auch in ihren eigenen Kategorien denken und nicht mehr in den Kategorien der reinen Wissenschaft. Kunst ist schon als eigene Erkenntnis definierbar und als Kunst auch nur im künstlerischen Bewusstsein denkbar.

Die Kunst als eine eigene Form der Erkenntnis bestimmt selbst das in ihr Gültige. Es macht wohl jeder ernsthaft arbeitende Maler im Laufe seiner Entwicklung die Erfahrung, dass, je besser im Totalen ihm ein Werk gelingt, umso stärker auch das subjektiv Gewählte, das Motivische, an Überzeugungskraft gewonnen hat (Deneke, 1977, S. 37). In der Auseinandersetzung mit dem Werk findet der Künstler die Bestätigung, die in seinem Lebensumfeld oftmals nicht zur Reflexion gelangt. Deshalb ist Kunsterziehung auch als ein so wichtiger Bestandteil des Unterrichts anzusehen, da ihm auch eine therapeutische Wirkung zukommt. Immer mehr wird von der Sozialisation der Kunst gesprochen, wo doch der Mensch durch sie seine eigentliche Sozialstruktur erhält, die in der hektischen modernen Zeit immer mehr nach natürlicher Entwicklung, Muße und innerer Festigkeit verlangt. Um ein Gegengewicht gegen die Abstumpfung der Sinne herzustellen, wird im heilpädagogischen Sinn eine Steigerung und Verfeinerung der Sensibilität für notwendig befunden. Der Bildungssinn beziehungsweise die Ziele ästhetischer Erziehung im Fach Kunsterziehung offenbaren sich, indem man in der alleinigen Beschäftigung mit dem Bildkünstlerischen etwas entdeckt, was dazu verhilft, einen jungen Menschen zum Mitglied der Gesellschaft zu machen. In diesem Sinne bietet man ihm Lebenshilfe an, man fördert ihn individuell, indem man seine Anlagen entfaltet, so dass man ihm zu einer Bildung verhilft.

In dem Wort Kunsterziehung bedeutet Kunst nicht die Erziehung zu einer bestimmten Zeitkunst oder Kunstauffassung, sondern lediglich die Aufgabe, junge Menschen mit bildkünstlerischen Verhaltensmöglichkeiten zu konfrontieren, um sie in dieser Lebensform erziehen zu können. Im bildnerischen Denken liegt das wirklich Elementare des künstlerischen Schaffensprozesses begründet, indem durch Bewegung, Antrieb und geistig – dynamische Aktionen innerhalb des Zeichnens und Malens die statisch notwendigen Elemente aus Punkten, Linien und Flächen entstehen. In diesem Zusammenhang ist das bildnerische Denken mit seinem unsicheren Tasten und seinem Drang nach Formverwirklichung als Bewegungskraft zu verstehen. Aufgrund dieser Tatsache lässt sich eine Kinderzeichnung als ausnahmslos gut einstufen, wo das Kind ungewiss und entsprechend seiner Triebentfaltung arbeiten kann. Diese Entfaltung wird gemäß der Entwicklung eines jungen Menschen in Wandlungen vollzogen und kann sinnbildlich als Stufen oder konzentrische Kreise, ähnlich den Jahresringen eines Baumes dargestellt werden. Der Kunstunterricht ist für das Kind eine Stätte, wo ihm erlaubt und ermöglicht wird, sich über das bildnerische Bewusstsein hinaus mit dem auseinander zu setzen, was es als Wirklichkeit erlebt, obwohl diese Wirklichkeit eine ständig veränderte ist, die sich als objekthafte historische Situation, als zeitgebundenes Sozialleben und infolge der Entwicklung von Seiten des Kindes her darstellt. In diesem Sinne und aufgrund der Auseinandersetzung des Menschen mit der Wirklichkeit ist diese auch einer Wandlung unterworfen, selbst wenn es sich um moderne Kunst handelt. Ein wichtiger Aspekt der ästhetischen Erziehung soll hier mit dem Beispiel der Kunstbetrachtung aufgezeigt werden, wobei zeitgenössische und moderne Kunst eine gleichwertige Legitimation erhalten.

Kunstbetrachtung bemüht sich immer um die Kunst im Kunstwerk, da sie den Seinsgrund des einzelnen Kunstwerks darstellt. Nach Heidegger tritt sogar eine Seinsvergessenheit ein, wenn das Bildwerk nicht künstlerisch befragt wird. Kunstbetrachtung heißt somit, das Werk als solches als Kunst zu betrachten. *Kunstbetrachtung ist deswegen so schwierig, weil sie doppelte Reflexion verlangt. Sie ist Reflexion über das, was man die künstlerische Reflexion über die Welt nennen kann; ein Ins – Bewusstsein – Heben dessen, was der Künstler für sich und die anderen ins Bewusstsein hob* (Deneke, 1977, S. 140). Infolgedessen sollte Kunstbetrachtung nicht vom Lehrer zelebriert werden, sondern der Schüler selber sollte versuchen, Kunst zu betrachten, um sie später interpretieren zu können. Kunsterziehung in der Form von Kunstbetrachtung heißt also nicht, dem Schüler die feste Bedeutung eines Werkes zu vermitteln, sie ihm vorab zu geben oder sie von ihm auffinden zu lassen, sondern ihn mit der aufrührenden nahezu quälenden Frage zu konfrontieren, ob das Werk ihm etwas bedeutet und nach welcher Logik es sich als bedeutend erweist. *Auf die pädagogische Zielsetzung hin unter dem Blickwinkel philosophischer Anthropologie gesehen, soll der Schüler in einem Akt von Selbstbefreiung einer Reflexion fähig werden, die unreflektiertes Dasein überwindet* (Deneke, 1977, S. 151). Daraus folgt auch die Reflexion über die sinnliche Wahrnehmung hinaus, um jederzeit in der Lage zu sein, in eine Interaktion mit seiner Umwelt zu treten. Diese Vorbereitung auf die Wirklichkeit und ihre kunstpädagogische Umsetzung bildet eine der Grundlagen der ästhetischen Erziehung, die sich mittlerweile weit vom reinen Zeichenunterricht entfernt hat und ihre Hauptaufgabe in der Selbstbildung zu einer handlungsfähigen Persönlichkeit bestätigt sieht, die in der Lage ist, sich mit sich selbst und der Umwelt auch kritisch auseinander zu setzen. Ein Abbild dessen zu schaffen, was man zuvor sinnlich wahrgenommen hat oder was der eigenen Wirklichkeit entspricht, kann nur positiv gewertet werden und bedarf lediglich der Diskussion über die künstlerische Ausführung beziehungsweise der Erläuterung durch den Kunstschaffenden selber, womit auch gleichzeitig die Bedeutsamkeit gruppendynamischer Prozesse geklärt wäre.

3.2 Grundsätzliche Positionen innerhalb der Kunstpädagogik

Über die Möglichkeiten der Kunstpädagogik an den allgemeinbildenden Schulen hinaus kann eine umfassende Grundbildung im bildnerischen Fachbereich nach individuellen Interessen vermittelt werden, indem man Talente erfasst, fördert und für ein weiteres Studium an Mittel- und Hochschulen bildnerischer Fachrichtung vorbereitet. In diesem Sinne sollte ein Transformationsprozess in Gang gesetzt werden, der sich auf die Steuerung von außen zur Autoregulierung des Schülers konzentriert und den Schwerpunkt von der Verantwortung des Lehrers für den Schüler zur schrittweisen Übernahme der Verantwortung des Schülers für seine eigene Entwicklung verlagert. Für die Curriculumentwicklung innerhalb der Kunstpädagogik bedeuten diese Veränderungen eine deutliche Stärkung der anthropologischen Orientierung, indem sich der Lehrer auf den Schüler konzentrieren kann mit all seinen Bedürfnissen und Rechten und mit der Möglichkeit zur Entfaltung einer eigenständigen Persönlichkeit. Dem Schüler wird somit von Seiten des Lehrers mehr Achtung, Respekt und Vertrauen in die Potentialitäten seiner Persönlichkeitsentwicklung entgegengebracht. Des Weiteren bemüht sich der Kunstpädagoge um eine Unterrichtsatmosphäre, die dem Schüler die Möglichkeit gibt, sich als Persönlichkeit zu entwickeln und zu kultivieren. Dies kann er durch eine Aktualisierung seiner Potentialitäten erreichen, indem er des Weiteren seine Kompetenzen zum Ausdruck bringt und seine Soziabilität fördert. Gerade in den neunziger Jahren wendet man sich ab von den auf ein uniformes Persönlichkeitsideal gerichteten Tendenzen und aktualisiert die Problematik der Persönlichkeitsentwicklung, indem man die Einzigartigkeit der Persönlichkeit wieder betont.

In diesem Zusammenhang werden die psychologischen Aspekte der bildnerischen Aktivitäten, die entwicklungspsychologischen Gesetzmäßigkeiten und typologischen Besonderheiten der Persönlichkeit sowie Aspekte der Rationalität und Emotionalität in der Kunstpädagogik untersucht. *Wichtige Impulse für die Transformation der Kunstpädagogik gehen auch von den „völlig neuen Tendenzen“ im Gesamtbereich der visuellen Kommunikation aus. Im Prozess des radikalen Wandels... in eine Informationsgesellschaft und der Entwicklung zur „elektronischen Kultur“ kommt es zur ungewöhnlich und schnell fortschreitenden Bedeutung und Einflussnahme der Wissenschaft, Technik, der neuen Technologien und der Medien, die sich auch im bildnerischen Bereich durchsetzen* (Kobler, 2001, S.161). Der Bildungsprozess innerhalb der Kunstpädagogik ist weitgehend darauf gerichtet, den Schüler mit seiner Umgebung mittels bildnerischer Aktivitäten vertraut zu machen, damit er seine Welt sensibel wahrnehmen kann, um sie zu erleben, zu entdecken und zu schützen. Des Weiteren sollen verschiedene bildnerische Techniken und Mittel dazu verhelfen, sich Kenntnisse über Malerei, Zeichnung, Grafik und angewandte Kunst anzueignen. Um der Fantasie, den Sinn für Originalität und den eigenen Ausdruck sowie für die Formung der kreativen Komponente der Persönlichkeit freien Lauf zu lassen, findet sich in den bildnerischen Fertigkeiten und Techniken für die Entwicklung des natürlichen Bedürfnisses nach eigener bildnerischer Artikulation eine Begründung. Der Schüler erhält weiter die Möglichkeit, jegliche bildnerische Kultur und jegliche Bildende Kunst als integrierenden Bestandteil seines Lebens zu begreifen. Im Hinblick auf die historische Entwicklung der Bildenden Kunst, einschließlich der angewandten Kunst, der Volkskunst und Architektur sollen Vorstellungen erworben werden, um die Schönheit und die ästhetischen Werte in der Natur und in der vom Menschen gestalteten Welt entdecken zu können, um sich darauf aufbauend deren Bedeutung für ein vollwertiges Leben bewusst zu werden.

3.2.1 Kreativität in der Kunstpädagogik

Eine gewisse Pikanterie liegt zum Beispiel in der Feststellung, dass sich die frühesten Anfänge und die unmittelbare Gegenwart in seltsamer Weise berühren, indem die ursprüngliche Bedeutung des Wortes „schöpferisch" heute nur noch in dem Begriff der „Kreativität" enthalten ist (Ebert, 1973, S. 15). Im Hinblick auf verschiedentliche Irrtümer der Vergangenheit wird dem Fremdwort „kreativ" gerne der Vorzug gegenüber dem deutschen Wort „schöpferisch" gegeben. All das, was im Kunstunterricht geschieht und von dem man nicht so recht weiß, was es ist oder wozu es dient, das aber dennoch etwas Besonderes sein soll, bezeichnet man gerne als „kreativ".

Ist dem Lehrer aber wirklich daran gelegen, bei seinen Schülern ein „kreatives Verhalten" zu bewirken, so muss schon genauer definiert werden, was man jeweils darunter versteht. Der Begriff der „Kreativität" umfasst viele Eigenschaften und Merkmale, befasst sich mit einer Vielzahl von verschiedenen Fähigkeiten, Handlungsformen und Verhaltensweisen, die sich, wenn es zum Beispiel um die Wörter „erfinden" und „entdecken" geht, gegenseitig ausschließen können. Ein kreativer Prozess ist immer auch ein Problemlösungsprozess, durch den es wiederum zu einem Lernprozess kommt. Die Aufgabe des Lehrers besteht darin, das Problem vorzustrukturieren, woraufhin der Schüler die Strukturierung im Lernprozess vornehmen kann. Das daraus resultierende kreative Handeln setzt produktives, divergentes Denken voraus und schließt Kombinations-, Transformations- und Transferleistungen mit ein. Dem Lehrer kommt die schwierige Aufgabe zu, dies alles in Gang zu setzen, ohne vorzugreifen und damit Prozesse und Verhaltensweisen zu präformieren, ohne jedoch die Perzeption, Intuition und Imagination zu behindern oder zu verhindern. *Das allein und alles zusammenge-*

nommen trennt den Begriff der Kreativität weitgehend von dem verschwommenen und irrationalen Begriff des „Schöpferischen" – und auch von dessen Irrelevanz für den Unterricht (Ebert, 1973, S. 151).

Durch Lösung einer Aufgabenstellung beziehungsweise durch die Lösung eines Problems wird die eigene Kreativität im künstlerischen Schaffensvorgang sichtbar und kann damit die Qualität eines Lernprozesses erreichen. Wann aber beginnt die Kreativität wirksam zu werden? Sobald der künstlerische Handlungsprozess beginnt, kann sich Kreativität entfalten und sei es auch nur in Form einer nachahmenden Verhaltensweise oder wie später noch genauer beschrieben wird über die Art von Malbucharbeit der Mandalas. Kreativität hat auch mit der Wiedergabe von der Wirklichkeit zu tun, die wir tagtäglich erleben. Sie schließt den neu kreierten Schaffensprozess ebenso mit ein wie die zeichnerische Abbildung eines Gegenstandes. Die eigene Definition der empfundenen Wirklichkeit vollzieht sich über die sinnliche Wahrnehmung bis zur Abbildung einer Wirklichkeit zweiter Ordnung, deren Objektivität oder Wahrheit nie direkt an der Wirklichkeit erster Ordnung überprüfbar ist. *Wahrnehmung ist kein passiver Vorgang, sondern eine Tätigkeit der Sinne, des Leibes und des Gehirns, die nach ihren eigenen Operationsbedingungen arbeiten und nicht einfach die Eigenschaften des wahrgenommenen Objekts widerspiegeln* (Peez, 2000, S.40). Da dem menschlichen Individuum die Formen der Wirklichkeitserfassung automatisch widerfahren und sie einen Teil der menschlichen Existenz und des Denkens bilden, erfahren sie während des Transformationsprozesses zur Kreativität eine eigene Bedeutung, die nur der Kunstschaffende selber als eine von ihm konstruierte Wirklichkeit erkennen mag. Dabei ist zu berücksichtigen, dass in den Wahrnehmungsprozessen physisch und kulturell beeinflusste Aspekte hinzugefügt beziehungsweise konstruiert werden, die eigentlich so nicht vorhanden sind. Aber gerade in der Umsetzung dieser konstruierten Wirklichkeit in einen künstlerischen Prozess zeigt sich die wahre Kreativität und ihre Wirksamkeit in kunstpädagogischer Hinsicht.

3.2.2 Lernen auf empfindungsorientierter Basis

Diesem Buch liegt meine Erfahrung als Bildhauer zugrunde, dass künstlerisches Handeln mit wahrgenommenen Stimmungen und Empfindungen beginnt. Ein daraus geschöpfter Entwurf wirkt aus sich heraus und auf mich zurück. Gerade in der Bildhauerei bezieht diese Wahrnehmung die Reaktion des Körpers mit ein. Wie ich mich vor dem Gegenstand empfinde, leitet die Entwicklung des Werkes. Die Verantwortung für das Ergebnis liegt bei mir (Hinz, 2000, S. 4). Erstmalig hat sich ein Autor im Rahmen kunstpädagogischer Modelle mit einer Lernstruktur auseinandergesetzt, deren Basis in den erkenntnistheoretischen Ansätzen der psychologischen Forschung zur Wahrnehmung und Empfindung begründet liegt. Jan Olav Hinz spricht die Resultate an, die er aus seiner eigenen künstlerisch – praxisorientierten Erfahrung gezogen hat und die im Kunstunterricht gerne vernachlässigt werden. Im Laufe seiner bildhauerischen Tätigkeit hat er gelernt, mit Emotionen, Wahrnehmungen und der eigenen Persönlichkeitsfindung mithilfe des Kunstwerks umzugehen. Alle soeben genannten drei Komponenten stehen im Rahmen der künstlerischen Vorgehensweise in direkter Interaktion zueinander und fordern ein ständiges Hinterfragen der gestellten beziehungsweise auszuführenden Problematik. Letztendlich trägt der Kunstschaffende die Eigenverantwortung für sein Handeln, dass ihn im Hinblick auf das Ergebnis dazu zwingt, seine Einsichten immer wieder aufs Neue zu überprüfen.

Gerade auf dem Gebiet der psychologischen Empfindungen werden deren Ausdrucksmöglichkeiten viel zu wenig verbalisiert. Das menschliche Individuum unterliegt immer noch den alten Verhaltensmustern, wonach Gefühlsregungen so wenig wie möglich an die Öffentlichkeit gelangen sollten. Hinz stellt den Körper als wichtigsten Sender und Empfänger menschlicher Regungen in den Mittelpunkt und gibt praxisbezogene Anleitungen für einen Kunstunterricht, der mittlerweile einen Wandel vom rein bildungsorientierten zum empfindungsorientierten Fach erfährt. Nach psychologischer Determination findet bei der Wahrnehmung eine Integration von sensorischen Informationen statt, die wiederum als Resultate von Wahrnehmungsprozessen bei der Interaktion mit der Umwelt von Bedeutung sind. Diese Wahrnehmungen bilden unter anderem einen Bestandteil des menschlichen Bewusstseins, das das Selbst steuert und einen körperlich in die Lage versetzt, alle Ereignisse in ihm und in der Umwelt zu analysieren. Das Erfolgsrezept des empfindungsorientierten Lernens liegt in der Motivation begründet, die den Schüler auf neue Weise positiv mit seinem eigenen Verhalten und der daraus resultierenden künstlerischen Arbeit konfrontiert. Anhand weiterer Auszüge aus diesem Buch wird die Zustimmung zu den dargestellten Themen wissenschaftlich belegt.

Mit „lebendigem Lernen" ist ein Prozess gemeint, dessen Spannungsbogen sich über drei aufeinander folgende Ebenen erstreckt:

1. *Wahrnehmung: Was nehme ich wahr an Sachinformationen, Sinneseindrücken, Interaktionsprozessen, Arbeitsergebnissen oder Feedback durch andere?*

2. *Bedeutung: Was lösen diese Informationen in mir aus? Was denke und fühle ich? Bin ich berührt oder unbeteiligt? Welche neuen Einsichten und Erkenntnisse habe ich gewonnen, welche Bedeutung gebe ich ihnen in Bezug auf mein momentanes oder künftiges Leben?*

3. *Konsequenz: Entscheide ich mich aufgrund der Bedeutung dafür, alles so zu lassen, wie es ist oder möchte ich meine neuen Erfahrungen in konkretes Handeln umsetzen? Welchen ersten Schritt will ich gehen?*

Lernen hat nach dieser Definition erst dann wirklich stattgefunden, wenn sich eine Einstellungsveränderung vollzogen hat, die in ein konkretes Verhalten mündet. Dies gilt auch für den Fall, dass man sich bewusst dafür entscheidet, nichts zu verändern. In beiden Fällen ist das Ergebnis eine Übernahme von Verantwortung für das eigene Tun und seine Folgen (Hinz, 2000, S. 9).

Der letzte Abschnitt dieses Beitrags ist nur schwer verständlich und bedarf einer näheren Erklärung. Wahrnehmung, Bedeutung und Konsequenz stellen nach Hinz die drei Ebenen des „lebendigen Lernens" dar. Jede dieser drei Ebenen stellt Fragen an den Lernenden, die er durchaus in der Lage wäre, für sich auf irgendeine Art und Weise zu beantworten. Nach Hinz findet das Lernen in dem Moment statt, in dem eine Einstellungsveränderung eintritt, die ein konkretes Verhalten nach sich zieht. Dem kann man soweit in der Form zustimmen, dass sich positive oder negative Einstellungen als Bewertung oder auch Reaktion gegenüber Menschen, Dingen beziehungsweise Sachen äußern können. Hinz sieht das konkrete Verhalten aber auch für den Fall gegeben, dass man sich bewusst gegen eine Veränderung entscheidet. Obwohl er in beiden Fällen das Ergebnis als Verantwortung für das eigene Tun und seine Folgen darstellt, sollte auch ein anderer Interpretationsweg gefunden werden. Lernen hat viel mit Motivation zu tun, die im Menschen ein Verhalten hervorruft, in ihm die Energie zur Bewältigung der Aufgabe freisetzt und richtungsweisend wirkt. Wenn Hinz hier vom Emotionalen – Beteiligt – Sein spricht, so müsste man komplexer in die Strukturen der Emotionen vordringen, die eigentlich Reaktionen auf affektive Erlebnisse sind. Nach der sozialen Lerntheorie müsste man selbst die Aggression als eine Form der erlernten Reaktion in die Betrachtung aufnehmen. An dieser Stelle sollte aber eher der Frage nachgegangen werden, warum ein konkretes Verhalten auch dann eintreten kann, wenn man sich gegen eine Veränderung entscheidet. In diesem Zusammenhang sollte man das Phänomen des fundamentalen Attributionsfehlers nicht ganz außer Acht lassen. Mithilfe des Attributionsprozesses wird das eigene Verhalten und das Verhalten anderer zu erklären versucht. Ziel ist das Erkennen der Ursachen von bestimmten Handlungen. Hierbei unterteilt man in internale (Persönlichkeit oder Einstellung) und externale (soziale Zwänge oder äußere Umstände) Ursachen. Der Fehler besteht nun in einer Übergewichtung der internalen Faktoren, während situationale Faktoren vernachlässigt werden.

Im Bezug auf die von Hinz angesprochene Selbstwahrnehmung ist psychologisch erwiesen worden, dass einem der fundamentale Attributionsfehler selbst unterläuft, wenn man sein eigenes Verhalten interpretieren soll. Ein konkretes Verhalten ist eng mit einer Handlung verknüpft. Bleibt die Handlung aus, so kann sie kein Verhalten nach sich ziehen. Dennoch kann sich der Mensch einer Handlung verweigern und diese Einstellung dazu analysieren, bleibt aber damit lediglich auf der Ebene eines Emotionalen – Beteiligt – Seins stehen.

So kommt es darauf an, das Bedürfnis von Menschen, sich selbst und andere zu erleben, auf eine gute und stimmige Weise zu befriedigen und dabei die Erlebnistiefe angemessen zu steuern.

Zur Orientierung: die Erlebnistiefe hängt ganz wesentlich ab

1. *von der berührten Erlebnisebene: Die Erlebnistiefe nimmt in der Reihenfolge Gespräch, Rollenspiel, Gestaltung, Identifikation und Phantasiereise zu.*
2. *vom Grad der (körperlichen) Nähe: dies gilt für alle Körper- und Wahrnehmungsübungen, die mit Berührung verbunden sind, aber auch für viele Feedbackübungen.*
3. *vom Grad der Identifikation: Bei zunehmender Identifikation mit dem gestalteten Gegenstand nimmt die innere Distanz ab und die persönliche Betroffenheit zu. Es macht einen Unterschied, ob die Anleitung lautet: „Betrachte einen Baum!“ oder „Sei ein Baum!“*
4. *vom biographischen Bezug: Je weiter man sich vom Hier und Jetzt der Gegenwart entfernt, und je stärker Aspekte aus der persönlichen Lebensgeschichte mit einbezogen werden, desto größer ist der Selbsterfahrungsanteil.*
5. *vom Selbstoffenbarungsgehalt: Dies betrifft Aufgabenstellungen, in deren Verlauf die Teilnehmenden sich zu ihren persönlichen Gedanken und Empfindungen äußern sollen. Hier ist zu prüfen, ob das Vertrauensklima in der Gruppe tragfähig genug ist* (Hinz, 2000, S. 10).

Bedürfnisbefriedigung, Persönlichkeitsstruktur, Selbsterfahrung und Selbsteinschätzung stellen an dieser Stelle die Kernpunkte dar. Bedürfnisse suchen nach Befriedigung sowie Bedarfsdeckung und können in drei sogenannte Motivationszyklen unterteilt werden. Ausgangspunkt bildet das motivierte Verhalten, das einen zumeist organischen Mangelzustand kennzeichnet. Die darauffolgende Tätigkeit oder auch Aktion, die zu einer Befriedigung führen soll, wird als instrumentelles Verhalten (instrumental behavior) bezeichnet. Mit dem Erreichen des angestrebten Ziels findet sogleich die Verminderung beziehungsweise Befriedigung des zuvor aufgetretenen Triebes statt. Hinz spricht in diesem Zusammenhang der Bedürfnisbefriedigung von der Steuerung einer Erlebnistiefe, die in

Abhängigkeit zur strukturellen Persönlichkeit jedes einzelnen Menschen steht. Mit „Persönlichkeit“ definiert man in der Psychologie spezifische Gedankenmuster, Verhaltensweisen und Emotionen, die das Individuelle einer Person im Hinblick auf die Interaktion mit einer physikalisch – sozialen Umweltproblematik beschreibt.

Aufgrund dieser Definition ist die später einsetzende Identifikation, gezeigt am Beispiel eines zu gestaltenden Gegenstandes von immenser Bedeutung. Hier kann man der Aussage von Hinz zustimmen, dass es auf die Anleitung ankommt, inwieweit sich der Mensch mit dem Objekt identifizieren kann. (Beispiel: Baumbetrachtung und Aufforderung zur Selbstdarstellung als Baum). Des Weiteren spricht Hinz den wichtigen Punkt der Selbsterfahrung an, der den Menschen zeitlebens begleitet und prägt. Er fordert die Abkehr von der Gegenwart um persönlicher Erlebnisse willen, die den Selbsterfahrungsanteil erhöhen können. Dies würde mit dem sogenannten Primacy – Effekt übereinstimmen, wonach die als zuerst erhaltene Information stärkeren Einfluss auf den gesamten Erfahrungshaushalt nimmt als später eingehende Informationen. Zum Ende dieses Kapitelauszugs geht Hinz auf den Selbstoffenbarungsgehalt ein, der innerhalb einer Gruppe mitunter zu problematischen Verhaltensweisen führen kann. Gerade im Bereich der künstlerischen Bildung stehen oft Versagensängste beziehungsweise Ängste über mangelndes Talent im Vordergrund. Von Bedeutung ist zunächst, das Merkmal der Angst oder des Angsttypus in einem Gruppengespräch zu definieren, um eine Schulung zur Überwindung einleiten zu können. Angst ist ein Affekt und bildet somit das Gegenteil zu einem Gefühl. Sie kann sich auch als Fluchtaffekt vor einer gefürchteten Welt äußern, gerade bei Menschen, die sich nach einer sie verwöhnenden Umwelt ohne Schwierigkeiten sehnen. Vor allem aber ist der Zusammenhang zwischen Angst und Aggression bekannt. Ein ängstlicher Mensch versucht leicht andere zu beherrschen, um seine eigene Angst zu kompensieren. Man denke hier unter anderem an die Anti – Aggressionsmodelle, die mittlerweile verstärkt an den Schulen zum Einsatz kommen. Dagegen wirkt die Kräftigung sozialer Bindungen, auch auf dem soeben beschriebenen Gebiet der kunstpädagogischen Schulung, positiv auf den Aggressionsabbau und hin zur Selbstfindung.

In meinem Artikel möchte ich jene Aspekte von Wahrnehmen näher beleuchten, die bei der Ausarbeitung der vorliegenden Praxismaterialien für mich relevant waren:

1. *Wir haben unterschiedliche Sinne, mit denen wir die Welt wahrnehmen können: Sehen, Hören, Riechen, Schmecken, Tasten und Körperempfinden, auch kinästhetische Wahrnehmung genannt.*

2. *In unserem Wahrnehmen haben wir unterschiedliche Präferenzen.*
3. *Unsere Wahrnehmung kann nach außen gerichtet sein, so dass wir aus unserem Innern kommende Empfindungen und äußere Stimuli in Relation setzen und unterscheiden können.*
4. *Wir verknüpfen unsere aktuellen Sinneseindrücke zum Teil mit sehr persönlichen Bedeutungen, Gefühlen, Phantasien und Erfahrungen, die uns häufig nicht bewusst sind.*

Bewusstes Wahrnehmen fordert meine Offenheit heraus, Sinneseindrücke zuzulassen und mir Zeit zu geben, sie mit allen Facetten auf mich wirken zu lassen, um in einem nächsten Schritt mein Handeln zu entwickeln. Bewusstes Wahrnehmen fördert meine Wachheit mir selbst und anderen Menschen gegenüber (Hinz, 2000, S. 22).

An dieser Stelle sollte noch einmal auf die Wahrnehmung und das von Hinz praktizierte „empfindungsorientierte Lernen“ eingegangen werden. Bewusste Wahrnehmung kann nur dann positiv auf den Menschen wirken, wenn sie sich, wie psychologisch nachgewiesen, dem Automatismus entzieht. Da die Wahrnehmung aber kein passiver Vorgang, sondern ein aktiver Prozess ist, kann der Mensch die Reizaspekte, die für seine Intentionen wichtig sind und die seine Anpassung an gegebene Umweltbedingungen erleichtern, selbst auswählen und im Bewusstsein verarbeiten. Irrelevante und redundante Reize werden weitgehend ausgeklammert, so dass sie die Aufnahme- und Verarbeitungskapazität des Organismus nicht unnötig belasten. Wenn Hinz das bewusste Wahrnehmen mithilfe seiner Lernmaterialien fördern möchte, so ist dies nur zu unterstützen. Das menschliche Individuum lebt in einer Wahrnehmungswelt, die sich von der anderer Menschen unterscheiden kann. Man nimmt an, dass es Unterschiede zwischen den Wahrnehmungserfahrungen verschiedener Menschen gibt, jedoch besteht keine Möglichkeit festzustellen, was der andere erlebt, da es sich jeweils um einen individuellen Prozess handelt. Der Mensch lebt mittlerweile in einer multimedialen Zeit, in der Gefühle und Empfindungen oft keine Rolle mehr spielen, deshalb sollte auch an dieser Stelle für kunstpädagogische Lernprogramme plädiert werden, die den Menschen sich selbst, seinem Gegenüber und dem zu gestaltenden Objekt näher bringen.

3.3 Therapeutische Momente in der Kunstpädagogik

So wie der Kunstunterricht therapeutische Ansätze enthält, so finden sich auch in der Therapie pädagogische Elemente. Womit allerdings nicht gesagt wäre, dass Kunstpädagogik mit Kunsttherapie gleichzusetzen ist. Es gibt jedoch auch keine definitive Grenze, die sich zwischen beiden Bereichen ziehen ließe, da eine wissenschaftliche Unterscheidung von zu vielen Variablen unterschiedlichster Art abhängt. Inwieweit aber ein therapeutischer Moment auch im Kunstunterricht zum tragen kommen kann, wird später anhand der Mandalas genauer erklärt. Schon allein die Betrachtung eines Kunstwerks, dem man in irgendeiner Form eine ästhetische Wirkung zugesteht, regt den Menschen zur Reflexion an und bringt einen Prozess in Gang, der bis zum therapeutischen Moment gelangt. Ausgangspunkt für die Frage nach dem Zusammenhang von Therapie und künstlerischer Tätigkeit bildet die philosophische Denkweise des 19. Jahrhunderts mit der „Wende der Philosophie zur Medizin" und der „Wende der Medizin zur Philosophie". Hierbei wird die therapeutische Qualität nicht mehr im Ästhetischen gesucht, sondern rekurriert sich auf die „transzendentale Gesundheit".

Geht man von einer praxisbezogenen Therapie aus, so kann diese nie ganz theorielos sein, da sie sich einen Begriff von dem Leiden des Menschen macht, anschließend darüber reflektieren muss, um dann zu einer Linderung beitragen zu können. Ist das Leiden als etwas Unbegriffenes erkannt worden, so kann die Therapie helfen, es in eine allgemeine Kommunikation umzusetzen. Die aktuelle kunstpädagogische Forschung sieht sich heute durch Gründung einzelner Begriffe wie Entspannung, Ausgleich und Emotion mit ihrer eigenen Ideologiekritik konfrontiert und gibt sich selbst bestimmte therapeutische Auffassungen vom Kunstunterricht vor. In diesem Zusammenhang kommt es unwillkürlich zu einer Schnittmenge zwischen dem therapeutischen Moment in der Kunstpädagogik und der Kunstpsychologie, die sich mit dem Schaffensprozess und dem Betrachter auseinandersetzt. *Die Beschäftigung mit den Reaktionen und Erlebnissen des Menschen, das als zweiter Punkt erwähnte Merkmal dient der Definition des Gegenstandes und der wesentlichen Probleme, die die Psychologie der Kunst behandelt, besonders in Hinblick auf die beiden Rollen, welche der Mensch, die Kunst anbelangend, spielen kann: Die Rolle des Kunstschaffenden – des Künstlers; und die Rolle des Betrachters – des Publikums oder des Kunstkonsumenten* (Kreitler, 1980, S. 19). Betrachtet man die Kunstpädagogik im Hinblick auf ihre therapeutische Wirksamkeit und in Korrelation zur Kunstpsychologie, so wäre festzustellen, dass sich die soeben genannten drei Komponenten im Schüler vereinen können, indem er selber einem Schaffensprozess unterliegt, Kunstwerke zu analysieren beziehungsweise zu interpretieren vermag und sich letztendlich der Lustbefriedigung hingeben kann, die eine einfache Kunstbetrachtung jederzeit bei ihm auslösen kann. Egal auf welcher der drei genannten Ebenen der Schüler tätig wird, so unterliegt er doch immer einem kreativen Handlungsvorgang, der in seinem Innern positive oder negative Regungen anspricht. Negative Gefühlsregungen können für die Herstellung des psychischen Gleichgewichts insofern von Bedeutung sein, als dass im Vorfeld Aggressionen artikuliert und in einem nächsten Schritt abgebaut werden können. Den kunstpädagogischen Unterricht wenigstens ansatzweise als therapeutischen Unterricht zu gestalten, könnte auch fächerübergreifend von immenser Bedeutung sein, um auf diese Art und Weise, Ruhe, Entspannung und Stressbewältigung zu fördern. Eine therapeutisch geprägte Kunstpädagogik sollte in der Lage sein, Anleitung zu gruppendynamischen Gesprächskreisen zu geben und Wege zur individuellen Persönlichkeitsausbildung aufzuzeigen.

3.3.1 Thematisierung der Selbstbildung im Kunstunterricht

Die Zielsetzung der Kunstpädagogik im heilpädagogischen Bereich ist vergleichbar mit der Anpassung an vorgegebene Entwicklungsmuster. Im Unterricht wird der Schüler mit einem Formenreichtum vertraut gemacht, der es ihm ermöglicht, die Gestalten als real sichtbare zu verstehen, um sie dann entsprechend seinem Entwicklungsgrad künstlerisch umzusetzen. Auch hier ist die Reflexion, gleich einem gewissen Maß meditativer Art, für die Wesensformung und Wesensfestigung des Schülers von immenser Bedeutung. Der Mensch fühlt sich zu einem Kunstwerk hingezogen, betrachtet es, um sich anschließend in die Form hineinzuprojizieren. Dabei werden Gefühle in ihm freigesetzt, die von den anlagebedingten Formbeziehungen bestimmt werden. Beim psychisch Kranken dagegen herrscht das Chaos von widersprüchlichsten Formen. Das Unterbewusstsein hat in dem Moment den Bereich verlassen, in dem das Ich eigentlich in der Lage sein müsste, schöpferische Probleme anzunehmen und zu bewältigen. Stattdessen wird das Ich nun selbst bedrängt. Ziel ist es, den gestörten Geist in einen Zustand der Ruhe und Ordnung zurückzuführen.

Nach Ansicht der Psychotherapeutin Kramer unterstützt der Therapeut die schöpferischen Versuche des Kindes in jeder Weise, indem er ermutigt und hilft. Er achtet darauf, dass das zur Verfügung stehende Material dazu verwandt wird, etwas darzustellen. Somit arbeitet er entgegen der Tendenz des Kindes, sich in Spiel und Fantasie zu flüchten. Kommunikation über die Selbstdarstellung hinaus ist der Schlüsselbegriff, um sich der Welt zu öffnen und seine eigene Befindlichkeit mitzuteilen. Der ästhetisch – bildnerischen Praxis kommt somit eine kompensatorische Bedeutung zu, da sie zur Selbstwahrnehmung und Selbstdarstellung beiträgt. Das bildnerische Endprodukt als Resultat innerer Bilder kann der spontanen psychischen Entlastung und Erleichterung dienen und die eigene Innerlichkeit offenbaren. Das eigene Selbst zum Thema bildnerischer Tätigkeit werden zu lassen, hilft bei der Neudefinierung seiner Beziehung zur Umwelt. Erfahrungen, psychische Probleme und Schwierigkeiten finden im gestalteten Werk nicht nur eine Strukturierung, sondern tragen auch zur Klärung bei. Zu der Erkenntnis, dass psychisch Unbewusstes abgewehrt und erst durch bildnerisches

Tun in eine sichtbare, gesellschaftlich anerkannte, aber verschlüsselte Form transponiert wird, gelangte erstmals Sigmund Freud, der Begründer der Psychoanalyse.

Ähnlich verhält es sich in der Sozialpsychologie, die auf wissenschaftlicher Basis das Denken und Fühlen des Menschen über seine soziale Umwelt sowie zwischenmenschliche Beziehungen, Interaktionen und gegenseitige Beeinflussung untersucht. Wenn man von der Sozialisation der Kunst spricht, so ist es von Bedeutung, sich über die situationsbedingten Wirkungen als auch über den Effekt der Situationsinterpretation durch die Person auf das soziale Verhalten anderer bewusst zu werden. *Bei dem Versuch, andere und uns selbst zu verstehen, konstruieren wir intuitive Theorien über das menschliche Verhalten. Wir sammeln Daten, entdecken Kovariationen und schließen auf Ursachen* (Atkinson, 2001, S. 629). Stellt der Mensch darüber hinaus Theorien auf, so können diese die Wahrnehmung beeinflussen, Kovariationen verzerren und den Menschen bei der Bewertung von Ursachen und Folgen beeinträchtigen. Auch im Bereich der Kunst neigt das menschliche Individuum dazu, auffällige Informationen besser zur Kenntnis zu nehmen und zu reproduzieren als weniger auffällige, was dementsprechend die sozialen Urteile ungünstig beeinflusst. Der Kunstunterricht sollte dem Schüler ein gesichertes soziales Umfeld bieten, in dem er sich durch künstlerische Selbsterfahrung zu einer handlungsfähigen Person entwickeln kann, die in der Lage ist, mit sich selbst kritisch umzugehen und auch anderen den Freiraum im Denken und Wahrnehmen einzuräumen.

3.3.2 Verhältnis zwischen Ich – Persönlichkeit und dem „Selbst"

Die Wesensformung und Ausprägung des eigenen „Ichs", des transformierten „Selbst" sowie die Beziehung zur Umwelt bildet eine der wichtigsten Grundlagen im kunstpädagogischen Bildungsbereich. Betrachtet man die von Freud in die Psychologie eingeführten Begriffe wie Es, Ich und Über – Ich, so gewannen diese aber erst mit dessen Psychoanalyse an Bedeutung. In der Regel geht die Psychoanalyse, wie auch die gesamte Tiefenpsychologie von dieser spezifischen Dreiteilung der Persönlichkeit aus. Das Es bildet dabei die älteste Struktur, auf der die anderen Teile der Persönlichkeit aufbauen. Ich und Über – Ich lassen sich demzufolge auf das Es zurückführen, das die unbewusste Tiefenperson darstellt und die vererbten Triebe, verdrängten Vorstellungen und nach Freud vor allem Eros und Todestrieb enthält. Aber nicht nur das Es darf als Unbewusstes verstanden werden, da auch Ich und Über – Ich unbewusste Elemente enthalten. Normalerweise herrscht im Seelenleben das Ich, das dennoch viele Ansprüche aus dem Es aufnimmt und so verwirklicht, als wären es seine eigenen. Im Rahmen der Psychoanalyse werden unter anderem Versuche unternommen, das Ich gegenüber den Ansprüchen des Es zu stärken, das die dunklen, unbewussten und verdrängten Seiten der Persönlichkeit umfasst. Aus dem Es entstehen die verdrängten negativen Erfahrungen und Enttäuschungen, aber zum Teil auch eine gewisse Kreativität und sogar das Gefühlsleben. *Nach philosophischen Aspekten ist das Ich das Subjekt aller psychischen Prozesse wie Wahrnehmungen, Vorstellungen, Denken, Fühlen, Handeln; es ist immateriell; der Kern der Persönlichkeit, das diese befähigt, sich als von anderen verschieden wahrzunehmen* (Dechene, 1989, S. 139). Wie lässt sich aber nun die Ich – Persönlichkeit mithilfe des Kunstunterrichts zum Selbst transformieren? Die Antwort liegt in der Ich – Stärke begründet, wonach das Ich die Fähigkeit besitzt, gewisse Anforderungen und Gefahren der Außenwelt zu meistern und Konflikte zwischen den verschiedenen psychischen Instanzen oder mit der Außenwelt zu lösen. Das Ich ist somit in der Lage, seine Leistungsfähigkeit unter Beweis zu stellen, mit Konflikten fertig zu werden und sich an die Wirklichkeit anzupassen. Über den Begriff der Individuation, entnommen aus der analytischen Psychologie von Jung, gelangt man zu dem Selbst, einer Ausdifferenzierung der Persönlichkeitsmitte, was zur inneren Sammlung führt, zur Festigung des Ichs und zur deutlichen Unterscheidung von der Kollektivpsyche. *In der ersten Lebenshälfte geht es um die Ich – Entwicklung und Ich – Bildung, in der zweiten, ab ca. dem 40. Lebensjahr, um die Entwicklung eines integrierten Selbst; mit anderen Worten; Anteile aus dem kollektiven Unbewussten (Archetypen) werden mit solchen aus dem persönlichen Unbewussten (Verdrängung) integriert* (Dechene, 1989, S. 146). Innerhalb der kunstpädagogischen Anleitung kann sich jedoch der Transformationsprozess vom Ich zum Selbst auch schon früher ausgestalten. Ein kunstpädagogisch wirksames Mittel stellt zum Beispiel der autobiografische Bezug zum Künstler und seinem Kunstwerk dar. Erhält der Schüler zunächst Informationen über die Lebensumstände des Künstlers und dessen Schaffensprozess, so kann er gewisse Entstehungsverläufe nachvollziehen und in seine eigene Arbeit hineinprojizieren. Diese Form der Kreativität kommt einem Selbstfindungsprozess sehr nahe, bei dem man versucht, in die tieferen Schichten der Ich – Persönlichkeit vorzudringen, um letztendlich das Selbst und somit seine eigene individuelle Psyche zu entdecken. Um sein Selbst in dieser Art von Kreativität artikulieren zu können, sollte die Form der Aufgabenstellung von Freiheit und Offenheit geprägt sein. Auf diese Art und Weise kann der Schüler sein Ich neu entdecken, neu definieren und schließlich an den Punkt der Selbsterfahrung gelangen, der ihm auch eine neue Wahrnehmungswelt eröffnen kann.

3.4 Archaische Bilder der Weltenseele, aufgezeigt am Beispiel des Mandala

Das Mandala stellt meist in kreisförmiger Symbolform die grafische Abbildung des Universums sowie die Gesetzmäßigkeit der materiellen Welt dar. Gibt man sich meditierend diesen zumeist spirituellen Kreisbildern hin, so erfährt man die Einheit mit sich und dem Ganzen dieser Welt. Zwei der bekanntesten Mandalas finden sich zum einen im Osten, in Form des sogenannten vedischen Sri Yantra, einem Instrument zur Kontemplation, bei dem es sich um einen mythischen Kristall handeln soll, der sämtliche Weltgesetze beinhaltet, zum anderen im Westen, in Form des astrologischen Zodiak, der den Weg durch die Zeit – Struktur des Universums bereitet. Allen Kreisbildern kommt im Wesentlichen die Aufgabe zu, sich an den gemeinsamen Ursprung der verschiedenen Kulturen zu erinnern. So ist es denn auch nicht verwunderlich, dass vorwiegend Strukturen dargestellt werden, die der fundamentalen – geometrischen Basis der Natur entsprechen. Zahllose sich wiederholende Varianten des Lebensmusters, wie zum Beispiel die Spiralen, sind untrennbar mit der geometrischen Grammatik verbunden, da sie Symbole der Mysterien des Lebens sind. Eine Spirale wird aus kontinuierlichen Kurven geschaffen, so dass deren Wachstum proportional immer den gleichen Gesetzen folgt. Im Mandala ist stets die Transzendierung der Begriffe von Oben und Unten enthalten, da eine gewisse Polarität das Konzept von Gegensätzen bildet, die zur Anwendung kommen, sobald eine Linie gezogen wird. Dann erst gibt es ein Rechts und Links, ein Oben und Unten, ja sogar ein Hier und Dort, was folglich auch hell, dunkel, männlich, weiblich, Selbst und Nicht – Selbst nach sich zieht. Jedes Teil formiert sich zu einem Ganzen, zur Einheit, dessen Bauplan uns an die Grundlage der Schöpfung und allgegenwärtigen Natur erinnert.

Das Mandala ermöglicht einem, durch seine Kreisform intuitiv in die Tiefen des Seins, vielleicht auch unserer Seele vorzudringen und Rückschau auf den Urgrund der eigenen Existenz zu halten. Im Zentrum findet man die latente Samen – Idee, die das Ganze einer perfekten Urform in sich trägt. Später wird noch genauer darauf eingegangen, warum dieses Zentrum als Ruhepunkt und zugleich als Drehpunkt definiert wird und man sich durch die Mitte zentriert fühlt. Sofern die Kunstpädagogik heute ihre Legitimation behalten möchte, ist sie mehr denn je darauf angewiesen, sich gegenüber neuen Strömungen im künstlerischen Bereich zu öffnen. Die Auseinandersetzung mit der Kunst, dem Kunstschaffenden und seiner Psyche beziehungsweise seiner psychischen Befindlichkeit ist dabei unerlässlich. Da viele Schulkinder im Unterricht an Konzentrationsmangel leiden und soziale Auffälligkeiten zeigen, ist hier nicht nur der Kunstpädagoge gefordert, sondern der Lehrer allgemein, unabhängig von seiner fachspezifischen Tätigkeit. Mandalas können jederzeit fachübergreifend, der Situation entsprechend, zum Einsatz kommen. Sie eignen sich besonders zur inneren Sammlung sowie zur Bekämpfung nervöser Erscheinungen. Meist wirken die Vorteile, die aus dem Mandala heraus für das Individuum entstehen, im Unterbewusstsein. Erst nach der Maltätigkeit dringt die eigene Handlungsweise, anhand der Umsetzung, in das Bewusstsein vor. Man sieht die Dinge, die um einen herum geschehen, die Natur und das „Selbst“ viel klarer und gelangt darüber zu einer neuen Erkenntnis der eigenen Psyche. Erstaunlicherweise wirkt ein Mandala auf denjenigen, der es bearbeitet, in keiner Weise beunruhigend, wie dies oftmals in der Gegenwartskunst der Fall ist. Das Mandala fällt unter den Begriff der sogenannten „Malbucharbeit“, auf die man sich ganz einfach einlassen kann, ohne über eventuelle Probleme nachdenken zu müssen. Der professionelle Künstler dagegen bringt seine psychische Verfassung mithilfe einer Form- und Farbsprache zum Ausdruck. Hier wird der Gegensatz zwischen Mandala und aktueller Kunst offenkundig, indem es für den Mandala – Malenden nur die Farbsprache gibt, mit der er seine Gefühle anderen mitzuteilen vermag.

Analysieren kann man ein Mandala und den Menschen, der es gemalt hat, vorwiegend in Bezug auf die Farbzusammenstellung und Farbanordnung. Da der Mitte und somit der Zentrierung soviel Bedeutung beigemessen wird, ist eine farbenfrohe Ausstrahlung, vom Mittelpunkt ausgehend, positiv zu bewerten. Ein dunkel gestaltetes Zentrum verlangt häufig nach einem therapeutischen Handlungsbedarf, da der Mensch, so scheint es jedenfalls, sich selber und sein Umfeld negativ betrachtet. Ein Junge, der in dieser Art ein Mandala gemalt hat, erzählte, dass er sich gerne Filme über sagenhafte Gestalten und dunkle Mächte ansieht. Er projiziert also nicht nur das Gesehene in eine andere Wirklichkeit (in das Mandala), sondern lebt schon teilweise in dieser Un – Wirklichkeit, die sein Leben, Denken und kindliches Spiel bestimmt. Dieses Beispiel zeigt, wie wichtig es ist, das Mandala in jede Art der Unterrichtsform zu integrieren.

Um Probleme zunächst spielerisch wie in der Kunstpädagogik anzugehen, kommt es in der psychotherapeutischen Behandlung ebenso zum Einsatz, wobei eine Trennung von Kind und Erwachsenem nicht zwingend nötig wäre. Jeder Mensch findet über das Mandala hinaus zu sich selbst, seinem „Dasein“, seinem „Urmuster“, über dessen Formen er, wie auf einem Weg, zum Ziel gelangt, zum Mittelpunkt des eigenen Ichs. Hat man das Innere des Mandalas erreicht und somit sein eigenes Inneres gefunden, kann man sich der Ruhe, Entspannung und Zufriedenheit mit sich und der Welt hingeben. Vielleicht besteht dann die Heilung nicht nur im Menschen (Mikrokosmos), sondern ist diese auch auf die ganze Welt (Makrokosmos) übertragbar. Nach dem Satz des Trismegistos (wie oben so unten, wie außen so innen) erwartet man doch gerade die Übereinstimmung zwischen Mikro- und Makrokosmos. Damit lassen sich die Mandalas als Bilder der Einheit erklären, die quasi in Form eines seelischen Erbguts in jedem Menschen gespeichert sind. Aufgrund dieser Tatsache erfahren sie im kunstpädagogischen Bereich vor allem ihre Anwendung in meditativer Hinsicht. Über die Symbolwirkung des Mandalas hinaus eröffnen sich dem Schüler neue Möglichkeiten in die tieferen Schichten seines Selbst vorzudringen, um später seinem künstlerischen Schaffensprozess freien Lauf lassen zu können. Das Mandala könnte in diesem Zusammenhang als meditative Vorbereitung auf eine kunstpädagogische Aufgabenstellung gewertet werden.

Des weitern bietet sich, wie schon erwähnt, ein fächerübergreifender Einsatz an, um zu Beginn einer Schulstunde die notwendige Ruhe herzustellen, damit man sich der darauffolgenden Konzentration widmen kann. Wünschenswert wäre auch die Schulstunde mit einem Mandala zu beschließen, wobei aus Gründen des Zeitaufwands eine Verlegung der Aufgabenstellung in die Freizeit zu berücksichtigen ist. Erwiesenermaßen ist diese Art der Malbucharbeit zur Entspannung empfehlenswert, da der Schüler losgelöst von jeglichen Erwartungen, die jedes einzelne Fach an ihn stellt agieren kann, ohne dabei einem Leistungsdruck ausgesetzt zu sein. Auch wenn diese Malbucharbeit vorwiegend in den Bereich der Kunstpädagogik fällt, so wird doch jeder Pädagoge nach einer kurzen Einführung in der Lage sein, diese Thematik in seinen Unterricht zu integrieren, um sie als Schlüssel für gesteigerte Konzentration und Interesse zu nutzen. Mit dem Ausmalen eines Mandalas beginnt für den Schüler eine Erholungsphase zwischen der spezifischen Ausarbeitung leistungsorientierter Unterrichtseinheiten. Damit wird ihm die Möglichkeit geboten, sich in eine für ihn innengelagerte Persönlichkeitswelt zurückzuziehen oder aber seine Empfindungen nach außen zu tragen. Wichtig ist dabei die pädagogische Besprechung der angefertigten Werke, ihre Analyse und Betrachtung unter psychologischem Gesichtspunkt. Dies dient vorwiegend der Schulung sinnlicher Wahrnehmungsabläufe, wie auch der Schulung eigener Selbsteinschätzung und Selbstbildung, unter dem Aspekt der kritischen Aufarbeitung der angefertigten Werke.

3.4.1 Betrachtung des Mandala – Symbols nach C. G. Jung

Das Wort „Mandala“ stammt aus dem indischen Sanskrit, bedeutet übersetzt Kreis und bezeichnet kultische Zeichnungen, die die Konzentration fördern und das psychische Blickfeld auf das Zentrum hinlenken sollen, was schon allein durch die kreisförmige Begrenzung gegeben ist. Der Sinn dieses Grenzbereichs liegt im Ausschluss des Äußeren, sowie Zusammenhalt des Innern. Der Mittelpunkt stellt die zentrale Energiequelle dar, das Innere der Seele beziehungsweise das Zentrum der Persönlichkeit. An dieser Stelle wendet man sich jedoch von der gedachten Ich – Persönlichkeit ab und gelangt zum Selbst, dem die Peripherie, der Umkreis zuzuordnen ist. Das bedeutet, dass der Gegensatz, der das eigentlich Ganze der Persönlichkeit ausmacht und der von Bewusstem, Unbewusstem, inklusive von archetypischen Mustern geprägt wird, in diesem Umkreis seine Darstellung erfährt. Einige wichtige formale Elemente des Mandala – Symbols sollten genannt werden, um spätere Interpretationen bezüglich einer kunstpädagogischen Studie nachvollziehen zu können.

Die äußere Gestalt entspricht meist dem eines Kreises beziehungsweise dem einer Kugel und wird oft als Blume oder Rad gestaltet. Im Zentrum finden sich Sonne, Stern, Kreuz (vier-, acht- oder zwölfstrahlig). Innenliegende Kreise werden des Öfteren von Quadraten eingeschlossen. Am häufigsten kommen Abbildungen von Schlössern, Städten, Höfen oder vom Auge mit Pupille und Iris vor. Unter anderem spielt die Alchemie mit ihrer Vierheit im Mandala eine große Rolle, da man im Zentrum oft der Darstellung des „Rotondum", der vierfachen Emanation, der Quadratur des Zirkels oder aber der eigenen Gestalt in Form des „Antropos" begegnet. Tierdarstellungen deuten dagegen den Zusammenhalt der instinktiven Kräfte des Unbewussten an, die als Voraussetzung zur Individuation dienen. Auch zahlensymbolisch lässt sich das Mandala, allerdings auf zweierlei Art, entschlüsseln. Die Vierheit symbolisiert die reflektierte Ganzheit des Menschen im Gegensatz zur Fünfheit, die den körperlichen Menschen beschreibt. Die Antizipation von Vier und Fünf entspricht dem Unterschied von Kultur- und Naturmensch.

Entschlüsselt man nun das Mandala nach der esoterischen Zahlenlehre, so ergibt sich daraus folgende Rechnung:

M	A	N	D	A	L	A	
4	1	5	4	1	3	1	=19=1+9=10=1+0=1

Die Zahl 19 steht demnach für Glück und Wertschätzung in der Zukunft. 10 steht als Symbol für Treue und Selbstvertrauen. Die Zahl „1" symbolisiert das sonnenspendende Wachstum und Leben, worin alles einen Anfang hat und es immer ein „Erstes", somit auch eine „1" gibt.

Während sich ein Mensch malend im Mandala einordnet, kann offenbar seine Seele ebenfalls Ordnung schaffen und die Dinge an ihren Platz befördern. Möglicherweise eröffnet das Mandala intuitiv einfach immer wieder die Perspektive für das eigentlich Zentrale im Leben (Dahlke, 1999, S. 19). Das Besondere liegt darin begründet, dass der Malende ständig in Bewegung bleibt, sich im Kreis dreht und doch immer ankommt. Im Buddhismus spricht man hinsichtlich dieser rituellen Handlung von „Tun als Symbol“, wobei es nicht darum geht, etwas zu erreichen. *Im Allgemeinen symbolisieren die alten Mandalas bestimmte Götter, heilige Personen, heilige Plätze oder heilige Namen. Aber immer war damit der Kreis gemeint, ob sichtbar oder unsichtbar, materiell als Ring oder geistig als Heiligenschein* (Wood, 1983, S. 53). *In der Regel tritt das Mandala in Zuständen psychischer Dissoziation oder Desorientierung auf, so zum Beispiel bei Kindern zwischen acht und elf Jahren, deren Eltern in Scheidung begriffen sind, oder bei Erwachsenen, welche infolge ihrer Neurose und deren Behandlung mit der Gegensatzproblematik der menschlichen Natur konfrontiert und demgemäß desorientiert sind, oder bei Schizophrenen, deren Weltbild infolge des Einbruches unverständlicher Inhalte des Unbewussten in Unordnung geraten ist* (Jung, 1995, S. 115). Die strenge Ordnung eines derartigen Kreisbildes kompensiert die Unordnung und Verwirrung des psychischen Zustandes in dem Sinne, dass durch den Mittelpunkt, auf den alles hingerichtet ist beziehungsweise eine konzentrische Anordnung des ungeordnet Vielfachen, des Entgegengesetzten und Unvereinbaren konstruiert wird. Hierbei handelt es sich offensichtlich um einen Selbstheilungsversuch innerhalb der Natur, der keiner bewussten Überlegung, sondern lediglich einem instinktiven Impuls folgt. Dabei wird ein fundamentales Schema, ein sogenannter Archetypus benützt, der überall vorkommt und seine individuelle Existenz keinerlei Tradition verdankt, sondern jedem neugeborenen Individuum gegeben ist und der zum unveräußerlichen Bestandteil jener Eigenschaften gehört, die eine Spezies charakterisieren. Das, was in der Psychologie als Archetypus bezeichnet wird entspricht einem häufig vorkommenden formalen Aspekt des Instinktes. Demnach findet sich bei aller äußeren Verschiedenheit der Mandalas eine grundsätzliche Übereinstimmung, unabhängig von ihrer zeitlichen und örtlichen Herkunft. Eines der vielen archetypischen Motive, welche den Gestaltungen und Fantasien unserer Träume zugrunde liegen ist die „Quadratur des Kreises“. Die Vierheit wird Kraft ihrer Bedeutung zur Einheit, womit man es als den Archetypus der Ganzheit bezeichnen kann. Im Gegensatz zum kultischen Mandala, das einen besonderen Stil und eine beschränkte Anzahl typischer Motive als Inhalt aufweist, findet sich im individuellen Mandala eine unbeschränkte Fülle von Motiven und symbolischen Anspielungen, aus denen zu entnehmen ist, dass sie entweder die Gesamtheit des Individuums oder den wesentlichen inneren Bezugspunkt desselben auszudrücken versuchen. *Ihr Gegenstand ist das Selbst, im Gegensatz zum Ich, das nur der Bezugspunkt des Bewusstseins ist, während das Selbst die Ganzheit der Psyche überhaupt, nämlich Bewusstes und Unbewusstes, in sich begreift* (Jung, 1995, S. 117). Das individuelle Mandala weist aus diesem Grunde nicht selten eine gewisse Teilung in eine helle und eine dunkle Hälfte mit den dazugehörenden typischen Symbolen auf. Historische Beispiele belegen, dass es sich oftmals um Darstellungen von Gottesbildern handelt, die die Idee des Selbst und somit die menschliche Essenz von der göttlichen nicht prinzipiell unterscheidet.

Dementsprechend wird auch im westlichen Mandala der Seelenfunke, also die innerste, göttliche Essenz des Menschen, durch Symbole gekennzeichnet, die einem Gottesbild ähnlich sind und somit das Bild der Welt, Natur und Mensch gewordene Gottheit darstellt. Empirisch ist nachgewiesen, dass derartige Bilder beträchtliche therapeutische Wirkungen auf ihre Verfasser ausüben, indem sie eine Zusammensetzung anscheinend unvereinbarer Gegensätze und eine Überbrückung scheinbar hoffnungsloser Trennungen darstellen. Schon der Versuch, sich mit einem Mandala zu beschäftigen, kann heilsame Wirkung haben, wenn dieser spontan erfolgt. Eine künstliche Wiederholung oder absichtliche Imitation solcher Bilder bringt keine therapeutische Wirkung zustande. *Die „Heiligkeit" der Geometrie liegt in den Beziehungen, die wir mit der Natur teilen, in der Verwobenheit jeder vorstellbaren Struktur mit jeder anderen durch den generellen Faden der fundamentalen geometrischen Basis unserer Existenz und in der mathematischen Perfektion, die sich quer durch alle Tapisserien des Lebens in zahllosen Varianten sich wiederholender geometrischer Themen findet* (Rawles, 1999, S. 4).

3.4.2 Therapeutische Erfahrungen

Nachweislich beinhaltet das Mandala ein hohes Maß an Symbolgehalt, das auf das Unbewusste zurückwirkt. Die mit einer Art Malbucharbeit vergleichbare Tätigkeit führt zur Kontemplation und Begleitung in jeder Lebensphase, während das freie Malen zeitlich später angelegt ist, da sich der Nachvollzug des Lebens innerhalb eines Rahmens beziehungsweise eines Grenzbereichs einfacher gestaltet. Vorgegebene Strukturen, die zum Ausmalen anregen, weisen gleichzeitig den Weg zum Selbst und verlangen die Kompensation in der Musterhaftigkeit. Das Mandala führt auf angenehme Weise zur Konfrontation transzendentaler, kosmischer und göttlicher Gesetzmäßigkeiten. Wie kann das Mandala aber nun seine therapeutische Berechtigung und Anwendung erfahren? In der Kreiszeichnung findet der Mensch offenbar zu der Ordnung zurück, nach der sein Seelenzustand unterschwellig verlangt. Mit der Beendigung dieses Ordnungsprozesses eröffnet sich die Perspektive für das Zentrale des Lebens. Dies ist auch der Grund für die Wirksamkeit der Mandala – Therapie bei seelischen Prozessen, im Gegensatz zu jenen, die schon in die Körperlichkeit eingedrungen sind. Die Tendenz zur Mitte, sowie der Bezug zum Hier und Jetzt bewirkt auf malend – meditative Weise eine innere Sammlung. Viele Menschen, die ihren persönlichen Weg verloren haben, finden ihn im archetypischen Muster des Lebensweges, dargestellt im Mandala, wieder. Form und Zentrierung zur Mitte sind die wesentlichen Inhalte, die den Malenden und Meditierenden bis hin zum Trancezustand bringen können, soweit der Sog ins Zentrum grafisch betont wird und das Bewusstsein sich auf einen Konzentrationspunkt richtet.

Gleich einer Energiequelle beginnen dort unerwartete Kräfte zu wirken, die ähnlich einer Heiltrance auf den Menschen Einfluss nehmen können. Es gibt einige Verhaltensregeln im Umgang mit dem Mandala, die die therapeutische Wirkung effizienter gestaltet. Gleich einer rituellen Handlung sollte man mit tiefer Bewusstheit das Mandala schweigend – kontemplativ bearbeiten, sich an keiner Leistung orientieren, sondern vielmehr ausreichend Zeit investieren, um ein tiefes Erlebnis zu erhalten. An dieser Stelle wird auf die Symbolik der Mitte eingegangen, sowie der Zusammenhang von Malrichtung und Patiententypus verdeutlicht. Die Mitte übt auf die Malerin oder den Maler eine solche Anziehungskraft aus, dem sich kaum jemand entziehen kann, hat er doch das Ziel des Lebens beziehungsweise dessen Übergang vor Augen. Obwohl sich der Mensch mit der Endlichkeit des Lebens konfrontiert sieht, so trägt die malende Beschäftigung mit diesem Thema zur angstlösenden Wirkung bei, vorausgesetzt man malt das Mandala von außen nach innen, um sich dem Punkt der Lösung oder auch Erlösung zu nähern. Grundsätzlich kennzeichnet die Malrichtung den Lebensweg des Menschen. Ist sich dieser seiner selbst und seiner inneren Mitte sicher, ist er im übertragenen Sinne bei sich angekommen, so malt er ausgehend vom Zentrum nach außen, um sich frei in die vor ihm entfaltete Welt zu wagen. Diejenigen, die ihren eigenen Weg noch nicht gefunden haben, tendieren dazu von außen nach innen zu malen, womit sie sich unbewusst einer Eigentherapie hingeben. Unter therapeutischen Bedingungen malen introvertierte Patienten, die sich der Umwelt mitteilen möchten, überwiegend von innen nach außen, was im Verlauf des Lebensweges vom Punkt der Empfängnis zur Lebensmitte, als Zeit des Wachstums und der Entfaltung zu deuten ist. Extrovertierte Patienten, die unkonzentriert sind und sich in zuviel Ablenkung verlieren, malen von außen nach innen, was den Heimweg der Seele im Mandala widerspiegelt und zur Zentrierung der eigenen Mitte beiträgt. Anhand eines kunstpädagogischen Experiments soll die therapeutische Bedeutung des Mandalas im Unterricht und Privatbereich ergründet werden. Eine Auswahl von sechs Kreiszeichnungen bildete den Ausgangspunkt für die spezifische Aufgabenstellung. (vergleiche Anhang). Die Malunterlagen wurden an 30 Kinder im Alter von 12 Jahren verteilt, mit der Bitte, die Mandalas auszumalen und sich im sechsten Motiv, dem leeren Kreis, selber darzustellen. Des Weiteren nahmen an dieser Studie 24 Erwachsene teil, die sich mit denselben Motiven konfrontiert sahen. Beiden Gruppen, sowohl den Kindern, als auch den Erwachsenen stand für die Aufgabenbewältigung ein Zeitraum von ca. einem Monat zur Verfügung. An dieser Stelle sollte auf die unterschiedliche Verfügbarkeit des Materials hingewiesen werden, mit dem jeder Teilnehmer gearbeitet hat und auf das die Studienleiterin keinen Einfluss nehmen wollte. Deren Intention bestand lediglich darin, die Bilder im Hinblick auf die Altersstruktur und der damit verbundenen Qualität zu untersuchen, um anschließend über die Farbgebung hinaus Rückschlüsse auf die Persönlichkeit ziehen zu können. Mehrheitlich erfährt die Kinderzeichnung ihre hohe Qualitätsstufe durch genaues Ausmalen der Flächen, ohne dass dabei die vorgegebenen Linien überschritten werden. Weiße Lücken sind eher selten anzutreffen, vielmehr tendieren die Kinder zum ganzheitlichen Ausmalvorgang. Bei der Selbstdarstellung im letzten Mandala finden sich oft bekannte Muster wie zum Beispiel grafische Formen, Anlehnungen an Puzzlestücke oder auch Naturformen wie Baum- und Pflanzendarstellungen. Umso mehr gibt einem bei der weitgehend farbenfrohen Gestaltung aller Motive, eine in schwarz und grau gemalte Lotusblume zu denken, ähnlich wie auch die Darstellung des „Selbst" in Form eines monsterhaften Gesichts beziehungsweise einer Maske.

Erwachsene malen oft ungenauer die schwarz umgrenzten Flächen aus, das heißt, sie übertreten die Begrenzung, so dass der Eindruck eines unstrukturierten, teils chaotischen Vorgehens entsteht. Zarte Farbschattierungen sind in diesen Mandalas öfter zu finden; laut Nachfrage ist dies aber lediglich auf eine geringe Stiftauswahl zurückzuführen. Naturalistische Formen wie Blumen und Bäume, die eigene Befindlichkeit, Darstellungen aus denen sich die berufliche Tätigkeit ableiten lässt, sowie das, was man selber bereit ist, anderen zu geben (zum Beispiel Herz = Liebe) wird bei der Selbstdarstellung im Mandala ausgedrückt. Einer geringen Anzahl der Erwachsenen fehlt im letzten Motiv jedoch die Tendenz zur Mitte, folglich ist ihnen bewusst oder unbewusst ihre Zentrierung abhanden gekommen.

Die Mehrheit der Teilnehmer berichtete über die Entspannung und einer meditativ ähnelnden Handlung während des Ausmalvorgangs. Mit zunehmender Konzentration auf die Motive und die Tätigkeit des Ausmalens wurde aber auch teilweise eine nervöse Reaktion beobachtet. Die Studienleiterin beschäftigte sich selber mit den von ihr ausgesuchten Motiven und malte diese sorgfältig aus, wobei sie aus jedem Bild resultierend eine Eigenanalyse ihrer Vorgehensweise dokumentiert hat. Der Schwerpunkt ihrer persönlichen Analyse liegt in der Malrichtung und Farbgebung begründet. Nach eingehender Betrachtung jeder Kreisform stellte sie zunächst die nach ihrer Einschätzung harmonischste Farbkomposition zusammen, um anschließend mit dem Ausmalen zu beginnen. Die Mehrzahl ihrer Kreisbilder hat sie von innen nach außen gemalt, was zur Folge hatte, dass sie innerlich immer ruhiger wurde, worauf sich alsbald ein tiefes Glücksgefühl einstellte. Lediglich zwei Motiven schenkte sie mehr Beachtung hinsichtlich der Farbauswahl, so dass sie teilweise von außen nach innen und umgekehrt gemalt hat. Daraus lässt sich nun leider keine definitive Schlussfolgerung ihrer intro- oder extrovertierten Persönlichkeit ziehen. Ihre Antwort auf die Frage: „Wer bin ich im Mandala?“, gibt sie gemäß ihres Interesses an dem Transzendentalen und der esoterischen Lehre durch Darstellung der Welt in Oben (Himmel) und Unten (Sonnenstrahlung) sowie des Auges (Pupille, Iris), das das Zentrum bildet. Interessant ist, dass sie sich selbst im Mandala in dieser Art und Weise darstellt, ohne vorher etwas von der archetypischen Bedeutung des Auges gewusst zu haben.

3.4.3 Pädagogische Anwendungen

Ausgehend vom psychotherapeutischen Erfolg ist der pädagogische Einsatz des Mandalas mehr als gerechtfertigt, nachdem die heilsame Wirkung in dem Unterricht Ruhe und Ordnung des eigenen „Selbst“ von innen heraus fördert. Konzentration bedeutet stille Beschäftigung, aus der eine tiefe körperliche Entspannung resultiert, die wiederum durch Spaß an dieser Malarbeit aktiviert wird. Im wissenschaftlichen Experiment konnte der Rückgang der Atemfrequenz sowie das Absinken des Blutdrucks, als Resultat der Entspannung, nachgewiesen werden. Aus der kunstpädagogischen Nutzung des Mandalas ergeben sich für den Schüler viele Chancen, sein Weltgefühl positiv zu gestalten. Vorgegebene Grenzen müssen zwar akzeptiert werden, ohne einschränkend den dazwischen befindlichen Freiraum ausfüllen zu dürfen. Das Muster hilft bei der Orientierung im eigenen Lebensmuster und fördert die Persönlichkeitsentwicklung. Bewusst oder unbewusst erlebt, kommt die Kraft aus der eigenen Mitte, die einem im Mandala visuell verdeutlicht wird. Die in vielfältigster Art abgewandelten, jedoch immer wiederkehrenden Formenmuster erinnern einen an die Schöpfung, die Natur, in der man besser ankommt und mit der man in einer besseren Symbiose leben sollte. Alles, was unbekannt ist, erzeugt Angst, wogegen Vertrautheit aus einer Welt, in der gleiche Muster zu finden sind, erwächst. Die spirituelle Philosophie benennt mit dem Urprinzipienmuster des Horoskops das eigentliche Mandala des Lebens. Es beinhaltet ein Mosaik von Bausteinen (Planeten, Tierkreiszeichen), die den Grundfahrplan für das Leben vorgeben. Die darin enthaltenen Energien beziehen sich auf das System der Archetypen, ohne die eine tiefgreifende Darstellung geschweige denn ein Verstehen nicht möglich ist. In allen Kulturen, Religionen, bei Menschen aller Hautfarben ist das Mandala zu finden, da es unabhängig von Raum und Zeit das Urmaterial, aus dem die Schöpfung besteht, zum Inhalt hat. Betrachtet man die Spiraldynamik in vielen Bilddarstellungen der ultramodernen Chaosforschung, so weisen diese Muster nicht nur auf Vergangenes hin, sondern gerade auch in die Zukunft. Eine besondere Stellung kommt dem Symbol der Labyrinthe und Irrgärten im Mandala zu. Der Ursprung des Labyrinths wird im Gottkönigs – Kult der Ägypter vermutet, dessen Geheimnis man jedoch bis heute nicht lösen konnte.

Zwei wesentliche Formen des Labyrinths sind von magischer Bedeutung. Zum einen windet sich nur ein Pfad dem Mittelpunkt zu, in dessen Innern sich etwas Kostbares befinden soll. Bei der zweiten Darstellung gibt es einen nach innen laufenden Weg gegen den Uhrzeigersinn, der die Reise in die Dunkelheit und den Tod symbolisiert. Der sich nach außen im Uhrzeigersinn drehende Weg deutet die Reise ins Licht, ins Leben und somit auch die Auferstehung an. Im Labyrinth sind folglich beide Welten vereint, wodurch ihm ein großer therapeutischer Wert zukommt. Als psychologische Hilfe gegen Minderwertigkeitsgefühle und Unsicherheit, sowie zum Aufbau eines gesunden Selbstvertrauens, trägt es zur Persönlichkeitsbildung bei. Die Mitte eines Mandalas ist von der Symbolik her so bestimmend, dass kaum jemand auf die Idee käme, sie vielleicht aus Widerwillen gegen den Übergang des Lebens auszulassen, da selbst die unbewusst malende Beschäftigung mit diesem Ziel des Lebens bereits angstlösende Wirkung erzielt. Auf diese Art und Weise konfrontieren einen die Mandalas mit der Endlichkeit des Lebens, die man sogar noch ertragen kann. Allerdings sollten dann die Mandalas zur Bearbeitung dieses speziellen Themas von außen nach innen gemalt werden, damit deutlich werden kann, dass alles ohne Alternative auf den Punkt der Lösung und Erlösung hinausläuft. *Die Erfahrung, dass mandalamalende Kinder wie von selbst, nämlich von innen heraus, ruhiger werden und dazu neigen, sich auf ihre Arbeit oder Beschäftigung zu konzentrieren, mag das pädagogische Schlüsselerlebnis gewesen sein* (Dahlke, 1999, S. 32).

3.5 Kunstpädagogische Erziehung im multimedialen Zeitalter

Während die Anfänge der kunstpädagogischen Erziehung in Grund- und Hauptschulen vorwiegend mit der Vermittlung von Natur- und Umweltereignissen vor sich geht, findet heute eine Modifikation zur visuellen Kommunikation statt, in der man alle Themenbereiche berücksichtigen sollte, die sich auf neuere Technologien und die richtige Handhabung dieser fortschrittlichen Technik bezieht. *Der „Sieg" des „Kunstunterrichts" über die „Kunsterziehung", der in den sechziger Jahren unter der Führung von Pfennig und Otto errungen wurde, legt die Vermutung nahe, dass damit die Etappe der Kunsterziehungsbewegung abgeschlossen und durch ein Konzept ersetzt worden ist, das alle reformpädagogischen Fehler vermeidet* (Giffhorn, 1978, S. 17). Heute finden vor allem kunstpädagogische Modelle im Unterricht ihre Verwendung, die auf einer kombinatorischen Basis aufgebaut sind. Das bedeutet zum Beispiel, dass man heute auch zeitgenössische Kunst nicht mehr nur zeichnerisch nachahmen muss, sondern mithilfe des Computers umsetzen kann, um darüber hinaus zu einer Interpretationsfindung zu gelangen. Dem Lehrer bietet sich heute im multimedialen Zeitalter mehr denn je die Möglichkeit, seinen Unterricht abwechslungsreich und für den Schüler so interessant zu gestalten, dass dieser ausreichend motiviert ist.

An dieser Stelle sollte kurz erwähnt werden, dass Kunstunterricht erst dann auf den Schüler motivierend wirkt, wenn dieser seine Themen einbringen kann und er die Unterrichtsplanung verantwortungsvoll mittragen kann. Dazu gehört auch der verantwortungsvolle Umgang des Lehrers mit seinem Leistungssystem, das oft von Seiten des Schülers als Negativ – Auslese angesehen wird. Aufgrund dieses Leistungsprinzips wird verständlich, dass der Schüler lieber Themen bearbeitet, die klar umrissen, überschaubar sind und bei denen die Notenkompetenz eindeutig in der Hand des Lehrers liegt. Daraufhin kann man die Folgen übersehen, die Erwartungen des Lehrers in etwa einschätzen, was dem Schüler wiederum eine relative Notensicherheit gewährleistet. *Eine wirklich freie Pädagogik, ein wirklich demokratischer Unterricht kann nur in einer demokratischen Schule stattfinden, einer Schule, die nicht zur kritiklosen Anpassung an eine negative Realität erzieht, sondern zum qualifizierten Widerspruch* (Hub, 1981, S. 7). Ziel des kunstpädagogischen Unterrichts sollte es nun sein, diesen Widerspruch auf irgendeine Art und Weise auch artikulieren zu können. Dazu bietet der Lehrer Hilfestellungen in Form von Material und Technik an, wobei er sich heute den Gegebenheiten des technischen Zeitalters anpassen muss und den Umgang mit neuen Materialien fördern sollte. Ein Kunstunterricht, der den Geschmack kultivieren, verbessern oder entwickeln soll und der die Fähigkeit fördern soll, gute Kunst und gutes Design zu erkennen, zu genießen oder schöne Dinge herzustellen, entspricht nicht mehr ganz den Anforderungen, die die heutige Umwelt an das menschliche Individuum stellt. Vielmehr sollten Schüler heute lernen, auf eine Art zu kommunizieren und sich auszudrücken, die ihnen nützt und die sie erkennen lässt, dass die Informationen, die ästhetischen Symbolen und Phänomenen zu entnehmen sind, in keiner Weise verlässlich sind, sondern dass diese häufig zu Missverständnissen führen können.

Will man Kunst als Mittel der Realitätserkenntnis verstehen, so können Werke der Bildenden Kunst durch Illustration verbale vermittelte Fakten veranschaulichen, historische Zusammenhänge klären und aktuelle Probleme begreifbar machen. Sie können auch die Vergegenständlichung eines Teils des Bewusstseins ausmachen und als Meinungsbildungsfaktoren der jeweils untersuchten Epoche dienen. Auf welche Art und Weise eine Auseinandersetzung mit diesen Themenbereichen erfolgt, bleibt jedem Lehrer selbst überlassen, jedoch ist eine Zunahme der medialen Verarbeitung zu verzeichnen, um den Schüler spielerisch mit der Medienlandschaft vertraut zu machen. Der heutige Wissensbegriff, der

Wissen als Teil der ganzen Persönlichkeit, ihrer geistigen und seelischen Kräfte, Einstellungen und Fähigkeiten betrachtet, entsteht nicht durch Memorieren, sondern dadurch, dass man sich sein Wissen selbst erarbeitet und erwirbt. *Das dazugehörende Schlagwort heißt „entdeckendes Lernen". Es bedeutet, dass der Unterricht nicht Lösungen vermitteln, sondern offene Probleme vorgeben soll. Wenn die Probleme richtig gewählt sind, wenn Heranwachsende betroffen sind, wenn ihnen die Probleme unter die Haut gehen, wenn sie eng mit ihrem Leben verknüpft sind, dann beginnen die Kinder selbst, neue Informationen zu suchen, alte Wissensbestände zu überprüfen, Einstellungen zu hinterfragen, Verhaltensmuster anzuzweifeln, neue Formen des Umgangs mit der Realität zu erproben* (Winkler, 1981, S. 14).

Diese neue Realität, die noch genauer unter Punkt 3.5.2 behandelt wird, kann ihre Umsetzung in Form von Computeranimation, Foto- und Videoproduktionen erfahren. Wichtig ist vor allem, die richtige Kombination von kunstpädagogischen Bildungszielen und deren verschiedensten Umsetzungsmöglichkeiten zu erreichen. Betrachtet man das eigentliche Lernen, in welcher Form auch immer, als Selbstreflexion, so hat dieses Lernen immer etwas mit Lebendigsein, Gefühlen, Sinnen, mit Kontakt, Kommunikation, mit Neugier, Problemen und Konflikten zu tun, die alle wiederum mit unserem Leben zusammenhängen. Das Lernen unterscheidet sich nur insofern von unserem Alltagsleben, als dass es sich als verfremdet und künstlich erweist. Durch das Leistungsbewusstsein in der Schule ist es so verfremdet und künstlich, dass niemand merkt, wie es noch mit dem Lebendigsein und der Sinnlichkeit zusammenhängt.

Leben und Lernen werden somit voneinander isoliert, solange das Lernen als angstgeprägte Kommunikation existiert. Gelingt es allerdings dem Lehrer, eine Gesprächsatmosphäre zu erzeugen, in der man angstfrei miteinander reden kann und in der es nicht den Druck von Stofffülle, Beurteilungs- und Leistungszwang gibt, dann kann selbst ein konfliktgeladenes Gespräch beim Entdecken von Einsichten und Zusammenhängen helfen. Überhaupt erweisen sich gerade im multimedialen Bereich gewisse gruppendynamische Gespräche zur Vorbereitung auf die Aufgabenstellung als sehr wichtig. Viele Jugendliche gestalten ihre Freizeit durch Spielen am Computer, wobei viele dieser Spiele darauf ausgerichtet sind, Probleme zu lösen, die bei richtiger Lösung mit einer Belohnung einhergehen. Andere Spiele idealisieren geradezu die darin dargestellten Figuren zu Vorbildern für den Empfänger, so dass dieser sich nach kurzer Zeit in die Idealfigur, seinen Helden, hineinprojiziert. *Diese Identifikation wird vor allem dadurch ermöglicht und erleichtert, dass die Typen mit einem immer gleichbleibenden Repertoire an Verhaltensweisen scheinbar imstande sind, alle Probleme zu lösen* (Winkler, 1981, S. 73). Am Ende des Computerspiels wird wieder ein Soll –

Zustand hergestellt, von dem angenommen wird, dass er den Bedürfnissen der Rezipienten entspricht.

Diese Identifikation, die bei dem Konsumenten aufgebaut wird, gilt es auch im Kunstunterricht beziehungsweise Medienunterricht zu problematisieren. Je nachdem welches Potential in der dargestellten Figur steckt, können aggressives Verhalten und Selbstüberschätzung die Folge sein. Um eine Umkehr der medialen Einflussnahme zu erreichen, sollte dementsprechend wieder zu kompensatorischen Mitteln, wie der zeichnerischen Darstellung, als Ausgleich gegriffen werden. Dem jugendlichen Rezipienten solcher Computerspiele droht in kurzer Zeit eine Reizüberflutung, der er sich nicht mehr entziehen kann und die sein Bewusstsein in der Weise beeinflusst, dass er nicht mehr in der Lage ist, Realität und Wirklichkeit voneinander zu trennen. Er ist plötzlich in dem Spiel und der Handlung gefangen, so dass sich diese für ihn veränderte Welt in seiner eigentlichen Wirklichkeit widerspiegelt. Ein Kunstunterricht zur Medienerziehung muss auch diese Gefahren erkennen, sie verbalisieren und zusammen mit dem Schüler kritisch betrachten.

3.5.1 Erkenntnistheoretische Differenzierung zwischen Objekt und Intention

Im kunstpädagogischen Sinne wird das Kunstwerk beziehungsweise Bildwerk als Objekt betrachtet, dessen Intention dahin geht, etwas beim Betrachter zu bewirken. Dieses, auf den ersten Blick undefinierbare Etwas können zum Beispiel Emotionen, Aggressionen, sowie Gleichgültigkeit sein, die oftmals sogar als Manipulationsträger eingesetzt werden. Vor allem Bilder eignen sich als Manipulationsträger, indem sie vertuschen, verdecken, beschönigen, beschwichtigen und verdrängen. Eine Steigerung erfahren die genannten Funktionen durch Stützung von verbalen Aussagen. Die eigentliche Rezeption von Bildern geschieht undifferenziert über einen Gesamteindruck hinaus, bei dem keine qualifizierbaren Detailaussagen über das Wahrgenommene vorgenommen werden. Dieser erste undifferenzierte Gesamteindruck geht mit einer starken Gefühlsbetonung einher, wobei das Bild im Gegensatz zu verbalen Aussagen als „wahr" eingestuft wird und keinerlei Auseinandersetzung mit der Entstehung oder der Absicht des Bildes erfolgt. *Die Erwartung, die Betrachter in Bilder setzen, ist vor allem die, dass das Bild „schon alles sage", dass also eine Reflexion über das dargestellte Geschehen nicht mehr notwendig sei. Bilder sind auch gut geeignet, soziale Zustände darzustellen und sie aufzudecken* (Winkler, 1981, S. 12). Die Sozialisation des Menschen in seiner Umwelt wird heute mittels Fotos oder Film festgehalten, während uns die zeitgenössische Kunst ein Abbild dessen versucht wiederzugeben, das wir heute nicht mehr überprüfen können. Kunstwerke konfrontieren den Betrachter heute mit besonderen Ansichten der Wirklichkeit, den „als ob" – Realitäten, die lediglich Alternativkonzepte darstellen und sich auf andere Weise von anderen Wirklichkeitsebenen unterscheiden, indem sie eine andersgeartete Form, Substanz, Willkürlichkeit und Zeitverbindung aufweisen. *Oberflächliche Bedeutungen bilden lediglich den Ausgangspunkt für die kognitive Suche, und der in der Kunst so häufige Gebrauch neuer oder überraschender Reize mit zahlreichen, in unerwarteter Form und in einzigartig strukturierten Zusammenhang präsentierten Bedeutungen dient der weiteren Steigerung der durch die unvollständige Orientierung hervorgerufenen Spannung* (Kreitler, 1980, S. 40).

Die Hauptintention des Objektes liegt in der Erregung und Auflösung der Spannung des Betrachters begründet. Mit einer bestehenden Spannung begegnet der Betrachter dem Kunstobjekt, von dem wiederum eine Spannung ausgeht, die spezifisch genug ist, um durch einen anderen Aspekt des Kunstreizes aufgelöst zu werden, damit eine erwünschte Entspannung erfolgen kann. Der Betrachter setzt sich somit bewusst einem Reiz aus, der offensichtlich keine Bedrohung für ihn darstellt, der aber dennoch auf die Erregung wirkt. Forschungsarbeiten hinsichtlich der Intention des Kunstobjektes zeigen, dass die Aktivation kognitiver Abläufe und die Erweiterung kognitiver Orientierung ohne Rücksicht auf den spannungsprovozierenden Impakt unternommen wird. Das Erlebnis, das der Betrachter, ausgehend vom Objekt empfindet, verläuft immer unter dem Reizreaktionsmuster des Emotionalen – Beteiligt – Seins. Die meisten der Kunstbetrachter sind sich in diesem Sinne der Erwartung und Vorbereitung bewusst, bevor sie sich absichtlich und freiwillig dem Kunstobjekt hinwenden. Dabei können auch durchaus aggressive Gefühle entstehen, die nach Götz gegenüber moderner Kunst unter anderem darauf zurückzuführen sind, dass dem Betrachter die angemessenen Wahrnehmungsschemata nicht ausreichend zur Verfügung stehen. Aus ihrer Sicht ist der Künstler ein „Wahrnehmungsexperte", der durch jahrelange Übung eine größtmögliche Vielfalt von Wahrnehmungsschemata entwickelt hat. Nach Götz verführt die Bilderflut den normalen Kunstkonsumenten zu einer oberflächlichen Auswertung visueller Information. *Jede Wahrnehmung ist so unmittelbar von der Empfindung „schön", „angenehm" oder „unangenehm" begleitet, dass es nahe liegt, die Ursachen für dieses Urteil im Prozess der Wahrnehmung selbst zu suchen. Häufig wird zur Begründung angeführt, die Vereinfachung der Wahrnehmungsprozesse rufe einen positiven Affekt hervor. Eine einfache Wahrnehmung ist zunächst weniger anstrengend, setzt aber auch Wahrnehmungskapazitäten frei und erweitert die Möglichkeit der Auffassung* (Schuster, 2000, S. 123). Unter diesen Umständen geht vom Objekt ein normales, wenn nicht sogar mittleres Kunsterlebnis aus, das im individuellen Fall zu tiefer Bewegung beim Betrachter führen kann. Ein Objekt, das viele

Menschen beeindruckt und schon aus diesem Grund als großartig eingestuft wird, setzt die allgemeine Grundsituation des Lebens bei jedem einzelnen in Szene. Aus der wissenschaftlichen Forschung wird auch von Einzelfällen berichtet, wo zwischen dem individuellen Erleben und dem spezifischen Kunstwerk noch viel intensivere Kunstreaktionen beobachtet wurden, wonach es dann zu den von Maslow beschriebenen Gipfelerlebnissen kommt.

Das persönlich bedeutsame Objekt möchte auch im Gedächtnis präsent bleiben, um als Orientierungshilfe in bestimmten Lebenslagen dienen zu können, womit anstelle des Betrachtens dann ein rein internes Erinnern tritt. Indem der Künstler als Entdecker, Erfinder und Pionier mit seinen neuen Kunstobjekten hoch geschätzt wird, steht nicht das ästhetische Objekt allein im Vordergrund, sondern die Entwicklung des neuen fordert die Bewunderung. Die Gemälde der alten Meister sind zum Beispiel mit oft widersprüchlichen schematischen Darstellungen gedeutet worden, die einer gewissen wissenschaftlichen Methode entbehrt, die einem erlaubt, zwischen dem Wesentlichen und dem Zufälligen zu unterscheiden.

Das dem reifen Künstler typische Erzeugnis ist so schwierig zu interpretieren, dass der Betrachter nur durch die intuitive Wahrnehmung imstande ist, die Vielfalt der im Objekt wirksamen Kräfte zu ordnen und zu vereinigen. *Auf den ersten Blick scheint die Verwendung des Zufalls das genaue Gegenteil dessen zu sein, was man vom Künstler erwarten würde, da eine der Funktionen der Kunst darin besteht, in der scheinbar irrationalen Welt unserer Erfahrung Ordnung, Gesetz und Notwendigkeit zu entdecken. Die Kunst ist im Überlebenskampf des Menschen ein elementares Instrument, das ihn zwingt, durch die Beobachtung der Dinge etwas von ihrem Wesen zu verstehen und damit ihr Verhalten vorauszusagen* (Arnheim, 1977, S. 124).

Im Gegensatz dazu steht die Werbekommunikation, die nichts dem Zufall überlässt, weil sie darauf ausgerichtet ist, als Manipulationsträger zu fungieren. Werbetechnische Bildwerke werden zudem durch verbale Aussagen in ihrer Intention unterstützt, den Konsumenten dahingehend zu erreichen, dass die Kaufentscheidung erleichtert, wenn nicht sogar manipuliert wird. Das verkaufsfördernde Objekt kann mitunter Kunstwerkqualität erreichen, steckt aber voller werbetechnischer Geheimnisse, die dem Betrachter, anders als im eigentlichen Kunstwerk verborgen bleiben. *Es gibt Objekte, die erst im Wechselspiel mit Erleben und Verhalten des Betrachters und unter Einbezug der Umgebung sich immer neu zum Kunstwerk entwickeln* (Kobbert, 1986, S. 2). Von dieser Annahme ist das Werbeobjekt auszuschließen, da es lediglich rezipiert beziehungsweise konsumiert wird und unter dem Aspekt des zugefügten verbalen Ausdrucks zum reinen Werbemittel reduziert wird.

Das „Schöne" eines Kunstobjektes tritt heute in säkularisierter Form in den Begriffen der „Qualität" und „Authentizität" auf, womit sie das Kunstwerk dem Mittelmaß, der Beliebigkeit und vor allem dem Gefälligen entheben. Angesichts der modernen Kunst fühlt sich der Betrachter oftmals persönlich betroffen, findet den Zugang zu den Motiven des Künstlers und kann den Schaffensprozess emotional nachvollziehen, was anhand der Darstellung eines Werbeplakats nur schwer vorstellbar erscheint.

3.5.2 Bewusstseinsbildung von realen und intendierten Wirklichkeiten

Zur Einführung sollte an dieser Stelle zunächst auf die unterschiedliche Wahrnehmung der für das menschliche Individuum als real geltenden Wirklichkeit hingewiesen werden. Anders als die objektiv physikalische Welt gestaltet sich die subjektive Welt, in der der Mensch lebt. In ihr spielen Atome, Moleküle, Schwingungen und Strahlung keine Rolle, da sie für die meisten Menschen aus einer Unkenntnis heraus gar nicht vorhanden sind. Dafür existieren andere Dinge, wie zum Beispiel Berge, Meere, Tiere, Pflanzen, Städte, Autos und Flugzeuge, sowie noch viele andere Dinge, die man gerne hat, verachtet oder hasst. *Nur in dieser Welt – niemals in derjenigen der bewegten Atome und ihrer Schwingungen – sind wir glücklich oder verzweifelt; sie und keine andere ist für uns die wahre Wirklichkeit, in welcher sich unser Schicksal vollzieht* (Rohracher, 1976, S. 106).

Diese Wirklichkeit ist allerdings nur ein kleiner Ausschnitt aus allem, was um einen herum vorhanden ist, ein Ausschnitt, der nur dadurch zustande kommt, dass ein winziger Teil des Geschehens aus der Umgebung einen Reiz für die jeweiligen Sinnesorgane bildet und dadurch Empfindungen auslöst, die wiederum aufgrund von Erfahrungen zu Wahrnehmungen verarbeitet werden. Aus dieser Gesamtheit der Wahrnehmungen setzt sich die Außenwelt des Menschen zusammen. In der Psychologie wird an dieser Stelle auf die „objektive" und „subjektive" Wirklichkeit hingewiesen. Die objektive Wirklichkeit setzt sich aus der Welt der chemischen und physikalischen Vorgänge zusammen, unabhängig davon, ob man sie wahrnehmen kann oder nicht. In dieser objektiven Wirklichkeit gibt es weder Farben noch Helligkeiten, weder Wärme, Töne oder Geräusche, sondern nur Atome und Moleküle in verschiedener Anordnung.

Die subjektive Wirklichkeit des menschlichen Individuums dagegen baut sich aus den Empfindungen auf, aus denen durch ihr wechselseitiges Zusammenwirken und durch das Gedächtnis, das frühere Empfindungen mit gegenwärtigen verbindet, die wahrgenommenen Dinge entstehen. Diese Tatsachen bilden die

Grundlage des psychologischen Denkens und bilden darüber hinaus das Fundament für jede wissenschaftliche Weltbetrachtung. In den Sinnesorganen werden durch Atome, Moleküle und Schwingungen nervöse Erregungen erzeugt, aus denen heraus die Empfindungen entstehen, die dann im Zusammenwirken mit der gesammelten Erfahrung zur Wahrnehmung führen. Daraus resultiert das Grundprinzip der Entstehung der subjektiven Welt, in der sich das Leben des menschlichen Individuums abspielt. *Es enthält bereits die ganze Problematik des Zusammenhanges zwischen bewussten Erlebnissen und objektiver Wirklichkeit: Empfindungen und Wahrnehmungen sind etwas Psychisches, die Sinnesapparate und das Gehirn etwas Organisches, die Reize aus der objektiven Welt etwas Materielles (im weitesten Sinne des Wortes; die elektromagnetischen Schwingungen, die in uns die Lichtempfindungen erzeugen, sind nicht in strengem Sinne materiell, wohl aber Auswirkungen materieller Prozesse)* (Rohracher, 1976, S. 107). Aus den materiellen Kräften entsteht durch die Tätigkeit des lebenden Organismus das bewusste Erleben. Man muss sich somit vorstellen, dass jede einfache Empfindung etwas Psychisches ist und sich mit dem bewussten Erleben verbinden lässt. Aus diesem Grund besteht die subjektive Wirklichkeit des Menschen nur aus seinen bewussten Erlebnisinhalten. Von außen her lässt sich die subjektive Wirklichkeit eines Menschen nicht untersuchen, da man nur das darüber weiß, was die einzelnen Menschen berichten. Jeder kennt sie nur aus der eigenen Erfahrung, womit sie für alle viel wirklicher ist, als die Welt der Atome und Schwingungen. Der gesamte Prozess, der zur Entstehung dieser Außenwelt führt, unterliegt einer Transformation chemisch – physikalischer Kräfte, den Reizen, zu bewussten Empfindungen. Folglich wird durch die Sinnesorgane aus der objektiven Wirklichkeit der Physik und Chemie die subjektive Wirklichkeit des bewussten Empfindens und Wahrnehmens geschaffen.

Für jedes menschliche Individuum gibt es also eine eigene reale Wirklichkeit, die individuell so empfunden wird, dass sie für den Mitmenschen nicht direkt nachvollziehbar wird, so dass dieser nur einen geringen Anteil daran nehmen kann, da sich die Wirklichkeit für jeden in einer anderen Form ausgestaltet. Unter den sogenannten intendierten Wirklichkeiten versteht man eine irreale Wirklichkeit, eine manipulierte oder vorgespielte Wirklichkeit, wie dies im besonderen Fall innerhalb der Computeranimation beziehungsweise im Computerspiel zum tragen kommt. Intendierte Wirklichkeiten ziehen den Betrachter womöglich in ihren Bann, lassen ihn Dinge erleben, die er zuvor noch nie gesehen hat und beeinflussen daher sein Urteilsvermögen. Sie können zwar auch Empfindungen im Betrachter auslösen, aber über die reine Wahrnehmung hinaus sind Erfahrungen daraus nur schwer zu ziehen, da man in keiner realen Welt agiert, sondern eine irreale Welt lediglich rezipiert. Hier liegen auch die Gefahren für viele Jugendliche verborgen, indem sie sich über das Spiel hinaus mit ihren Helden zu sehr identifizieren und letztendlich keine Trennung zwischen realer und irrealer Welt ziehen können. Die Grenzen können so verwischt werden, dass der Konsument solcher Spiele versucht, die intendierte Wirklichkeit in die reale Wirklichkeit einzubauen.

Auch intendierte Wirklichkeiten gehören in der Form zu den Manipulationsträgern, als dass sie dem Konsumenten eine für ihn schönere, interessantere und mit Abenteuern gefüllte Wirklichkeit vorspielen, die er niemals in der Art und Weise in seiner eigenen Realität erleben wird. Der nicht genügend auf diese Problematik vorbereitete Konsument kann unter gewissen Umständen in eine sogenannte Scheinwelt geraten, die er selber für sich aufbaut und in der er versucht, sein bisher reales Leben einzubauen. Für ihn findet eine Idealisierung aller dargestellten Figuren statt, wobei er sich meistens für eine Figur letztendlich entscheidet, mit der er sich vollends identifizieren kann. Viele der angebotenen Computerspiele basieren auf Abenteuerbewältigung und glorifizieren oftmals über ein dem Jugendlichen angemessenes Maß hinaus jegliche Darstellung von Gewalt. Die Protagonisten werden mit übermenschlichen Kräften ausgestattet und sind in der Lage, jede Schwierigkeit zu bestehen und sei es mit Gewalt, diese aus dem Weg zu räumen. Viele Jugendliche möchten in dem Moment so stark sein wie ihr Held und werden durch die Computeranimation in die Lage versetzt, genauso agieren zu können. Hier verwischt sich wieder die subjektive Wirklichkeit mit einer für den Rezipienten geplanten, vorgespielten Wirklichkeit. Allerdings bilden die Computerspiele oft nur den Anfang in einer von Irrealität geprägten Welt. Werbestrategisch lässt sich ein Spiel in vielerlei Hinsicht weiter vermarkten. Der Konsument möchte schließlich genauso wirken wie sein Held, mit dem er sich wie schon erwähnt voll und ganz identifiziert hat. Das bedeutet, dass er zum Beispiel hinsichtlich der Kleidung auch so detailgetreu ausgestattet sein muss wie die Idealfigur. Andere Requisiten, wie Schwerter oder multimediale Technik werden des weiteren werbetechnisch geschickt vermarktet und setzen meist einen gruppendynamischen Prozess in Gang, dem sich selbst die Eltern nicht entziehen können, wenn doch alle anderen diese Requisite schon erworben haben. Die andere vielleicht spannendere Wirklichkeit, nach der sich der Jugendliche sehnt, findet er in der intendierten Wirklichkeit und versucht, das darin enthaltene Geschehen in seine subjektive Wirklichkeit zu integrieren, was ohne psychischen Schaden nicht möglich ist, da hier fernab von Empfindungen agiert wird, ohne die der Mensch in seiner subjektiven Welt aber nicht leben kann. Eltern und Lehrer sind an dieser Stelle gefordert, über diese Problematik aufzuklären, klare Grenzen in dem Umgang mit multimedialem Material zu setzen und ausgleichende Tätigkeiten anzubieten. In kunstpädagogischem Sinne könnte dies wieder in einer kombinatorischen Unterrichtsmethode, die Multimediales mit sinnlicher Wahrnehmung vereint, vermittelt werden.

3.6 Kritik zur Konsumentenerziehung

Das menschliche Verhalten bildet die Grundlage für aktivierende Prozesse im Hinblick auf das Konsumverhalten. Bevor aber dieses Verhalten zustande kommen kann, bedarf es eines gewissen Maßes an Aktiviertheit des Organismus. Die Aufgabe der Werbung besteht nun hauptsächlich darin, das Aktivationsniveau zu heben, da der Konsument zumeist gegenüber dem Produkt und dem Konsum nicht besonders aktiviert ist. Um diesen Zustand zu verbessern, muss die Werbung an Emotionen, Motiven und Einstellungen der Konsumenten ansetzen. Ähnlich wie Einstellungen und Motive regeln auch Emotionen die Handlungsbereitschaft des Organismus, da sie immer einer Valenz unterliegen und somit als positiv oder negativ erlebt werden. Durch die Vermittlung angenehmer Empfindungen, die bei der Produktgestaltung eine zunehmend wichtige Rolle spielen, erwartet der Konsument verstärkt emotionale Konsumerlebnisse. Wie schon in Kapitel 2. erwähnt werden höhere Bedürfnisse nicht eher befriedigt, bevor grundlegende Bedürfnisse nicht gesichert sind, was dazu führt, dass menschliches Verhalten nicht nur darauf abzielt, mit dem Ergebnis einer Handlung auch ein bestimmtes Motiv zu befriedigen. Oftmals kann selbst das Verhalten schon als Ziel definiert werden, indem der Mensch dadurch seine individuelle Identität ausdrückt oder innere Zustände, wie Emotionen und Anspannung reguliert. In dem Moment, wo Werbung rezipiert wird, geht es den meisten Menschen nicht um eine Bedürfnisbefriedigung von Nahrung oder physischer Sicherheit, sondern um die Befriedigung des Bedürfnisses nach einem guten Leben, das sich aus verschiedenen Zielen zusammensetzt, die bei einer Reihe von Handlungen implizit im Hintergrund stehen.

> *Konkrete Produktwünsche lassen sich auf die Ziele der Konsumenten beziehen. Diese Wünsche münden aber nicht immer in Kaufhandlungen.*
>
> - *Manche Wünsche bestehen nur latent. Der Konsument weiß nicht, dass er mit einem bestimmten Produkt ein Ziel erreichen könnte.*
> - *Manche Wünsche bleiben passiv. Der Konsument hat zwar einen Wunsch, der durch das Produkt befriedigt würde, gleichzeitig empfindet er aber die finanziellen oder sozialen Kosten, die mit dem Produkt verbunden sind, als unangemessen.*
> - *Manche Wünsche werden ausgeschlossen. Der Konsument hat zwar den Wunsch nach dem Produkt, er sieht sich aber gezwungen, dem Wunsch nicht nachzugeben*
>
> (Felser, 2001, S. 33).

Es gibt keine psychologische Regel, die das Konsumentenverhalten angemessen beschreiben könnte, da es wesentlich davon abhängt, ob die Personen in einer bestimmten Situation involviert sind oder nicht, das heißt ob das Individuum ein gewisses Ausmaß an innerer Beteiligung an einem Verhalten zulässt. Je nach Produktart werden verschiedene Kaufarten unterschieden, die auf die Art der damit verbundenen Werbung Einfluss nehmen. Verarbeitet der Konsument im Vorfeld alle verfügbaren Informationen und ist er dementsprechend hoch involviert, so bezeichnet man dies als extensiven Kauf. Dagegen wird der impulsive Kauf von äußeren Bedingungen bestimmt und hat unter Umständen lediglich eine stimmungsregulierende Funktion. Die sogenannten limitierten Kaufentscheidungen sind dann zu erwarten, wenn der Konsument nicht über alle nötigen Informationen verfügt und auf Heuristiken zurückgreifen muss. Eine habitualisierende Kaufentscheidung besteht eher in längerfristigen und daher meist stabilen Verhaltensgewohnheiten, die mit einer Entlastungsfunktion zu vergleichen sind und mit denen der Konsument eigene Überzeugungen und bevorzugte Selbstbilder zum Ausdruck bringt.

Konsumenten können sich natürlich auch gegen den Kauf von Produkten entscheiden, was aufgrund von einem Missfallen gegenüber der Werbung oder aus moralischen Erwägungen heraus geschieht. Zur Psychologie der Kaufentscheidung lässt sich an dieser Stelle sagen, dass der Mensch im Alltag seine Entscheidungen vereinfacht und von den Forderungen der perfekten Rationalität abweicht, indem er sich auch durch irrelevante Informationen beeinflussen lässt. Die Verfügbarkeit einer Information aus dem Gedächtnis heraus, die Leichtigkeit, mit der sie einem vielleicht in den Sinn kommt, wertet der Mensch wieder wie eine Information, mit Hinweis auf Wichtigkeit, Relevanz oder Wahrheit. Handelt es sich bei der Information um eine von zwei Optionen, die man wiedererkennt, dann neigt man dazu, die bekannte Option zu wählen, unabhängig davon, warum sie wiedererkannt wurde. Diese vereinfachenden Entscheidungsstrategien führen nur bedingt und unter besonderen Bedingungen zu irrationalen Urteilen.

Verstöße gegen die Rationalität eines Urteils beruhen nur in manchen Fällen auf emotionalen Einflüssen, wobei die Unterscheidung von „rational“ und „emotional“ die Unterschiede im menschlichen Urteils- und Entscheidungsverhalten nur unvollkommen abbildet. Relevanter erweist sich hier die Unterscheidung zwischen automatischen und kontrollierten Prozessen der Informationsverarbeitung, wobei bildhafte Informationen besser behalten werden als abstrakte, da sie eine bildhafte als auch eine begrifflich – abstrakte Repräsentationsform nutzen können, wogegen rein abstrakte Informationen sich nur auf eine einzige Weise repräsentieren. Informationen können natürlich auch vergessen werden, was aber nicht auf einem Zerfall von Gedächtnisspuren beruht, sondern auf Problemen beim Zugriff auf vorhandene Informationen. *Informationen, die auf die eigene Person bezogen sind, werden leichter erinnert. Das gleiche gilt für Informationen, die man selbst generiert hat. Zudem wird der Abruf von Informationen dadurch erleichtert, dass im Moment des Abrufens ähnlich äußere Bedingungen herrschen, wie im Moment der Informationsaufnahme* (Felser, 2001, S. 155). Geht es allerdings um die serielle Darbietung von Informationen, so werden die ersten und letzten Informationen am besten gespeichert. Mit der wiederholten Darbietung eines Sachverhalts wird die Wahrscheinlichkeit gesteigert, dass dieser Sachverhalt später akzeptiert beziehungsweise auch für wahr gehalten wird, womit man wieder in den Bereich der Beeinflussung und Manipulation gelangt.

Beeinflussende Kommunikation ist unter folgenden Bedingungen besonders erfolgversprechend:

- *Wenn bei dem Beeinflussungsversuch nicht nur die Vorteile der angepriesenen Position genannt werden, sondern auch deren Nachteile.*
- *Wenn das Publikum auf Gegenargumente vorbereitet, gleichsam dagegen „geimpft" wird.*
- *Wenn das Publikum die entscheidenden Schlussfolgerungen nicht selbst ziehen muss.*
- *Wenn das Publikum in die Beeinflussung einbezogen wird.*
  (Felser, 2001, S.303).

Das menschliche Individuum wird tagtäglich mit einer Fülle von Informationen konfrontiert, die seine ganze Aufmerksamkeit erfordern, um einer bewussten Verarbeitung gerecht zu werden. Gerade Jugendliche sind besonders gefährdet, durch die noch nicht abgeschlossene Festigung ihres „Selbst", den werbewirksamen Kaufstrategien zu unterliegen. An dieser Stelle könnte sich auch eine kritische Auseinandersetzung mit werbetechnischen Maßnahmen innerhalb des Kunstunterrichts und im Rahmen der visuellen Kommunikation als sinnvoll erweisen. Eine bewusste Konsumentenerziehung trägt dazu bei, Produktinformationen überprüfen, entschlüsseln und hinsichtlich einer eventuellen Manipulation bewerten zu können.

3.6.1 Werbepsychologische Gestaltung

Im Hinblick auf die Gestaltung der Werbung und des Werbeträgers, der gleichzeitig Kontext der Werbung ist, wird bewusst darauf geachtet, dass man so viele Empfänger wie möglich und dabei auch noch die richtigen Empfänger erreicht. So wie man es zum Beispiel vom Fernsehen her gewöhnt ist, dient eine häufige

Wiederholung der Werbung eher, als dass sie schadet, da sich eventuell auftretende Überdrussreaktionen auf Seiten der Empfänger meist schon durch geringe Variationen der Werbegestaltung unterbinden lassen. In Bezug auf die Überschriften von Werbeanzeigen sollten diese ihren Inhalt auf möglichst engem Raum vermitteln, damit der Betrachter bereits aus der Überschrift einen Nutzen ziehen kann und den Sinn der Anzeige versteht. Deshalb sollten auch die Anzeigen selber so groß wie möglich gestaltet werden, damit der Betrachter gemäß seiner Blickbewegungen der Leserichtung folgen kann. Farbige Werbung steuert zudem die Aufmerksamkeit und vermittelt Lebendigkeit und Realitätsnähe, da Farben mit bestimmten Anmutungen einhergehen, womit der Betrachter wiederum etwas in Verbindung bringt und dementsprechend motiviert wird.

Bilder sind das zentrale Medium der Werbegestaltung. Sie erleichtern die Informationsaufnahme und –speicherung. Sie sind in der Lage, den Betrachter zu aktivieren und seine Einstellungen zu beeinflussen. Der Bildkommunikation steht eine große Menge von Techniken zur Verfügung, um Aussagen in Bilder umzusetzen. Die effektivsten Werbebilder sind solche, die sich über eine lange Zeit nicht ändern (Felser, 201, S. 359). Zunächst sollte aber an dieser Stelle etwas ausführlicher auf die Grundlagen der Werbepsychologie eingegangen werden, die wiederum in erster Linie mit der Wahrnehmung zu tun haben. Der eigentliche Wahrnehmungsvorgang bildet das Ergebnis der Aufnahme und Verarbeitung von Reizen, wobei dieses Ergebnis meist eine Kombination aus externen Reizen, Erwartungen oder Erfahrungen darstellt und in der Regel von physiologischen Möglichkeiten des Wahrnehmungsapparates mitbestimmt wird. Dies bedeutet, dass Reize also nie vollkommen erwatungs- und vorurteilslos aus der externen Umwelt aufgenommen werden.

Ganzheitspsychologische Ansätze der Wahrnehmung gehen mittlerweile sogar davon aus, dass sich Wahrnehmungseindrücke allgemein nicht aus Ideen oder Elementen additiv zusammenfügen, sondern dass es sich dabei um Ganzheiten handelt, die wahrgenommen werden. In der genetischen Ganzheitspsychologie geht man weiterhin davon aus, dass spontane Gefühle den ersten Wahrnehmungseindruck bestimmen, die allerdings als affektive Reaktion nicht kontrollierbar und nur schwer zu verbalisieren ist. Wie schon in Kapitel 2. erwähnt, bestehen auch in der Werbegestaltung die inhaltlichen Anwendungsmöglichkeiten der Gestaltgesetze darin, die Gestaltung von Werbevorlagen möglichst an „guten" Gestalten zu orientieren. Da diese Gestaltgesetze als allgemeingültig bezeichnet werden, liegt der Vorteil für den Werbetreibenden darin, dass sie von der „Psychologie" des Rezipienten unabhängig machen. Eine Grundvoraussetzung für die Wahrnehmung und das Verarbeiten von Informationen besteht in der Aufmerksamkeit, die willentlich gerichtet sein kann oder auch unwillkürlich angesprochen wird. Die willkürliche Aufmerksamkeit bezeichnet man auch als Involvement, das dafür steht, wie stark oder intensiv der Mensch von der betreffenden Werbung in Anspruch genommen wird. Die Sozialpsychologie beschreibt mit Involvement das Ausmaß der Betroffenheit einer Person, während Werbepsychologen die Tiefe der erwartbaren Informationsverarbeitung untersuchen. Das Ziel der Werbung besteht darin, etwas zu bewegen, den Menschen zu aktivieren und gelegentlich sogar zu emotionalisieren.

Es kann darum gehen, ob der Betrachter auf die Werbung emotional reagiert. Wie kommt es dazu, dass Menschen auf Werbung emotional reagieren? Gemeint ist also zum Beispiel Werbung, die darauf abzielt, das Erleben der Werbung so stark mit dem Erleben des Gebrauchs des beworbenen Produkts zu verknüpfen, dass die Beworbenen beim bloßen Gedanken, das Produkt zu benutzen, das entsprechende Erleben reaktivieren (Moser, 2002, S. 159). Diese Art und Weise der Emotionalisierung besteht darin, dem Betrachter Geschichten so zu erzählen, dass sie ihm nahe gehen. Wenn man davon ausgeht, dass Werbung emotional wirken soll, so muss sie die Form eines Dramas entwickeln, ähnlich wie es bei Comicdarstellungen der Fall ist. Dementsprechend könnte der Konsument auch als Problemlöser eingestuft werden, da er zunächst die auf ihn einströmenden Informationen verarbeitet, um anschließend zu einer Entscheidung oder Problemlösung zu gelangen.

Seit Ende der fünfziger Jahre und im Rahmen der kognitiven Wende in der Psychologie wird der Mensch als informationsverarbeitendes System beschrieben. Hinsichtlich dieser Informationsverarbeitung und in Bezug auf die Werbepsychologie ist unter anderem die Wirkung der Farben besonders hervorzuheben, da sie sich auf vielfältigste Weise in der Werbung einsetzen lässt. Als erstes zieht sie die Aufmerksamkeit auf sich und dient der Unterscheidung, um nachfolgend das Produkt und die Verpackung lebendig zu gestalten. Dargestelltes kann durch Farbe realistischer und dekorativ wirken, kann auch symbolischen Charakter haben, um Atmosphäre zu schaffen und die Bedeutung von Inhalten hervorzuheben. Innerhalb der Werbung ist die Farbe immer einem Element zuzuordnen, das heißt sie erscheint als Teil des Produkts, der Verpackung, des Markenzeichens, der Illustration oder des Textes, um verschiedene Stimmungen beim Betrachter hervorzurufen. Selbst die heute schon oftmals verwendeten Schwarz – Weiß Anzeigen erwecken Aufmerksamkeit in der Weise, da sie oftmals als Ausnahme betrachtet wiederum bestimmte Stimmungen beim Konsumenten erzeugen. *Werbeappelle beabsichtigen im Allgemeinen, Verhaltensweisen zu veranlassen. Diese Verhaltensweisen könnten prinzipiell dadurch motiviert werden, dass Positives angestrebt oder Negatives vermieden werden soll. Furchtappelle enthalten Informationen über die schädlichen Konsequenzen von Verhalten und sie emp-*

fehlen in *der Regel außerdem Verhaltensweisen, um dieses Negative zu vermeiden* (Moser, 2002, S. 224). Einer der bekanntesten Furchtappelle in der Werbung ist der, der aus zwei Teilen besteht, einer Aussage über eventuell drohende gesundheitliche Konsequenzen und zum anderen, einer Aussage über mögliche Handlungsempfehlungen. Das Ziel dieses Furchtappells liegt zunächst in der Motivation des Rezipienten, damit nachfolgend die Empfehlung zur Reduktion der negativen Emotion führen kann. Als mögliches Beispiel könnte im Kunstunterricht die Verhaltensweise eines jeden einzelnen gegenüber dem Rauchen diskutiert und thematisiert werden. Mittlerweile werden an den Schulen sogar schon abschreckende Filme gezeigt, die sich mit diesem Thema auf gesundheitlicher Basis beschäftigen. Man könnte an dieser Stelle von einer Anti – Werbekampagne sprechen, die einzig und allein auf dem soeben erwähnten Furchtappell aufbaut. Hier zeigt sich auch in umgekehrter Weise, dass ein emotionales Bildelement eine solche Aktivierung auslöst, die sich auf das Umfeld des emotionalen Reizes überträgt. Der vormals Umworbene wird nun abschreckend wachgerüttelt, so dass er das Gesamtbild, nicht zuletzt auch den Textteil, effektiver aufnimmt und verarbeitet. In diesem Zusammenhang wird nochmals darauf hingewiesen, dass im Vergleich der Aufmerksamkeitswirkung von Text und Illustration, die Illustration fast immer zuerst betrachtet wird, womit auch erwiesen wäre, dass die Verwendung von Bildern oder visuellem Material im Alltag die auffallendste Erscheinungsform von Werbung darstellt.

3.6.2 Symbolcharakter von Markenidentität und Markenpositionierung

Icons und Bildmarken sind die Schriftzeichen der globalen Gesellschaft. Wann immer Menschen unterschiedlicher Sprachen Informationen schnell und prägnant erfassen und verstehen müssen, werden solche Zeichen seit Ewigkeiten verwendet (Plass, 2001, S. 14). Heute, im multimedialen Zeitalter finden Symbole, die gewisse Markenprodukte repräsentieren, gerade bei der jugendlichen Generation ihre Transformation zum Statussymbol oder Kultsymbol. Diese sogenannten Statussymbole stellen innerhalb einer Gruppe die Wertigkeit des Menschen dar, der seine soziale Stellung nur durch den Kauf solcher Produkte rechtfertigen kann. Dieser Gruppendynamik, die ohne kritische Einflussnahme leicht eine Eigendynamik entwickelt, sollte auch im Kunstunterricht vorgebeugt werden. Durch gezielte Gespräche über die Selbstdarstellung des Menschen und seine Sozialisation, seine Anerkennung innerhalb einer Gruppe kann der vormals notwendige Besitz dieser Statussymbole relativiert werden. Dazu ist wiederum eine Einführung in die Werbung und Marktforschung nötig, um dem Schüler, die davon ausgehende Beeinflussung und Manipulation als Negativum aufzuzeigen. Im Hinblick auf die Historie wird zunächst deutlich, dass das Bildsymbol lange vor dem Schriftzeichen entstand und somit zur Vermittlung eines Themas diente, das man seinem Gegenüber mitteilen wollte. Auch heute noch dient das Symbol, an das lediglich andere Qualitätsanforderungen gestellt werden, der Informationsvermittlung. Das Symbol muss heute mit der Idee, dem Abstraktionsgrad und der formalen Lösung drei Aspekte sinnvoll verknüpfen. Ist die Idee erst einmal geboren, so hängt der Abstraktionsgrad von dem Umfeld ab, in dem das Symbol stehen soll. Die darauffolgende formale Lösung orientiert sich an den Grundregeln des Zeichnens, die in jedem Lehrbuch unter den begriffen Abbildung, Darstellung und Vorstellung nachzuschlagen sind. Individualität und Einzigartigkeit unterliegen den modischen Strömungen des Grafikdesigns und dem Duktus des Designers. *Werbung – imperative, appellative, übertriebene, schein – reale, gefühlsbetonte, romantische, emotionale, unterschwellige, informative, aufklärerische – hat keine sozialtherapeutische oder emanzipatorische Aufgabe; ihr Grundcharakter ist Überredung und Manipulation. Der Endverbraucher bekommt eine Schein – Realität auf Symbolebene und bestenfalls selektive Information über ein Produkt* (Gmelin, 1975, S. 135). Diese Art der Produktwerbung geht zunächst als intentionale Kommunikation von Produzentenseite aus, wobei die informationelle Bedürfnislage des Konsumenten für den Werber von zweitrangiger Bedeutung ist, da er zunehmend auf der Basis einer Motivdynamik – Theorie arbeitet, die über die bekannten psychoanalytischen Modelle hinausgeht.

Diese speziellen Modelle der Werbung und Werbetheorie schließen sich an die vorhandenen Symbol-, Zeichen- und Kommunikationstheorien an, indem sie nur als Funktion des Produkts gelten, nicht aber den notwendigen Gebrauch und Verbrauch darstellen, womit man wieder in den Bereich der Manipulation eintritt. Theoretisch gibt es zwei Wege der Beeinflussung, den zentralen Weg, wo Qualität und Art der Argumente zur Kaufentscheidung beitragen, wo also Sachargumente gefordert sind. Beim peripheren Weg geht es vorrangig um das Gefallen oder vielmehr um eine angenehme, emotionale Gestaltung der Markenwerbung, die vor allem bei jugendlichem Zielpublikum durch entsprechende emotionale und multimedialorientierte Werbung soziale Akzeptanz erreicht. Allerdings ist auch hier wissenschaftlich belegt, dass Sachargumente und Erlebnisse nicht im Widerspruch zur Marke stehen dürfen, sondern vielmehr diese Marke stützen sollten. Ob man nun Sprache oder Bild, Emotion oder Ratio als die beste Ansprache in der Werbung verwendet, richtet sich nach den Einflussfaktoren für Markenwerbung.

Aus wissenschaftlicher Sicht sind für eine erfolgreiche Werbung mehrere Prüfschritte zu durchlaufen, die eine genaue und systematische Analyse des gesamten Prozesses eines Unternehmens beziehungsweise eines Produkts voraussetzen. *Da die Kommunikation das Gesicht der Marke ist, muss die Werbung sich an der Markenidentität und Markenpositionierung orientieren. Viele Marken leiden unter Identitätslosigkeit. Hier ist der Weg ein anderer: Die Marke erhält eine Identität durch einen bewusst gestalteten Auftritt* (Esch, 2002, S. 24). Nicht alleine die klare Markenidentität ist für den Werbeerfolg ausschlaggebend, sondern vielmehr müssen die relevanten Wünsche und Bedürfnisse bei der Zielgruppe angesprochen werden. Ob dabei ein Sachnutzen oder ein emotionaler Nutzen im Vordergrund steht, hängt im Wesentlichen von dem Involvement der Zielgruppe ab, das dem Engagement entspricht, mit dem sich diese einem Sachverhalt widmen. Emotionspsychologen ermittelten Primäremotionen wie Freude und Überraschung, aus denen sich mittlerweile Hunderte von Erlebnissen mit Relevanz für den Kunden ableiten lassen, die einzig und allein mit ihrer Umsetzung an Zwängen und Branchenklischees scheitern.

In der Werbung ist das Ganze mehr als die Summe seiner Teile. Es kommt auf die Integration, also auf die Abstimmung der Kommunikationsmaßnahmen an, damit sich klare Markenvorstellungen bei den Anspruchsgruppen bilden können. Eine formale und/oder inhaltliche Integration zwischen allen Markenauftritten und im Zeitablauf ist gefordert, damit sich klare Markenvorstellungen bilden können (Esch, 2002, S. 24). Die Umsetzung der Markenwerbung muss sich also an den relevanten Markt- und Kommunikationsbedingungen orientieren. Eine erhöhte Anforderung an die Werbegestaltung wird zudem durch Informationsüberflutung, Kommunikationskonkurrenz und wenig involvierte Konsumenten, die nur beiläufig Werbung aufgreifen, gestellt. Neueren Erkenntnissen zufolge erhält eine einseitige Anzeige zwei Sekunden Betrachtungszeit, die von allen Marktforschungsinstituten bestätigt wird, indem diese von einer kurzen Betrachtungszeit auf das Bild und auf die Headline berichten. *Es gilt, was schon der römische Philosoph Quintilian niederschrieb: „Wer die Macht über die Bilder hat, hat die Macht über die Menschen"* (Esch, 2002, S. 24). Die Werbewirkung und der Werbeerfolg hängen mit den Einstellungen und Einstellungsänderungen des menschlichen Individuums zusammen, die die Bereitschaft regeln, auf den Gegenstand der Einstellung mit Zuwendung oder Abwendung zu reagieren, indem sie eine Wissens- und Bewertungskomponente beinhalten.

In erster Linie gehen jedoch Einstellungen auf direkte Erfahrungen mit dem Einstellungsobjekt oder auf eine persönliche Kommunikation zurück. *Die Effektivität einer beeinflussenden Kommunikation hängt unter anderem von der Qualität der verwendeten Argumente ab. Die Empfänger können die Argumente tief oder oberflächlich verarbeiten. Eine Einstellungsänderung nach tiefer Verarbeitung folgt der „zentralen Route der Überredung", eine Einstellungsänderung nach oberflächlicher Verarbeitung dagegen der „peripheren Route"* (Felser, 2001, S. 303). Wie schon erwähnt kommt es beim Jugendlichen über den gruppendynamischen Prozess hinaus zu einer Einstellungsveränderung gegenüber dem Produkt oder generell gegenüber der Werbung. Das bedeutet, dass der Jugendliche nicht mehr nur über die Werbung beeinflusst wird, sondern vielmehr von der ihn umgebenden Gruppe, die zielgerichtet Einfluss auf ihn nimmt und seine Stellung in Frage stellt beziehungsweise diese in Abhängigkeit stellt zu den Markenartikeln, mit denen er sich umgibt. Dabei liegt die Gewichtung vor allem auf Kleidung, multimedialen Artikeln oder solchen Produkten, die den Jugendlichen in der Art und Weise ansprechen, als dass sie den Begleiter in einer Lebensphase darstellen. Unterwirft man sich nicht diesem gruppendynamischen Prozess, so wird man von der Gemeinschaft ausgeschlossen, was beim Jugendlichen zu schweren psychischen Störungen führt, denen man auf pädagogische Weise entgegenwirken kann.

Das Vorgefundene zunächst einfach hinzunehmen, wie es ist; auch wenn es ungewohnt, unerwartet, unlogisch, widersinnig erscheint und unbezweifelten Annahmen oder vertrauten Gedankengängen widerspricht. Die Dinge selbst sprechen zu lassen, ohne Seitenblicke auf Bekanntes, früher Gelerntes, „Selbstverständliches", auf inhaltliches Wissen, Forderungen der Logik, Voreingenommenheit des Sprachgebrauchs und Lücken des Wortschatzes. Der Sache mit Ehrfurcht und Liebe gegenüberzutreten, Zweifel und Misstrauen aber gegebenenfalls zunächst vor allem gegen die Voraussetzungen und Begriffe zu richten, mit denen man das Gegebene bis dahin zu fassen suchte.

W. Metzger

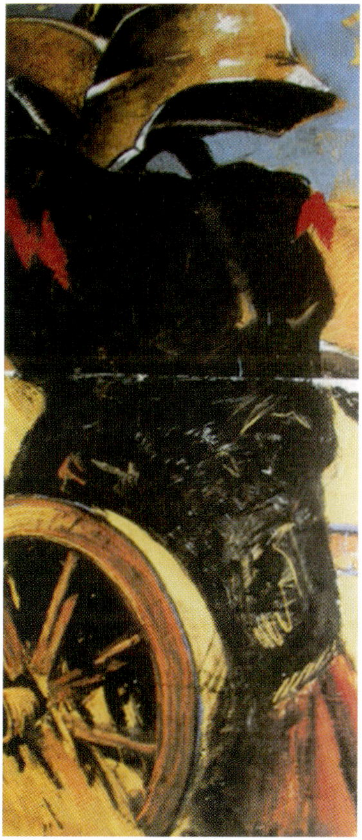

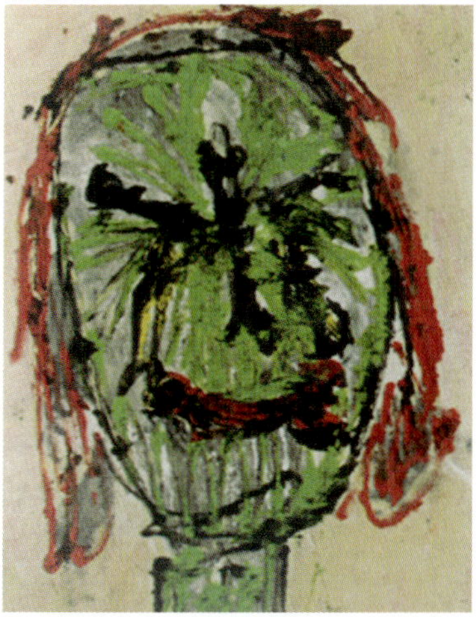

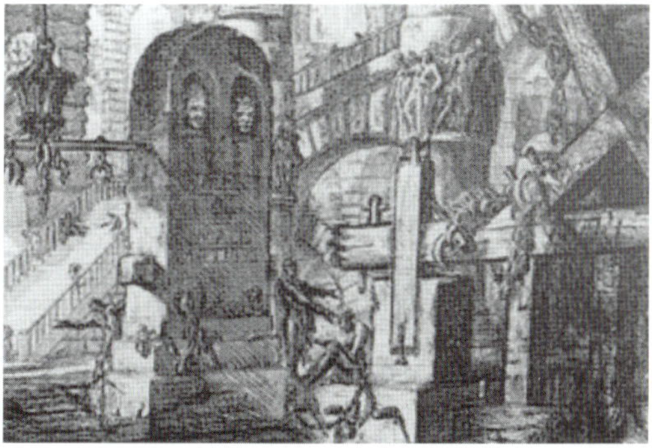

4. Bedeutung von visuell erfasster Symbolik anhand künstlerisch - autobiographischer Erfahrung

Die Intention des vorliegenden 4. Kapitels besteht darin, visuell erfassbare Symbolik sowohl in zeitgenössischer Kunst, als auch in postmoderner Kunst ausfindig zu machen, um sie unter nachfolgender Anleitung einer fachgerechten Interpretation unterziehen zu können, damit dem Betrachter der Zugang zum Bildwerk ermöglicht wird. Anhand autobiografischer Erfahrung werden vier zeitgenössische Künstler und ihre Werke mit drei modernen Malern des 20. Jahrhunderts verglichen, die alle eine eigentümliche Darstellung hinsichtlich des Symbolgehalts ihrer Bilder aufweisen. Bis heute haben zum Beispiel die Werke eines Hieronymus Bosch ihre Faszination nicht verloren, da sie eine Symbolik enthalten, die sich in einer derartig verschlüsselten Form präsentiert, dass der Betrachter unbedingt den Versuch unternehmen möchte, das dahinterliegende Geheimnis zu enträtseln. Das Aufspüren des richtigen Interpretationsweges kann nur gelingen, wenn einem die Lebensumstände des Künstlers bekannt sind, wenn die Einbindung des Künstlers in die historischen Zusammenhänge des jeweiligen Jahrhunderts erfolgt und wenn die psychologischen Hintergründe für sein Handeln aufgezeigt werden können. Boschs Bildwerke geben einen Einblick in die Ästhetik des Mittelalters mit allseitiger Präsenz der hermetischen Philosophie, dem sich das menschliche Individuum damals verpflichtet fühlte.

Dagegen erweisen sich die von Giovanni Battista Piranesi erdachten Kerkerlandschaften als Elemente der Fantasie und traumhafter Symbolik, die außerhalb jeglicher Existenz liegen und in den Bereich der wahnhaften Vorstellungen fallen. In Johann Heinrich Füsslis Bilddarstellungen findet man die Tendenzen der visionären Malerei bestätigt, deren Symbolgehalt eindeutig auf die Psyche des Malers schließen lässt und der die Grenzen zwischen Furcht und Schrecken für den Betrachter in einer verschwommenen Deutlichkeit präsentiert. William Blake, dessen Werke sich zum einen an literarischen Vorlagen und zum anderen an dem Symbolismus orientieren, sind stets geprägt von einer latent bestehenden visionären Inspiration, die anhand von autobiografischen Aufzeichnungen bestätigt werden kann.

Georg Baselitz' Kunst bewegt sich zwischen Assoziation figürlicher Art und informeller Kunst, die den Schaffensprozess erspürbar werden lässt, wobei unter anderem ein Aggressionsverhalten gegenüber dem Kunstwerk sichtbar wird. Die sogenannte dithyrambische Malerei eines Markus Lüpertz stellt auf besondere Art und Weise die Abstraktion ohne ein Emotionales – Beteiligt – Sein dar, in der eine Differenzierung von Kunst und Wirklichkeit nur schwer nachzuvollziehen ist, da auch hier der Übergang grenzenlos erscheint. Einen ganz besonderen und eigentümlichen Symbolgehalt weisen die Bildwerke von A. R. Penck auf, die auf den ersten Blick an Zeichensysteme in Verbindung mit prähistorischer Höhlenmalerei erinnern und deren Kommunikation mit dem Betrachter auf einer bildwörtlichen Ebene zu erfolgen scheint. Die Kunstwerke aller soeben genannten Künstler weisen gemäß ihrer zeitlich – kulturellen sowie historischen Einbindung eine Gemeinsamkeit hinsichtlich ihres Symbolgehalts auf, der in unterschiedlichster Form dargestellt wird. Aus kunstpädagogischer Sicht ist die Erläuterung künstlerisch autobiografischer Erfahrung für den Betrachter von immenser Bedeutung, indem er sich auf diese Art der Persönlichkeitsstruktur annähern kann und einen Einblick in den Schaffensvorgang erhält. Die Frage nach der Entstehungsgeschichte eines Kunstwerks wird somit beantwortet, vorausgesetzt, man ist in die kunstgeschichtlichen Zusammenhänge genügend involviert.

Autobiografische Erfahrung kommt in dem Moment zum Einsatz, wo der Betrachter nicht mehr weiter weiß, wo sich ihm die Interpretationsfindung verweigert und er der künstlerischen Spur nicht mehr folgen kann. Im Hinblick auf die von der Kunstpädagogik geschulte sinnliche Wahrnehmung ist die Vermittlung von kreativer Erfahrung und Eigenleistung notwendig, um die Voraussetzung für nachfolgende Aufgabenstellungen zu schaffen. Die innerhalb eines Kunstwerks verwendeten Symbole erfahren oftmals eine Transformation zum Signal, mit dessen Hilfe der Künstler seine Befindlichkeit gegenüber dem Betrachter zum Ausdruck bringen möchte. Erreichen diese Signale den Empfänger, so kann er darauf positiv oder negativ reagieren, je nachdem welche emotionalen Regungen in ihm angesprochen werden, die sein Selbst nachhaltig beeinflussen. Viele kunstpädagogische Aufgabenstellungen bestehen darin, zeitgenössische und moderne Kunstwerke zu interpretieren, um sie nachfolgend zeichnerisch umzusetzen, sei es als Nachahmung der Vorlage oder als Transformation zu einem neuen veränderten Kunstwerk. Der Interpretationsweg bildet also den Einstieg in das Kommunikationssystem des Bildwerks, das dem Betrachter etwas mitteilen möchte und ihn an einer eventuellen Lustbefriedigung teilhaben lässt. Natürlich kann ein Kunstwerk auch abstoßend wirken, wodurch aber trotzdem das Interesse des Betrachters geweckt werden kann, der die Gründe dafür genauer untersuchen möchte. Kunstbetrachtung hat in diesem Sinne auch immer etwas mit Selbsterfahrung zu tun, indem der Rezipient nicht nur Informationen konsumiert, sondern diese auch verarbeiten muss. Sowohl zeitgenössische als auch moderne Kunst können mit ihrer Wirkungsweise irritieren und den Betrachter auf eine falsche Interpretationsspur führen, so dass dieser letztendlich auf fachkundige Hilfe angewiesen ist. Im Kunstunterricht werden solche Hilfestellungen in Form von Lernprozessen angeboten, die schrittweise in die Thematik und

Problematik der jeweiligen Zeitepoche einführen. Dies kann zum Beispiel durch Fantasiereisen und Rollenspiele erfolgen, wie noch in Kapitel 5. näher erläutert wird. Ziel ist es, den Schüler mit Kunstwerken aus der Vergangenheit und Gegenwart zu konfrontieren, um ihn an den autobiografischen Erfahrungen der Künstler teilhaben zu lassen.

Dadurch wird der Schüler motiviert, neue Gedankengänge aufzugreifen, um sie im eigenen Kunstwerk umsetzen zu können. Auf diese Weise ist es möglich, künstlerische Erfahrung weiterzugeben, damit man diese unter Anleitung nachempfinden und den Schaffensprozess nachvollziehen kann. Über die Selbsterfahrung hinaus aktiviert man den Selbstfindungsprozess und gelangt zur Ausprägung der Ich – Persönlichkeit auf kreativer Ebene. Im Kunstunterricht wird das menschliche Individuum auf das eigenverantwortliche Handeln und auf die Interaktion mit seiner Umwelt vorbereitet. Zu dieser spezifischen Umsetzung der sinnlichen Wahrnehmung gehört auch die Auseinandersetzung mit Lebensumständen aus der Vergangenheit, sowie in der Zukunft, wobei man hier nur Prognosen aufstellen kann, die noch jeglicher Erfahrung entbehren. Kunstgeschichtliche Untersuchungen geben Aufschluss darüber, wie sich ein Künstler in der jeweiligen Zeitepoche gefühlt hat, welchen Anforderungen er zum Beispiel ausgesetzt war oder welche politischen beziehungsweise religiösen Umstände seine Arbeit beeinflussten. Dagegen ist eine Einschätzung künstlerischer Erfahrung im hoch technologisierten multimedialen Zeitalter nur schwer zu vermitteln und nur über Hypothesen möglich. Da das gesamte Leben aber aus Erfahrungen besteht, ist es von Bedeutung, diese an andere Personen weiterzugeben, um sie aus kunstpädagogischer Sicht in eine kreative Leistung umwandeln zu können. Kreativität bildet den Zugang zu eigenverantwortlichem Handeln und Denken aufgrund der Selbstdarstellung im produzierten Kunstwerk, das die tiefsten Schichten der Seele aufzudecken vermag.

4.1 Hieronymus Boschs rätselhafte Symbolik

Hieronymus Bosch wurde 1450 als Sohn eines niederländischen Malers geboren und von diesem, wie es zu dieser Zeit oftmals üblich war in die Techniken der Malerei eingewiesen. *Er schuf religiöse Bilder, in denen das Jüngste Gericht, die Höllenstrafen, die Todsünden, die Versuchungen mit grausam – satirischer Fantasie der christlichen Moral entsprechend dargestellt sind. Ausgehend von biblischen oder Volksszenen mit wenigen großen Figuren, gelangte er zu allegorischen Triptychen mit unzähligen Figürchen und absonderlichen Fabelwesen in scharfer Zeichnung, oft vor feinen, helltonigen Landschaftsgründen. Versuche, seine rätselhafte Symbolik mithilfe der zeitgenössischen Literatur, durch psychologische Beziehungen Boschs zu Alchemie, Magie und ketzerischen Sekten zu deuten, brachten bislang nur teilweise Aufklärung* (Brockhaus, 2001, S. 136). Ausgangspunkt für die Betrachtung dieser rätselhaften Symbolik bildet die biblische Darstellung des Paradieses, die Bosch auf vielfältigste Weise in seinen Werken umgesetzt hat.

Als bestes Beispiel zur genaueren Interpretationsfindung bietet sich hier das Triptychon vom „Garten der Lüste“ an, dessen verschlüsselter Inhalt sich der damaligen zeitgebundenen Wirklichkeit entzieht. Bosch erzählt in seinen Bildern von einem Paradies, das nur in seinem Geist einer realen Welt entsprach, die man heute einem virtuellen Zwischenraum zuordnen würde, der allerdings auch dann noch vor einer biblischen Perspektive Bestand hätte. Von der Darstellung einer erotisch anmutenden Szene über den sündigen Menschen in der Welt bis hin zur sogenannten Höllentafel reicht die Freiheit der künstlerischen Fantasie, durch die Bosch versuchte, seine Werke und somit eine neue Kunstrichtung zu legitimieren. Verstanden wurden seine Bilder von der damaligen Künstlergeneration nicht, da sie den Ausdruck einer Art Geheimsprache trugen und die Definition eines neuen Kunstbegriffs hemmten. Im ersten Teil des Triptychons soll man sich zweifelsfrei in dem Paradies befinden, von dem in der Bibel die Rede ist. Zur Orientierung fehlt nur die geschichtliche Zeitfolge, die Bosch bewusst unterschlagen hat, indem er den Sündenfall nicht explizit darstellt, der aber der nachfolgenden Menschheitsgeschichte eigentlich vorausgeht. Lediglich ist die Schlange als Symbol für das Verbot, vom Baum der Erkenntnis zu essen, im Verborgenen sichtbar. Mit dem Sündenfall tritt das Bewusstsein über die eigene Blöße beziehungsweise Nacktheit in das Leben des Menschen, woraufhin er seinen Körper aus Scham verhüllen möchte.

Da Bosch nun diesen zeitlichen Ablauf der biblischen Geschichte vernachlässigt, kann er den Menschen weiterhin im Mittelteil des Triptychons unbekleidet in einer irrealen Welt agieren lassen. Man befindet sich jetzt weder im Paradies noch in der irdischen Welt, sondern im geistigen Fantasiebereich des Künstlers, der für den Betrachter seine eigene Welt geschaffen hat, in der es zu unendlichen Motivwiederholungen kommt und der Mensch, so wie er ist, in der Natur lebt, als sei er ein Teil von ihr. Der Mittelteil erweckt den Eindruck eines mit nackten Menschen überfüllten Paradiesgartens, der eigentlich keiner ist und im Widerspruch zu jeglicher biblischen Erzählung steht, wonach Adam und Eva auch nach der Vertreibung aus dem Paradies das erste Menschenpaar bildeten. Wie schon angedeutet beginnt mit dem Sündenfall eine Geschichtsabfolge, die letztlich in der Hölle enden muss, in der die Sünden der Menschen gebüßt werden. Boschs gemaltes Paradies kann aber dort in Form der sogenannten Höllentafel nur enden, weil es ausschließlich durch die Kraft der Fantasie seine Artikulation fand. Dieser Höllenflügel lässt sich als Nachtdarstellung mit den Nachbarbildern nicht vergleichen, da hier im Gegensatz zu den paradiesischen Zuständen keinerlei Abbildung der Natur zu finden ist. Plötzlich lebt der Mensch also nicht mehr in und mit der Natur, sondern in einer von ihm selbst geschaffenen Zivilisation, in der sich Fantastik und Realismus die Balance halten.

All das, was man den Menschen hier an Qualen und Strapazen zuführt, wird durch die Nacktheit, die sich von den anderen Bildern her wiederholt, verstärkt. Nacktheit stellt sich hier als Erleidung höchstens Elends dar, die man in den katastrophalen Zuständen dieser Zeitenwende täglich real erleben konnte. Geht man davon aus, dass all diese Bilder aus dem Unbewussten stammen, so lässt dies Rückschlüsse auf eine introvertierte Einstellung des Künstlers zu, der die Bildfläche als Indikator für seine innere Verfassung nutzt. Unter psychologischem Aspekt betrachtet weiß man heute, dass sich das Unbewusste immer identisch in symbolischer Form ausdrückt. Viele Deutungsversuche hinsichtlich der verwandten Symbolik sind einerseits in der mittelalterlichen Wissenschaft sowie in der alchimistischen Ikonographie zu finden. Unabhängig davon weiß man heute, dass die Bilder des Unbewussten immer wiederkehrend in Form von Archetypen auftauchen.

Bosch lässt sich geradezu von einer Flut seiner inneren Bilder überschwemmen, so dass der Betrachter sich im Objekt zwecks der Entschlüsselung erst einmal orientieren muss. Diese Fülle von Darstellungen bezeichnet man als „Streumustermalerei“, wobei sich der Maler nie auf das Wesentliche festlegt. Das dennoch Faszinierende geht vom Maler selber aus, der sich als Vermittler seiner inneren Bilder sieht und mithilfe einzelner Symbole versucht, einen Zusammenhang der Motive herzustellen, obwohl ihn diese unheimlichen inneren Bilder ständig bedrängten. An dieser Stelle sollte noch einmal auf die symbolische Blöße der Menschen in Boschs paradiesischem Garten eingegangen werden. Die dort dargestellte Nacktheit entspricht dem paradiesischen als einem vorwiegend unbewussten Zustand, in dem der Mensch seine Geschlechtlichkeit noch nicht erfasst hat. Diese Erkenntnislosigkeit wird durch alterslose, blasse Körper initiiert, die zwar nackt aber unbeteiligt voneinander dicht gedrängt zusammenstehen. Diese Menschen wirken in ihrer Transparenz auf den Betrachter wie engelhafte Wesen, die keinen Schatten werfen, da sie sich noch vor dem Sündenfall befinden und somit jeglicher Bezug zum irdischen fehlt. Der Schatten symbolisiert den erdhaften Anteil des Menschen und stellt im psychologischen Sinn den negativen Teil der Persönlichkeit dar, womit der Mensch an das Hier und Jetzt gebunden ist. Schlussfolgernd ist in diesem Zusammenhang festzuhalten, dass sich Boschs Paradies jenseits jeglicher Zeitvorstellung befindet. Lediglich auf der Höllentafel wird die Welt so gezeigt, wie sie der Vorstellung nach dem Sündenfall und der des Malers, nämlich voller nachzeitlicher Bestrafung als

Folge von Betrug und Täuschung, in einer irdischen Welt entsprach. Wie schon erwähnt ist Bosch ein Mensch des ausgehenden Mittelalters, der an einer Zeitenwende steht. Dies ist ein Zeitpunkt, an der die vorangehende Epoche zu zerbrechen droht und die Seele sich auf der Suche nach neuen Werten befindet.

Bosch gelang es mit seinen Bildern der damaligen Zeitsituation Ausdruck zu geben, indem er als wirklich großer Maler und ähnlich einem Propheten nicht nur herkömmliche Themen darstellte, sondern auch Zukünftiges vorwegnahm. Der Maler kann aber nicht nur aufgrund seiner persönlichen Problematik verstanden werden, da seine individuelle Problematik den Geist seiner Zeit und der Zukunft widerspiegelt. Seine Bilder tragen offensichtlich den Stempel des Unbewussten und weisen auf etwas Unsichtbares hin, das sich sonst einer Darstellung entzieht. Nach den Erkenntnissen der modernen Tiefenpsychologie sind diese Bilder Ausdruck eines inneren Geschehens, dessen Darstellungen den inneren Objekten ähneln wie sie in Visionen und Traumbildern erscheinen. *Bosch ist insofern eine Art Psychologe seiner Zeit, als er schonungslos die dämonischen Hintergründe aufdeckt. Er ist jedoch kein Seelenarzt für die Krankheiten seines Zeitalters, weil er in seinen Bildern mit distanzierter Objektivität die Schrecken des seelischen Hintergrundes schildert, ähnlich wie ein Pathologe, der die Krankheitsursache anlässlich der Sektion feststellt* (Ribi, 1990, S. 15).

Das auf unkonventionelle Weise von dem Maler Dargestellte entstammt eindeutig seiner lebhaften Fantasie, das heißt seinem Unbewussten, was ein Beweis dafür wäre, dass er gar nicht wusste, was er eigentlich damit ausdrücken wollte. Dies mag auch der Grund dafür sein, dass keines der Bilder einen Titel von Bosch erhalten hat, sondern die geläufigen Bildbezeichnungen aus späterer Zeit stammen. Geht man nun davon aus, dass Bosch dem introvertierten Einstellungstypus zuzuordnen ist, so kann man aus psychologischer Sicht davon ausgehen, dass ihm die Welt feindlich und überwältigend erscheinen musste. Aus diesem Grund flieht er vor ihr und versucht sie zu depotenzieren, indem er sie als „nur böse“ darstellt. Seine Bilder sind geprägt von Darstellungen, die im Widerspruch zueinander stehen, wie zum Beispiel die Darstellung des Heiligen in Verbindung mit Dämonen. Stellt man Bosch auf eine Ebene mit einem visionären Maler, so würde er die Levitation als etwas Positives in Verbindung mit Lichterscheinungen, Stigmatisation oder charismatischen Heilungen darstellen. An Stelle dessen wird der Heilige von Dämonen bedrängt, die ihm die Kräfte rauben.

Während die Elevation eines Visionärs in Richtung eines geistigen Sicherhebens geht, vollzieht sie sich bei dem Heiligen gegen seinen Willen und kann somit als dämonisch bezeichnet werden, was allerdings auf ein persönliches Problem des Malers schließen lässt. Er stellt sich insofern selber dar, als dass er gegen seinen Willen von Institutionen ins Reich des Geistes entrafft wird und daraufhin den Kontakt mit der Realität verliert. Dies zieht wiederum eine Regression des Unbewusstwerdens nach sich, die in Form der Bewusstlosigkeit des Heiligen dargestellt wird. Es ist nicht leicht, sich in Boschs Bildern zurechtzufinden, so dass man sie quasi Zeile für Zeile lesen muss, um ein Inventar aufzunehmen, anhand dessen man sich besser orientieren kann. Wie schon erwähnt ließ sich Bosch von der Flut seiner inneren Bilder überschwemmen, so dass ähnlich wie bei einer Psychose kein Ich als ordnende oder sinnfindende Instanz demgegenüber stehen konnte. Nicht die Absurdität der Inhalte, sondern das Fehlen des Ichs kennzeichnet eine Psychose.

Diese Art der Flut von Bildern ohne Zusammenhang zu einem Ganzen stellt Bosch in symbolischer Form als fliegende Fische am Himmel dar. Dass die Werke Boschs auch heute wieder an Aktualität gewinnen liegt in der Grundeinstellung zur Kirche begründet. Sobald sich der moderne Mensch davon entfernt, schließt er sich entweder selbst aus der Kirche aus oder fällt den Dämonen zum Opfer, die in dem Moment an das menschliche Gewissen appellieren, wo man von den geheiligten Regeln der Kirche abweicht. Mit Boschs Bildwerken hat eine neue Richtung in der Kunstgeschichte begonnen, indem erstmalig ein Künstler versuchte, seine innere Welt zur Anschauung zu bringen. Das, was vormals als unanschaulich galt, stellte er mithilfe seiner Ausdrucksmalerei dar. Ähnlich verhält es sich mit den Träumen, wo auch die Idee des Traumes hinter den Bildern liegt und die einzelnen Symbole in ihrer Gesamtheit einen Zusammenhang ergeben, der sinnvoll mit der Lage des Individuums übereinstimmt. Der Maler wird somit zum Mittler der inneren Bilder, die auf den Betrachter faszinierend wirken. Die Energie, die sich auf religiöse Funktionen stützt, zieht sich bei Bosch ins Unbewusste zurück, wo sie archaische Formen belebt, die sich als Dämonen manifestieren. Vom eigentlichen Bewusstsein sind diese archaischen Formen derart weit entfernt, dass dieses ihnen verständnislos gegenübersteht. Das Bewusstsein wird sie entweder als das „Böse" interpretieren oder oberflächlich als gruselige Vorstellungen einstufen, so dass immer der Eindruck von Gegensätzen in den Bildern präsent ist. Die Dämonen deklarieren aber nicht explizit das Böse, sondern bilden eine kompensatorische Gegenreaktion des Unbewussten, die durch die einseitige Haltung des Bewusstseins aktiviert wird. Diese Problematik stellt sich nicht nur in bezug zu der Persönlichkeit des Malers und der Zeit, in der er lebte, sondern ist auch heute im modernen Zeitalter anzutreffen.

In den Bildwerken von Bosch, der sich dem traditionellen Verständnis der christlichen Botschaft verpflichtet fühlte, begegnet man ständig sogenannten Wandlungssymbolen, die den Übergang von einem Zeitalter in das Nächste verdeutlichen und diese Zeit als besonders gefährlich darstellen. Aus diesem Grunde lässt Bosch oftmals entfesselte Dämonen im Bildwerk auftreten, die als Symbol für das Bewusstsein stehen, das mit dem inneren Drang nach Veränderung nicht mithalten kann. *Das Reich Christi besteht erst in einem Jenseits von dieser Welt, denn hier herrscht einstweilen noch der Teufel. Das Kreuz wäre eigentlich das Symbol, in welchem die Spannung der Gegensätze ausgehalten würde. Dazu wäre es nötig, dass derjenige, der an ihm hängt, alle Gegensätze verkörpert. Identifiziert er sich einseitig bloß mit dem einen der beiden, so kann das Kreuz nicht zu einem vereinigten Symbol werden, wie es seiner Natur nach sollte* (Ribi, 1990, S. 113). Man könnte Bosch nicht nur als Maler, sondern auch als Psychologen seiner Zeit bezeichnen, indem er hinter die äußere Erscheinung sieht und das innere Drama im Äußeren darstellt, wobei er sich auf seine Mitmenschen und seine Zeit beschränkte. Die Schwächen und Schattenseiten der Menschen, die man ursprünglich über die Kleidung, Gestik und Mimik darstellte, wurden später von Bosch zu Dämonen modifiziert. Aufgrund seiner Bildwerke lässt sich annehmen, dass er an die äußere Realität solcher Dämonen geglaubt hat, so dass man sie auch heute noch als inneres Geschehen und somit als real einstufen kann, vor allem dort, wo sie arme Seelen entsprechend ihrer Sünden im Leben quälen.

Da die Sünde stets eine Unbewusstheit beinhaltet, wo eigentlich Bewusstheit herrschen sollte, wird somit ein Teil der Persönlichkeit von der Entwicklung ausgeschaltet, so dass die Dämonen diesen unterentwickelten Bereich der Persönlichkeit darstellen können. Im Jenseits werden diese armen Seelen so lange gequält, bis sie bereit sind, das zu tun, was sie im Leben versäumt haben. Nach dem Volksglauben erscheinen diese armen Seelen oft in Tiergestalt, wie auch die Dämonen in Boschs Bildwerken. *Reik (1936) könnte Recht haben, dass seine Malerei den Maler vor dem Ausbruch schwerer seelischer Krankheit bewahrt hat und so etwas wie ein Damm war, weil er sonst von seinem unbewussten wie von einem reißenden Strom fortgerissen worden wäre. Wir bezeichnen einen solchen seelischen Zustand als Grenzfall (borderline). Menschen in diesem Zustand haben einen leichten, ja allzu leichten Zugang zum Unbewussten und sind ständig in Abwehrhaltung diesem gegenüber. Sie sind jedoch nicht geisteskrank, aber gefährdet* (Ribi, 1990, S. 147). Bosch, der die religiöse Symbolik in seinem Bildwerk oftmals verarbeitete, schien sich plötzlich von dem zentralen Symbol der westlichen Kultur, dem Christusbild, zu distanzieren, was zum einen auf ein persönliches Problem des Malers und zum anderen auf die Übergangsperiode vom Mittelalter zur Neuzeit hindeutet. In solchen Wendezeiten befindet man sich in einer Art von Niemandsland, in der die bisherigen Werte ihre Bedeutung verlieren, während neue Werte erst im Werden sind.

Wenn die bis dahin kollektiven Bewusstseinswerte absterben, bewirkt die freiwerdende Libido im Unbewussten schlummernde kompensatorische Werte, wobei alles, was bis dahin unterdrückt wurde, nun ans Licht und die Oberfläche drängt. Diese Tatsache ist besonders in Boschs Höllentafeln in beängstigender Art und Weise zu finden. Man kann wohl davon ausgehen, dass der Maler die unheimliche Belebung des Unbewussten durch den Rückzug der Libido aus der Umwelt selbst erlebt hat. Die Bildinhalte machen sich zunächst in dämonischer Form bemerkbar und werden nach einer längeren Auseinandersetzung mit ihnen in eine dem Bewusstsein annehmbare Form umgewandelt. Der Maler selbst hat diesen schwierigen Prozess gescheut, was anhand der halbfertigen Bilder deutlich wird, die von Dämonen und unausgereiften Einfällen überschwemmt sind. Dennoch haben Boschs Werke auch heute noch nicht an Attraktivität verloren, da sie den Individuationsweg eines großen Künstlers sichtbar machen, der in der Stille seiner persönlichen Bemühungen seinen individuellen Beitrag geleistet hat.

4.1.1 Ästhetische Darstellung im Mittelalter

Die Vielschichtigkeit des Begriffs der „ästhetischen Theorie" zeichnet sich schon dadurch aus, dass alle Zusammenhänge aus dem Bereich der Kunst hier ihre Interpretation finden. Schönheit und Kritik über das Kunstwerk, die Beziehung zwischen Kunst und Moral, das Schaffen des Künstlers sowie die dazugehörenden Geschmacksurteile sind alle unter dem Dach der ästhetischen Theorie zu betrachten. Das Mittelalter, in dem man sich nicht ausschließlich ästhetischer Phänomene annahm, steht eher für eine Darstellung kulturell geprägter Traditionen als für eine Konfrontation mit der Realität. Konnotationen aus der Antike, wonach das Bewusstsein über die Schönheit als eine metaphysische Gegebenheit definiert wurde, beeinflussten die ästhetische Denkweise nachhaltig, so dass nur noch von der Schönheit alles Seienden die Rede war.

Diese ästhetische Betrachtungsweise der Welt steht in der Folge zu antiken sowie biblischen Überlieferungen. Wie man in Hieronymus Boschs Bildwerken sehen kann, lebten die Menschen zu dieser Zeit in einer eigenen Welt, die von doppelsinniger Symbolik, von Hinweisen und Bedeutungen, von Gottesmanifestationen und einer Natur geprägt war, die sich vorrangig über den heraldischen Sprachgebrauch ihren Ausdruck verschaffte. Zunächst ging man von Ideen und Vorstellungen aus, die den Künstler in der Weise beeinflussten, dass er das Darzustellende nach einem Vorbild herzustellen versuchte. Heute würde man danach fragen, wie dieses Vorbild in den Geist des Künstlers gelangt ist beziehungsweise, worin die künstlerische Fähigkeit liegen mag, es von selbst zu bilden. Aufgrund neuester Erkenntnisse aus der Wahrnehmungspsychologie weiß man mittlerweile, dass der Künstler eine Idee für sein Kunstwerk nicht einfach so erhält, sondern dass in der Verarbeitung zu einem Kunstwerk mehrere Interaktionsprozesse zwischen Erfahrung und vor allem erlebter Innerlichkeit vonstatten gehen, die letztendlich dem Betrachter zur Wahrnehmung angeboten werden. Nun verwundert es auch nicht mehr so sehr, die in der mittelalterlichen Kunst dargestellten Manifestationen der Grausamkeit, des Elends und der Gegenwart des Teufels im Gegensatz zu allem ästhetisch Schönen als irrationale Umkehr von der Alltagswirklichkeit zu sehen. Man befindet sich geschichtlich gesehen wieder an einem Wendepunkt, vom Mittelalter zur Neuzeit, in dem es ein „nicht mehr", aber auch ein „noch nicht" gibt. Bisherige Werte haben schon ihre Bedeutung verloren, während neue noch nicht wirksam erscheinen.

Solche Zeiten, in denen es regelrecht zu einem entwicklungsmäßigen Stillstand kommt, gefährden unter anderem auch die Psyche des Menschen und bieten einen Nährboden, gerade für ungewöhnlich künstlerische Darstellungen, wie dies bei Hieronymus Bosch zum Beispiel der Fall ist. Mit seinen krankhaften, teilweise abstrusen und dämonischen Darstellungen gewährt er einen Blick in sein „Unbewusstes" und lässt einen an dem Individuationsprozess der ihm eigenen Psyche teilhaben, die sich dem Betrachter durch psychische Bildinhalte offeriert. Obwohl einen bei der Bildbetrachtung bisweilen Schauer und Entsetzen erfasst, so faszinieren doch die Darstellungen in der Art und Weise eines psychologischen Realismus. All das, was Bosch pittoresk bis ins kleinste Detail ausgeführt hat, erinnert an die Umsetzung einer Geschichte oder Vorstellung, die nicht real ist, sondern in der eigenen Welt des Künstlers geboren wurde. Es ist durchaus denkbar, dass er alles von ihm Dargestellte in seiner psychischen Innerlichkeit durchlebt hat, zumal das menschliche Leben im Mittelalter von angstschürender Symbolik geprägt war. Im Vordergrund dieser Epoche stand die Nacktheit der Figuren, die immer dann mit teuflischer Versuchung in Verbindung gebracht wurden, je obszöner man ihrer Symbolik Ausdruck verlieh.

Der Mensch sollte beim Anblick zunächst Schrecken empfinden, um später Demut zeigen zu können, vor allem in religiöser Hinsicht, wo doch die dämonischen Darstellungen als Mahnung für den Kirchenbesucher zum Alltag gehörten. Die Nacktheit des menschlichen Individuums in Boschs Bildwerken sublimiert und beschönigt die Gewaltdarstellungen, so dass man in der Lage ist, sich von diesen zu distanzieren, sie zu verurteilen und abzulehnen. Gewalt gehört zu Tragödien, die sich hier im Bildwerk ereignen, die aber durch Darstellung der Nacktheit wiederum ihre Ästhetisierung erfahren.

Im Vorgriff auf die Erläuterung bezüglich der Verwendung alchemistischer Symbole in Boschs Bildwerken seien an dieser Stelle die Überlegungen von Carl Gustav Jung genannt, der im alchemistischen Opus nicht nur chemische Experimente, sondern auch psychische Vorgänge sah, die in pseudochemischer Sprache ausgedrückt wurden. Gemäß der Zeitepoche befasste sich auch Bosch mit der Alchemie, was an der symbolischen Gestaltung von Tiegeln und Retorten in seinen Bildern abzulesen ist. Jung sieht in dieser alchemistischen Symbolik gewisse psychische Erlebnisse begründet, die während der Ausführung des chemischen Experimentes auftraten, dem Laboranten aber als ein besonderes Verhalten dieses Prozesses erschienen. Da es sich nun bei dem Erlebnis um eine Projektion handelte, kam es damit zu einem unbewussten Vorgang, der mit dem chemischen Stoff an sich nichts zu tun hatte.

Die eigene Projektion wurde somit als Eigenschaft des Stoffes erlebt, obwohl er damit in der Wirklichkeit sein Unbewusstes erlebte. *Man muss sich bei der Beschäftigung mit der Alchemie stets davon Rechenschaft ablegen, dass diese Philosophie im Mittelalter eine bedeutende Rolle spielte und eine umfangreiche Literatur entwickelte, die einen weitreichenden Einfluss auf das zeitgenössische Geistesleben hatte* (Jung, 1976, S. 541). In dieser klassischen Zeit war der alchemistische Prozess eigentlich eine chemische Untersuchung, in die sich auf dem Wege der Projektion unbewusstes psychologisches Material mischte, was auch als psychologische Bedingung des Werkes in vielen Texten betont wurde. Die Inhalte, die dabei in Betracht kamen, waren solche, die sich zur Projektion in den unbekannten chemischen Stoff eigneten. Aufgrund der rein dinglichen und unpersönlichen Natur des Stoffes fanden somit auch Projektionen von unpersönlichen, kollektiven Archetypen statt.

Zieht man nun eine Parallele zum kollektiven Geistesleben jener Jahrhunderte, so spiegelt sich in der Behandlung des Stoffes die Unerlöstheit relativer Unbewusstheit, die damals als peinlicher Zustand empfunden wurde. *Da der psychologische Zustand eines unbewussten Inhalts eine potentielle Wirklichkeit ist (welche durch das Gegensatzpaar Sein – Nichtsein charakterisiert erscheint), so spielt die Vereinigung der Gegensätze im alchemistischen Prozess eine ausschlaggebende Rolle. Dem Resultat kommt daher die Bedeutung eines vereinigenden Symbols zu* (Jung, 1976, S. 542). Schlussfolgernd könnte man annehmen, dass es sich bei dem Gegensatzpaar um Kollektivität und Individuum oder Gesellschaft und Persönlichkeit handelt. Diese Problematik ist auch heute im modernen Zeitalter von Bedeutung, als die Verstärkung des kollektiven Lebens und der Massenzusammenhäufung, dem Einzelnen seine Erstickung im Gefüge organisierter Massen bewusst macht. Wenn man nun rückblickend das Mittelalter betrachtet und den Vergleich mit der Moderne anstrebt, so ist festzustellen, dass sich das menschliche Individuum während dieser Zeitspanne auf einem Individuationsweg zu sich selbst befunden hat. Die Kunst erinnert zwar gelegentlich an eine kollektive Massenbewegung, doch liegt es an jedem einzelnen, die künstlerischen Inhalte über seine Seele in Erscheinung treten zu lassen und über den Individuationsprozess hinaus einen Beitrag an der Problematik der Zeit zu leisten. Bosch versuchte also unbewusst über die Darstellung des symbolischen Materials, die nahe Beziehung zum Individuationsprozess zu verdeutlichen.

4.1.2 Hermetische Philosophie als Hilfsmittel zur Interpretationsfindung im Kunstwerk

Als der entscheidende Unterschied zwischen der Chemie als naturwissenschaftlicher Disziplin und der Alchemie erweist sich der Umgang mit der Natur. Die Alchemie folgt der Natur, sie muss allerdings durch den Alchemisten erst zur Vollendung gebracht werden, der Chemiker betrachtet sie als „Steinbruch", dessen Rohmaterial beliebig verwertbar und ausbeutbar ist (Gebelein, 1991, S. 9). Im Mittelalter wurde die Alchemie als das angesehen, was man heute mit „ganzheitlicher Wissenschaft" bezeichnen würde, da sie gleichermaßen Religion, Kunst und Wissenschaft umfasste, wobei in den alten Schriften mehr die Beziehung zwischen Wissenschaft und Kunst hervorgehoben wird. Gleichbedeutend für den Ausdruck der Alchemie steht die „Hermetische Philosophie", die auf den Begründer der Alchemie, Hermes Trismegistos zurückgeht. Bis hinein in das 18. Jahrhundert stellte die Alchemie, als eine Vorstufe der Chemie die akzeptierte Methode der Naturerkenntnis dar.

Die Vorstellung des menschlichen Individuums, die Natur zu beherrschen bezeichnet die Grenze zwischen Alchemie und Chemie. Dabei geht die Alchemie bei der Betrachtung der Natur von anderen Denkansätzen aus, wie man es zum Beispiel heute gewohnt ist. Heute würde man ihre Betrachtungsweise als magisches Weltbild oder partizipierendes Bewusstsein bezeichnen, wobei das magische Weltbild nicht als übersinnlich, sondern nur als anderssinnlich verstanden wird. Unter Magie versteht man dabei das Ausnützen und Dirigieren von naturgegebenen Kräften, die auch solche Kräfte mit einschließen, die im naturwissenschaftlichen Weltbild keinen Platz haben. Eine andere Art der Interpretation bezüglich der Alchemie liegt auf spiritueller Ebene begründet, die mit den Überlegungen Jungs übereinstimmt, wonach sich das, was der Alchemist im Kolben beobachtet als eine Projektion des Unbewussten darstellt. So wie sich bei der Betrachtung im Spiegel das eigene Gesicht verändert, so erscheinen auch Farben und Symbole, die im Kolben sichtbar werden. Nimmt man an, dass sich die Projizierung auf den rein seelischen Bereich beschränkt, so hätten Laborerfolge keinen Wert und die chemischen Ergebnisse der Alchemisten wären demnach zufällige Nebenprodukte. Jungs Verdienst liegt darin begründet, dass er die Alchemie nicht als reine Vorstufe der Chemie, sondern als eigenständigen Forschungsgegenstand betrachtet hat. Er verweist damit auf deren übergreifenden

Charakter und legt somit den Grundstein für eine Forschung auf psychologischer Basis. Nach Jung stellte die Alchemie eher eine Lebensweise dar, als dass sie die Materie um ihrer selbst willen untersuchen wollte. Geheimes Wissen und Laborarbeit prägten die Alchemie bis in das 17. Jahrhundert hinein, wobei diese beiden Aspekte untrennbar miteinander verbunden waren, da das geheime Wissen über die Transmutation in Wirklichkeit ein unbewusstes oder zumindest halbbewusstes Wissen über psychologische Vorgänge im Alchemisten selber darstellte. Der Laborant konnte die wahren Vorgänge nicht erkennen und projizierte diese inneren Prozesse auf die Stoffe, die er in der Retorte sah. Eine zu genaue Erkenntnis über die Materie würde diese Projektion nicht zulassen, womit erklärt wäre, warum die Beschreibung der Materie unklar bleiben musste und man in den Aufzeichnungen darüber immer wieder auf ungenaue Bezeichnungen und Decknamen trifft. Da Jung eigene Erfahrungen mit Traumbildern, sogenannten hypnagogischen Bildern hatte, die zwischen Schlafen und Wachen liegen, sieht er es als erwiesen an, dass der Alchemist während der Laborarbeit Halluzinationen und Visionen ausgesetzt war. Nach Jung brachte die Laborarbeit nie ein wirkliches Ergebnis zustande, da es sich seiner Meinung nach lediglich um einen Individuationsprozess handelte, der mit der Selbstfindung einherging.

Ein Individuationsprozess beginnt immer damit, das Unbewusste, das Dunkle oder den Schatten nicht nur zu akzeptieren, sondern auch in die Person zu integrieren, die bis dahin nur das helle, das sozial Akzeptierte kannte. Danach muss man das Unbewusste wie auch das Bewusste annehmen, was in der Alchemie dem Nigredo, der Transmutationsstufe der Schwärzung entspricht, wobei hell und dunkel als duale Gegensätze zu verstehen sind. Gemäß dem Motto der Alchemisten: „Du musst alles selber tun“ kann der Individuationsprozess auch nur von jemandem selbst gemacht werden, womit die psychologische Interpretation belegt wäre. Die Symbole der Alchemie sind nicht nur im individuellen Unterbewusstsein angesiedelt, sondern auch als Archetypenmuster im kollektiven Unterbewusstsein zu finden, das eine Schicht tiefer reicht als das individuelle Unterbewusstsein. Somit sind alchemistische Symbole mit archetypischen Bildern zu vergleichen, die in verschiedenen Kulturen mit gewissen Änderungen als Symbole vorkommen.

Der Einfluss der hermetischen Philosophie und Alchemie auf die Kunst ist in vielfältiger Weise sichtbar. Wollen wir Kunstwerke verstehen, so hilft in vielen Fällen die Kenntnis der Alchemie und der hermetischen Philosophie bei der Interpretation. Viele Werke, denen man es zunächst nicht ansieht, haben einen alchemistischen Hintergrund. Den Zeitgenossen der Künstler waren wohl die Symbole, Bilder und Assoziationen bekannt und bedurften keiner zusätzlichen Erklärung (Gebelein, 1991, S. 221). Generell hing zu dieser Zeit die Malerei eng mit der Alchemie zusammen, da die Herstellung von Farben und Farbpigmenten chemisches Wissen erforderte. Bezüglich der symbolhaften Darstellung in alchemistischen Schriften sei darauf hingewiesen, dass ausschließlich Vorgänge im Labor oder in der Retorte gezeigt werden. Diese vergleichsweise märchenhaften Darstellungen sind voll von mythologischen und biblischen Themen, die die Vorstellungskraft des Betrachters anregen und ihn wie in Boschs Bildwerken fesseln. An dieser Stelle sollte auf Boschs Bild von der Hochzeit zu Kana eingegangen werden, das auf den ersten Blick die Darstellung eines Hochzeitsmahls zeigt. Des Weiteren eröffnen sich dem Betrachter eine Menge Symbole, die alchemistisch gedeutet werden können. Die Verwandlung von Wasser zu Wein wird als Transmutation begriffen und die weitere Verwandlung zu Blut steht als Symbol dafür, aus etwas Wertlosem etwas Wertvolleres herzustellen. In diesem Zusammenhang sei auf die Interpretation vom Kunstwerk zurückzukommen, das nicht allein über die Kenntnisse der hermetischen Philosophie zu ergründen ist. Allerdings fordert sowohl die Alchemie wie auch die Kunst eine Aufhebung von der Trennung zwischen Subjekt und Objekt, weil beide fordern, dass das Werk die Empfindungen seines Schöpfers wiedergeben solle. Aufgrund dieser Tatsache sind die alchemistischen Symbole von allgemein menschlicher Bedeutung, womit erklärt wäre, dass sie gerade in Kunstwerken wiederzufinden sind. *Schon hier liegt das Hauptaugenmerk auf der Ideengeschichte der Alchemie, Traditionen werden herausgestellt und vor allem die beiden methodisch grundsätzlich unterschiedenen Richtungen verfolgt: die unverdeckt redende, nüchtern beobachtend experimentierende Alchemie, die sich, oft nur ungenau fassbar, in Symbolen, Metaphern, Allegorien ausdrückt, stark esoterisch ausgerichtet ist und sich in der Neuzeit in mystischen Strömungen und esoterischen Zirkeln wie im Rosenkreuzertum verliert* (Haage, 2000, S. 7). Durch Jungs Entdeckung der Wirklichkeit der Psyche wird ein neuer Zugang zu alten Überlieferungen geöffnet, so dass religiöse und literarische Schriften wie auch die Alchemie, Astrologie und vorsokratische Philosophie nunmehr als die Phänomenologie der objektiven Psyche verstanden werden können.

Der Wert alchemistischer Bilder für das menschliche Individuum liegt darin begründet, dass sie eine objektive Grundlage bieten, mit der man Träume und unbewusstes Material bewältigen kann. Allerdings ist es bei der Psyche schwer zwischen objektiver Tatsache und persönlicher Voreingenommenheit zu differenzieren. Um den Bildwerken mit der überaus nötigen Objektivität gegenübertreten zu können, ist es von Vorteil, gewisse Grundkenntnisse der alchemistischen Bilder zu beherrschen. Ist man allerdings mit der archetypischen Symbolik vertraut und hat ausreichende Selbsterkenntnisse aus der persönlichen Analyse gewonnen, so besteht das Ziel darin, eine Anatomie der Psyche zu erreichen, die so objektiv sein kann wie die Anatomie eines Körpers. Der Prozess der Psychotherapie ähnelt dem der Alchemie, als dass dort schon empfohlen wird, den Stoff in seinem eigenen Wasser zu lösen, was soviel bedeutet, wie das die unbewusste Psyche als ein Produkt der alchemistischen Symbolik angesehen wird. Die wirkliche Natur des Stoffes blieb dem Laboranten weitgehendst unbekannt. Er versuchte sie zwar mittels von Experimenten zu untersuchen, bemerkte dabei aber nicht, dass er sein Unbewusstes als psychisches Erlebnis in die Laborarbeit hineinprojizierte. Somit erlebte er seine eigene Projektion als Eigenschaft des Stoffes, in Wirklichkeit erlebte er jedoch sein Unbewusstes. Das, was Jung also Individuation nennt, ist identisch mit dem Prozess der Tiefenpsychotherapie, der durch alchemistische Bilder beschrieben wird. *Was die Alchemie für die Psychotherapie so wertvoll macht, ist, dass ihre Bilder die Wandlungserfahrung konkretisieren, die man in der Psychotherapie durchlebt. Im Ganzen genommen, bietet die Alchemie eine Art Anatomie der Individuation. Ihre Bilder werden freilich denen am meisten zu sagen haben, die eine persönliche Erfahrung des Unbewussten gemacht haben* (Edinger, 1990, S. 13). Boschs Bilder zeigen wie schon erwähnt seine religiöse Einstellung, die vorhanden sein muss, wenn man das große alchemistische Werk, das sogenannte Opus beginnen möchte, was einer sorgfältigen Beachtung der transpersonalen Ebene der Psyche bedarf. Demnach muss man auf das Selbst anstatt auf das Ich ausgerichtet sein, was ein Vordringen in die tieferen Schichten der Seele erforderlich macht. In psychologischer Hinsicht wird das Individuum in den alchemistischen Texten mit der Welt gleichgesetzt, so dass auch die Individuation zu einem weltschöpferischen Prozess erklärt wird. Jung spricht dagegen von der weltschöpferischen Bedeutung des Bewusstseins, was einer ichbezogenen Vorstellung sehr nahe kommt und häufig als Inhalt von Psychosen auftritt. Dennoch braucht das Individuum diese archetypische Vorstellung, um nicht in kollektiven Normen unterzugehen. Lebt man in einer eigenständigen, einzigartigen Seinswelt, so kann es keine Normen geben, die nur einen Durchschnitt von vielen repräsentieren. Die individuelle Psyche besteht aus einer eigenen Welt in sich und muss auch so sein, um ihre Aufgabe ein Bewusstseinsträger zu sein gegenüber der Außenwelt auch erfüllen zu können. *Die Alchemisten übernahmen die Vorstellung der prima materia von der antiken Philosophie und wandten sie auf ihre Versuche zur Umwandlung der Materie an. Sie meinten, um eine bestimmte Substanz umzuwandeln, müsse diese zuerst in ihren ursprünglichen, undifferenzierten Zustand zurückgeführt beziehungsweise zurückverwandelt werden. „Körper können nicht anders verwandelt werden als durch Rückführung auf ihre erste Materie“. Diese Prozedur entspricht genau dem, was in der Psychotherapie stattfindet* (Edinger, 1990, S. 23).

Daher kann auch die gesamte alchemistische Bilderwelt um die Operation zur Umwandlung in den Stein der Weisen herum geordnet werden und nicht nur diese spezifische Bilderwelt. Auch viele Bilder aus Mythos, Religion und Volksglaube ranken sich um diese symbolischen Operationen, da sie alle aus der archetypischen Quelle der Psyche stammen. *Der Alchemist erlebte den Prozess der Sublimation in symbolischen Bildern. Es konnte beispielsweise sein, dass er einen Vogel aus dem Stoff im unteren Teil des Gefäßes in die oberen Regionen fliegen sah. Das alchemistische Gefäß wurde mit dem Makrokosmos gleichgesetzt, wobei sein unterer Teil die Erde und sein oberer Teil der Himmel war. Das Sublimat flieht die Erde und wird in den Himmel befördert* (Edinger, 1990, S. 152). Es ist nicht erwiesen, aber dennoch anzunehmen, dass auch Bosch diese Erfahrungen gemacht hat und sie im Bildwerk umzusetzen versuchte.

4.2 Giovanni Battista Piranesis Kerkerlandschaften

Giovanni Battista Piranesi wurde 1720 in Italien geboren und zunächst zum Kupferstecher, später dann in Venedig zum Architekten ausgebildet. *Piranesi kam 1740 nach Rom, wo seine Ansichten antiker und barocker Baudenkmäler der Stadt entstanden, geschaffen in einer Kombination von Grabstichelarbeit und Radierung. Als weitere Folgen erschienen vor allem eine Sammlung von Aufnahmen römischer Altertümer und eine Reihe düsterer, in Venedig entstandener Raumfantasien. (Carceri) Stilistisch gelangte Piranesi vom Barock zum Klassizismus. Die Umgestaltung der Kirche Santa Maria del Priorato in Rom ist seine einzige authentische und zu Ende geführte Leistung als Architekt* (Brockhaus, 2001, S. 891). Zunächst befasste sich Piranesi in seinem Beruf als Kupferstecher mit einem der bevorzugten Themen jener Zeit, der detailgetreuen Stadt- und Landschaftsansicht, die man damals dem Genre der Vedute zuordnete. Auslöser dafür war eine Reise, die er nach Neapel unternahm, auf der er die folgenreiche Anregung erhielt, römische Altertümer in Kupfer zu stechen und sie somit bekannt zu machen. Zu dieser Zeit interessierten ihn weniger die gelehrten Streitigkeiten um die Rangfolge der griechischen und römischen Kunst als vielmehr die unterschiedlichen Äußerungsmöglichkeiten des „Erhabenen". Seit Edmund Burkes bedeutender Schrift im Europa des 18. Jahrhunderts hatte dieser zentrale Begriff der kunsttheoretischen Diskussion allgemeines Aufsehen erregt. Piranesi interessierte vor allem der erhabene Ausdruck des Monumentalen, egal ob es sich dabei um griechische oder römische Altertümer handelte. Allein die Präsenz der Architektur überwältigt den Betrachter im Schatten von Piranesis Säulen, Gewölben und Arkaden, indem er mit seiner eigenen Verlorenheit in einem unüberschaubaren Kosmos konfrontiert wird. Auch dieser Künstler lebt auf der Schwelle einer Zeitenwende zwischen Aufklärung und einem neuen Irrationalismus, der letztendlich in die romantische Bewegung mündete, was die Entwicklung seiner künstlerischen Überzeugung in der Weise prägte, als dass man die eigentümliche Wirkung seiner Werke erkennt, die sich im wesentlichen auf das Spannungsverhältnis zwischen Materiellem und Spirituellem, Licht und Dunkel, Form und Chaos gründet.

Man nimmt an, dass Piranesi zeitweise einer Freimaurerloge angehörte und damit zu okkultistischer – geheimbündlerischer Beschäftigung neigte, womit er den allgemein zeittypischen Einflüssen ausgesetzt war, was sein Werk durch verschiedene Faktoren prägte. Zunächst widmete er sich der neuen Mode der Vedutenzeichnung, ehe er die nach 1700 verbreitete Technik des Capriccio erlernte, um schließlich die Neuerungen in der technischen Darstellung der Perspektive im Zusammenhang mit der Tradition der Bühnenzeichnung umzusetzen. Eine gegenseitige Durchdringung dieser Bereiche findet sich in der Kunst der Carceri, der sogenannten Kerkerlandschaften beziehungsweise Kerkerfantasien wieder. Der Begriff „Kerkerlandschaft" bezieht sich auf den Widerspruch zwischen Schrecken und lustvollem Schauer, dem die Menschen zu dieser Zeit verfallen waren. Edmund Burke war es, der den Begriff des „Erhabenen" mit der seltsamen Freude am Schrecklichen verband und die ästhetische Vorliebe mit dem Vergänglichkeitsaspekt kombinierte.

Insofern erlebte das 18. Jahrhundert in einer fast epidemischen Verbreitung dieses Genres den Höhepunkt der Ruinenlust. Seit der Veröffentlichung von Burkes Theorie des Erhabenen erlag das ganze Land der Lust am schönen Schauer, wohingegen Piranesis Kerkerfantasien noch nicht den Enthusiasmus entfachten, den später die französischen Romantiker erfasste. Die Grabes- und Nachtpoesie, die aus der Schauerliteratur hervorging, sowie die allgemeine Ruinenlust und Vorliebe für düstere gotische Architektur bildeten allerdings eine ideale Grundlage für die Würdigung der gemauerten Labyrinthe, in denen sich der Betrachter selbst als Gefangener und Verlorener wiederfinden kann.

4.2.1 Ästhetisierung irrationaler Emotionen

Zum Zeitpunkt der französischen Avantgarde wird man in der Kunstszene auf eine Folge von Radierungen aufmerksam gemacht, die den Betrachter auf eine eigentümliche Art beunruhigen. Bei diesen Kunstwerken handelt es sich wie schon erwähnt um die von Piranesi gestalteten Kerkeransichten, die sogenannten Carceri d'invenzione. *Die von den Ideen der Romantik erfüllten Zeitgenossen identifizierten die imaginären Kerkerräume als architektonisches Sinnbild des menschlichen Bewusstseins, das in seiner Unermesslichkeit ein eigener Kosmos ist. Was sie vor allem faszinierte, war der Eindruck, in diesen Radierungen eine*

Darstellung ihres eigenen Ich zu erblicken, jener mysteriösen Innenwelt voller verborgener Schätze und drohender Gefahren (Kupfer, 1992, S. 7). Das schon angesprochene Vedutenwerk und die Carceri weisen viele Gemeinsamkeiten auf, wobei in den Gefängnisansichten das visionäre Moment stärker betont wird. Der Unterschied zwischen beiden Kunstformen liegt darin begründet, dass die Carceri nach keinem realen Vorbild gezeichnet wurden und die architektonischen Elemente in eine ungewohnte Beziehung zueinander setzen. Was E.T.A. Hoffmann schon in der Literatur als Groteske bezeichnete, erfährt in diesem Schaffensprinzip seine Wirksamkeit, indem bekannte, oft sogar banale Elemente des Alltagslebens in einen völlig neuen Zusammenhang gebracht werden, wodurch die gewohnte Sicht der Dinge in Zweifel gezogen und der Betrachter verunsichert wird. Piranesi ließ sich im Hinblick auf seine Carceri noch von einer weiteren Kunstform, der Bühnenzeichnung inspirieren, die hinsichtlich ihrer barocken und gigantischen Architekturkulisse wohl einen besonderen Reiz auf ihn ausübte. Auch von der Thematik her sieht man Bezugspunkte zwischen den Carceri und der Tradition der barocken Bühnenarchitektur, indem die Kerkerszene ein unverzichtbarer Bestandteil des Bühnendekors bildete. Ein dramaturgisches Element der Oper zeigte das finstere Verlies, in dem der Held zunächst leiden musste, bevor er später seine Angebetete wieder in die Arme schließen durfte.

Bei genauerer Betrachtung unterscheiden sich Piranesis Carceri von den Gefängniskulissen der Opernbühnen dadurch, dass sie nicht realisierbar wären. Der Künstler täuscht mit seiner Carceri – Folge ein Ensemble von Perspektiven vor, die durch ihre alogischen Verknüpfungen nur auf dem Papier möglich sind. So wird dem Betrachter nicht etwa eine falsche Gesamtperspektive präsentiert, sondern das Vorhandensein eines perspektivischen Fluchtpunktes, auf den alles zuzulaufen vermag, wird einfach vorgetäuscht. Erst jetzt scheint der Betrachter die Orientierung zu verlieren, da alle Gesetze, die seinem räumlichen Vorstellungsvermögen entsprechen nunmehr keine Gültigkeit besitzen. Auf diese Art und Weise wird die sinnliche Wahrnehmung des menschlichen Individuums in die Irre geführt und das sich darauf aufbauende Erkenntnisvermögen erweist sich als unzureichend. Somit werden auch die umherirrenden Gestalten in den imaginären Gefängnissen zu Spiegelbildern eines hilflosen Betrachters.

In Piranesis Werken findet man eine Flucht aus dem Paradies und den anschließenden Sturz in eine albtraumhafte Welt, womit sich in dieser Kunst die Ängste des Individuums manifestieren, das jegliche Orientierung verloren hat. Die Nachwelt wiederum wurde durch die Neubearbeitung der Gefängnisansichten mit wesentlich dunkleren Drucken konfrontiert, die den Raum durch ein komplexes Schattengewirr ausgefüllt erscheinen lassen, so dass der Betrachter erfolglos nach einem Orientierungs- oder Ruhepunkt sucht. Dadurch wirkt auch die ganze Atmosphäre bedrohlicher und wird zunehmend durch die Undurchsichtigkeit der architektonischen Konstruktion verstärkt. Der Gesamteindruck der Carceri wirkt nun viel unmittelbarer auf den Betrachter, der sich als direkt Betroffener in das Bildwerk hineingezogen fühlt. Unstimmigkeiten im Bildwerk ergeben sich in dem Sinne, dass große Steinquader sinnlose Treppenstufen bilden, die zwar einen Brückenbogen umgeben aber nirgendwo hinführen. Genauso irritierend verhält es sich mit dem im Zentrum stehenden Pfeiler, dem eine Schlüsselfunktion zukommt, indem er den Punkt verdeckt, an dem zwei Durchblickfragmente zusammenkommen müssten. *Hat sich der Betrachter erst dieser trügerischen Ordnung anvertraut, so bedeutet die anschließende Erkenntnis, dass die Fragmente kein Ganzes ergeben, eine doppelte Verunsicherung seiner Existenz: Die Welt mag ein sinnvolles Ganzes ergeben, doch er sieht nicht wie; er spürt, dass er selbst einen Platz in ihr einnimmt, doch er weiß nicht wo* (Kupfer, 1992, S. 45). Der Piranesische Kerker zeichnet sich in seinen Merkmalen vor allem durch eine völlige Stagnation aus, in der Raum und Zeit bedeutungslos geworden sind und somit nicht mehr existieren, womit sich das Gefängnis letztendlich gewissermaßen als ein Albtraum präsentiert. Der Betrachter ist nicht mehr in der Lage zu ermitteln, wo er sich selbst befindet geschweige denn in welcher Beziehung er zur Umgebung steht, da sich das Raumerlebnis in Zweideutigkeiten und gegenläufigen Tendenzen erschöpft. Das Problem der Orientierung erweist sich als unlösbar, da der labyrinthisch angelegte Raum auf Verknüpfungen beruht, dem der menschliche Verstand nicht mehr folgen kann. Aufgrund dieser Problematik wird der Betrachter selbst zu einem hoffnungslosen Gefangenen, sobald sein Blick in den Kerker fällt. Der eigentliche Schlüssel für die beunruhigende Wirkung der Carceri liegt in dem Spiel mit den Helldunkelbeziehungen begründet. Den dargestellten Objekten wird erst durch Licht und Schatten eine enorme Plastizität verliehen, die den Zusammenhang plausibel macht und dem Betrachter das Vertrauen in ein alles ordnendes Gesamtkonzept ermöglicht. Auf den zweiten Blick erkennt der Betrachter, dass er einer Täuschung erlegen ist, da Licht und Schatten nur die disparaten Perspektiven überspielen. Aufgrund dieser neuen Erkenntnis wird dem Betrachter der Boden unter den Füßen entzogen, ohne dass ihm ein neuer Halt geboten werden könnte, womit das Unbehagen, das die Carceri erzeugen, erst recht eintritt. In diesem Zusammenhang wurde immer wieder auf die Modernität der Carceri hingewiesen, die vorwiegend aus der Thematik der Verlorenheit des Individuums entspringt, das einem übermächtigen System hilflos ausgeliefert ist. Wenn man nun die künstlerische Herkunft dieser Kerkerfantasien begründen möchte, so hängen diese zweifelsohne mit der Architektur des 18. Jahrhunderts zusammen, in dem der Gefängnisbau zu den wichtigsten Aufgaben gehörte, da man sich von der üblichen Todesstrafe abgewandt hatte und an deren Stelle nun die Freiheitsstrafe einführte. Trotzdem stellt sich weiterhin die Frage, wie der Künstler nur über seine Fantasie hinaus diese Werke kreieren konnte. In dieser Beziehung gehen die Meinungen auseinander und reichen in ihren Erklärungen von einer Depression bis hin zum Fieberdelirium. *Möglicherweise litt Piranesi an einer konstitutionellen Depression; so könnten die Carceri unter Umständen doch als ein indirektes Produkt dieser Krise entstanden sein, wenn auch nicht, wie die romantische Version lautet, in einem Fieberdelirium, sondern unter dem Eindruck einer akuten Depression* (Kupfer, 1992, S. 160).

Thomas De Quincey, ein zu jener Zeit englischer Opiumesser setzte eine romantische Deutung der Carceri in Gang, indem sie ihm als eine treffende Veranschaulichung des drogenberauschten Bewusstseins erschienen. Heute kann nicht mehr nachgewiesen werden, ob die Carceri das Resultat eines Opiumrausches waren, doch er wird zumindest impliziert. Aufgrund dieser Aussage eines Experten und der berühmten Passage in seinem Gutachten, sahen spätere Piranesi – Verehrer den Drogenkonsum bestätigt. Wie immer man die Kerkeransichten auch betrachten mag, ob als Abkehr von der göttlichen Weltordnung oder als Abbild eines drogenberauschten Bewusstseins, so demonstrieren sie doch die Macht der Fantasie, die in dem Kopf des Künstlers wie auch des Betrachters eine Menge von Möglichkeiten entstehen lässt, die bis ins Unendliche wachsen können.

4.2.2 Phänomenologie der objektiven Psyche in Form von Traumerlebnissen

Thomas De Quincey veröffentlichte 1822 seine „Confessions of an English opium – eater" (Bekenntnisse eines englischen Opium – Essers), eine der ersten exakten und systematischen Darstellungen von Rausch- und Traumerlebnissen. Als Ahnherr der schwarzen Romantik galt in dieser Zeit in England auch Giovanni Battista Piranesi. Man betonte die Nähe seiner „Carceri" zu den Spielen mit der Nachtseite der Einbildungskraft, wie sie Horace Walpole in den neugotisch dekorierten Innenräumen seines Landsitzes Strawberry Hill und 1764 in seinem Schauerroman „The castle of Otranto", einem Vorläufer des Kriminalromans, erprobt hatte (Brockhaus, 2001, S. 891). Huxley, Yourcenar und Gustafsson, Wortführer einer literarisch – philosophischen Exegese Piranesis erweiterten die Kerkervisionen zum Sinnzeichen für die Tiefenschichten des menschlichen Ich und damit zum vorweggenommenen Ausdruck einer Existenzangst beziehungsweise zum apokalyptischen Endzeittraum. Piranesi, der der Kategorie eines bewussten Romantikers zuzuordnen ist, schuf über tausend Radierungen, die die Eigenart seines unruhigen Geistes widerspiegeln, indem sie allesamt Merkmale einer gesteigerten Monumentalität, düstere Ruinenlandschaften sowie Angst und Schrecken als Vorbedingung für die Wirkung des Erhabenen aufweisen. Mit dem „Capriccio“, dem geheimen Losungswort der venezianischen Radierer, hatte er sich im Titel seiner „Carceri“, in der Weise verschrieben, als dass er sich damit zu dem Fantastischen in der Kunst und dem Spiel um des Spiels willen bekannte. Sowohl romantische als auch moderne Interpreten glaubten in den imaginären Gefängnissen die Träume ihrer eigenen Gegenwart wiederzuentdecken und brachten diese neurotische Bilderwelt der Existenzangst in Verbindung mit einem Opium – Rausch oder verwiesen auf Piranesis Erkrankung an Sumpffieber und den damit verbundenen Fieberträumen. Es wird vermutet, dass seine Kerkeransichten aus einer jähen Krise seines Innern heraus entstanden sind. In den Darstellungen findet sich vor allem die Aufhebung der Kontinuität von Zeit und Raum, eine gewisse Platzangst vor der Öffnung unausdenklicher Perspektiven, die ständige Widerlegung der eigenen Wahrnehmung und die Zwangsvorstellung eines Malstromes, in den alle nach oben gedrehten Treppen, Zugbrücken und Spiralen zu versinken scheinen. Für den Betrachter lösen sich die räumlich gesicherten Verhältnisse auf, indem er verzweifelt versucht, auch das Unverträglichste noch zusammenzusehen. Auch die dargestellten Folterwinden und die abgehängten Lampen durchziehen als ziellose Schatten einen nicht dingfest zu machenden Raum.

Improvisierte Liniengitter und überlagernde Striche reduzieren die Carceri gemäß Piranesis Traumlandschaften zur reinen Skizze. Piranesi war leidenschaftlich darum bemüht, eine Realisierung des visionären Raums über das Erleben des Subjekts hinaus mit Architekturteilen und Raumkompartimenten in der Weise zu verknüpfen, dass der Eindruck eines fantastisch gearteten und zusammenhängenden Ganzen entsteht. *Die Kontamination beider Lesarten in ein Blatt und die dichte Suggestion eines zusammenhängenden Raums, in welchem sich Architekturteile zugleich an zwei verschiedenen Punkten im Raum befinden können, machen in diesem Blatt, wie in einer Gleichung, Piranesis Absicht kund, die Kerkerlandschaften als imaginäre Räume auszuweisen, als eine wohl vorstellbare Wirklichkeit, deren Gesetz jedoch nur als Paradoxie fassbar wird. Die optische Täuschung gewinnt dabei Züge des Surrealen, die weit vorausweisen auf die Kunst des 20. Jahrhunderts und ihre Verrätselung der Wahrnehmung* (Miller, 1978, S. 210). Piranesi überträgt hier in seinen Darstellungen die heruntergekommene Zeitgenossenschaft in die Fantasiewelt seiner Kerker, indem er das Missverhältnis zwischen der pathetischen Wucht der Bauten und den Staffage – Figuren als Negierung jeder Wahrscheinlichkeit aufzeigt. Piranesi versuchte durch eine in der Fantasie vorweggenommene Baukunst, die göttlich geordnete Welt durch eine aus teuflischem Geist und mit seiner Hilfe errichteten Gegenwelt zu ersetzen. Seine Radierungen schildern aber auch zugleich das Grauen vor der nüchternen Strenge, der schutzlosen Situation völliger Ausgesetztheit in der leeren Unendlichkeit der Räume und das notwendige Scheitern dieser Empörung durch die Kunst, womit das Paradies aus eigener Machtvollkommenheit in eine selbstgeschaffene Hölle modifiziert wird. Und wieder stellt sich in dem Zusammenhang der Piranesi – Rezeption die Frage nach dem visionären Charakter der Carceri. Was mag es wohl letztlich gewesen sein, das den Künstler zu diesen Radierungen inspirierte?

Die Romantiker sahen die Entstehung der Kerkerlandschaften aus einem mystisch – psychischen Erkenntnismoment resultieren, obwohl doch ihre Einschätzung der Carceri nach weltanschaulichen Kriterien erfolgte. Geht man davon aus, dass Piranesi tatsächlich von Fieberfantasien heimgesucht wurde, so müssen seine in diesem Zustand hergestellten Carceri als Rauscherzeugnisse gelten. Damit wird er zum romantischen Erkenntnissucher hochstilisiert, der in den hieroglyphischen Bilderwelten des Traums, in psychotischen Visionen und drogenähnlichen Rauschzuständen den Schlüssel zur höchsten Erkenntnis findet, weil das in diesen Zuständen eher hinderliche Bewusstsein ganz oder teilweise ausgeschaltet ist. Ob die Carceri nun im Fieberwahn oder durch den Einfluss von Rauschmitteln entstanden sind, kann in keiner Hinsicht bestätigt werden, obwohl sie sich gerade durch eine frappierende Irrationalität auszeichnen, die durch Missachtung der Gesetzmäßigkeiten unserer gewohnten Wirklichkeit den Eindruck vermittelt, als seien diese Ansichten ausschnitthafte Teile eines Traumablaufs.

Tatsächlich ist ein Traumverlauf oft mit einer architektonischen Bildlichkeit verbunden, die offenbar besonders geeignet ist, bestimmte seelische Zustände zu symbolisieren. Sind die ersten Anregungen zur Konzeption der Carceri in einem solchen Schlaf entstanden, so kann man sich vorstellen was für ein Inferno architektonischer Formen Piranesi bei dieser phänomenalen Gedächtnisleistung im Traum heimgesucht haben muss.

Man fand die eigenen Albträume in der unendlichen Flucht seiner Gänge und Treppen wieder, das eigene Entsetzen vor und die geheime Lust an einer verstörten Realität, in der die Grenzen zwischen Innen- und Außenwelt gefallen waren, das Spiel mit der mächtigen Sphäre des Unterbewussten, die sich im Haschisch- und Opiumrausch aus den Einfriedungen der Vernunft befreit (Miller, 1978, S. 11). Bereits Jahre vor einer zweiten Fassung von Piranesis Carceri führt mit der Trennung des Erhabenen vom Schönen die physiologisch begründete Orientierung der Ästhetik auf das Moment der Irritation von Empfindungen hin und werden somit die Leitgedanken einer voraufklärerischen Lehre in neuen Bahnen weitergelenkt.

Einer der ersten Kunstkenner und bedeutenden Autoren namens Horace Walpole erkannte intuitiv das beunruhigende Moment von Subjektivität in Piranesis Kerkeransichten, welche sich aus der Erfahrungswirklichkeit in den Traum der Fantasie eröffnen. *Bleibt Walpoles Zugang zu dem ihm wesensfremden Italiener weithin auf eine intellektuelle Würdigung seiner Kunst beschränkt, so macht William Beckford, der Autor des „Vathek“ und geheime spiritus rector der schwarzen Romantik in England, von früh an die düster – dämonische Weltansicht von Piranesis Traum – und Kerkerlandschaft* zu seiner *eigenen* (Miller, 1978, S. 381). Gustafsson hält Piranesi für einen der ersten Denker, die als Thema ihrer Kunst die Grenzlinie zwischen Erklärbarkeit und Nichterklärbarkeit der Welt gezogen haben. Er versuchte es folgendermaßen zu definieren: „Das Fantastische an den Carceri besteht nicht in einer Einzelheit, sondern in einem Gedanken, der bis in seine äußersten Konsequenzen durchgeführt ist. In der Sachlichkeit, die weit ins Unglaubliche hineinführt, bei dem gerade die Handgreiflichkeit des Details zum Eindruck der Undurchsichtigkeit beiträgt, sind Piranesis Carceri das Inbild oder Musterbeispiel dessen, was ich unter dem Fantastischen in der Kunst verstehe“. Egal unter welchen Umständen die Kerkerlandschaften nun entstanden sein mögen, sie entziehen sich auf jeden Fall einer realitätsbezogenen Wirklichkeit.

Der Betrachter ist einerseits fasziniert von der bildgewaltigen Ausstrahlung der architektonischen Elemente, schreckt jedoch bei genauer Betrachtung vor der Wahrnehmungstäuschung der perspektivischen Darstellung zurück. Ihn nimmt das Bild im wahrsten Sinne des Wortes gefangen, so dass er sich letztendlich als Gefangener in einem irrationalen Raum fühlen muss. Die äußerst dunkel gehaltenen Szenen, wie zum Beispiel die mit der Folterwinde, lassen das Elend der Gefangenen am eigenen Leibe verspüren. Plötzlich steht der Betrachter nicht mehr nur vor dem Bildwerk, sondern fühlt sich selbst an der Darstellung emotional beteiligt. Vielleicht wollte Piranesi seinem Publikum nur einen Spiegel vorhalten, um sie mit den Inhalten ihrer eigenen Träume und Fantasien zu konfrontieren.

Gemäß der Zeitepoche und der damaligen Vorliebe zur Lust am Schaurigen, sorgten Piranesis Kerkeransichten für Aufregung, die bis in die heutige Zeit andauert und deren Faszination noch nicht verloren gegangen ist. Aufgrund der normalen Strukturierung von Gedankengängen kann sich ein menschliches Individuum wohl kaum solche Bilder einfach nur ausdenken. Wie schon in Kapitel 2. beschrieben, bieten nur der Traum- oder Rauschzustand derartige Einblicke in das Unterbewusstsein und die tiefliegenden Schichten der Seele eines Menschen. Ob gewollt oder ungewollt, so muss der Künstler immer in die tiefsten Schichten seines eigenen Selbst vordringen, um etwas künstlerisch Erstaunliches leisten zu können. Piranesi wurde zwar sichtlich von den Traditionen seiner Zeitepoche beeinflusst und schaffte es dennoch, etwas künstlerisch Neues und für die Mitwelt Wertvolles zu kreieren. Die Verlorenheit in den Gefängnissen seiner Fantasie wird dem Betrachter erst durch die Diskrepanz zwischen Monumentalität von Quadersteinen und Miniaturisierung der Figuren deutlich. Immer wieder eröffnen sich ihm neue Perspektiven, die bei genauer Betrachtung ins Nichts, beziehungsweise in die endlose Weite des Raumes führen. Das, was aber wohl die beängstigendste Empfindung hervorruft, sind die Täuschungen bezüglich der sinnlichen Wahrnehmung.

In dem Moment, wo man sich in seiner eigenen Realität sicher fühlt, wird man von einer nicht erklärbaren Irrationalität gefangen genommen. Der Betrachter erkennt schließlich den Moment der Sinnestäuschung, reagiert zunächst irritiert, kann sich dann aber doch in der Darstellung wiederfinden und Teile seines Selbst mit dem des Künstlers in Verbindung bringen. Dann ist man in der Lage, den Schaffensprozess nachzuvollziehen und der Gedankenspur des Künstlers zu folgen, um den Weg seiner Träume auch im Hinblick auf sein eigenes Ich beschreiten zu können. Der Traum offenbart das Unterbewusstsein des Menschen und bringt symbolische Bilderwelten an die Oberfläche, von denen niemand jemals zuvor etwas gesehen hat. Dagegen lassen sich die Erfahrungen aus Rauschzuständen nicht wiederholen, geschweige denn nachvollziehen, da sie bei jedem menschlichen Individuum individuell auftreten und sich nicht berechnen lassen. Piranesi hat einmal gesagt: „Ich muss große Ideen ausführen, und ich glaube, wenn man mich mit dem Plan eines neuen Universums beauftragte – ich wäre verrückt genug, ihn in Angriff zu nehmen.“

4.3 Johann Heinrich Füsslis fantastische Visionen

Am 6. Februar 1741 wird Henry Fuseli unter dem Namen Johann Heinrich Füssli in Zürich geboren. Zusammen mit seinem Studienkollegen Johann Kaspar Lavater verfasste er nach Beendigung des Theologiestudiums ein Pamphlet, woraufhin er Zürich verlassen musste. Im Alter von 23 Jahren reist er nach London, um dort als Übersetzer und Schriftsteller Karriere zu machen, die für ihn auch hätte positiv verlaufen können, wenn nicht alle seine Manuskripte einem Wohnungsbrand zum Opfer gefallen wären. Auf den Rat eines Freundes hin begab er sich zunächst auf unbestimmte Zeit nach Rom, um dort mit künstlerischen Studien zu beginnen. Die Kunstszene im London des 18. Jahrhunderts befand sich zu diesem Zeitpunkt in einem radikalen Umbruch. Es gab weder Kunstausstellungen noch künstlerische Ausbildungsangebote, und nur vereinzelt erfuhr man von kunstkritischen Schriften. Eine für heutige Verhältnisse „öffentliche Kunst“ gab es nicht. Mit der Bezeichnung „höchste Kunst“ wurden historische Gemälde, religiöse Darstellungen, Porträt- und Landschaftsbilder sowie die Malerei deklariert, die sich literarischer Vorlagen bediente. Neun Jahre verbrachte Fuseli in Rom, um dort die Werke der Antike sowie Michelangelos Fresken in der Sixtinischen Kapelle zu studieren. Viele seiner Zeichnungen, die er in dieser Zeit anfertigte, blieben jedoch unvollendet. Ab 1779 lebte er wieder in London und führte nun seine Karriere als Künstler und Lehrer fort. *Nach zunächst kritisch – ironischen Zeichnungen und Porträts wählte Fuseli literarische Stoffe zum Ausgangspunkt für eigene Erfindungen und fantastische Visionen. Bezeichnend für seine Darstellungsweise ist ein Hang zu heroischem Pathos und leidenschaftlichem Ausdruck; stilistisch ist sie sowohl dem Manierismus als auch dem Klassizismus verpflichtet. 1790 begann Fuseli mit der Arbeit an seiner „Milton – Gallery", einer Folge von Gemälden zu den Werken dieses Dichters. Den Schwerpunkt seines Schaffens bilden seine Zeichnungen, Illustrationen zur Bibel und zum „Nibelungenlied", zu Dichtungen Vergils, Dante Alighieris und Shakespeares* (Brockhaus, 2001, S. 348). Betrachtet man die Bilddarstellungen des gebürtigen Schweizers Henry Fuseli, so entsteht der Eindruck einer exzentrischen Künstlerpersönlichkeit. Die psychologische Basis für seine Malerei findet sich in Anlehnung an seine Schriften, die eine ironische Denkweise widerspiegeln. Seine Bilder sind geprägt von Fantasie, Dramatik, sowie sexueller Leidenschaft, die mitunter den Punkt der Grausamkeit erreicht. Aufgrund inhaltlich exotisch – erotischer Aspekte erfuhren seine Werke zwischen 1930 – 1940 eine Renaissance, da die Ähnlichkeiten zum Surrealismus offenkundig erschienen. Seine Kunst wurde als romantisch, neoklassizistisch, als neoklassizistischer Horror oder Sado – Manierismus eingestuft. Diese Beurteilung beinhaltet Widersprüchliches, das nach einem Erklärungsversuch verlangt. Gerade bei der Umsetzung literarischer Vorlagen ist sein Hang zu heroischem Pathos und leidenschaftlichem Ausdruck in der Darstellungsweise seiner unvollendeten Zeichnungen unverkennbar.

Mit zunehmendem Alter lassen sich seine fantastischen Visionen in die romantische Erotik einordnen, fallen teilweise sogar dem Obskuren zum Opfer, was in Zusammenhang mit seinem Opiumkonsum gebracht wird. Im Hinblick auf Frauendarstellungen sind besonders seine späteren Zeichnungen von Erotik und phallischer Symbolik geprägt. Ohne jegliche Hintergrundinformation muss seine Kunst auf den Laien sexistisch, gewalttätig und fantasiereich – visionär wirken. Am Beispiel eines seiner bedeutendsten Gemälde wird die visionäre und traumhafte Symbolik näher erläutert, um den Einblick in eine Zeitepoche zu gewähren, die von Traumerlebnissen, Visionen und Rauschzuständen geprägt war. Die Zeit des 18. Jahrhunderts verlangte geradezu nach künstlerischen Grenzerfahrungen, damit die Empfindungen des Künstlers auch auf das Publikum übertragen werden konnten.

4.3.1 Grenzwertigkeit von Furcht und Schrecken

1781 malt Fuseli seine Versionen „Der Nachtmahr" in Öl auf Leinwand. Bei Betrachtung dieser Schreckensvision fühlt man sich an eine Art von irrationaler Erotik erinnert, die förmlich nach psychoanalytischer Interpretation verlangt und Rückschlüsse auf die Persönlichkeit des Künstlers zulässt. Das Gemälde stellt eine junge, schlafende Frau in liegender Position dar, auf deren Leib ein hässlich anmutender Kobold hockt. Die „Stute", auf der er einer englischen Überlieferung nach durch die Nacht reitet, schaut der Schauer erregenden Szene zu. Fuselis Bildinhalte waren ungewöhnlich, aber dennoch für die damalige Zeit, in der öfter Traumbilder dargestellt wurden, charakteristisch. Das Bild ist auch unter dem Titel „Der Albtraum" bekannt, womit eine Erklärung gefunden wäre, dass sich Fuseli mehr mit den Emotionen des Träumers auseinandersetzt, als mit dem, was er auf allegorische Art und Weise sieht. Hier wird aber vor allem die sexuelle Bedeutung des Albtraums leicht verständlich. Fuseli griff in diesem Kunstwerk das Libidinöse in Shakespeares Charakter „Caliban" auf und modifiziert die Darstellung bezüglich des Pferdes, auf dem der Nachtmahr in den Raum reitet, hinweisend zum maskulin sexuellen Symbol. C. G. Jung hat später demonstriert, dass der Teufel, Nachtmahre und die Sexualität in enger Verbindung zueinander stehen. So wie der Nachtmahr zu den Schlafenden reitet, so tut es der Teufel auch, und somit kann man sagen, dass derjenige, der von Nachtmahren heimgesucht wird, auch vom Teufel geritten wird.

An dieser Stelle sollte aber nun ein anderer Weg zur Interpretationsfindung eingeschlagen werden, um anhand von Hintergrundinformationen über die Privatsphäre des Künstlers einen Lösungsansatz zur Deutung des Bildinhalts vorgeben zu können. Bei seinem letzten Besuch in Zürich verliebt sich Fuseli in Anna Landolt, die Nichte seines Freundes aus Studientagen. Zu dieser Zeit war er selbst materiell noch nicht abgesichert und wollte ihr aus diesem Grund seine Zuneigung verheimlichen. Diese unglückliche, unerfüllte Liebe führte dazu, dass sie ihm in seinen Träumen begegnete. Da sich auf der Rückseite des Gemäldes vom Nachtmahr ein Frauenporträt befindet, vermutet man, dass es sich dabei um Anna Landolt handelt und dass Fuseli seinen eigenen Traum im Bildwerk umgesetzt hat, indem er die Stelle des Dämons einnimmt, der auf der schlafenden Anna sitzt.

Der Dämon in Anlehnung an die Teufelsgestalt wurde bereits ab dem 11. Jahrhundert als fantastisch – fratzenhaftes, satyrähnliches Zwitterwesen dargestellt. Seine enge Verbindung zu Frauen liegt darin begründet, dass er als Liebhaber oder Incubi für die männlichen sexuellen Versagensängste steht und den Frauen zu einer befriedigenderen Sexualität verhilft als deren Ehemänner. Somit könnte Fuselis Gemälde einer Anspielung auf seine ambivalenten sexuellen Empfindungen entsprechen. In diesem Zusammenhang sollte aber nochmals auf die Symbolik des Bildes eingegangen werden.

Nach Jung zeigt die Frau im Männertraum immer die weibliche Seite der Seele des Träumenden an, die Anima. Jung ist außerdem der Auffassung, dass Frauen im Traum des Mannes als Seelenführerin fungieren. Das Pferd steht dagegen für eine sehr gegensätzliche Symboldeutung. Während es mit Kraft, Potenz und Triebkraft in Verbindung gebracht wird, kann es nach Freud sowohl den Lebens- wie auch Todestrieb symbolisieren und das Memento Mori ankündigen. Das, was dem Betrachter am Bildinhalt verborgen bleibt, ist die Tatsache, dass das Pferd in der Erläuterung als weiblich definiert wird (Stute). Unabhängig davon kann man durch die auffällig helle Farbgebung des Pferdes auf einen angedeuteten Bezug zum Licht, Leben und zu geistiger Erleuchtung schließen. Bei der Betrachtung des Gemäldes von Fuseli sollte man sich bei aller möglicher Symboldeutung vor Augen führen, dass der Künstler hier sein eigenes Gefühlsleben explizit auf die Darstellung einer Sage projiziert hat.

In Zusammenhang mit dem Gemälde vom Nachtmahr wurde unter anderem eine Befragung durchgeführt, die das Betrachtererlebnis anhand zeitgenössischer Kunst verdeutlichen sollte. Gemäß den Versuchsbedingungen in der Experimentalpsychologie konnte die Studie zwar nicht unter Laborbedingungen stattfinden; jedoch zeigt die grafisch dargestellte Auswertung, mit welcher Ernsthaftigkeit sich die Probanden dem Thema genähert haben. Insgesamt nahmen 22 männliche und 18 weibliche Personen an der Umfrage teil. Da die Vorbildung der Teilnehmer bekannt war und sich unter ihnen kein Künstler befand, wurde eine Mischung von Fragen zusammengestellt, die auch dem Kunstlaien die Möglichkeit gab, diese zu bewältigen. Jeder Proband erhielt eine Kopie der beiden Versionen des Gemäldes vorgelegt und sollte anhand der Visualisierung sein Betrachtererlebnis beschreiben.

Teilweise waren die Antworten vorgegeben, so dass hier nur eine Kennzeichnung durch Ankreuzen erforderlich wurde. (Mehrfachnennungen waren erlaubt). Ansonsten sollten die eigenen Empfindungen bei der Betrachtung des Kunstwerks in Worte gefasst werden. Unter anderem gab es einen Auftrag an die Studienteilnehmer, der von jedem ausgeführt wurde, dessen wissenschaftliche Vorgehensweise aber hier noch genauer erläutert werden sollte. Aufgabe war es, eine Version des Bildes zu favorisieren und die spontanen Augenbewegungen über die Bildfläche sowie die wichtigsten Bildinhaltspunkte nachzuzeichnen, um diese visuell hervorzuheben. Wird dieses Experiment unter wissenschaftlichen Bedingungen durchgeführt, so installiert man vor einem Auge des Probanden eine Kamera, die die Augenbewegungen mithilfe des Computers auf der Bildvorlage sichtbar werden lassen. Die Reizvariablen, die Hinweis auf das persönliche Betrachtererlebnis geben, erfahren somit eine bildlich – grafische Umsetzung. Unabhängig von der folgenden inhaltlichen Auswertung lässt sich im Vorfeld feststellen, dass die vom Probanden frei formulierten Assoziationen zu dem Betrachtererlebnis auch Rückschlüsse auf seine eigene Persönlichkeitsstruktur zulassen. Der Wissende, dem die Lebensumstände des Künstlers bekannt sind, nähert sich dem Bild auf einer anderen Ebene, wie dies der Unwissende, der keinerlei Vorabinformationen erhalten hat, tun kann. Das Betrachtererlebnis weist somit von vornherein verschiedene Merkmale auf. Dieser eine Satz kennzeichnet das aus der Studie gezogene Resümee und erklärt zugleich die schwierige Definition des Betrachtererlebnisses. Obwohl einige der Probanden in Bezug auf die Symboldeutung Antworten gaben, die durchaus zu vertreten sind, so standen diese jedoch für sich allein und konnten mit dem Bildinhalt vom „Nachtmahr“ nicht in Einklang gebracht werden.

Gewiss stellt die Deutung dieses Gemäldes hohe Ansprüche an den Betrachter, denen er im wissenschaftlichen Sinn nicht gerecht werden kann. Allerdings ist erstaunlich, dass kein Teilnehmer eine Entspannung empfunden hat und nur bei einem männlichen Probanden lustbefriedigende Gefühle auftraten. Vom typischen Betrachtererlebnis aus kunstpsychologischer Sicht, das meist mit Erregungsanstieg und darauffolgender Entspannung einhergeht, kann hier also nicht die Rede sein. Die Mehrheit der Studienteilnehmer hätte wohl im Rahmen eines Museumsbesuchs keine intensive Interaktion zum Bildwerk aufgenommen. Unter dem besonderen Umstand der zur Verfügung stehenden Befragungszeit musste sich jedoch jeder mit dem Bildinhalt auseinandersetzen, womit auch der furchterregende, schauerlich und erotische Eindruck als meistgenannte Assoziation zum Gemälde seine Erklärung findet. Anhand der Grafik lässt sich der Beweis für die soeben gezogene Schlussfolgerung erkennen. Die Mehrzahl der Teilnehmer, ob weiblich oder männlich bringt den Bildinhalt spontan mit Tod, Traum, Gewalt und Erotik in Verbindung. Auf die meisten wirkt es zudem furchterregend und schauerlich, was die These von der kurzen Verweildauer vor dem Bild bestätigen dürfte. Dass 63% der männlichen Probanden in der Theaterinszenierung als Pferd auftreten möchten, zeigt auch hier die Symboldeutung zum maskulin – triebhaften (siehe Auswertung/Anhang). Auch wenn die Teilnehmer gleichermaßen das Gemälde für eine visionäre Darstellung halten und es in ihrer Erinnerung haften bleibt, so stehen sie dem Bildinhalt mit negativen Emotionen gegenüber und zeigen deutlich ihre Ablehnung. Der Hintergrund zu der gestellten Frage, warum Freud wohl einen Druck von dem Gemälde in seiner Wohnung hängen hatte, sollte an dieser Stelle näher erläutert werden. Es ist bekannt, dass in Freuds Wohnung neben einem Bild von Rembrandt auch ein Druck von dem „Nachtmahr“ hing. Freud ging in seinen Schriften allerdings nicht speziell auf dieses Bild ein, obwohl er doch an allen Beschreibungen von Kunstwerken interessiert war, die mit Träumen und Traumdeutung zu tun hatten. Es mag sein, dass ihm das Bild für ihn als Forscher des Unbewussten zu rätselhaft erschien. Detailliert hat er nur über ein Traumbild von Moritz von Schwind geschrieben, das den Titel „Traum des Gefangenen“ trägt. Das Bild vom „Nachtmahr“ wirkt faszinierend und fantastisch in seiner künstlerischen Darstellungsweise. Das liegt daran, dass man nunmehr in der Lage ist, die psychologisch geprägte Symbolik des Kunstwerks mit dem Lebensmuster des Kunstschaffenden zu identifizieren. Das Bild nimmt einen gefangen, da das Verborgene in der Symbolik auf etwas hinweisen soll, anstatt es zu verdecken, was letztendlich zu der Spannung führt, gleich einem Krimi, dessen Rätsel man lösen möchte. Man darf also aufgrund seines Vorwissens an der Befriedigung, die in dem Kunstwerk steckt, teilhaben und sich nun der Entspannung hingeben.

4.3.2 Idiosynkrasien erotischer Kunst

Wie schon erwähnt schuf Fuseli mit den Zeichnungen zur sogenannten „Milton Galerie“ und speziell mit denen zum verlorenen Paradies eines seiner Hauptwerke, das auf der Basis eines Versepos, bestehend aus zwölf Büchern nach dem Dichter Milton entstanden ist. In diesen Blankversen erzählt Milton die Schöpfungsgeschichte beziehungsweise die Vorgeschichte zur Erschaffung der Welt. Er widmet sich speziell der Grundfrage, wie es zur Vertreibung von Adam und Eva aus dem Paradies kommen konnte, wobei es im Kernpunkt um den Widerstreit von Gut und Böse geht, das zum einen durch Gott, seinen Sohn und die guten Engel vertreten wird, denen die gefallenen Engel gegenüberstehen. Die Gegenwelt des Himmels wird durch das Chaos bestimmt, dem der Satan als dunkler Herrscher vorsteht, und dessen wichtigste Verbündete Tod und Sünde sowie die gefallenen Engel als sein Heer darstellen. Diese Auseinandersetzung zwischen Gut und Böse erfolgt nicht nur direkt, in Form einer großen Schlacht, sondern auch über die Verführung von Adam und Eva als einem Versuch des Satans, Gottes Werk des Paradieses zu zerstören. Diese Verführung von Adam und Eva bilden die Katalysatoren für einen Krieg der lichten und dunklen Mächte. *Eines der wichtigsten Themen der Milton – Galerie, in Füsslis Gesamtwerk und seiner Biografie ist das Verhältnis zwischen den Geschlechtern. In den vorgestellten Werken der Milton – Galerie sind Mann und Frau nicht nur Adam und Eva vertreten. Sie verkörpern sozusagen den biblischen Normalfall menschlicher Beziehungen, den Füssli durchaus zur Kenntnis nimmt* (Becker, 1997, S. 100). Die Betrachtung der Milton – Galerie wird in dem Moment interessant, in dem die Protagonisten wechselhafte Beziehungen zueinander eingehen, wie zum Beispiel Eva und Satan oder Satan und Sünde. Auf den ersten Blick beeindruckt die außerordentliche Qualität der Zeichnungen, die ein Beleg für den hohen Standard der Porträtkunst im England des 18. Jahrhunderts darstellt. Auf sehr konventionelle Weise scheint Füssli die Geschlechterrolle für sich selbst festzulegen, indem er zum Ausdruck bringt, dass Männer die Frauen dominieren, weil Frauen dominante Männer lieben. Füsslis Ansichten sind durchaus zeittypischer Natur, nur stehen seine Aphorismen in einem merkwürdigen und unheimlich anmutenden Kontrast zu den Werken mit mehr oder minder erotischem Inhalt. In vielen seiner Zeichnungen thematisiert er zum Beispiel das Verhältnis der Geschlechter in einer unkonventionellen und freizügigen Weise, womit er sich aus seiner Zeit hervorhebt. Auch diese Zeichnungen sind als integraler Bestandteil seines Schaffens zu verstehen, wobei man in zweien seiner Lebensabschnitten erotische Darstellungen findet, zum einen während seines Aufenthalts in Rom und zum anderen im zweiten Jahrzehnt des 19. Jahrhunderts, als er in London lebte. Manche Zeichnungen bestechen durch versteckte erotische Anspielungen oder zeigen eindeutig sadomasochistische Szenen.

In späteren Jahren und mit zunehmendem Alter hat Füssli vorwiegend Frauen in bizarren Kostümen und mit atemberaubend konstruierten Frisuren dargestellt, die später als Kurtisanen klassifiziert wurden. Die auffällige, nicht bürgerliche Kleidung sowie der offene Blick auf den Betrachter verleiht den dargestellten Personen etwas Provozierendes. *Füsslis erotische Welt war von individuellen Spielregeln erfüllt. Fetische spielten eine wichtige Rolle, vor allem kunstvolle Frisuren und Schuhe. Mrs. Fuseli ist offenkundig das wichtigste Objekt fetischistischer Fantasien, betrachtet man ihre stets kunstvoll gesteckten, geknoteten, gekräuselten Haargebilde. Bei den sogenannten Kurtisanen tauchen phallische und obeliskartig frisierte Häupter auf, mit hoch ausrasierten Nackenpartien und aufgesetzten Kämmen mit Phallusmotiven* (Becker, 1997, S. 113).

Füsslis geheimes Schaffenswerk enthält eine Reihe von Zeichnungen, die eindeutig sadomasochistische Szenen zeigen. Überhaupt schien er dem Sadismus und Masochismus in der Art und Weise zugetan, als dass er die sexuelle Abhängigkeit und die Ängste des menschlichen Individuums in seinen Darstellungen thematisierte. Nur wenige Freunde wussten von den erotischen Zeichnungen und die Sicht seiner Zeitgenossen beeinflusste deren Interpretation bezüglich seines übrigen Werkes. William Haydon empörte sich über Füsslis Zeichnungen, die seiner Meinung nach gegen Konventionen verstießen, wenn im Bild festgehalten wurde, was Realität oder Wunschdenken war. Gleichzeitig wurde Füssli auch zu einem Visionär des Schreckens hochstilisiert, der gemäß den Beobachtungen von Haydon seine unterste Welt offenbarte.

Obwohl Füssli nur wenige Zeichnungen geschaffen hat, die man explizit dem pornographischen Genre zuordnen kann, so sind seine zahlreichen erotischen Werke in seinem übrigen Schaffen doch virulent. Dieser interessante Ausschnitt seiner Arbeit überlagert seine literarische Bildung und seine kunsthistorischen Kenntnisse in der Weise, dass sie die Interpretation seines gesamten Werks in eine Schieflage bringen. Füsslis erotische Darstellungen sind nur eine Komponente, nicht aber der Schlüssel zum Verständnis seiner Kunst. *Füssli zieht eine deutliche Grenze zwischen den Begriffen „Furcht" und „Schrecken". Letzterer hat ein konkretes Gegenüber und wird ausgelöst von einer bestimmten Situation. Dagegen ist die Furcht ein unbestimmbares, irrationales und deshalb aus der Sicht des Künstlers kreatives Gefühl. Furcht gebiert Ungeheuer* (Becker, 1997, S. 122). Die emotionale Bewegung des Betrachters konnte Füssli nicht allein durch symbolische Motive im Bild erreichen, sondern das Publikum musste sich mit den Gestalten identifizieren können, um sich in deren Situation zu versetzen, bevor das Emotionale – Beteiligt – Sein in Kraft trat. Er erkannte den Zusammenhang zwischen dem Schrecken und dem Erhabenen, realisierte dies in seinen Bildern und stufte sich damit selbst in die höchste Kategorie der „Epic Painters" ein. Wenn Füssli den Schrecken in seinen Bildern thematisiert, zeigt er die Furcht in der Darstellung und löst gleichzeitig bei den Betrachtern das Gefühl von Furcht aus. *Die Irrationalität als wichtigstes Merkmal seiner Kunst lässt Füsslis theoretischen Ansatz in einem merkwürdigen Licht erscheinen. Bis in sein hohes Alter vertrat er eine Kunstlehre, die vom Klassizismus abgeleitet war und sich auf rationale Kriterien stützt. Aber gerade, wenn er diese Kriterien bewusst außer Acht ließ, schuf er seine charakteristischsten Werke* (Becker, 1997, S. 128).

4.4 William Blakes Auffassung zum Symbolismus

William Blake wurde 1757 in London geboren, widmete sein Leben der englischen Dichtkunst und setzte seine Verse zeichnerisch um. Sein Gesamtwerk ist durch ein eigenwilliges kosmisches und mythisches Weltbild gekennzeichnet das zur Romantik gerechnet werden kann. *Blake schuf Illustrationen zum Buch Hiob, zu Dante, Edward Young und Robert Blair sowie zu eigenen literarischen Werken. Hierbei wandte er eine eigene Technik der handkolorierten Kupfer- oder Zinkätzung an; Ölmalerei lehnte er ab, er bevorzugte das Aquarell, eine eigene Temperatechnik und die Radierung. Blake, befreundet mit John Flaxman und Johann Heinrich Füssli, beeinflusste die Präraffaeliten und den Symbolismus; die Verschmelzung von Text und Illustration zu einer dekorativen Einheit sowie die schwungvolle Linienführung waren von besonderer Bedeutung für den Jugendstil* (Brockhaus, 2001, S. 125). Seitdem Blake schon in der Kindheit bestimmten Visionen ausgesetzt war, wurde seine Welt durch visionäre Fantasie geprägt, in der es weder Geburt noch Tod, weder Anfang noch Ende gab, sondern nur eine andauernde Pilgerschaft, die von der Zeitlichkeit zur Ewigkeit führte.

Seine gesamte Kunst und Dichtung lässt den Betrachter erkennen, dass er von einer religiösen Frömmigkeit, von Enthusiasmus und von immer wiederkehrenden Visionen erfüllt war. Aufgrund dieser Visionen fiel es ihm nicht leicht, sich dem weltlichen Leben zu stellen, was zur Folge hatte, dass er unter anderem seine Umwelt mit Geringschätzung, Bestürzung oder dem, was er die Furcht seiner Nerven nannte, betrachtete. Als Dichter, Maler und Visionär blickte er sein ganzes Leben zurück auf eben diese verhängnisvoll visionäre Kindheit, in der die Anzeichen eines erwachenden geistigen Lebens größte Bedeutsamkeit erhielten. Über einen Zeitraum von nahezu dreißig Jahren arbeitete er an Aquarellen, in deren Darstellungen er die Pest, das Feuer, die Hungersnot, den Krieg oder den Zwist in der Stadt London zum Gegenstand machte.

Eines seiner berühmtesten Bilder, in dem ein bärtiger Greis an Krücken gehend von einem Knaben geführt wird, stellt die Illustration zu dem Gedicht „London" dar. In direktem Vergleich zu Piranesi lässt sich in seinem Gesamtwerk die Nähe zur Freimaurerei erkennen, indem er durchweg deren Embleme und Motive im Bildwerk verarbeitete. Viele seiner damaligen Freunde waren selber Freimaurer, womit sie als besondere Londoner Gruppe gewisse Affinitäten zu der Dissenter – Tradition von Blakes eigener Familie aufwiesen. London wurde zu dieser Zeit von revolutionären Geistesgedanken heimgesucht, die in Form von Krawallen, dunklem und diabolischem Fanatismus bekundet wurden. Auch Blake ließ sich von dem Sog der Tollheit mitreißen, was in seiner Dichtung zum Ausdruck kommt, indem er Bilder von Feuer und Chaos benennt, die zum Teil auf die schreckliche Verwüstung der Stadt zurückzuführen sind, die er als junger Mann miterlebte. Darauffolgend trat er eine Ausbildung als Kupferstecher an, wo er mit sämtlichen Techniken vertraut gemacht wurde. Diese vorwiegend kommerzielle Arbeit gestaltete sich für ihn als eine lediglich methodisch betriebene Routine. Aus dieser Zeit weisen seine Arbeiten zwar eine Flüssigkeit und Gefälligkeit auf, die aber gemäß seiner Praxis nie über ein solides Maß hinausgehen. In späteren Jahren war er nur noch als Kupferstecher bekannt, der als Handwerker mit wirren Ansichten und einem Hang zu unverständlichen Versen betrachtet wurde. Abseits und unbeachtet von der Umwelt musste er sich seinen Lebensunterhalt schwer verdienen. Man kann wohl sagen, dass er der ersten Periode von Kommerzialisierung und Massenproduktion in der englischen Geschichte angehörte und zu einem ihrer ersten Opfer wurde. In seinem ganzen Leben fand er nicht den richtigen Platz in der Welt, indem er ihren Anforderungen und der Verantwortung, die an ihn gestellt wurde nicht gewachsen war. Er vertraute nur auf die Geheiligtheit seiner Visionen und die Wahrheit seiner visionären Kunst. In vieler Hinsicht benahm sich Blake auch gegenüber seinen Mitmenschen sehr merkwürdig, indem er fortwährend auf dem Wahrheitsgehalt seiner Visionen bestand, die für ihn immer dann auch wahr sein mussten, wenn er sich erst einmal eine imaginative Vorstellung gebildet hatte.

4.4.1 Dekorative Verschmelzung von Illustration und verbalem Ausdruck

Blakes Schaffensprozess ist vor allem gekennzeichnet durch die traditionelle Einstellung seiner Zeitepoche gegenüber dem allgemeingültigen Weltbild und durch die freundschaftliche Nähe zu Künstlern wie Johann Heinrich Füssli, der ihn, wie später noch beschrieben wird, maßgeblich beeinflusste. Und trotzdem gelang es Blake, eine neue künstlerische Ausdrucksform zu kreieren, die Dichtung und Malerei auf ungewöhnliche Weise in Einklang bringen sollte. Beständig und in etwa tausendfacher Ausführung setzte er sich immer wieder mit dem Tod auseinander, womit man ihn jedoch nicht nur einfach als einen Vertreter der sogenannten „Kirchhofsschule" bezeichnen kann, die zu jener Zeit modern war. Über die Zeichnungen vom Tod hinaus galt sein Interesse vielmehr der Vergangenheit und der Vergänglichkeit, was seine ehrfürchtige Bewunderung für das Altertum bestätigt, in dem er mythologische und religiöse Bezugspunkte für seine Kunst ausfindig machen konnte. Als brillanter Autodidakt neigte er gemäß seiner Zeit dazu, sich abstrusen Vorstellungen hinzugeben und sich esoterischen Lehren zu widmen. In dieser Zeit folgte er dem künstlerischen Programm eines Barry, Mortimer oder Füssli, indem er Illustrationen zu Shakespeare, Milton und der Bibel schuf. Blakes Illustrationen weisen in der Regel eine ausgewogene Komposition auf, besitzen eine Gewandtheit konventioneller Art und deuten auf gewisse Idiosynkrasien hin. Erkennbar sind vor allem die Spuren einer reifen Vision, so wie sich bestimmte Wendungen seiner späteren epischen Dichtung in seinen ersten poetischen Skizzen wiederfinden lassen.

In frühen Zeichnungen und Skizzen offenbart sich bereits ein charakteristisches Blake'sches Szenarium; es ist jenes einer isolierten Figur, die in einer Gebärde von Furcht oder Verehrung die Arme ausstreckt. Die Kompositionen sind dramatisch, wenn auch gelegentlich von einer gewissen Steifheit, und selbst in diesem Stadium ist Blakes Vorliebe für den formalen und hieratischen Entwurf klar erkennbar – eine Vorliebe, die seiner Ausbildung als Kupferstecher und seinem Verständnis der gotischen Kunst entspringt (Ackroyd, 2001, S. 83). Wie schon kurz erwähnt, hatte er sich sein Wissen, auch mit dem Hang zum esoterischen auf autodidaktische Weise angeeignet, das man allerdings nicht in liberaler und rationaler Konversation vermitteln konnte. In diesem Sinne distanzierte sich

Blake von der Moral seiner Zeit und schloss sich nie einer Gruppe, einer Sekte oder einem Klub an, wie es eigentlich des Öfteren üblich war. Obwohl er auf seine Selbständigkeit und Unabhängigkeit stolz war, so musste er doch aufgrund seines unnachgiebigen Verhaltens viele Jahre in selbstauferlegter Isolation verbringen. Blakes Epoche zeichnete sich vor allem durch das Gedankengut des Dissentertums aus, das die gängige alchimistische Lehre in Verbindung mit der okkulten Magie bringt. Taylor, der zu dieser Zeit ein Traktat über das Schöne veröffentlichte, schloss sich diesem Gedankengut an, indem er verkündete, dass „jeder göttlich werden muss und von göttlicher Schönheit, bevor er einen Gott und das Schöne selber schauen kann". In den von Himmel und Hölle enthaltenen Lehren des schwedischen Mystikers Swedenborg, die eine Synthese von okkulter und alchimistischer Doktrin darstellen, fand Blake genügend Material, das in den christlichen Kontext der Erlösung gestellt war.

Die Bilder von Tod und Pest blieben allerdings weiterhin in seinen Gemälden eindringlich präsent und wurden nur unter dem erhabenen Tonfall der Milton´schen Dichtung modifiziert, so dass sie das poetische Äquivalent der Historienmalerei bilden konnten. Des weiteren trat Blake mit dem Umzug in einen Londoner Vorort in die wohl produktivste Phase seines Lebens ein, indem er sich auf die neue Technik des Reliefätzens konzentrierte, um damit den Durchbruch in seiner künstlerischen Laufbahn zu schaffen, wobei ihn der öffentliche wie geschäftliche Ruf kaum interessierte. Das neue Verfahren eröffnete ihm lediglich die Möglichkeit seine schöpferische Eingebung in eine neue Richtung einzuschlagen. Er konnte nunmehr den „Poetischen Geist" mit dem „Geist der Prophezeiung" gleichsetzen. *Keiner, der Paracelsus liest, kann von ihm unbeeindruckt bleiben, und ein Künstler wie Blake, der allmählich vom Bewusstsein seiner prophetischen und geistigen Sendung erfüllt wurde, musste vom Lobpreis der Imagination seiner Schriften ergriffen und entzückt sein. „ich kenne kein anderes Christentum und kein anderes Evangelium", schrieb Blake später, „als die Freiheit von Körper und Geist, um die Göttlichen Künste der Fantasie auszuüben"* (Ackroyd, 2001, S. 165). Die Historiengemälde jener Epoche zeigen die Bedeutung zwischen zeitgenössischen Ereignissen und dem Kontext heroischer Mythen.

Auch Blake versuchte nun auf seine eigene Weise, aus der englisch – literarischen Tradition heraus einen neuen epischen Stil zu begründen. Seine ihm eigene Authentizität fand er darin, das Weltgeschehen zum Inhalt einer visionären Geschichte zu machen, in der gigantische Gestalten eine wüste Landschaft bevölkern. Indem er aus seiner Isolation heraus versuchte, einen großen Mythos zu erschaffen, stieß er doch auf wenig Beachtung, geschweige denn Verständnis, so dass seine Freiheit zu einer Form von Einsamkeit wurde, in der er nur auf sich selbst hörte und jeglichen Maßstab zur Einschätzung seiner eigenen Arbeit verlor. Die letzte, seiner im Vorort Lambeth hergestellten Prophezeiungen führte zu der wohl umfangreichsten Folge von Gemälden, die er bis dahin geschaffen hatte. Hier werden Mythos und Medium nicht voneinander getrennt, sondern können aufgrund des Farbdruckverfahrens auf derselben Ebene des künstlerischen Schaffens wirken.

Zu den eindrucksvollsten Werken dieser Zeit zählt Blakes Bild „Newton", das den Wissenschaftler innerhalb einer Kombination aus Farbe und Tusche, in seinem Glauben an System und Ordnung darstellt. Anhand dieses Gemäldes begegnet einem in der Zweideutigkeit von Bild und Wort das Geheimnis von Blakes eigenem Wesen. Die Kraft und Macht, die von Newton als grübelnder Gestalt ausstrahlen, lassen eine Spur von Blakes eigener Besessenheit und Vereinsamung erahnen. Und obwohl er von Newtons Interesse an Alchemie und Okkultismus nichts wusste, so bildete er doch ein Dreieck ab, das als alchemistisches Symbol für Feuer zu deuten wäre. Den Paradoxien von Maß und Unmaß, von Kontrolle und Chaos kommt man bei Blake erst näher, wenn man sich mit seinem unvollendeten Epos befasst, das ständig umgeschrieben wurde, bis es letztendlich von Wirrheit und Unverständlichkeit geprägt war und dabei dennoch sein eigenes Ich in aphoristisch, didaktisch und beherrschter Form darlegte. Nach Vollendung seiner Lambether Werke und in fortgeschrittenem Alter wurde er von Füssli gedrängt, den klassischen Geist in seinen Werken hervorzuheben, wofür auch Anzeichen vorhanden sind, dass er diesen Ratschlag annahm. Mit zunehmendem Alter betrachtete er die materielle Welt mehr als Schatten, in dem sein sterbliches Leben oder sein sterblicher Teil nicht von Bedeutung seien. Das Nachlassen der sexuellen Energie und seines radikalen Optimismus deuten an, dass er seine Hoffnungen und Ziele nun selbst abwertete. *„Die Kenntnis der idealen Schönheit", schreibt er, „kann nicht erworben werden. Sie wird mit uns geboren. Jeder Mensch kommt mit eingeborenen Ideen auf die Welt. ... Der Mensch bringt alles, was er hat oder haben kann, mit sich auf die Welt. ... Der Mensch wird geboren wie ein Garten, der bereits bepflanzt und besät ist. Diese Welt ist zu arm, um auch nur einen Samen hervorzubringen. ... Wer die Wahrheit nicht auf den ersten Blick erkennt, ist ihrer unwürdig. ... Der Mensch, der in seinem Sinnen und Denken niemals zum Himmel gereist ist, ist kein Künstler"* (Ackroyd, 2001, S. 324). Indem Blake um Unabhängigkeit von der vorherrschenden ästhetischen Theorie rang, gehörte er zu den wenigen Künstlern, die so tief über das Wesen der Wahrnehmung und Erkenntnis nachdachten. Seine Gestalten, die in Flammen badend oder vor einer großen Sonne stehend dargestellt werden, erinnern unter anderem an alchemistische Illustrationen aus Lehrbüchern des 16. und 17. Jahrhunderts. Auch wenn Blake diese Bücher gekannt hat, so vereint seine hieroglyphisch – religiöse Kunst, Spiritualität, alchemistisches Wissen und sexuelle Vitalität auf eine bis dahin unbekannte neue Art und Weise.

4.4.2 Symbolträchtige Kunst infolge visionärer Inspiration

In Blakes epischen Gedichten entfaltet sich mitunter eine große Familiensaga, in der die verschiedenen Mitglieder miteinander um Macht und Vorherrschaft ringen, wobei man sich fragen muss, ob sich diese metaphysischen Kriege über seine Visionen hinaus schon in seinem Elternhaus zugetragen haben. Allein seine Dichtung weist schon verschiedene Zeichen und Symbole auf, mit denen eine vermeintlich sanfte Familienliebe als verächtlich abgetan wird, indem Väter erschlagen und Mütter als schwach und treulos beschrieben werden. Vor allem lässt Blake die ständige Gefahr väterlicher Tyrannei erkennen und verwandelt dementsprechend in symbolischer Form den Vater in eine Schlange oder einen Priester. In der Saga von Los und Orc lässt er den Vater zunächst einer Selbsttäuschung zum Opfer fallen, so dass dieser in ängstlichem Schuldbewusstsein den eigenen Sohn in Ketten legt. Der nachhaltigste Eindruck dieser Bilder wird nicht von Freud'scher Subversion oder gar Unzufriedenheit geprägt, sondern stellt sich über seine Visionen hinaus mit Verlust und Schwächung, mit verkümmerter Begabung, vorenthaltenen Möglichkeiten und eingeschränkten Kräften dar.

Aufgrund seiner freundschaftlichen Nähe zu Füssli finden sich auch weniger geläufige Bilder unter Blakes Zeichnungen, wie zum Beispiel Frauen mit gewaltig erigierten Phallen oder alte und junge Männer, die in erotischen Posen dargestellt werden. *Diese Visionen waren tatsächlich seine Inspiration, und, wie er in einem der „Sprichwörter der Hölle" erklärte: „Ein Narr sieht nicht denselben Baum, den ein Weiser sieht". Was Blake sah, war nicht die dämmrige und schmutzige Stadt der Vorstellung des Historikers, sondern eine Stadt, die erfüllt* war *von Engeln und Propheten. Er sah eine biblische Stadt* (Ackroyd, 2001, S. 32). Psychologisch betrachtet wird das Phänomen der Vision als sogenanntes „eidetisches Bild" eingestuft, wobei Beispiele von halluzinatorischen Bildern genannt werden. Diese spezifischen Bilder werden insofern tatsächlich gesehen, als dass sie keine Erinnerung aufrufen, kein Nachbild oder Tagtraum sind, sondern als reale sinnliche Wahrnehmungen empfunden werden. Im späten 19. Jahrhundert entdeckte Francis Galton, dass die visionäre Begabung bei manchen Kindern ausgeprägt sei, die jahrelang nicht in der Lage wären, zwischen einer subjektiven und objektiven Welt zu unterscheiden. Demnach stellen Blakes frühe Visionen nichts direkt Ungewöhnliches dar, sondern sind insofern nur als bemerkenswert einzustufen, als dass er sich diese kindliche Fähigkeit bis an sein Lebensende bewahren konnte. Die Verse, die in Blakes Kindheit entstanden, lassen auf eine frühreife Entwicklung in literarischer Hinsicht schließen, die sich später auch auf die bildende Kunst erstreckte. Bekanntlich lebte er in einer Welt, in der sich seine Wahrnehmung ständig veränderte und in der sich Vision und

Realität auf merkwürdige Art und Weise vermischten. Aus dieser Welt bezog er die Kraft und Kohärenz der festen, bestimmten Linienführung der Künstler, die er damals schon bewunderte. An dieser Stelle sollte noch einmal auf die Freundschaft zwischen ihm und Füssli eingegangen werden, da einer seiner kunstvollsten Kupferstiche nach einer erotischen Zeichnung Füsslis gearbeitet wurde. In dem Bild mit dem Titel „Falsche Traumbilder geleiten die Seelen der Verstorbenen zum Himmel" werden undeutlich gehaltene weibliche Genitalien und explizite Phallussymbole dargestellt.

Mit dem Bild von Füssli, der in ähnlicher Besessenheit wie Blake viele erotische Studien anfertigte, wird angedeutet, dass sich die Zusammenarbeit der beiden Künstler über die konventionellen Grenzen der „Schönen Künste" erstreckte. Blake lebte in einer Welt voller Gegensätze, ohne die es für ihn keine Entwicklung gegeben hätte und die seiner eigentümlichen Vision vorangingen und sie prägten. *Ein Kunsthistoriker hat einmal bemerkt, dass, was die Aufmerksamkeit betrifft, die Blake der Außenwelt zollte, er „beinahe hätte blind sein können", eines der großen Embleme des geistigen Lebens ist natürlich der Visionär, der mit geschlossenen Augen sieht* (Ackroyd, 2001, S. 166). Es ist durchaus anzunehmen, dass die visionären Bilder Blakes eigene Visionen vermitteln sollen. Das berühmteste Bild aus „Europa", zeigt einen alten Mann, der vor einem leuchtenden Kreis niederkniet und den Abgrund mit einem Zirkel ausmisst. Das Bild trägt den Titel „Der Alte der Tage", der Blake nach eigener Auskunft in einer Vision erschien. Blake, der bekannt dafür war, göttliche Eingebungen für sich in Anspruch zu nehmen, wurde von den orthodoxen Philosophen jener Zeit beinahe automatisch mit dem Etikett eines „Geisteskranken" versehen, da sie jede Form von religiösem Enthusiasmus mit geistiger Verwirrung gleichsetzten.

In den ersten Jahrzehnten des 17. Jahrhunderts wären seine Beschreibungen von Geistern und Engeln als außergewöhnlich eingestuft worden, aber sie hätten nicht als verzerrend oder fantastisch gegolten. In der zweiten Hälfte des 18. Jahrhunderts wurden sie jedoch als Wahnvorstellungen eines Verrückten tituliert. Seine visionären Vorstellungen entspringen keiner puren Theorie, sondern sind Bestandteile von essentieller und vitaler Bedeutung. Blake war durch seine eigenen Visionen der Überzeugung, die menschliche Wahrnehmung grundlegend umkehren zu können, indem er zu seiner Konzeption von Grenzen, seine Vorstellung von Zuständen entwickelte, die heute einen alternativen Zugang zu dem bietet, was man Humanpsychologie nennt. *Was bleibt, ist genug und mehr als genug, um Zeugnis zu geben vom wahren Genie William Blakes, der in einer Welt lebte, die ihn weitgehend ignorierte oder verkannte. Nach seinem Tod küsste ihn George Richmond und schloss ihm dann die Augen, „um die Vision zu bewahren". Aber dies hätte er wirklich nicht zu tun brauchen. Jene Vision hatte*

Blake während seiner siebzigjährigen Pilgerschaft nicht verlassen, und sie dauert auch heute noch an (Ackroyd, 2001, S. 422). Die Geister, die er über seine Visionen hinaus beobachten konnte, gestalteten sich als Realitäten, so dass er mit seinen visuellen und imaginativen Kräften in der Lage war, sie vor sich hin zu projizieren. Wahrscheinlich entsprachen die Engel, die er immer gesehen hatte, einem Teil seiner Kinderlektüren, so wie die Propheten und Heiligen auf Erinnerungen an biblische Illustrationen zurückzuführen sind.

4.5 Georg Baselitz' Werke zwischen figürlicher Assoziation und informeller Kunst

Im Jahr 1938 wird Georg Baselitz unter dem Namen Hans – Georg Kern in Deutschbaselitz (Sachsen) geboren. 1956 beginnt er ein Studium der Malerei an der Hochschule für bildende und angewandte Kunst in Ost – Berlin, dass er nach nur zwei Semestern beenden muss, weil man ihn wegen „gesellschaftspolitischer Unreife" ausschließt. Er absolviert daraufhin sein Studium an der Hochschule für bildende Kunst in West – Berlin. 1961 nimmt er dann den Künstlernamen Georg Baselitz an. Seit 1987 besitzt er ein zusätzliches Atelier in Imperia an der italienischen Riviera, wo er teilweise lebt und arbeitet. Zunächst sollte an dieser Stelle kurz auf die politischen Einflüsse bezüglich der deutschen Kunst nach 1960 eingegangen werden, um den Schaffensprozess der verschiedenen Künstler besser erläutern zu können. Man muss sich vorstellen, dass die moderne Kunst in Deutschland stärker durch äußere Eingriffe geprägt wurde, als durch inwendige Gesetze, die normalerweise die bildenden Künste bestimmen. Bevor sich ein sozusagen hauptstädtisches Niveau der Avantgarde in Berlin nach dem Deutsch – Französischen Krieg überhaupt etablieren konnte, drängte die wilhelminische Reaktion zunächst neuere Bestrebungen an den Rand. Eine offiziell zugelassene, realistisch – pompöse Malerei eines Anton Werner erwies sich vorerst richtungweisend.

Deshalb blieben der deutschen Avantgarde vor dem ersten Weltkrieg nur wenige Jahre, um neue Wege beschreiten zu können. Entweder waren einige der besten Künstler im Krieg gefallen, oder andere an den Erlebnissen des Krieges zerbrochen. Zu Beginn der Weimarer Republik stand die deutsche Kunst wieder vor einem neuen Abschnitt, der durch die Gründung und Aktivität des Bauhauses markiert wurde. 1933 wurde dann die hoffnungsvolle Entwicklung wieder zunichte gemacht, die sich nur als vorübergehende Blüte in verworrenen politischen Zeiten erwies. Von da an verlangte man ausnahmslos nach völkischem Optimismus und Realismus, so dass die Anfänge der Avantgarde schließlich scheitern mussten. Viele Künstler emigrierten daraufhin ins Ausland oder zogen sich aus dem öffentlichen Leben zurück, so dass die äußere wie innere Flucht das

Aufkeimen der Moderne zu einer verlorenen Utopie werden ließen. Nach 1945 wählten die Künstler den vorerst einzig gangbaren Weg der Anpassung an vorgegebene westliche oder östliche Doktrinen.

Der westliche Teil wählte vor allem das freie abstrakte Stilmuster, ohne sich diese Formen durch Analyse oder historische Umstände erarbeitet zu haben. Erst gegen Ende der fünfziger Jahre wurden die Probleme der eigenen Tradition wieder stärker ins Bewusstsein gerückt, so dass sich eine neue Weichenstellung eröffnen konnte. Neben Joseph Beuys, der schon früh nach dem Krieg seine entschiedene Position gegen die informelle Abstraktion behauptete, manifestierte Georg Baselitz um 1960 in Berlin einen abweichenden Stilwillen. Die Ausstellung seiner Werke mit den Titeln „Die große Nacht im Eimer“ und „Nackter Mann“ führten 1963 zu einem Skandal, woraufhin die Werke beschlagnahmt wurden. Seine Werke widersprachen vehement einer dekorativen Unverbindlichkeit, womit er lediglich an die Wunden der Geschichte erinnerte und die bodenlose Situation der Künstler in der neu entstandenen deutschen Gesellschaft publizierte. In Ralf Winkler, der sich später nach dem Eiszeitforscher und Geologen Albrecht Penck benannte, fand Baselitz den ersten Verbündeten. Es sollte aber schließlich noch bis 1980 dauern, ehe eine breitere Diskussion über Baselitz′ Werke einsetzte, die durch die Präsentation seiner ersten Skulptur auf der Biennale von Venedig an Heftigkeit zunahm. Seine Konzeption richtet sich darauf über den Hintergrund einer nicht – erzählerischen, abstrakten Bildidee die Emotionalität der Malerei zurückzugewinnen, um sie als Mittel gegen ästhetische Gleichgültigkeit einsetzen zu können.

4.5.1 Zeichenhafte Symbolik in Korrelation zu Landschaftsdetails

Baselitz′ Werk ist geprägt von der Suche nach einem eigenen Weg zwischen figürlicher Assoziation und informeller Malweise. In den 60er Jahren wandelte sich sein Stil wuchernder Körperlichkeit der verzerrten Figuren mit kleinen Köpfen zu zeichenhafter Symbolik mit Landschaftsrelikten. In den „Frakturbildern“ modifizierte Baselitz Gegenständlichkeit weiter, was schließlich 68/69 zur Umkehr der Motive führte: Mit dem „Auf den Kopf stellen“ der Gemälde sucht er den Blick des Betrachters vom Motiv abzulenken und spielt immer wieder auf die ideelle Ungegenständlichkeit an. Seit 1979 bilden expressive, roh behauene und zum Teil farbig bemalte Holzplastiken einen eigenständigen Zweig in seinem umfangreichen Oeuvre (Brockhaus, 2001, S. 90).

In Baselitz′ Bildern finden sich weder Harmonie noch Proportionalität. Der Künstler befindet sich nur stets auf der Suche nach Bildern, nicht nach Harmoniebeziehungen. Er sieht die Harmonie für den Betrachter lediglich in anderen

Bildern der Kunstgeschichte begründet, die allerdings nicht von ihm sind. Diesen spezifischen Begriff der Harmonie sieht er als ein durchgehendes Kriterium an, das vorwiegend als ästhetisches Kriterium zum tragen kommt. Er selber geht lieber von der Disharmonie aus, die seiner Beobachtung des Alltäglichen entspricht. Genauer gesagt hat er sich der Hässlichkeit verschrieben, der Darstellung von großen Nasen, von triefenden Augen, von Stoppelhaar, von Dreibeinern und von zu großen Füßen. Diese Art der Malerei stammt noch aus der Schule des Tachismus, wobei jedes Bild für den Künstler selber bereits einen symbolischen Haken aufweist, den er als instinktiven Widerstand brauchte. Mit diesem Haken, beziehungsweise mit dieser Problematik innerhalb des Bildes fingen für ihn die Schwierigkeiten an. In dem Moment, wo er auf seiner eigenen Problematik bestand, war er kein Student mehr, da er sich dem Fortschritt der Malerei und somit der Elimination jeglicher Darstellung widersetzte.

Dieses Verhalten gegenüber dem Bildwerk geschah keineswegs überlegt, sondern ganz aus dem Bauch heraus, aus einer inneren Haltung, die man vielleicht als eben diesen Widerstand bezeichnen könnte. *Ich finde, dass ein Bild ein sensibles Ding ist und dass diese Sensibilität durch Benutzung, auch Benutzung in einem Museum, gefährdet ist. Weil man nicht immer unbedingt voraussetzen kann, dass gute Absicht im Spiel ist. Sondern oft auch Böswilligkeit. Es werden Konkurrenzen hergestellt, wenn das Bild aus dem Atelier verschwindet, zu anderen Malern und anderen Bildern. Und diese Schwierigkeiten, die entstehen, bringen das Bild in eine gewisse Gefahr. Und deshalb habe ich mal gesagt: Lieber kein Bild an der Wand* (Schwerfel, 1989, S. 51).

Baselitz selber glaubt, dass alle Bilder, die das menschliche Individuum kennt, reine Erfindungen von Malern sind und dass die sogenannte Wirklichkeit, die innerhalb dieser Bilder auftaucht, nur vorhanden ist, weil sie eben auf dem Bild dargestellt wird. Des weiteren nimmt er an, dass geschichtlich – gesellschaftlich in der Malerei nichts passiert, was für den Menschen außerhalb der Malerei lesbar wäre, geschweige denn, dass etwa gesellschaftliche Ideen aus der Malerei heraus erfahrbar werden könnten. Baselitz vertritt sogar die Überzeugung, dass sich die Darstellung auf einem Bild für den Betrachter immer noch als etwas Unverständliches gestaltet, was in seinem speziellen Fall auch zutreffen könnte, indem er jedes neue Bild als sein Bild betrachtet, es einem Besitzanspruch unterwirft und auf diese Weise dem Betrachter jegliche Interpretation entzieht. Während der Entstehungsphase eines neuen Bildes folgt er zunächst visuell einer Spur, die bis dahin noch nicht verfolgt wurde und die neue Abenteuer für ihn erwarten lässt. Allgemeingültige und bekannte Dinge werden weggestoßen, um einen Neuanfang wagen zu können. Baselitz behauptet selber, Tabus zu brechen und mit einer Radikalität zu arbeiten, um auf diese Weise sein fehlendes Talent und das Handikap, nicht zeichnen zu können, zu überspielen. Anstelle von Talent sieht er seine eigene Haltung, seine Position gegenüber dem Bildwerk im Vordergrund der Betrachtung. Für ihn ist das eigentliche Ziel erreicht, wenn das Ergebnis des neuen Bildes seiner ihm eigenen Organisation entspricht. Obwohl er eigentlich ohne Ziel arbeitet, so ist er doch rückblickend immer auf der Suche nach einer durchgehenden Linie, die ihm ein wirkliches und großes Konzept eröffnen könnte. Baselitz ist sich nicht sicher, dieses Konzept überhaupt zu besitzen, da er die Meinung vertritt, an der Zeichnung beziehungsweise an der Kontur ließe sich das beste System der Darstellung langfristiger Umbrüche ablesen. Als Vertreter des Neoexpressionismus, dessen kraftvoll gestaltete Handschrift und malerische Vitalität auf den deutschen Expressionismus zurückweisen, liegt einer der Schwerpunkte seines Gesamtwerks in der Skulptur begründet. Symbolische Inhalte sind sowohl in seinen Bildwerken als auch in den grob bearbeiteten Holzskulpturen zu finden. 1969 findet eine Neuorientierung in seinem Schaffensprozess statt, indem er zum ersten Mal ein Bild zeigt, bei dem das Motiv auf dem Kopf steht.

In den 80er Jahren beschäftigt sich Baselitz dann zunehmend mit Alltagseindrücken, die er wie zum Beispiel bei dem Motiv des „Orangenessers" gleich zu einer Reihe von Bildern verarbeitet, die trotz des relativ kleinen Formates eine äußerst komplexe Komposition aufweisen. Aufgrund der Konzentration ihrer Formensyntax und malerischen Anlage, lässt diese Werkgruppe einen neuen Ansatz im Schaffensprozess des Künstlers erkennen. Interessanterweise ist in den einzelnen Varianten zum Thema „Orangenesser" das bildnerische Vokabular bereits an der Artikulationsweise der Holzskulptur orientiert. Ob die Orangenesser nun teilweise körperlich oder nur im Profil dargestellt sind, so fesseln sie den Blick des Betrachters über die rigoros eingesetzten, knappen Formen sowie über die tragende und prägnante Malweise. Baselitz schafft mit jedem Pinselzug ein Form- und Strukturmuster, das weit über die rein abbildenden Kriterien hinausweist. Die den Bildeindruck und Bildausdruck prägenden Mittel bestehen im Zusammenwirken des freien Malduktus mit der Eigenwertigkeit der Farbsubstanz. Auf dieser Grundlage manifestiert sich in den „Orangenessern" ein erster Schritt in Richtung einer zeichenbetonten Figurenwiedergabe parallel zu den gleichzeitig geschaffenen Holzfiguren.

Die extremen Formalismen im Figurativen der Holzfigur werden nun verstärkt in den Gemälden der neuen Werkphase eingesetzt. Eine Verdichtung zu visionärer Monumentalität erfahren die Gestalten vor allem in den Gemälden wie mit den Titeln „Nachtessen in Dresden" und „Brückechor", deren Überzeugungskraft auf der formalen Reduktion der Körperauffassung basiert und ihr Echo in der souveränen Anlage der Bilder findet. Derartige Eigenschaften sind in den Orangenessern vorgeprägt, bei denen der Künstler bewusst auf Pathos verzichtet, um spätere große Kompositionen von innen her aufziehen zu können. Anstelle des Pathos tritt nun eine diesem Zeitabschnitt neue, aus unmittelbarer Anschauung gewonnene malerische Dichte, die den „Orangenessern" eine besondere Ausstrahlung verleiht. Betrachtet man nun die Symbolik in den Bildwerken eines Georg Baselitz, so gestaltet sich diese für den Betrachter nicht offenkundig aus, sondern bleibt nur im Verborgenen sichtbar. Stellt man den direkten Vergleich mit der symbolgeladenen Bilderwelt im zeitgenössischen Kunstwerk an, so lassen sich diese bezüglich einer visuellen Offenbarung leichter interpretieren. Baselitz′ Werke werden lediglich von einer Schaffensspur durchzogen, die dem Betrachter den Entstehungsprozess zu entschlüsseln vermag. Seine in Gemälden verwandte Symbolik bezieht sich lediglich auf seine persönliche Gestaltungskraft. Indem er zum Beispiel die Motive auf den Kopf stellt symbolisiert er die neue Interaktion mit seiner Umwelt vor dem Hintergrund alltäglicher Beobachtungen. Dementsprechend muss der Betrachter gar nicht den Versuch unternehmen seine Werke zu entschlüsseln, sondern darf sich regelrecht von den in der Darstellung umgesetzten künstlerischen Empfindungen treiben lassen.

4.5.2 Aggressionsverhalten gegenüber dem Kunstwerk

Die Überlegungen, weshalb meine erste Skulptur nun so aussieht, wie sie aussieht, die sind nachher angestellt worden von mir. Als ich sie gemacht habe eigentlich weniger. Ich hatte vielmehr immer den Eindruck: Das, was ich tue, sieht aus wie Graben. Ich grabe in der Erde und finde etwas. Und das stimmt auch so. Sie müssen wie beim Bildermalen arbeiten, also vorwiegend mit Aggression. Ich benutze das Beil oder die Säge und mache nur direkte Holzskulpturen, an denen sie nichts hinzufügen können, ähnlich wie beim Stein (Schwerfel, 1989, S. 72). Baselitz′ Werke stellen sich dem Betrachter in einer überaus ambivalenten Art und Weise dar. Zum einen sei hier nochmals an die figürlichen Assoziationen in seinen Gemälden erinnert, zum anderen sei der Blick auf die grob bearbeiteten Holzskulpturen gerichtet, mit denen der eigentliche Schaffensprozess des Künstlers begann. Obwohl er selber diese grobe künstlerische Tätigkeit mit Säge und Beil als Graben bezeichnet, ist er nicht unmittelbar und eindeutig mit dem informellen Künstler zu vergleichen, der ja bekanntlich durch den Schaffensvorgang sein verinnerlichtes Leiden zum Ausdruck bringen möchte.

Baselitz scheint sich eher mithilfe der Abstraktion seinen alltäglichen Beobachtungen hinzugeben, um diese auch im Bildwerk umsetzen zu können. Trotzdem kann nicht ausgeschlossen werden, dass er über das Aggressionsverhalten am Kunstwerk hinaus seinen Empfindungen Raum gibt, um sich damit von einem inneren Druck zu befreien. Aus psychologischer Sicht definiert sich die Aggression beim Menschen als körperliches oder verbales Handeln, das mit der Absicht ausgeführt wird, zu verletzen oder zu zerstören. Auch Gewalt zählt zu einer Form von Aggression, indem sie extrem und sozial nicht akzeptabel erscheint. Die Aggressionen, die Baselitz während seiner Arbeit an dem Holz sichtbar werden lässt, richten sich gegen sein Eigentum und sind auf individuellem Niveau üblicherweise Ausdruck von Feindseligkeit oder Wut, auf institutioneller Ebene stellen sie aber die geplante Vernichtung von Feinden dar. Der Künstler tritt somit in eine aggressive Interaktion mit der Umwelt beziehungsweise mit seiner „realen Welt" oder dem, was er zumindest als real empfindet. Freud nahm dagegen an, dass sich der Todestrieb, der nach der Selbstzerstörung des Individuums strebt, oft in der Gestalt der Aggression gegen andere nach außen umgelenkt wird. Demnach wird die Energie für diesen Todestrieb stetig im Körper generiert. Wird diese Energie nicht in kleinen Mengen und auf sozial akzeptable Weise abgegeben, so kann sie so lange anwachsen, bis sie eben auf eine extreme und sozial nicht akzeptable Weise förmlich „überläuft". Eine Möglichkeit der Ableitung dieser Energie sieht Freud in Form der sogenannten Katharsis, bei der Emotionen durch Weinen, durch Worte, symbolische Mittel oder direkte Handlungen ausgedrückt werden. Trotz einiger stützender Belege ist die Katharsistheorie von Psychologen in der Weise kritisiert worden, als dass sie keine spezifischen Faktoren angibt, die vorherzusagen erlauben, ob Aggression auftreten wird und welche Richtung oder Form sie nehmen wird. Der Großteil der Belege zur Katharsis aggressiver Gefühle lässt annehmen, dass ein emotionales „Rauslassen" aggressiver Gefühle auf verbaler Ebene das Auftreten folgender Aggression zu senken vermag. Dagegen bewirkt die Gelegenheit, offen aggressives Verhalten auszuagieren das Gegenteil, indem sie die Aggressivität verstärkt. Eine andere Theorie, die betont, Aggression sei angeboren, stammt von dem Ethologen Konrad Lorenz, der auf der Grundlage von Tierbeobachtungen behauptet, die Aggression sei eine spontane innere Bereitschaft zum Kampf, die für das Überleben eines Organismus entscheidend sei. Fast zwanzig Jahre nachdem Freud die Existenz eines Todestriebes postuliert hatte, stellte eine Gruppe von Psychologen mit der Frustrations – Aggressions Hypothese eine alternative Betrachtungsweise der Aggression vor.

Nach der Frustrations – Aggressions Hypothese ist Aggression ein erworbener (kein angeborener) Trieb, der als Reaktion auf Frustration entstanden ist. Frustration wiederum tritt dann auf, wenn die Ausführung einer Zielreaktion unterbrochen oder blockiert wird. Je größer sich die gegenwärtige und angesammelte Frustration gestaltet, umso stärker erscheint die daraus resultierende aggressive Reaktion. Theoretiker der Frustrations – Aggressions Hypothese stimmen Freud insofern zu, als auch sie annehmen, dass der aggressive Trieb eine Steigerung erfährt, wenn er keinen Ausdruck findet, wenn also die Frustration andauert. Kürzlich wurde sogar erkannt, dass es entscheidend von der eigenen Wahrnehmung der Frustration abhängt, wie eine Person darauf reagiert. Ein Vorschlag zur Revision der Fustrations – Aggressions Hypothese nimmt eine Interaktion zwischen emotionalen Zuständen und Hinweisen aus der Umwelt an. Leonhard Berkowitz behauptet, Frustration schaffe, ähnlich wie die vorausgegangene Verstärkung aggressiver Handlungen, eine Bereitschaft zu weiteren aggressiven Handlungen. Ob diese Bereitschaft in offene Aggression umgesetzt werde, sei abhängig von Hinweisreizen aus der Umwelt, die mit Aggression assoziiert werden. Berkowitz ist des Weiteren der Ansicht, dass Aggression großenteils nicht geplant oder vorhergesehen wird, sondern impulsiv als Reaktion auf provozierende Reize der Umwelt ausbricht. Aggression kann auch durch Ereignisse oder Bedingungen in der Umwelt stimuliert werden, die intensive sexuelle oder feindselige Emotionen anregen oder aggressive Elemente enthalten. Nach der sozialen Lerntheorie führt jede Art von aversiver Erfahrung (nicht nur Frustration) zu einem allgemeinen Zustand emotionaler Erregung. Diese Erregung kann dann zu einer Reihe unterschiedlicher Verhaltensweisen führen, die abhängig von der Lerngeschichte eines Individuums sind. Individuen, deren Aggressionen in der Vergangenheit belohnt wurden, werden aggressiv reagieren; andere werden sich zurückziehen, um Hilfe bitten oder sich um konstruktives Problemlösen bemühen, je nachdem, was sich in der Vergangenheit für sie bewährt hat.

Aggression kann aber auch, wie alle anderen Reaktionen unter Abwesenheit emotionaler Erregung auftreten, wenn eine Person das Gefühl hat, auf diese Weise ein erwünschtes Ziel erreichen zu können. Nach diesem kurzen psychologischen Diskurs über die verschiedenartigsten Aggressionsverhalten des menschlichen Individuums gegenüber seiner Umwelt sollten nochmals einige Überlegungen bezüglich der Kunst von Baselitz und seiner an den Holzskulpturen offensichtlich ausgelebten Aggression angestellt werden. Aufgrund autobiografischer Erfahrung ist der Künstler in der Lage seine Empfindungen mithilfe der groben Materialbearbeitung auszuleben, was sich auf die Leinwand und das Gemälde bezogen, als schwierig gestalten dürfte. Seine aufgestauten Gefühle, vielleicht auch seine Wut gegenüber sich selbst und anderen lässt er die Holzskulptur spüren, die somit eine Katalysatorfunktion einnimmt und dem Künstler bei der Verarbeitung seiner inneren psychischen Prozesse behilflich ist. In diesem Sinne könnte man von einer Art Eigentherapie sprechen, die sich der Maler selbst auferlegt, um den vormals erwähnten Katharsisprozess einzuleiten. Baselitz′ Werke könnte man zu der informell – abstrakten Kunst zählen, wobei der

Schwerpunkt definitiv in der Abstraktion zu finden ist. Er unterliegt damit einem Erzählstil, der über die Banalität des Alltagslebens hinausgeht und den Betrachter mit einer Reduzierung auf das visuell Wesentliche konfrontiert. Von entscheidender Bedeutung für sein Gesamtwerk stellt sich die Neuorientierung anhand der von ihm auf den Kopf gestellten Motive dar. Das Bild sowie der Betrachter haben gewissermaßen ihren Standpunkt verloren und sind auf der Suche nach etwas Neuem in der Artikulation über den Kunstbegriff. Somit eröffnet sich einem eine neue Betrachtungsweise hinsichtlich des Kunstwerks, das in der Form angenommen werden sollte, wie es sich einem präsentiert. Baselitz hat eine neue Kunstform geschaffen, die er bis heute enthusiastisch zu vertreten weiß und die ihn in ihrer Eigenart von anderen Künstlern hervorhebt.

4.6 Markus Lüpertz und seine dithyrambische Malerei

Markus Lüpertz, deutscher Maler und Bildhauer wurde seit Mitte der 60er Jahre bekannt durch seine „dithyrambische Malerei" (benannt nach einem altgriechischen Kultlied auf Dionysos), eine betont expressive, gegenstandsbezogen vereinfachende und monumentalisierende Malweise mit symbolisch befrachteten, kunsthistorischen und politischen Anspielungen (Kopf oder Gesicht, Seerosen, Stahlhelme, Uniformen, Spaten, Kornähren, Schnecken, Musikinstrumente, Paletten). Ab 1977 folgten abstrakte Kompositionen („Stil – Bilder"), Paraphrasen zu Kunststilen der Nachkriegszeit, seit den 80er Jahren wieder vermehrt gegenständliche Darstellungen und Plastiken (Brockhaus, 2001, S. 691). Markus Lüpertz, der ebenso wie Penck und Beuys nur kurze Zeit an der Düsseldorfer Akademie verbrachte, fand zu einer spezifischen Konstruktion des Bildes, das er aus der fiktiven Behauptung der „dithyrambischen Malerei" entwickelte. Er vertritt damit einen Künstlertypus, der die Haltung sowie die Rolle des Künstlers in der modernen Massengesellschaft reflektiert. Bewusst setzt er Stilbrüche als Strategie eines nicht angepassten Werkes ein, das um 1970 mit den „deutschen Motiven" seinen Höhepunkt erreichte.

Ein riesenformatiges Bild mit dem Titel „Helme sinkend" vereinigt die herausragenden Stilmerkmale in der Kunst von Markus Lüpertz. Darin verfremdet er den emotional belasteten Gegenstand des Wehrmachtshelms zu einer bildnerischen Metapher, die über den Helm zur verdeckten Substanz der Kopfform vordringt. Der Helm wird zum Sinnbild des menschlichen Kopfes modifiziert, der die ambivalente Verknüpfung zwischen dem Tod und einem kraftvollen Symbol darstellt. Neben der geschmeidigen, fast dünnflüssigen Malerei erscheinen die auf rotem Grund abgebildeten Sterne wie ein mittelalterliches Zitat, das ganz im Gegensatz zu den aufwendigen plastischen Motiven steht, die ein ausgeprägtes Wechselspiel von voller Form und hohlem Körper in Szene setzen. Wenn auch auf dem Bildwerk Helme zu sehen sind, so wird durch das übrige Beiwerk das Motivgeschehen auf eine Ebene transformiert, die an eine gewisse Feierlichkeit und Festigkeit romanischer Kapitellplastik erinnert. Lüpertz überschreitet die Kraft des künstlerisch gegebenen Materials in dem Sinne, als dass sie für ihn den Denkansatz zu der Skulptur mit dem Titel „Titan" aus dem Jahre 1985 bildet. Des Weiteren bezieht sich Lüpertz in seinen Bildwerken auf antike Darstellungen, deren Gestus und Kraft er dadurch lebendig gestaltet, indem er die Handlung sowie das Motiv nicht abbildet, sondern durch eine ihm eigene Diktion verdichtet. In diesem Zusammenhang sollte noch einmal auf die symbolträchtigen Darstellungen in Lüpertz′ Werken eingegangen werden. *Ein Kunstwerk – ob nun eine Zeichnung, Malerei oder Plastik, eine Installation, ein Objekt oder eine Aktion – ist zunächst einmal ein Bild, ein mithilfe der produktiven Einbildungskraft hervorgebrachtes subjektives anschauliches Bild erfahrener und erlebter Wirklichkeit, also keine Veranschaulichung irgendwelcher auf den Begriff gebrachter Erkenntnisse oder ideologischer Postulate und schon gar kein blankes Abbild gegenständlicher Sachverhalte* (Regel, S. 30). Weniger sicher und durchaus strittig ist dagegen, welche Rolle die Symbolik, also das Sinnbildhafte im Bildwerk überhaupt spielt. Ein beiläufiges Problem scheint zu sein, ob es sich bei dem Kunstwerk, als Ganzes genommen, um ein Symbol handelt oder ob man es als eine Art Prüfstein betrachten muss, an dem sich das spezifisch künstlerische Denken verdeutlichen lässt. Die Symbolik in Lüpertz′ Werken scheint den Betrachter förmlich provozieren zu wollen, indem der Künstler vorwiegend Symbole verwendet, die ein Negativum in der deutschen Nachkriegszeit darstellten. Vielleicht wird dem Publikum auch nur über diese Darstellungsform hinaus der Spiegel geschichtlich – politischer Zusammenhänge vorgehalten, die zu dieser Zeit förmlich nach künstlerischer Verarbeitung verlangten.

4.6.1 Diskrepanz zwischen Kunst und Wirklichkeit

Das persönliche Werk von Markus Lüpertz beginnt, wie schon angedeutet 1964, als er für sich die sogenannte „dithyrambische" Malerei erfindet. Diese Vorstellung einer neuen Kunstform von Lüpertz ist formal nur schwer zu definieren beziehungsweise zu erläutern. *Die Metapher gibt ihm die Möglichkeit, Wirklichkeit in einer überhöhten Form wiederzugeben, einer gesteigerten Gegenständlichkeit, die weit davon entfernt ist, realistisch zu sein. Sie schwebt vielmehr zwischen real und surreal, zwischen Kunst und Wirklichkeit.* (Billeter, 1982, S. 3). Ab dem Jahr 1977 entdeckt er eine weitere Möglichkeit, seine Umwelt metapherhaft zu apostrophieren, indem er in seiner neuen „Stil – Malerei" den Gegenstand so stark verfremdet, dass er sich für den Betrachter nur noch zeichenhaft andeutet. Seine Suche nach einer neuen Darstellung alter Vorstellungen wird stets begleitet von einer souveränen malerischen Dominanz, die sein Bildwerk beherrscht. Im Angesicht dieses, man könnte sagen Malfestes, stellt sich auch für den Betrachter das Wort „dithyrambisch", trunken – nämlich trunken von Farbe – ein.

Lüpertz ist im eigentlichen Sinne Maler, auch wenn er unter anderem Skulpturen geschaffen hat, die wiederum in Anlehnung an seine Malerei zu verstehen sind. Dennoch wird seine Malerei in der Art und Weise missverstanden, als dass sie seit 25 Jahren Abbilder schafft und gleichzeitig aber Inhalte leugnet, was nicht immer den Erwartungen eines Publikums entspricht, das auf Verständnis pocht. *Natürlich kannst du in eine Nazi – Offiziersmütze oder einen Stahlhelm vieles hineinlesen. Für mich aber waren diese Gegenstände nur interessant, weil sie mir Gelegenheit zur Monumentalisierung boten, also zur Verfremdung. Ein Stahlhelm in einer Landschaft bedeutet eine ungeheure Verfremdung, und ist von solch surrealer Aggressivität, dass sie meiner Malerei neue Provokationen eröffnet* (Schwerfel, 1989, S. 36). Im Gegensatz zu Baselitz deutet sich hier an, dass Lüpertz seine Aggressionen mithilfe von provokanten Symbolen in das Bildwerk integriert, so dass der Betrachter nur indirekt mit einer Aggressionsaktion konfrontiert wird, die sich ihm nicht auf den ersten Blick eröffnet, sondern im Kunstwerk verborgen bleibt. Zweifellos muss man Lüpertz zu den wichtigsten deutschen Künstlern seiner Generation zählen, da er sein Werk konsequent einem Kanon von Entwicklungs- und Formgesetzen unterstellt hat, die er selbst entwickelte und über Jahrzehnte hinweg künstlerisch umsetzen konnte.

Seit 1960 aber hat er sich nicht nur der postmodernen Malerei, sondern auch der figurativen Skulptur verschrieben, der er auf derselben künstlerischen Vorgehensweise basierend zu neuen Wegen verhalf. Im Hinblick auf sein von Anbeginn des künstlerischen Werdegangs parallel betriebenes zeichnerisches Werk ist an dieser Stelle darauf hinzuweisen, dass Lüpertz die Malerei, um die es im Wesentlichen geht, offenbar aus dem Disegno, also aus der Linie heraus entwickelt hat, was ganz offensichtlich in den Darstellungen der „Dithyrambe" zum tragen kommt. Zunächst orientiert er sich an dem klassischen teleologischen Geschichtsmodell und setzt diesem eine Ersatzteleologie entgegen, zu deren Ikone er die „Dithyrambe" hochstilisiert. Vorerst gestaltet er sie als variable Arabeske im freien Spiel linearer Kräfte, damit er sie später zahllosen Metamorphosen unterwerfen kann. Die Grundform der „Dithyrambe" bildet stets eine geschlossene Form, die den Eindruck erweckt sie sei in einem Strich nachzuvollziehen. Die dabei entstehenden Rhomben, Ellipsen und Rechtecke werden nicht durch geometrische Präzision charakterisiert, sondern sollen lediglich das Provisorische und Skizzenhafte betonen. Der Charakter eines unfertigen Bildwerks entsteht durch breite, farbige und lose über die „Idealform" gelegte Linien. Dadurch können Geometrie und künstlerische Handschrift in einen das gesamte Oeuvre beeinflussenden Dialog treten, der von Gegensätzen geprägt wird. Darauffolgend fällt der Blick des Betrachters auf Gitterstrukturen, die die einzelnen Linien flächenfüllend verbinden. Aus den Überschneidungen von Flächen, Aufsichten, Horizontallinien und kalligrafischen Kürzeln entstehen allmählich körperähnliche Gebilde, die in Form von dreidimensionalen Gegenständen zum zentralen Motiv einer Bildserie transformiert werden, die wiederum in vielfacher Variation das eine merkwürdige Gebilde der „Dithyrambe" zeigen. *Die Unnahbarkeit steht in merkwürdigem Kontrast zu der energisch zupackenden Pinselschrift, dadurch bleibt uns Lüpertz die Illusion einer tastbaren Realität schuldig. Er spielt nicht mit dem Augentrug, und was die von ihm eingeführten Dinge, Geräte, Attribute und Zitate mit unserer Wirklichkeitswahrnehmung ausrichten, ist weder Zerstörung noch Bestätigung, sondern Irritation* (Lüpertz, 2002, S. 27). Einige seiner Schlüsselmotive wurden schon früh durch die Verwendung mythologischer Themen geprägt, die zur Abweichung von den gängigen Axiomen der Moderne anstiften. Lüpertz befindet sich somit selber auf der Suche nach dem „Mehr", einem sozusagen transzendentalen Traum, der jenseits aller instrumentalen Vernunft beginnt, so dass große Erzählungen über das Kunstwerk hinaus wieder attraktiv gemacht werden können. Lüpertz versteht unter Kunst also das Sichtbarmachen einer Idee, die sich der Wirklichkeit der Erscheinung entzieht.

Der Realitätscharakter in Lüpertz' Bildwerken wird durch die Doppeldeutigkeit der Symbole wie Stahlhelm, Spaten, Kornähren, Schnecken und Geweihe nur noch mehr verschleiert. Auf diese Art und Weise der doppelten Verschiebung entreißt er die Figur der Figuration und befreit das malerische Diagramm gleichzeitig aus der Selbstverliebtheit der Abstraktion heraus. Von Malphase zu Malphase und von Bildserie zu Bildserie steigert er seine künstlerische Aktion in der Weise, dass er die vermeintlichen Gegensatzpaare seiner Malerei ausreizt, um sie Schritt für Schritt in seinem malerischen Zwischenreich einkreisen zu können. Gegensätzliche Darstellungen im Bildwerk drängen sich dem Betrachter förmlich zur Interpretation auf und können anhand der sichtbaren Symbolik auch teilweise erläutert werden. Wie schon zuvor am Beispiel des Betrachtererlebnisses untersucht wurde, stößt der Realitätsverlust im Bildwerk auf Irritation und Unverständnis, was in Bezug auf Lüpertz' Bildwerke am meisten auf die „Dithyramben" zutreffen dürfte. Später, ab 1993 beginnt er seinen umfangreichsten Gemäldezyklus mit dem Titel „Männer ohne Frauen" zu erarbeiten, indem sein Titelheld, in Anlehnung an die mythische Figur des Parsifal, in immer neuen jedoch ähnlichen Variationen dargestellt wird. Dem Betrachter präsentiert sich in diesem Bilderzyklus das weinende Antlitz des großen Suchenden mit einer auffällig und überzogen gezeichneten Tränenspur auf der rechten und linken Seite. Zum einen gestaltet sich der Kopf formal reduziert und am unteren Bildrand angelegt, zum anderen ist er wieder von jenem kräftigen Gitter überzogen, das er aus seinem Frühwerk übernommen hat. Auf diese Weise ist eine über hundertköpfige Sammlung zustande gekommen, bei der keine Physiognomie des Kopfes einem anderen gleicht und doch der Eindruck erweckt wird, als scheinen sie alle vom selben Ausgangsmotiv zu sein. Jeder Kopf beziehungsweise jedes Gesicht steht innerhalb seines Rahmens allein und erscheint nie paarweise auf der Leinwand.

Das formale Spiel mit dem Bildwerk birgt eine interessante Fortsetzung, wenn man die Bilder auf den Kopf stellt. In diesem Moment der Umkehr werden die Köpfe unter dem Aspekt der neuen Perspektive zu einfachen Flaschenformen transformiert, die physiognomische Ähnlichkeiten mit denen der Köpfe aufweisen. So wird der Kopf selber zu einem Gefäß für den mythischen Trank transponiert, auf dessen Suche sich der Titelheld „Parsifal" begeben hat. Anhand seiner späteren Werke wird die Diskrepanz zwischen seiner Kunst und der Wirklichkeit offenkundig, indem er im Gegensatz zur realitätsfernen Grundform der „Dithyrambe" sich nun Themen zuwendet, die auch für den Betrachter nachvollziehbar sind und ihm die Möglichkeit geben, an der vom Künstler erzählten Geschichte Anteil zu nehmen.

4.6.2 Abstraktion ohne Emotion

Im Ausland wurde Lüpertz wie die meisten Maler seiner Generation Anfang der 8oer Jahre als einer der geistigen Ziehväter der „Wilden" bekannt. Auch das hat zu Missverständnissen geführt. Denn das allzu hastig aufgedrückte Etikett des Expressiven mag zwar für Lüpertz Umgang mit der Öffentlichkeit gelten, keinesfalls aber für seine Bilder. Sie sind kontrolliert durchdacht, ohne Emotion (Schwerfel, 1989, S. 9). Die Orientierung der Bildwerke folgen keiner vorgegebenen Wirklichkeit, sondern beziehen sich auf biblische Vorstellungen, die dem Gegenstand bereits vor der Malerei seine Äußerlichkeit entzogen haben, indem ihre Spannungsfelder nicht auf psychologische Art und Weise, sondern abstrakt dargestellt wurden. *Ich wollte meinen eigenen, unverwechselbaren Gegenstand, und das war die Dithyrambe. Sie ordnete alles ihrem Rhythmus unter, selbst wenn sie sich in einer erkennbaren Landschaft befand, mit Himmel und Häusern* (Schwerfel, 1989, s. 28). Die Dithyrambe bildet also Lüpertz′ ganz individuellen und unwissenschaftlichen Beitrag zur Abstraktion, indem sie nicht im Sinne des reinen Abstrahierens zu verstehen ist, sondern lediglich als Erfindung eines unsinnigen Gegenstandes betrachtet werden muss. Nach der Erkenntnis von Lüpertz erfüllt dieser Gegenstand keinerlei Funktion, ist eben nur einfach so vorhanden und kann aber trotzdem zum Beispiel ein Haus sein, das der Künstler dann in diesen Kontext stellt und womit er die Abstraktion als das nicht Begreifbare versteht. Später aber äußert er sich über die abstrakten Werte in der Form, dass sie doch begreifbar sind und dass jedes abstrakte Bild in seiner Struktur erklärbar sei, weil es den Betrachter entweder abstoße oder anziehe, ohne dass dieser sich je darüber klar werden könnte.

Er vertritt an dieser Stelle die Meinung, dass man sich dem abstrakten Bildwerk einfach nur hingeben könnte. In Anlehnung an Nietzsche stellt Lüpertz seine Dithyrambe als Wiedergeburt der Gestalt oder besser noch als Wiederkehr der Figuration aus der Abstraktion dar, die als Ding von doppeldeutigem Charakter weder Gegenstand noch Figuration ist, sondern dreidimensional gefestigt, das gesamte Bildfeld besetzt. Anstelle einer formalen Abstraktion hält er an dem Gegenstand in seiner fast greifbar modellierten Dreidimensionalität fest, indem er die äußerste Grenze seiner Gegenstandsidentität markiert. Zu dieser Zeit sollte die Einfachheit und Banalität des voluminösen Gegenstandes verdeutlicht werden, ohne auf das prozesshafte Zerlegen des Kubismus angewiesen zu sein, der den Blick auf eine Ebene zwischen Gegenstand und Abstraktion lenken könnte. Überdies verhindert die Einfachheit des Gegenstandes sich einer illusionistischen Bildtiefe hinzugeben. Sein abstrakter Bildkosmos mischt sich mit der Zeit mehr und mehr mit seiner „Alltagsrealität“, die ihm plötzlich auffiel oder vielleicht auch schon früher aufgefallen war. In einer Zeit, in der Deutschland von politischen Unruhen und terroristischen Anschlägen erschüttert wurde, provozierte er das Publikum in der Art und Weise als dass er kulturgeschichtlich belastete deutsche Symbole einer inhaltlichen Demontage unterwarf.

Lüpertz hat sich, wenn auch nur zweitrangig, mit der Bildhauerei beschäftigt, in der die grundlegenden Momente und Probleme, die seine Malerei betreffen, deutlicher zutage treten als in seinem malerischen Werk. Mit der bildhauerischen Arbeit eröffnet sich dem Maler gewissermaßen unmittelbar die dritte, wirklich räumliche Dimension. Die sogenannten Toten – Tanz – Reliefs von Lüpertz lassen einen entspannten, lockeren und unverkrampften Charakter verspüren, der durch den Umgang mit der dritten Dimension ermöglicht wird. *Auffällig ist die Verwendung des Rahmens, den es in der Skulptur nicht gibt, während er in diesen fünf Reliefs eine wichtige Rolle spielt. Ganz allgemein könnte man sagen, diese Werke besitzen den Charakter von Negativen, von in den Raum gestülpten Lüpertz – Bildern* (Fleck, S. 5). Diese Reliefs verdeutlichen noch stärker als seine Bilder das Zerbersten der formalen Einheit und somit den Schritt in die Disparatheit der Postmoderne, aus dem sich zu einem großen Teil der Einfluss von Lüpertz auf die heutige Kunstentwicklung ergibt. Mit den Toten – Tanz – Reliefs setzt er sich wieder mit dem Thema des Lebenszyklus auseinander, ohne über die bildnerische Darstellung hinaus in das Figurative, Erzählerische oder Literarische zu geraten. Der Hauptakzent liegt auf der Deformation der Figur, die reine Kräfte sichtbar werden lässt, ohne mit dem abstrakten Zeichengebrauch zu brechen. In Form der Reliefdarstellung wird vor allem eine allgegenwärtige, auf das Leben einwirkende, teils auch von ihm zu nützende Gewalt reflektiert.

Lüpertz′ Kunst bezieht ihre Stärke voll und ganz aus der reinen Abstraktion, die eine Verarbeitung emotionaler Regungen nicht zulassen kann. Seine in jeglicher Perspektive gezeichnete dithyrambische Grundform distanziert den Künstler von der Offenbarung seiner ihm eigenen Persönlichkeitsstruktur und lässt ihn wie ein Unbeteiligter am künstlerischen Gesamtkonzept teilhaben. Im Vergleich zu den Malern der vorher genannten zeitgenössischen Kunstrichtung entspringt seine Thematik weder einer Vision noch entstammt sie aufgrund halluzinatorischer Erfahrung einem eventuellen Rauschzustand. Der Künstler selbst bildet hier den Ursprung und Ausgangspunkt für seine ihm eigene Schaffenskraft, die er ohne ein Emotionales – Beteiligt – Sein auf die Leinwand projiziert. Er hat sich über den reinen Gedankengang einer Thematik zugewandt, die ihn über Jahre fesselte und deren vielfältige Variationen ihm die Möglichkeit gaben lediglich seine Gedankenspur dem Betrachter über das Bildwerk hinaus zu vermitteln. In diesem Sinne ist hier kein informeller Künstler am Werk, der seine persönliche Befindlichkeit zum Ausdruck bringt, sondern der sich lediglich einer thematischen Auseinandersetzung mithilfe des Bildwerks verschrieben hat. Abstraktion kann in dieser Art und Weise nur ohne Emotion existieren, so dass sie sich jederzeit auf den Betrachter übertragen lässt und der sein eigenes Emotionales – Beteiligt – Sein für diesen Moment ausschalten kann. Mit den späteren Werken der Parsifal – Köpfe beziehungsweise Parsifal – Gesichter greift er diesmal ein konkretes Thema auf, das wiederum einer Abstraktion unterworfen wird, in dem aber im Gegensatz zu den Dithyramben offensichtlich erstmals Gefühle dargestellt werden. Wieder und wieder findet man das weinende Antlitz des suchenden Parsifals auf der Leinwand verewigt. Aber auch hier lässt sich nahezu ausschließen, dass Lüpertz eigene psychische Regungen in sein Werk integriert hat. Vielmehr spielt er mit dem Bildinhalt, indem er es auf dem Kopf stehend als Form eines Bechers erscheinen lässt, der den sagenhaften Trank beinhalten könnte.

Dementsprechend kann das Publikum das Bildwerk nur über die Abstraktion und die in weiteren Werken offenkundige Symbolik entschlüsseln. Gerade weil Lüpertz auf altbekannte und politisch vorbelastete Symbole zurückgreift, erzeugt er beim Publikum eine gewisse Irritation, die dazu führt, dass der Betrachter lediglich mit Unverständnis reagiert und sich jeglichem Gefühlsausbruch verweigern kann. Das Betrachtererlebnis ist wie schon in Kapitel 2. erwähnt von Spannung, Anspannung, Erregungsanstieg, Entspannung und letztendlicher Lustbefriedigung gekennzeichnet. Fraglich ist an dieser Stelle, ob der Betrachter am Ende der Auseinandersetzung mit Lüpertz′ Werken eine solch angestrebte

Befriedigung überhaupt erreichen kann, die doch immerhin mit einer Emotionalität von Seiten des Betrachters einhergeht. Wenn ein Bildwerk die Empfindungen oder die psychische Struktur des Künstlers widerspiegelt, so berührt es das Publikum in einer schwer zu definierenden Art und Weise. Aber es greift immerhin auf die individuelle Persönlichkeitsstruktur jedes einzelnen zu, um ihn vom Bildinhalt überzeugen zu können. Reine Abstraktion ohne Emotion wird immer als interessant empfunden, zeigt aber hinsichtlich des Betrachtererlebnisses keine nachhaltigen Auswirkungen.

4.7 A. R. Pencks Zeichensysteme

Ralf Winkler, der sich seit Mitte der 60er Jahre nach dem Höhlenforscher Albrecht Penck A. R. Penck nennt, wird 1939 in Dresden geboren. *Er entwickelte für seine Aquarelle, Gouachen, Zeichnungen und großformatige Bilder ein Zeichensystem mit Symbol- und „Signal" Charakter („Standard – Bilder"), dessen Formen stilisierten prähistorischen Felsbildern ähneln („Strichmännchen"). Penck schuf auch Skulpturen aus Fundstücken, Holz, Bronze und Marmor sowie Holzschnitte und Zeichnungen* (Brockhaus, 2001, S. 869). Im Gegensatz zu Baselitz, der mit individuell – malerischen Mitteln eine Umsetzung seiner Kunst anstrebte, so versuchte Penck die Aussagekraft in seinen Weltbildern systematisch zu erarbeiten. Indem er seine Analyse auf das gesamte Spannungsfeld von Individuum und System stützte, bezog er sich direkt auf die Wirklichkeit eines Staates, die dem der DDR entsprach und die er somit zu Genüge kannte. Ähnlich wie auch Baselitz setzte er sich mit dem Kunstbegriff von Beuys auseinander, der wie er eine Erklärung für das Gesamte suchte, um anschließend jedes Detail einordnen zu können. So erfand Penck beispielsweise alle erdenklichen Situationen in dem Verhältnis von Individuum zum System, die er in einfacher, aber eindrucksvoller Weise zunächst mit Modellen aus Pappe simulierte.

Zu Beginn der siebziger Jahre arbeitete er vorwiegend seriell und konzeptionell, als man die Lösung der künstlerischen Probleme vor allem in der Reduktion auf Anschauung und Denken suchte. Innerhalb seines systematisch angelegten künstlerischen Prozesses ging es ihm nicht um die Beseitigung des Ichs aus diesem künstlerischen Prozess, sondern vielmehr um eine Analyse der Lage des Ichs. Was im „Weltbild" von 1965 noch vorgestellt und erprobt wurde, kommt auch in seinem Schaffensprozess um 1970 zum Ausdruck, wenn dort auch die Mittel weniger romantisch erscheinen. Als vorherrschende Konstante seiner Werke behielt Penck die chiffrenhafte Figurensprache seiner frühen Werke bei, die an Klee wie auch an Künstler der „Art brut" erinnern. Selbst in großformatigen Bildern, wie einem von 1983, beherrscht eine auf Striche reduzierte Figur die Szene, deren Zusammenhang durch um die Figur angelegte Attribute erläutert wird. Dementsprechend bewegt sich Pencks Kunst immer auf der Grenze zwischen Figur und Konzept. Penck findet seine künstlerische Problemlösung in Form von poetischen Gleichungen, die die Gefahr für das menschliche Individuum veranschaulichen, ohne dabei zu vergessen, dass dieses immer und überall gefährdet sein kann und angegriffen wird. Penck lebte bis zu seiner Übersiedlung in die Bundesrepublik 1980 in Dresden, wo er sich auf autodidaktische Weise der Kunst nähern konnte. In dieser Zeit verdiente er sich seinen Lebensunterhalt als Heizer und gehörte einem Freundeskreis von Künstlern und Intellektuellen an, die sich kritisch mit dem damaligen politischen System und den Auswirkungen des für sie real existierenden Sozialismus auseinandersetzten. Als Resultat dieser Überlegungen stellen sich seine sogenannten Systembilder dar, die eine Analyse der Gesellschaften in Ost und West in Form einer zeichenhaft verknappten, symbolhaften Bildsprache darzustellen versucht. Das „Weltbild“ von 1961 und „Großes Weltbild“ von 1965 werden vollständig von dieser Ost – West – Auseinandersetzung beherrscht. Das Bild mit dem Titel „Der Übergang“ entstand dazwischen und stellt einen Menschen dar, der auf einem brennenden Steg über den Abgrund balanciert. Das Dargestellte spiegelt die tiefe psychische Verunsicherung und die persönliche Situation des Künstlers wider, der mit dieser Art von Metapher der Bedrohung von menschlicher Existenz im Zeitalter des kalten Krieges sowie der atomaren Hochrüstung Ausdruck verleihen möchte. Im Verlauf der siebziger Jahre steigert er den Abstraktionsgrad seiner Figuren immer weiter, indem er versucht, eine zeichenhafte Bildsprache zu entwickeln, mit der sich für ihn hochkomplizierte und komplexe Verhältnisse aus allen Lebensbereichen darstellen lassen. Penck bezeichnet sich selbst als einen „thematischen Maler“, dem es darum geht, menschliche Beziehungen unter bestimmten gesellschaftlichen Verhältnissen zu analysieren und zu bewerten. Nach weiteren Überlegungen zu dieser Problematik entstehen seine „Standard Bilder“, die nach intensivem Studium mathematischer und informationstechnischer Probleme alle bisher errungenen theoretischen Erkenntnisse in künstlerischer Verdichtung zusammenfassen sollten. Zwei Jahre nach seiner Übersiedlung in den Westen setzt sich Penck nochmals mit der Ost – West – Problematik auseinander. Für eine Ausstellung unter dem Namen „Zeitgeist“ malt er zwei großformatige Bilder, die sowohl die Verhältnisse im Westen, wie auch im Osten beschreiben. Vor allem das Ost Bild stellt seine typischen Figuren in ihrer Auseinandersetzung mit einem abstrakten System dar.

Er selber sieht in dem Bild einen großen Illusionsraum in der Form eines abstrakten, ungestalteten, chaotischen Raums dargestellt, in dessen Vordergrund flache Figuren wie ein Marionettentheater ohne Halt agieren. Penck gelangte mit seinen Bildern zu Weltruhm und obwohl er nur noch zeitweilig in Deutschland lebt, so setzt er sich auch nach der Vereinigung weiterhin mit bildkünstlerischen und theoretischen Äußerungen in Szene.

4.7.1 Symbole und Signale in Anlehnung an prähistorische Höhlenmalerei

Die Figur war und ist für mich unverzichtbar, weil es mir um das Menschenbild geht. Figuren als Kräfte, als gesellschaftlich wirkende Kräfte, das war die zweite Entdeckung, die ich mit diesem Bild gemacht habe. Als das Bild fertig war, kam ein Bekannter von mir und sagte: „Das sieht ja aus wie Höhlenmalerei". Daran hatte ich damals noch gar nicht gedacht, das wollte ich damit gar nicht erzielen. Was aber auch heißen kann: Daran habe ich damals gedacht, das wollte ich gerne erzielen, unterbewusst (Dickhoff, 1990, S. 18). Das Zusammenwirken der figurativen Kräfte in Pencks Weltbildern wurde später mit Konvergenz oder Koexistenz definiert, was vielleicht der heutigen Situation entsprechen dürfte, wobei es die Möglichkeit der Zerstörung zwar immer noch gibt, aber das gleichzeitige Aufeinanderzugehen einfacher geworden ist und sich dementsprechend alle Plätze umordnen. Penck beschäftigt sich in seinen Bildern mit der präzisen Analyse der menschlichen Realität und geht der Frage nach den ursprünglichen Beweggründen von strukturiertem Verhalten nach. Zu dieser Zeit beschäftigt er sich unter anderem intensiv mit der Kybernetik, die seine Kunst in den sechziger Jahren derart beeinflusste, dass er Zeichenstudien über abstrakte Denkprozesse anfertigte, die sich an die Mathematik anlehnten. Im Hinblick auf sein später entstandenes Bild mit dem Titel „Freundesgruppe" konnte er wieder Menschen malen, weil er plötzlich merkte, dass dies auch wirklich wirkende Kräfte sind, die man auch als vier Elementarkräfte bezeichnen konnte. Obwohl er noch immer Zeichen verwendet, sind diese in Bezug auf die Freunde zum symbolhaften transformiert worden. Penck geht es mit diesem Bild wieder darum den Versuch einer psychologischen Analyse der Beziehung von vier Männern darzustellen. Abweichend von seiner theoretischen Bildarbeit der Welt- und Systembilder wollte er unbedingt ein Bild auf einer persönlichen, individuellen und figurativen Ebene malen. Dieses Bild stellt den emotionalen Gegenpol zu den intellektuellen Bildern dar, die Penck in den sechziger Jahren gemalt hat und entspricht gewissermaßen einer Hommage an die Freundschaft. Mit seinen darauffolgenden „Standart" Bildern wollte er neben der Abstraktion der Figur auch die Abstraktion von Zeichen und Signalen hervorheben, indem er die Werke als eine Verbindung von Ich, Tun und Signal verstand.

Ihm ging es von Anfang an darum, das Ich endlich einmal zu konkretisieren, woraufhin alle erzählerischen Attribute der Ich – Darstellung verschwinden mussten, um mit dem Ich eine abstrakte verdichtete Figur abbilden zu können. Das wohl wichtigste Merkmal der Standart Bilder besteht darin, dass sie wie ein

Verkehrszeichen funktionieren. Die Struktur der Bilder ist so einfach und klar gestaltet, so dass jeder in der Lage ist, sie vollständig zu perzipieren, sie zu imitieren beziehungsweise zu reproduzieren.

In dem Moment werden sie automatisch zum Informationsbesitz und zur Kommunikationsmöglichkeit eines jeden einzelnen. Die Standart – Bilder sind zwar gekennzeichnet von einer Primitivität in Anlehnung an die Höhlenmalerei, stellen aber unter anderem den operationalen Zugriff auf die abgebildeten Zeichen her. Pencks Intention ging dahin, dass alle Menschen seine Bilder verstehen, imitieren und verwenden konnten, wobei die individuelle Besonderheit eines jeden einzelnen auf einer höheren Erkenntnisebene funktionieren sollte. In diesem Zusammenhang stellt Penck etwas enttäuscht fest, dass nur abstrakte Höhlenmalerei vom Publikum gesehen wurde. *Penck erarbeitet ein modellhaftes Konzept, das sogenannte Standart – Konzept, das er in seiner Kunst in elementare reduzierte Formen umsetzt. Zeichen haben nunmehr Signalcharakter, und die Komplexität der Welt wird auf der bildnerischen Ebene mit einer Identifikationsfigur als Signalauslöser erfasst. Innerhalb dieses Kontextes entsteht die Standart – Figur, das sogenannte Strichmännchen, das, wie eingangs erwähnt, in seiner scheinbaren Naivität und Einfachheit nicht verkannt werden sollte, sondern in seiner Wertigkeit in diesem Gesamtzusammenhang verankert bleiben muss* (Schultz, 1993, S. 3).

Zum Handwerkszeug und als Basis seines Kunstschaffens dienen die disziplinierten Analysen und Typologien, die jedoch von einer überwältigenden Vitalität umgesetzt werden. In diesem Sinne erweitert er seine reduzierte Formensprache durch tierische Symbole, mythische Fabelwesen und durch seinen expressiven Gestus. Innerhalb seiner Grafiken stellt Penck virtuose Beziehungsgefüge von Zeichen, Tieren und Menschen dar, die nicht nur gesellschaftlichen, sondern auch privaten Erkenntnissen unterworfen sind. Vor allem die unterschiedlich verwandten Tiersymbole, bieten hier ein großes Assoziationsfeld in ihrer Deutung an, indem sie in den unterschiedlichen Kulturen als Träger von Mythen bekannt sind und somit wiederum an Höhlenmalerei erinnern. *Aus dem Krisenjahr 1977, das sich in den „Chamäleon" – Bildern niederschlug, brachte Penck jedoch ein neues Material in den Westen: das Holz für Skulpturen. Die neue Stufe von Aggressivität, die das Behacken von Baumstämmen erforderte, nahm Penck als Herausforderung und als Spiegel eines direkten Angehens der Problematik, Gewalt als Gewalt sichtbar zu machen* (Schmidt, 1992, S. 26).

Das eigentliche Zentrum von Pencks Kunst bildet die spezifische Leistung der Abstraktion, die allzu häufig mit Archaik verwechselt wurde. Zum Verständnis von Pencks Analyse erhält der Betrachter über die Art der Abstraktion die

Erkenntnis, bisher nicht zusammengedachte oder gesehene Dinge in eine Beziehung zu bringen, ohne sie einer Interpretation zu entziehen. Penck vereinfacht die Dinge durch Schauen und Denken, wenn andere sich längst aufgrund von voreiligen Abstraktionen abgewandt haben und Flucht in der Verdrängung suchen. Entgegen des Scheins und der Verblendung, arbeitet er an dem was für ihn die Wirklichkeit bedeutet. An dieser Stelle sollte noch einmal auf seine unbeabsichtigte Höhlenmalerei eingegangen werden. Der Betrachter sieht sich mit der primitiven Symbolik und einer abstrakten figürlichen Assoziation konfrontiert, die ihn sofort an Felsenmalereien erinnert und die sich unter anderem an die allgemeine Kunst der Primitiven annähert. Penck wollte diese Werke nicht mit Absicht als Höhlenmalerei verstanden wissen, sondern räumte ein, sie vielleicht im Unterbewussten in der Form kreiert zu haben. Hier kommt also wieder bei einem Künstler das Unterbewusstsein zum tragen, dass Dinge ins Bewusstsein hebt, die sonst niemals verarbeitet würden.

4.7.2 Kommunikation auf bildwörtlicher Ebene

Als Penck stellt er sich die Aufgabe, ein elementares Bildzeichenvokabular zu entwickeln, das ihm erlaubt, bildwörtlich zu operieren. Es entsteht „Standart", Pencks Form politischer Konzeptkunst, gedacht als konstruktiver Beitrag zum Sozialismus. Die Standart – Bilder sollen als für jeden verständliche und von jedem benutzbare Bildzeichen funktionieren. Mit dem Programm einer Reduktion des Bildes auf Signale, die verhalten steuern und strukturieren, will er ein Modell herrschaftsfreier Kommunikation erarbeiten (Dickhoff, 1990, S. 10). Penck arbeitet vor allem weiter an Bildern, die das, was als Wirklichkeit gilt und herrscht, nicht verdecken, sondern parieren sollen, indem er die Austauschbarkeit aller Inhalte und Haltungen mittels haltloser und verlogener Zeichen in großformatige Bilder bringt, in denen die Widersprüche und die Zerrissenheit von Sein und Bewusstsein als ornamentale Figuration auftreten. Penck erwähnt unter anderem, dass es für ihn in der Malerei ganz besonders nur um Abstraktion geht, über die man sich hinaus mit der Wirklichkeit auseinandersetzen kann und was für ihn immer eine Selbstverständlichkeit gewesen ist.

Zuhause sitzen und Kunsthistorie verschieben ist nicht meine Sache. Ich brauche die Wirklichkeit. Und zwar da, wo sie sich wirklich ereignet. Ich brauche Realitäten, als Anlass, als Ausgangspunkt, als Gegenstand, als Thema und als Ziel meiner Arbeit. Aber auch nicht nur als Objekt. Ich muss es leben, sonst kommt bei mir nichts dabei heraus. Mein Weg war und ist der Versuch einer rationalen Bewältigung der Wirklichkeit (Dickhoff, 1990, S. 86).

Das künstlerische Gesamtwerk von Penck lässt sich interpretieren als aus zwei Hälften zusammengesetzt, die sich im Verlauf seiner Werkgeschichte verändern beziehungsweise verschieben. Die erste Hälfte könnte man mit dem Begriff der „Existenzforschung" überschreiben, während für die andere Hälfte der Künstler selber den Begriff der „Bildforschung" kreiert hat. Im Unterschied zu anderen Künstlern rückt Penck an die Probleme seiner Zeit ohne die Vermittlung mythisch aufgefasster Motive heran und führt damit die Abstraktion zu Beginn seines Werkes auf eine neue Stufe.

Sowohl die Weltbilder, als auch die Systembilder und andere verwandte Werke enthalten den Schlüssel zum Bildverständnis von Penck und dessen beiden hauptsächlichen Bestandteilen. Die Gewalt, dargestellt in Aktion und über die Waffe hinaus, verschwand bei der Bildforschung aus den ikonographisch wie malerisch sparsamer werdenden Bildern. 1968 tauchen in Pencks Bildern noch einmal Waffen in einer malerischen Serie auf, die aber nicht in Aktion vorgeführt werden, sondern an Relikte aus einer vergangenen Zeit erinnern oder lediglich Modellen von Aggression entsprechen. Zunächst sind „Bildforschung" und „Existenzforschung" über die Ansammlung von Symbolen, Zeichen, Figuren und Muster miteinander verbunden und werden über die Farbe hinaus von einem schwarz – weißen Netz zusammengehalten.

Erst in dem riesigen programmatischen Bild mit dem Titel „Ich in Deutschland (West)" von 1984 zerreißt dieses Netz, indem der Künstler die strukturierte Flächenkunst mit Darstellungen von Personen in ziemlich realistischer Manier verbindet. Penck könnte man somit als Bildforscher und Aufklärer beschreiben, den letztlich die Hoffnung durch seine Weltbilder treibt, womit er zum Universalisten und Menschenfreund werden kann. *Mit seiner ihm eigenen analytischen Terminologie, seinem 1970 entstandenen Skizzenbuch „Prinzip" entnommen, soll dies abschließend besiegelt werden. Der Universalkomplex enthält die möglichen Prinzipien. Die Überschau über den Universalkomplex ist Bewusstsein. Dieses Bewusstsein ermöglicht die Freiheit des Menschen. Bewusstsein ermöglicht den Frieden der Welt* (Schultz, 1993, S. 3). Penck ist zu dem Künstler zu zählen, der sich der Abstraktion auf systematische Art und Weise genähert hat und der mit dem Betrachter auf der Ebene einer bildwörtlichen Kommunikation interagieren möchte.

Die Entfaltung der geistigen Fähigkeiten der Kinder, die in der Schule meist viel zu einseitig und abstrakt betrieben wird, erfolgt im Vorschulalter auf dem Wege über ein konkretes, anschauliches und eng mit emotionalen Empfindungen verbundenes, durch alle Sinneswahrnehmungen gesteuertes Denken. Die Entwicklung des begrifflichen Denkens bildet sich nur allmählich und viel langsamer als erwartet aus und ist in den ersten Grundschulklassen noch längst nicht abgeschlossen. Selbst im Leben der meisten Erwachsenen spielt neben der abstrakten, rationalen Intelligenz noch eine emotionale, durch Sinnlichkeit bestimmte Intelligenz eine entscheidende Rolle.

W. Böhm

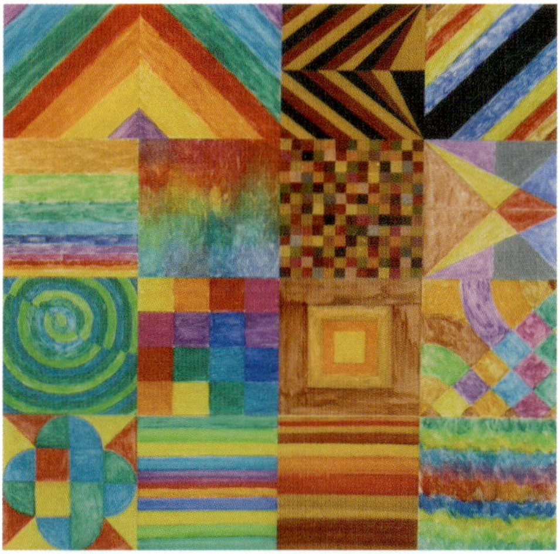

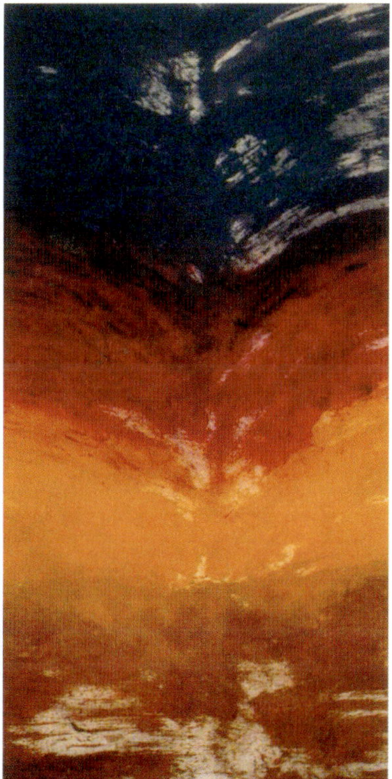

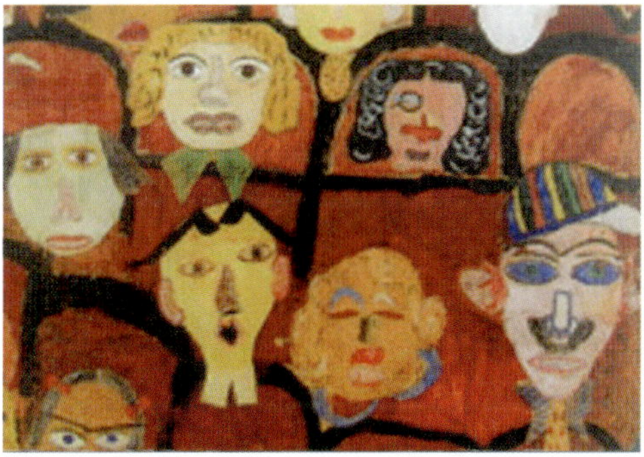

5. Multimedial – spezifische Ausgangspunkte von kunstpädagogischen Unterrichtsmodellen

Den Schwerpunkt des vorliegenden 5. Kapitels bildet die Auseinandersetzung mit dem visuell Wahrnehmbaren auf Grundlage der kunstpädagogisch – schöpferischen Kreativität und mit der Einführung neuerer Technologie vor dem Hintergrund der multimedialen Zeitstruktur. Als Einleitung in die Materie dient eine kurze Erläuterung der historischen Entwicklung kunstpädagogischer Konzepte in Deutschland, bevor des Weiteren kunstbildnerische Aktivitäten in Grund- und Hauptschulen untersucht werden. In diesen Bereich fällt gemäß dem Unterrichtsanspruch vor allem die Schulung der sinnlichen Wahrnehmung über Umwelt, Landschaft und Abenteuer hinaus, bis zur daraus resultierenden Kunsterfahrung.

Danach werden schon im Vorgriff auf kombinatorische Unterrichtsmodelle, subjektzentrierte pädagogisch – therapeutische Arbeitsformen vorgestellt, die über eine gruppenorientierte Projektarbeit den Ansatz einer therapieähnlichen Wirkung erkennen lassen. Mit der fortführenden Untersuchung des Kunstunterrichts in der Sekundarstufe hat man sich unwillkürlich mit einer anderen Altersstruktur auseinander zu setzen, die sich je nach kunstpädagogischer Aufgabenstellung in ihre spezifische psychologische Persönlichkeitsstruktur einteilen lässt. Des weiteren soll dem Schüler die Möglichkeit gegeben werden, seine eigene künstlerische Tätigkeit als Bewusstseinsvorgang zu begreifen. An dieser Stelle werden auf die autobiografischen Erfahrungen aus Kapitel 4. verwiesen, mit deren Hilfe sich der Schüler ein Bild von dem Künstler, von seinen Lebensumständen in der jeweiligen Zeitepoche und von seinem psychologisch geprägten Schaffensvorgang machen kann. Über diese Erkenntnisse hinaus wird er in die Lage versetzt, künstlerische Nachahmung zu betreiben beziehungsweise neue Aspekte aufzugreifen, um sie daraufhin in sein eigenes Werk integrieren zu können. Künstlerisch – autobiografische Erfahrungen eignen sich hervorragend zur Inspiration und hinsichtlich einer eigenen Neuorientierung im Kunstwerk. Eine erkenntnistheoretische Einordnung der Kunst soll in Korrelation zur Entwicklung medialer Erziehung betrachtet werden, um auf die Diskrepanz zwischen bewährten Aufgabenstellungen und den Auswirkungen multimedialer Technologien hinzuweisen.

Im Hinblick darauf wird noch einmal genauer der Gesamtbereich des visuell Wahrnehmbaren untersucht, um später auf die Trennung von Kreativität und rein schöpferischer Gestaltung eingehen zu können. Des Weiteren wird der Ansatz eines kombinatorischen Unterrichtsmodells im multimedialen Struktursystem vorgestellt, das vor dem Hintergrund von emotionaler Anspannung mit einhergehender Konzentrationsschwäche entworfen wurde. In diesem Zusammenhang kommt unter anderem die Bedeutung visueller Symbol- und Signalwirkung in der neueren Kommunikationstechnologie zum tragen. Anhand von Symbolgehalten im Bildwerk wird der Zugang zur Interpretation des Bildinhalts erleichtert und das Betrachtererlebnis intensiviert. Dass nun Symbole und Signale bewusst in der multimedialen Kommunikationstechnologie eingesetzt werden, um eine spezifische Käuferschicht hinsichtlich ihres Konsumverhaltens zu beeinflussen, kann in dem Moment zur Wirkung gelangen, wo der Konsument nicht mehr nur konsumiert, sondern sich selbst und seinen Körper einer multimedialen Selbstinszenierung unterzieht. Dies ist gerade bei Jugendlichen zu beobachten, die noch nicht in sich ruhen und sich weiterhin auf der Suche nach dem eigenen Selbst befinden. Wie schon vormals erwähnt, besteht die Möglichkeit, über den Kunstunterricht hinaus nicht nur die sinnliche Wahrnehmung oder die Kreativität des einzelnen zu fördern, sondern jeden heranwachsenden Menschen zur Eigenverantwortlichkeit und zu bewusstem Handeln anzuleiten.

Im Hinblick auf eine zunehmend multimedial geprägte Zeitstruktur wird das menschliche Individuum von Reizen derart überflutet, so dass die physische Komponente überlastet wird und es als Reaktion darauf zu Konzentrationsmangel einerseits sowie Hyperaktivität andererseits kommen kann. Um dieser zunehmenden Problematik entgegenwirken zu können, wird die Relaxationsmethode in Form des Autogenen Trainings auf ihre Wissenschaftlichkeit und pragmatische Anwendung hin untersucht. Der Entwurf eines kombinatorischen Modells in Zusammenhang mit einem kunstpädagogischen Lehrplan bildet die aus den vorangegangenen Kapiteln gezogene Erkenntnis, dass Kreativität und Persönlichkeitsfindung nur aufgrund von Entspannung möglich werden kann. Gerade an dieser Stelle wird auch auf die Wirksamkeit gruppendynamischer Prozesse hingewiesen, die mitunter therapeutische Wirkung erzielen können und dem Pädagogen die Möglichkeit geben, Ruhe, Aufmerksamkeit und Konzentration in seinen Unterricht zu bringen. Weiterhin sollte bei jeglicher kunstpädagogischer Betrachtung die Sozialisation der Kunst im Vordergrund des Interesses stehen und im Hinblick auf die multimediale Kommunikation eine kritische Auseinandersetzung mit den neuen Medien erfahren. Auch ist in diesem Zusammenhang auf die zunehmende Gefahr virtueller Realitäten hinzuweisen, bei denen vor allem Jugendliche ihre wahre Identität zu verlieren scheinen, indem sie über ihr Bewusstsein in irreale Wirklichkeiten eintauchen und diese als real betrachten.

Auch hier kann eine sogenannte Kreativitätsförderung durch empfindungssteigernde Sensibilisierung innerhalb eines Gruppenprozesses erfolgen. Im Besonderen wird auf Kapitel 2. verwiesen, in dem die psychologische Basis für eine Anwendung des Sensitivitätstrainings wissenschaftlich belegt wurde. In Kapitel 4. wird außerdem deutlich, wie sich der Künstler beziehungsweise der

Kunstschaffende über Meditation, Vision und Trancezustand hinaus einer Symbolbildung hingeben kann, die seinem Werk die spezifisch persönliche Eigenart verleiht und die den Betrachter in die Tiefen der Seele blicken lässt. Die in diesem Sinne interdisziplinär geprägte Symbolik dient als Hilfestellung für den Betrachter, der den Zugang zum Bildinhalt sucht und für den Kunstschaffenden, der über die Symbolbildung zur Ruhe und Kontemplation finden möchte. Eine kunstpädagogische Einweisung in die interdisziplinär geprägte Symbolik führt zu einer spezifischen Erweiterung des Betrachtererlebnisses und weist den Weg zu einem kritischen Umgang beziehungsweise Einsatz von Symbolen, Signalen und Zeichen innerhalb der visuellen Kommunikation. Anhand der Mandalasymbolik wird besonders deutlich, dass das menschliche Individuum mithilfe von Symbolen zu innerer Einkehr, Ruhe und Entspannung finden kann.

Aufgrund dieser Tatsache ist die reine Betrachtung eines Mandalas in Form der Meditation besonders geeignet, während der ritualähnliche Ausmalvorgang den Weg zum eigenen Selbst und somit zum Zentrum des Innern veranschaulicht. In diesem Sinne stellt die Mandalasymbolik den Gegenpol zu einer multimedial geprägten Umwelt dar, die mit ihrer Hektik, Reizüberflutung und Schnelllebigkeit den Menschen überfordert.

Diese Art der Überforderung entlädt sich schon im Vorfeld des Schulunterrichts in Form von Aggressionsverhalten und Gewaltbereitschaft. Der eigentliche Schwerpunkt des vorliegenden 5. Kapitels zielt also darauf ab, ein kombinatorisches Unterrichtsmodell zu entwickeln, das gemäß einer Therapieform schon im spezifischen Vorfeld des kunstpädagogischen Unterrichts zur Wirkung kommen könnte. Wünschenswert wäre auch der fächerübergreifende Einsatz eines solchen Modells, das in seiner Pragmatik so einfach wie möglich zu handhaben sein sollte. Bewusst wird in diesem Zusammenhang von Therapie gesprochen, die nicht nur außerhalb der schulischen Veranstaltungen ihre Anwendung findet, sondern auch dann positiv wirken kann, um Auffälligkeiten seitens der Schüler und Jugendlichen vorzubeugen.

5.1 Historischer Forschungsstand der Kunstpädagogik in Deutschland

In keinem der uns bekannten westlichen Standardwerke zur Geschichte der Erziehung ist auch nur der ernsthafte Versuch gemacht worden, die Entwicklung des Schul- und Erziehungswesens aus der Gesamtheit der jeweiligen gesellschaftlichen Verhältnisse heraus zu erklären, eine entsprechende Vollständigkeit der Gesichtspunkte anzustreben und auch methodisch einen interdisziplinären Zugang zu wählen, der die Pädagogikgeschichte aus ihrer bisherigen geistesgeschichtlichen Isolation befreit (Kerbs, 1976, S. 41). Nach wissenschaftlichem

Forschungsstand ist eine „Geschichte der ästhetischen Erziehung“ somit nicht bekannt und bisher noch nicht geschrieben worden. Es liegt noch nicht einmal eine Geschichte der Theorien der ästhetischen Erziehung vor, so dass man darauf angewiesen ist, den Begriff und die Theoriegeschichte der ästhetischen Erziehung zunächst aus den pädagogischen Enzyklopädien und Handbüchern zu erschließen, um ihn dann in der Geschichte der Ästhetik (also in der Philosophiegeschichte) und in der allgemeinen Geschichte der Pädagogik und des Erziehungswesens weiterverfolgen zu können. Clemens Menze vertritt in seinen diesbezüglichen Arbeiten die Auffassung, dass die „ästhetische Erziehung“ insofern ein abgeschlossenes Kapitel in der Theoriegeschichte sei, als dass sie der Geschichte des deutschen Neuhumanismus um die Wende vom 18. zum 19. Jahrhundert entsprach. Ferner deutet Menze an, dass die ästhetische Erziehung ein vergangener Versuch sei, der sich aus einer Reihe von Gründen philosophischer, wissenschaftlicher, politischer und sozialer Natur als unwirksam erwiesen hat, eine gewisse Freiheit zu sichern und dass dieser Versuch nicht wiederholbar sei. Innerhalb der Pädagogik des 18. und 19. Jahrhunderts setzt man dann den Begriff der ästhetischen Erziehung häufig den Begriffen der „Gemütsbildung“, der „Gefühlsbildung“, der „Bildung des Geschmacks und der schönen Sitten“ gleich.

Erst gegen Ende des 19. Jahrhunderts wird dieser spezifische Begriff durch den der „Künstlerischen Erziehung“ oder auch „Kunsterziehung“ weitgehendst verdrängt, wobei er aber immer noch vereinzelt auftaucht. Ab 1927 etwa wird der Begriff der „Musischen Bildung“ mit in die Debatte aufgenommen, dem man sich später noch einmal nach 1945 verstärkt widmet. Seit den zwanziger Jahren ist der Begriff der „ästhetischen Erziehung“ also weitgehend außer Gebrauch gesetzt, kann aber trotzdem ab 1967/68 wieder ins Gespräch gebracht werden, wobei abzuwarten bliebe, mit welchem Erfolg er weiterhin bestehen kann. Spricht man im eigentlichen Sinne von einer ästhetischen Erziehung, so müsste auch die außerschulische Erziehung in der Familie, im Kindergarten und in Jugendgruppen berücksichtigt werden, so dass spätestens an dieser Stelle der Begriff zu dem der „ästhetischen Sozialisation“ erweitert werden müsste, da Kinder immer auch von der Totalität der Lebensverhältnisse, in denen sie aufwachsen, ästhetisch geprägt werden. Das bedeutet unter anderem, dass ihre späteren ästhetischen Anschauungen, Neigungen, Verhaltensweisen von der Gesamtheit der klassenspezifischen sozio – kulturellen Einflüsse und im besonderen von der politisch – historischen Situation bedingt werden, in der sie aufwachsen. Spricht man also in diesem Zusammenhang von der „Geschichte des Zeichenunterrichts“, so ist damit stets die Geschichte des Schulzeichenunterrichts gemeint und nicht die der zeichnenden Künste oder der Ausbildung im Zeichnen, wie sie ursprünglich in Künstlerwerkstätten und Kunstakademien stattfand. Allgemein wird also nur vom Zeichnen als von einem Unterrichtsgegenstand oder Schulfach an allgemeinbildenden Schulen gesprochen. Die überwiegende Mehrzahl der Schriften über die Geschichte des Zeichenunterrichts, wie übrigens auch der methodischen Schriften, stammt aus den Erkenntnissen von Grundschullehrern oder Seminarlehrern.

Bis heute kann man von den Kunstakademien und ihren Professoren keinerlei wissenschaftliche Beiträge hinsichtlich der Kunstpädagogik erwarten, da diese in erster Linie aus den Erfahrungen der pädagogischen Hochschulen stammen, was sich jedoch allmählich zu ändern scheint, seitdem die Ausbildung von Kunsterziehern auch an Universitäten beziehungsweise Gesamthochschulen stattfinden kann. Nachdem nun ein kurzer Überblick über die wesentlichen bisher bekannt gewordenen Arbeiten zur Geschichte des Zeichen- und Kunstunterrichts gegeben wurde, sollte noch einmal der Frage nach dem Zweck der historischen Kunstpädagogik nachgegangen werden. Hier kommen vor allem drei Arten von Funktionen zum tragen, denen die historische Kunstpädagogik nach dem Willen ihrer hauptsächlichen Autoren zu dienen versucht. Zum einen wären das fachpolitische und fachwissenschaftliche Funktionen, zum anderen handelt es sich um außerfachliche, allgemeinpädagogische und bildungspolitische Funktionen, sowie um historisch – politische Funktionen.

Ginge es in der Betrachtung um eine rein historische Kunstpädagogik, so hätte diese viel komplexer vorzugehen, indem sie nicht nur den schulischen Zeichen- und Kunstunterricht, sondern auch die außerschulische ästhetische Sozialisation erforschen müsste. Des Weiteren wäre empfehlenswert, wenn sie wirtschaftliche, soziale und politische Tatbestände, Hintergründe und Zusammenhänge mit in die Analyse einbeziehen würde, wenn nicht sogar von diesen auszugehen wäre. Außerdem sollte sie sich auch um die zaghaften Ansätze zu einer historischen Soziologie und Psychologie bemühen, um von ihrer Seite aus zu einer materialistisch verstandenen Kulturgeschichte beitragen zu können. Die eigenen politischen Vorstellungen und das erkenntnisleitende Interesse auszusprechen sollte sie nicht scheuen und nicht verdeckt, sondern offen für die Demokratisierung von Gesellschaft, Erziehung und Wissenschaft eintreten. Letztendlich sollte sich eine historische Kunstpädagogik darum bemühen, sich nicht als Forschung zu verselbständigen, sondern bewusst den dauernden, möglichst direkten Kontakt zur gegenwärtigen Schulpraxis und Lehrerausbildung zu halten.

5.1.1 Tendenzen kunstbildnerischer Aktivitäten in Grund- und Hauptschule

Heute besteht wohl kaum noch Zweifel daran, dass der Kunstunterricht vom ersten Tage an in der Grundschule Fachunterricht zu sein hat. Aufgrund der neuesten Forschungen auf diesem Gebiet besteht auch Einigkeit darüber, dass der Schüler über den Kunstunterricht hinaus in die Lage versetzt werden soll, engagiert, reflektiert und kritisch an der optisch und haptisch wahrnehmbaren Umwelt teilzuhaben. Um entsprechende Verhaltensweisen auch fördern zu können, genügt es nicht, die lediglich bestehende ästhetische Wirklichkeit zu analysieren, sondern auch unter dem Aspekt des Herstellens und Machens zur Produktivität anzuleiten. *Bei eigenem Gestalten gewinnt der Schüler Erfahrungen, die außerhalb der – die Wahrnehmung einschränkenden – bereits bestehenden Wirklichkeit liegen. Wie anders könnte die sinnliche Wahrnehmung geschult werden als in systematischen Lehrgängen, in denen die Schüler vor allem durch Eigentätigkeit in aufeinander aufbauenden Lernprozessen ihren Zeichen – und Formenbestand sowie ihr Farbempfinden immer weiter ausbauen und differenzieren* (Wilhelm/Wloka, 1979, S. 7). Bei allen unterrichtlichen Bemühungen sollte man jedoch nicht vergessen, dass die Wirklichkeit des Kindes einer anderen als der des Erwachsenen entspricht. Aufgrund dieser Tatsache sollten die im Unterricht zu bewältigenden Probleme in Themen eingebettet werden, die der Wirklichkeit des Kindes entsprechen.

Dabei ist vor allem zu beachten, dass das Nächstliegende für das Kind oft etwas qualitativ anderes ist als für den Erwachsenen, wobei gerade auch das Nichtreale, Fantastische und Märchenhafte dem Kind mitunter wirklicher und damit auch wirksamer erscheint als das tatsächlich Vorhandene. Bruno Bettelheim, der Autor des Buches „Kinder brauchen Märchen“, hat zum Beispiel ausdrücklich darauf hingewiesen, wie wichtig Märchen und die Beschäftigung mit dem Fantastischen für die Entwicklung der Fantasie überhaupt sind. Deshalb wird gerade die kreative Veränderung der Wirklichkeit auf anderen Ebenen, in anderen Dimensionen und an anderen Gegenständen angebahnt, als an den Problemen und Phänomenen, die von manchen Erwachsenen zur Wirklichkeit der Kinder erklärt werden.

Zu Beginn des Kunstunterrichts in der Grundschule wird über den Einsatz großer Bildformate und großer Werkzeuge wie Kreide, Pinsel und Wachsstifte die Ausformung einfacher Zeichengebilde sowie die Grobmotorik gefördert, die wiederum eine Verbesserung der Arbeitsergebnisse begünstigen und zu einem Erfolgserlebnis führen. Mit dem später folgenden Einsatz von kleineren Formaten und feinerem Werkzeug wie Bleistift, Filzstift, Füller und Kugelschreiber wird die Feinmotorik vervollkommnet, der Zeichenvorgang präzisiert und somit zur Verfeinerung des grafischen Elementarbestandes beigetragen. Beide soeben genannten Möglichkeiten sind nach Bedarf einsetzbar, wobei die gleichzeitige Benutzung unterschiedlicher Werkzeuge mit ihren jeweils charakteristischen Werkspuren Einsichten in verschiedenartige grafische Qualitäten vermitteln kann.

Vor dem Hintergrund des Materialeinsatzes und der Aufgabenstellung sollte die psychologische Einteilung des menschlichen Individuums in sogenannte Form- und Farbseher nicht außer Acht gelassen werden. Der Formseher besitzt eine Veranlagung, die es ihm erlaubt, einen Gegenstand in erster Linie in seiner Form zu erfassen, was seine vorwiegend rationale Einstellung, Distanziertheit und sein Streben nach Objektivität widerspiegelt. In Zusammenhang mit diesen Eigenschaften zeigt sich eine Vorliebe für klare, gegliederte Formen, bei der die Farbe eine sekundäre Bedeutung erhält. Dagegen spricht der Farbseher, dem psychologisch betrachtet eine größere Abhängigkeit von Gefühlen und Stimmungen eigen ist, vorwiegend und stärker auf die Farbe eines Gegenstandes an. Sowohl Form- und Farbsehern sollte im Kunstunterricht von Anfang an die Möglichkeit gegeben werden, ihre Veranlagung einerseits auszubauen oder beide im Zuge einer Gleichgewichtung zu kombinieren. Diese sogenannte Art von Problemlösung erfolgt im Kunstunterricht über das Lernen hinaus, das unter Punkt 5.3 hinsichtlich des pädagogischen Lernens noch genauer definiert wird.

Probleme, die allerdings in der Gestaltungspraxis zu lösen sind, tauchen als bildnerische Probleme auf, die somit auch die Aufgabenstellung bestimmen. Zumeist wird das bildnerische Problem bereits im Thema sichtbar, wobei es nur einzelne Problemfaktoren wie zum Beispiel das Motiv enthalten muss. Die aus den einzelnen Lehrgängen ergänzenden Einzelprobleme sind dabei so angelegt, dass sie auf Lernziele hin orientiert sind, wogegen die Themen als motivationale Einkleidung von Problemen und Problemkomplexen dienen. Ihnen kommt damit eine Doppelfunktion zu, indem sie zum einen als Motiv die Bildgegenstände liefern und zum anderen den Beweggrund für bildnerische Betätigung liefern. Sie werden deshalb immer allein unter motivationalen Aspekten ausgewählt. Eine Unterrichtseinheit in der Grundschule lässt sich in drei Phasen gliedern, die nicht zwangsläufig eine Abfolge von Lernschritten darstellen, sondern lediglich Anhaltspunkte für den Ablauf von Lernprozessen liefern. In der ersten Phase soll sich der Schüler lediglich über die Aufgaben- und Themenstellung an das bildnerische Problem herantasten, wobei unter anderem die Motivbestandteile grob benannt werden und man sich unter dem „Kreativitätsaspekt" mit dem „Finden" und „Entdecken" von Problemen beschäftigt.

In der zweiten Phase erfolgt zunächst das Bewusstmachen der Problematik durch Problemstrukturierung, Problemerkundung und Problemerfassung, wobei die Antizipation von Lösungsmöglichkeiten in der Vorstellung im Vordergrund steht. Über den Ansatz zu kreativem Verhalten und über gruppendynamische Prozesse hinaus erfolgt die vorerst verbale Aufbereitung einer Vielfalt von Lösungsmöglichkeiten. Darauf folgt dann eine gemeinsame Reflexion über Arbeitsmethoden und Realisationsmöglichkeiten der gestellten Problematik, anhand von Experimenten und ersten Problemlösungsversuchen wie zum Beispiel in Form einer skizzenhaften Darstellung. In der letztendlich dritten Phase entscheidet sich der Schüler über einen Problemlösungsversuch für eine Lösungsmöglichkeit, die seiner eigenen Lösung entspricht, so dass es bei der Verschiedenheit der Schüler zu unterschiedlichen Lösungsmöglichkeiten kommen kann. Nicht verbal, sondern in Form von praktischer Arbeit legt sich der Schüler auf Problemfaktoren und strukturierende Prinzipien fest, wobei er sich zunächst auf bestimmte Arbeitsmethoden beschränkt.

Indem er des weiteren Arbeitsschritte ausgliedert und seine Vorstellungen sowie Intentionen in Form von Entwürfen und Konzepten realisiert, gelangt er zur Herstellung eines Zeichensystems oder eines Gegenstandes und darüber hinaus zur Fertigstellung seines Bildes. Innerhalb dieser dritten Phase fällt dem Lehrer die schwierige Aufgabe der Einzelberatung zu, wobei er im Kunstunterricht im Gegensatz zu anderen Fächern eine Differenzierung bis zur Individualisierung betreiben kann. Der Kunstunterricht des dritten Grundschuljahres wird durch einige Besonderheiten gekennzeichnet, indem die Schüler mittlerweile eine gewisse Sicherheit und Fertigkeit in der Beherrschung der „Kulturtechniken“ erreicht haben. Im Normalfall können sie nun lesen, schreiben und rechnen, verfügen über eine erworbene Selbständigkeit und beherrschen zunehmend ihre Feinmotorik. In dieser Altersstufe werden Entwicklungsfortschritte besonders deutlich erkennbar, so dass nun auf dieser Basis ein kontinuierlicher Fachunterricht über zwei weitere Jahre hinweg aufgebaut, ergänzt und erweitert werden kann.

Da in diesem Zusammenhang auch die reflektorische Fähigkeit und das Sprachvermögen zunehmen, kann im Kunstunterricht nun verstärkt auf eine klarere Ausformung und weitere Differenzierung der Bildzeichen hingearbeitet werden. Durch den zunehmend sichereren Umgang mit den Werkzeugen erfahren die Bildmittel eine Ergänzung und Erweiterung auch in dem Sinne, dass die Zeichengebilde durch Differenzierung der Kontur und Spezifizierung der Binnenstrukturen nun einer Verfeinerung unterliegen. *Hinzu treten zusätzliche Möglichkeiten etwa durch bewusste Differenzierung im Bereich Farbe, ein immer reicheres Repertoire an Strukturierungs- und Mustermöglichkeiten, die Fähigkeit, jeweils grafische, farbliche oder plastische Elementarformen zu kombinieren, in anfänglicher Weise Raumverhältnisse zu klären und zu verstehen, erste Versuche, die Schemaform zu verändern, die Seitenansicht etwa beim Menschen zu zeigen, Versuche, Bewegung darzustellen* (Wilhelm/Wloka, 1979, II, S. 10). Bis ins vierte Schuljahr und noch darüber hinaus setzt sich diese Entwicklung mehr oder weniger kontinuierlich fort und erfährt erst mit dem Einsetzen der Pubertät einen deutlichen Einbruch.

Rückblickend auf das Unterrichtsanliegen des dritten Grundschuljahres sollte erwähnt werden, dass die ständige Aufgabe des Lehrers darin besteht, die Interessen seiner Schüler immer wieder aufs neue festzustellen, um seine Aufgaben dementsprechend laufend verändern zu können. In diesem Zusammenhang sollte auch berücksichtigt werden, dass den Kindern der Bereich des Fantastischen und Irrationalen zu diesem Zeitpunkt noch näher liegt und für sie relevanter ist, als dies konkrete Gegebenheiten aus ihrer Umwelt sein könnten. Das genannte drei – Phasen Beispiel für das dritte Grundschuljahr bezieht sich auf das im Anfangsunterricht Gelernte und rechnet mit den weiterentwickelten intellektuellen und bildnerischen Fähigkeiten und Fertigkeiten.

5.1.2 Umwelt und Kunsterfahrung

Es zeigt sich immer mehr, dass die Einsicht in die Bedeutung des gestaltenden Handelns wächst und dass es nicht genügt, wenn die Schüler nur lernen, ästhetische Phänomene kritisch zu analysieren und zu reflektieren. Nach wie vor bleibt die Schulung der sinnlichen Wahrnehmung durch Eigentätigkeit ebenso wichtig. Nur wer über ein elementares praktisches Instrumentarium verfügt, ist in der Lage, Formen und Inhalte der Umwelt zu erfassen, zu erkennen und vor allem durch aktives Umgestalten zu verändern (Böhm, 1984, S. 5). In diesem Sinne versteht man unter Kreativität den Inhalt und das Ergebnis von kontinuierlichen Lernprozessen, die vor allem in der Pubertätszeit nicht unterbrochen werden dürfen. Gerade in dieser Entwicklungsphase, die von Konflikten geprägt ist, führt die Vernachlässigung unterrichtspraktischer Anleitung zu unbefriedigenden Ergebnissen, da die Auseinandersetzung mit Kunstproblemen auf einer allein rationalen Ebene zu wenig die Wünsche und Interessen der Schüler berücksichtigt. Sie fühlen sich in dem Moment nicht wirklich selbst betroffen beziehungsweise sind nicht emotional beteiligt und können somit im Sinne einer bestimmten Ideologie manipuliert werden.

Aufgrund dieser Tatsache dient eine Erziehung zur Ästhetik letztlich der Entfaltung einer eigenen Persönlichkeit, die sich in Form von Rationalität und Emotionalität in der Realität des kindlichen Denkens, Fühlens und Handelns nicht voneinander trennen lässt und deshalb auch ungetrennt und gleichgewichtig als Selbstartikulation von jungen Menschen behandelt werden muss. Sowohl im Vorschulalter als auch noch in der Grundschule, ist der enge, sinnliche Kontakt mit der Umwelt noch nicht abgerissen, so dass die ersten Ansätze einer geistigen Tätigkeit nur dann gelingen können, wenn sie unter ständigem sensorischen Kontakt mit der konkreten, anschaulichen Umwelt vor sich gehen.

An Tätigkeiten wie Zeichnen, Malen, Basteln und Werken, die sich auf anschaubare Weise mit den Dingen beschäftigen, können die ersten Entfaltungsansätze einer geistigen Tätigkeit am besten erkannt und beobachtet werden. Schon im dritten und vierten Lebensjahr beginnt das Kind damit sich mit dem Verhältnis von seinem Ich zur Umwelt auseinander zu setzen und sich von den eigentlichen Dingen zu distanzieren. Die Zeichen, die es nunmehr setzt, sind nicht mehr nur als Ergebnisse von Funktionen seiner Hand zu werten, sondern werden bewusst zum Zeichen für etwas anderes bestimmt, so dass diese Bedeutungen, Sinn und Namen erhalten, womit man sie als sogenannte „Sinnzeichen" versteht und mit denen das Kind noch lange in einem magischen Zusammenhang steht. Die Undifferenziertheit, die der Erwachsene oftmals bei seinen eigenen Sinnzeichen empfindet, überbrückt das Kind während des Zeichnens und Malens durch sprechen und singen, wobei die Sprache dann in dem Moment das ergänzt, was der Zeichnung noch fehlt. Vom eigentlichen Zeichnen kann man erst dann sprechen, wenn die nachträgliche Deutung eines Zeichens so weit im Gestaltungsprozess nach vorn verlegt wird, so dass man Plan und Absicht der Gestaltung voraussehen kann. Resultierend daraus hat das Kind dann gelernt, dass es Gedachtes und Vorgestelltes auch zu Papier bringen kann. In dem Moment, wo das Kind entdeckt, dass seine Sinnzeichen einen Mitteilungswert haben und von anderen Menschen gelesen und verstanden werden können, erfährt es die Lust am Erfinden immer neuer Formen.

Mithilfe dieser neuen Kreativität versucht es nicht nur das äußere Erscheinungsbild der Gegenstände wiederzugeben, sondern auch seine Gefühle, Erlebnisse, seine Freude oder Angst, seine Konflikte und seinen Ärger und sogar seine Träume auszudrücken. Psychologen und Psychotherapeuten weisen immer mehr auf die Bedeutung dieses Prozesses im Hinblick auf das seelisch – geistige Gleichgewicht von Kindern hin, die gerade durch stundenlangen Fernsehkonsum die Möglichkeit haben sollten, aufgestaute Erregungen abreagieren und verarbeiten zu können. Im Hinblick auf die Kunstunterrichtsgestaltung in der Hauptschule sind sowohl die bildnerische Produktion als auch die bildnerische Reflexion eng miteinander verbunden. Dabei wird das Denken durch die Herstellung eines künstlerischen Gegenstandes ebenso gefördert, wie das Denken wiederum das eigene Machen und Tun befruchtet. Trotzdem ist anhand von Forschungsergebnissen festzustellen, dass in der Praxis des Zeichnens und Malens die Werkanalyse und Interpretation von Kunstwerken meist zu kurz kommt. Eine genaue und gezielte Beobachtung von Kunstwerken sowie eine bewusste Auseinandersetzung mit ihnen kann zu mehr kunstpädagogischer Effektivität führen, als der Schüler durch die Herstellung von eigenen Bildern erfährt.

Die Themen zum Bereich Kunsterfahrung sollen Grundlage sein für ein Verständnis über Inhalte und Ausdrucksmittel von Künstlern im Umfeld ihrer Zeit. Wir haben festgestellt: Lässt man den Schülern möglichst viel Freiraum in der Wahl der Arbeitsmittel, der Techniken, so werden die jeweils geforderten Lernziele nicht ausgeschlossen, im Gegenteil, es wird mit mehr Lust gearbeitet, und die Aufgaben sind meistens erstaunlich erfindungsreich und formal gut gelöst (Seinfeld/Zahn, 1988, S. 7). Der empfohlene Freiraum für den Schüler sollte vom Lehrer immer mehr gewährt und genutzt werden, um ein ruhiges und intensives Arbeitsklima innerhalb der Klasse garantieren zu können, da sich Lärm, Frustration und gestresste Schüler wie Lehrer nur negativ auf eine ästhetische Erziehung auswirken. Um gerade den Bedürfnissen der Hauptschüler gerecht zu werden, steht die Forderung nach günstigen äußeren Bedingungen und genügend Selbstbewusstsein in der Wahl der Schwerpunkte innerhalb der Lehrpläne im Vordergrund. In der kunsterzieherischen Praxis kommt man immer mehr zu der Feststellung, dass eine Unterrichtsplanung sowohl das interdisziplinäre Moment der allgemeinen Didaktik als auch subjektzentrierte pädagogisch – therapeutische Arbeitsformen einbeziehen muss.

Die Voraussetzung zur Einstellung didaktischer Sequenzen bildet das interdisziplinäre Moment der allgemeinen Didaktik, das am ehesten dauerhafte Lernprozesse sichert, indem es sich über die Vermittlung einer didaktischen Reihe über eine oder mehrere Jahrgangsstufen erstreckt. Die Kontinuität des fächerübergreifenden Kontextes führt dazu, dass der Schüler einsichtig wird und sowohl die Ästhetik als auch die Ästhetische Erziehung in Bezug zu seinem Leben stehend betrachtet. Des Weiteren stellen die subjektzentrierten pädagogisch – therapeutischen Arbeitsformen einen weiteren wichtigen Faktor in der kunsterzieherischen Praxis dar. Allerdings setzt der therapeutische Aspekt ein methodisches Vorverständnis voraus, dessen Zielsetzungen und Lernprozesse vorrangig lernpsychologischen Charakter haben. Hans Günther Richter versteht unter subjektzentrierten pädagogisch – therapeutischen Arbeitsformen eine Abkehr von der Sache und eine Hinwendung auf das Subjekt, seine Konflikte und Interessen, Ängste und Wünsche. *Ästhetische Operationen und Motive werden in diesem Verfahren mediatisiert, sie dienen der Realisation autobiografischer Erfahrungen, Erfahrungen besonderer Art, die nur am bildhaft – symbolischen Material gewonnen werden können* (Richter, 1977, S. 42). In diesem Sinne sollte der Kunstunterricht nicht in psychologische Handlungsabläufe umfunktioniert werden, sondern es sollte vielmehr versucht werden, sowohl fachspezifische als auch sachspezifische Elemente therapeutisch in die Lernorganisation zu integrieren. Eine häufig reduzierte Möglichkeit der Umsetzung und Darstellung seiner ästhetischen Vorstellungswelt auf geforderte Normen der Schule, entspricht dem schichtenspezifischen Defizit eines Hauptschülers.

Dies wird unter anderem durch didaktische Vorgehensweisen bedingt, die dem Hauptschüler nicht entsprechen. Diesen Ausdrucks- und Kommunikationsschwierigkeiten kann mit pädagogisch – therapeutischen Maßnahmen entgegengewirkt werden, die einen angstfreien und direkten Umgang mit ästhetischen Objekten und Mitteln ermöglichen.

5.2 Kunstunterricht in der Sekundarstufe

Bevor die Lehrinhalte des Kunstunterrichts in der Sekundarstufe erläutert werden, sollte zunächst noch einmal kurz auf die Grundlagen des Kunstpädagogischen Unterrichts eingegangen werden. *Wir gehen von einem Grundstock notwendiger Unterweisungen aus, der für die optisch – haptische Entwicklung des Kindes wesentlich erscheint und von dem zu wünschen wäre, dass er in dieser oder jener Form dem Kind angeboten würde. Das in den Kapiteln enthaltene didaktisch – methodische Angebot beruht auf den Schritten der Begegnung mit dem Inhalt – Umgang mit dem Inhalt und Training – Anwendung der Einsichten und Erkenntnisse, Veränderung und Erweiterung* (Kampmann, 1974, S. 5). Dabei versteht man unter Begegnung, das Kennen lernen des Phänomens im Gespräch, um nach späterer experimenteller Handhabung und Hinterfragung dieses Phänomen besser erkunden zu können. Bei dem Umgang mit dem Inhalt geht es darum, alle bei der Begegnung gefundenen Möglichkeiten zur Verwirklichung einzusetzen, neue Wege am neuen oder schon bekannten Medium zu trainieren und den neuen Vorstellungsbesitz zu überprüfen.

Über die Anwendung und Veränderung hinaus können Kenntnisse, Einsichten und trainierte Handlungen sowie Überlegungen auf neue Absichten bei allerdings veränderter Aussage übertragen werden. Des Weiteren können neue Kombinationen gefunden werden und Operationalisierungen theoretischer Möglichkeiten an gefundenen Neuansätzen zum Einsatz kommen. Ästhetische Aufmerksamkeit, die man beim Schüler wecken sollte, gehört wohl zu den Notwendigkeiten einer engagierten Persönlichkeit, die jedoch keinesfalls eine entwicklungsbedingte Selbstverständlichkeit ist und deren Entwicklung schon gar nicht in den Absichten von konsumintensiven Miterziehermächten liegt. Eine engagierte und sich selbst bestimmende Persönlichkeit sollte dem Wunsch der verantwortlichen Kräfte in der Gesellschaft entsprechen. Da sie keine Selbstverständlichkeit darstellt, bedarf sie der Entwicklungshilfe, anschließender Förderung und einer Zuweisung von Übungsfeldern, auf denen sie sich kritisch bewähren kann. Wenn die ästhetische Aufmerksamkeit nicht der ästhetischen Passivität weichen soll, bedarf sie der Aufforderungen und Angebote in frühester Jugend. In diesem

Zusammenhang sind die „Was ist das" – und „Warum" - Fragen der Kinder lebensnotwendig. Das Untersuchen – Wollen gehört dementsprechend zur neugierigen menschlichen Eigenart, auf der sich Vorstellung und optisch – haptischer Weltbesitz aufbauen. Das kunstpädagogische Unterrichtsfach ist in der Art und Weise von einer Frage nach der Legitimation betroffen, als dass es eben nicht unbedingt nötig erscheint, ästhetisches Wissen zu vermitteln, um später einer Berufstätigkeit am Fließband nachzugehen. Mit genau diesem Bewusstsein nähert sich der Schüler diesem Fach und bringt ihm eine geringe Wertschätzung entgegen. *Ausgangspunkt all meiner Überlegungen und Folgerungen war die Erfahrung, dass (in diesem Fall) Hauptschüler scheinbar durch nichts zu motivieren sind* (Hub, 1981, S. 8).

Im Hinblick auf die Motivation ist es daher besonders wichtig, eine zunehmend konsequente Mitbestimmung auch auf bisher „tabuisierte" Bereiche, wie zum Beispiel den der Zensierung auszudehnen. Durch eine zunehmende Verlagerung von Verantwortung auf die Schüler und deren erfolgreiche Umsetzung in den Unterrichtsprojekten wird der Lehrer immer mehr in die Position eines „pädagogischen Sachverständigen" gebracht, der berät, ermuntert, auf etwas hinweist und Techniken erläutert. Das Leistungssystem der Schulen bedingt die sogenannte Negativ – Auslese, was dazu führt, dass der Schüler sich ständig Sorgen um gute oder schlechte Noten macht. Aufgrund dieser Tatsache bearbeitet der Schüler lieber Themen, die klar umrissen und überschaubar sind und bei denen die Notenkompetenz eindeutig in der Hand des Lehrers liegt. Diese Situation sind die Schüler gewöhnt, da sie in etwa die Erwartung des Lehrers einschätzen können, was ihnen eine relative „Notensicherheit" gewährleistet. *Verbreitet ist besonders die Ansicht, dass Kunsterziehung den Geschmack kultivieren, verbessern oder entwickeln soll, den Sinn für ästhetische Werte wecken, die Fähigkeit fördern, gute Kunst und gutes Design zu erkennen und zu genießen oder schöne Dinge herzustellen* (Giffhorn, 1978, S. 19). Diesen genannten Zielen liegt die Vorstellung zugrunde, dass ästhetische Werte, Eigenschaften von Kunst- oder Designobjekten seien beziehungsweise dass eine verbindliche Idee des Schönen und ästhetisch Wertvollen existiert, so dass manche Menschen in der Lage sind, solche Werte besser erkennen zu können als andere. Diese Vorstellung ermöglicht wiederum einen Unterricht, in dem Kunstwerke und Designobjekte ästhetisch wertend verglichen oder interpretiert werden. Des Weiteren können Schülerarbeiten ästhetisch und nicht anhand eines bestimmten Verwendungszwecks bewertet werden.

Wenn Schüler überhaupt lernen sollen, auf eine Art zu kommunizieren und sich auszudrücken, die ihnen nützt, so müssen sie auch lernen, dass gewisse Informationen, die ästhetischen Symbolen und Phänomenen zu entnehmen sind, in keiner Weise verlässlich sind, sondern dass sie häufig zu Missverständnissen führen können. Neben den Bereichen der Bildenden Kunst und der Ästhetischen Praxis hat sich gerade in den letzten Jahren die mehr oder weniger systematische Vermittlung von der „Semiotik" (der Wissenschaft von den Zeichen) als ein weiterer zentraler Fachinhalt herauskristallisiert. Bis dahin galten neben der Kunstgeschichte die Ästhetik, Wahrnehmungs- und Gestaltpsychologie als Grundlage und Hauptbezugswissenschaften des Faches Kunst.

Nicht erst mit der zunehmenden Multimedialisierung der menschlichen Umwelt wird das Gestalten von visuellen Medien, von Zeichen sowie die Ausbildung der „Wahrnehmungsfähigkeit" und des „Sehens", also der Informationsverarbeitung und der Rezeption visueller Zeichen als Domäne der Kunstpädagogik angesehen.

Ein Zusammenhang zur modernen Semiotik ist in verschiedenen Verbindungslinien zu erkennen, indem sich die Semiotik teilweise auch als moderne und wissenschaftliche Form der Ästhetik präsentiert und indem die Inhalte der Gestalt- und Wahrnehmungspsychologie aufgrund des neuen Wissenschaftsverständnisses weitgehend in der Informationstheorie und der Semiotik aufgehen. *Schließlich verspricht Semiotik als Lehre von den Zeichen eine gemeinsame, lehrbare und wissenschaftliche Grundlage der Analyse und Anordnung (Produktion) von Bildzeichen (z.B. Kunstbetrachtung* oder *Werbeanalyse und bildnerische Praxis) zu liefern* (Giffhorn, 1978, S. 29). Hier findet man auch Ansätze einer validen, auf die Interessen der Schüler und der Bevölkerung bezogenen Legitimation von Semiotik als Unterrichtsfach begründet, indem man in der Semiotik ein vielseitig verwendbares und übertragbares Werkzeug sehen kann. Semiotik kann zum Beispiel dazu dienen, gewisse Urteilsverfälschungen aufgrund visueller Medien aufzudecken, zu kontrollieren und sie gegebenenfalls zu vermeiden. Mithilfe der Zeichenlehre können Fehleinschätzungen von ästhetischen Werturteilen, Normen und Vorurteilen korrigiert werden, genauso wie die visuellen Medien auf ihre Wirkung hin analysiert werden und eine korrekte Beurteilung ihrer Funktionen erfahren. Des Weiteren wird Semiotik dort eingesetzt, wo ein angemessenes, erfolgreiches Kommunizieren von Meinungen und Sachverhalten mit Hilfe von Medien erforderlich ist. *Aufgrund der unglaublichen Beschleunigung der Informationsübertragung haben wir heute die Möglichkeit, die auf uns einwirkenden Umwelteinflüsse zu verstehen, vorherzubestimmen und auf sie einzuwirken – und so die Kontrolle über unser Schicksal zurückzugewinnen. Die neuen Ausweitungen des Menschen und die von ihnen erzeugte Welt sind der zentrale Bestandteil des evolutionären Prozesses* (McLuhan, 2002, S. 175). Diese Überlegungen von McLuhan zeigen, dass eine Auseinandersetzung mit den neuen Medien gerade im Kunstunterricht von großer Bedeutung ist.

5.2.1 Einteilung nach psychologischer Persönlichkeitsstruktur

Innerhalb des Kunstunterrichts ist es wichtig, sich auch als Lehrer über die individuelle Persönlichkeitsstruktur eines jeden einzelnen Schülers Klarheit zu verschaffen, um auf dessen jeweilige Bedürfnisse im speziellen eingehen zu können und ihm die Förderung zuteil werden zu lassen, die seinem Typus entsprechen. *Die Bestimmung psychischer Typen wird von zwei Kriterien aus vorgenommen: - nach dem Kriterium der Stärke und Qualität der Entwicklung psychischer Funktionen werden vier verschiedene psychische Typen mit der Dominanz einer (repräsentativen) Funktion unterschieden: der intuitive, emotionale, sinnliche und intellektuelle Typ; - nach dem Kriterium der dominierenden Ausrichtung psychischer Funktionen werden zwei Varianten unterschieden: der introvertierte, zur inneren Welt orientierte Typ, und der extrovertierte, zur Außenwelt gerichtete Typ* (Kobler, 2001, S. 129). Kombiniert man nun die vier psychischen Typen mit den zuletzt genannten beiden Varianten, so ergeben sich insgesamt acht mögliche Typenzuordnungen. Diese acht Typenvarianten können des Weiteren anhand von autobiografischen Erfahrungen bestimmter Künstler charakterisiert werden.

Der so genannte „haptische Typ“ bildet die introvertierte Variante des intuitiven Typs, der Tendenzen zur abstrakten expressiven Gestaltung mit deutlichen haptischen Qualitäten aufweist, wie es zum Beispiel in der Kunst eines Jackson Pollock offensichtlich wird. Unter „rhythmischem Typ“ versteht man die extrovertierte Variante des intuitiven Typs, der Tendenzen zur Rhythmisierung oder Vereinfachung der ganzheitlichen Form aufweist, dem sich auch Braque verschrieben hatte. Ein „imaginativer Typ“ stellt die introvertierte Variante des intuitiven Typs dar, der zur Gestaltung der eigenen Fantasie und zur Gestaltung einer Welt von Träumen, Märchen und Sagen neigt, wie dies der Künstler Dali in seinen surrealistischen Bildern gezeigt hat. Als extrovertierte Variante des emotionalen Typs bezeichnet man den „expressiven Typ“, der wie van Gogh seine Gestaltung einer nach dem Wandel der eigenen Emotion untergeordneten Welt ausrichtet. Monet lässt sich mit dem „impressiven Typ“ vergleichen, der die introvertierte Variante des sinnlichen Typs darstellt, indem er sich von der Realität unter dem Eindruck des eigenen tiefen Erlebnisses faszinieren lässt.

Der „enumerative Typ“ bildet die extravertierte Variante des expressiven Typs, der wie Courbet von der Wirklichkeit in ihrer realen Form beeindruckt und auf deren Darstellung ausgerichtet ist. Dagegen gehört Mondrian zu den Künstlern, die dem „formativen Typ“ zugerechnet werden können, der als introvertierte Variante des intellektuellen Typs gilt und der dementsprechend die intellektuellen Spiele mit der Form bevorzugt. Zuletzt sei der „konstruktive Typ“ genannt, der als extrovertierte Variante des intellektuellen Typs, ähnlich wie Calder, die

Zweckmäßigkeit und eine auf Funktion orientierte technische Ordnung präferiert. Natürlich kann eine in diesem Umfang differenzierte Einteilung erst nach genauestem Studium der Schüler und ihrer Verhaltensweisen erfolgen.

Eigentlich sollte das Studium der Persönlichkeitsstruktur schon beim Schulanfänger beginnen, der infolge seiner sozialen Abhängigkeit beziehungsweise durch seine Sozialisation ein zunächst ichbezogener Mensch ist, der in der Verantwortung anderer lebt und sich seiner eigenen Verantwortung noch nicht bewusst wurde, weil es von ihm noch niemand bis dahin verlangt hat. Plötzlich wird er dann aus der familiären Gemeinschaft oder annähernd adäquaten Institutionen herausgerissen und in eine Gemeinschaft Gleichaltriger integriert. In dieser neuen Gemeinschaft müssen sich nun alle miteinander vertragen und haben dabei grundsätzlich gleiche Rechte und Pflichten. Gleichzeitig besteht aber auch die Möglichkeit, dass der Schüler Macht, Unterdrückung, Abhängigkeit und einer gewissen Isolation unterworfen wird, mit der er sich unwillkürlich auseinandersetzen muss, da er bisher nur eine fremde Erwachsenenwelt kennen gelernt hat. Nun muss er bei Anerkenntnis der gleichen Berechtigung seiner Mitschüler lernen, die eigene Meinung, Absicht und den eigenen Willen zu vertreten, ohne seine Individualität zugunsten einer Nivellierung aufgeben zu müssen. Wenn er bis dahin gelernt hat, mit den Materialien und Sprechgewohnheiten seiner Umwelt, mit der eigenen Motorik und den eigenen Gedanken umzugehen, so erfährt er nun eine Umorientierung auf den verstärkten Umgang mit seinen Mitmenschen und auf deren Akzeptanz hinsichtlich ihrer Stärken und Schwächen. Bisher war der junge Schüler gewöhnt, dass die Gesellschaft der Erwachsenen Rücksicht auf ihn nahm und seine Rücksichtslosigkeit gegenüber der Umwelt zumindest als kindliche Torheit akzeptierte, indem sie diese als eben noch infantil hinnahm.

In der Gesellschaft der Kinder untereinander sind diese Schutzräume aufgehoben. Will es nicht untergehen oder gehasst sein, muss es lernen, Partner in der Gesellschaft menschlicher Unterschiede zu sein. Das kann unter anderem geschehen durch Beteiligung an gemeinsamen Unternehmungen, die ein Zurücksetzen egoistischer Absichten zugunsten einer auf gemeinsame Absichten abgestimmte Aufgabe bedingen (Kampmann, 1974, S. 73). Gemeinschaftsprojekte wie zum Beispiel das chorische Malen an der Wandtafel fördern die Integration des einzelnen in der Gruppe, lassen ihn seinen Standpunkt innerhalb der Gruppe finden und aktivieren den Prozess der Ausbildung einer eigenen Persönlichkeitsstruktur, auf der in kunstpädagogischer Hinsicht und mit Blick auf neue Aufgabenstellungen aufgebaut werden kann. Bei dem chorischen Malen handelt es sich um einen gruppendynamischen Prozess, bei dem der Lehrer als Ausgangspunkt lediglich eine Linie mit weißer Kreide auf die Tafel malt und nur noch eine Anregung gibt, ob es sich vielleicht dabei um eine Straße handeln könnte. Diese eine Vorgabe reicht aus, um die Fantasie der Schüler anzuregen, die daraufhin das Bild in eigener Selbständigkeit ausführen können. Auf diese Weise bekommt jeder Schüler der Klasse die Gelegenheit, einen Teil seines eigenen Selbst und seiner eigenen Persönlichkeit innerhalb des Bildes darzustellen, um nach der Fertigstellung in Form einer gemeinschaftlichen Diskussion darüber zu reflektieren.

5.2.2 Künstlerische Tätigkeit als Bewusstseinsvorgang

Zunächst sollte an dieser Stelle erläutert werden, welche fachspezifischen Bildungsziele des Fachbereichs Bildende Kunst im Standard der Grundbildung aufgeführt sind. Der Bildungsprozess ist vor allem darauf ausgerichtet, dass der Schüler seine Umgebung und auch sein inneres Leben mittels bildnerischer Aktivitäten kennen lernt und seine Fähigkeiten kultiviert, indem er die Welt sensibel wahrnimmt, erlebt, entdeckt und schützt.

Des Weiteren sollte der Schüler über die Arbeit mit verschiedenen Materialien hinaus gewisse Kenntnisse in Malerei, Zeichnung, Grafik und angewandter Kunst erwerben sowie unterschiedliche bildnerische Techniken und Mittel kennen lernen. Bildnerische Fertigkeiten und Techniken begünstigen die Entwicklung des natürlichen Bedürfnisses nach eigener bildnerischer Artikulation, der Fantasie, des Sinns für Originalität und des eigenen Ausdrucks und fördern die Formung der kreativen Komponente der eigenen Persönlichkeit. Der Schüler sollte in diesem Sinne vornehmlich die bildnerische Kultur und Bildende Kunst als integrierenden Bestandteil seines Lebens begreifen, indem er sich Vorstellungen über die historische Entwicklung der Kunst, einschließlich der angewandten Kunst, Volkskunst und Architektur erwirbt. Außerdem sollte der Schüler befähigt werden, sowohl die in der Natur vorkommende Schönheit und die ästhetischen Werte, als auch die in der vom Menschen gestalteten Welt zu entdecken, um sich deren Bedeutung für ein vollwertiges Leben bewusst zu machen. *So kommt es, dass in der vollständigen Reihe der „Sinne" solche sind, die weniger die Beziehung zur Außenwelt, sondern mehr das Erlebnis des Eigen – Seins vermitteln. Diese letzteren tauchen mehr in das innere seelische Leben ein als zum Beispiel Auge und Ohr; dadurch erscheint das Ergebnis ihrer Wahrnehmungs – Vermittlung als inneres seelisches Erlebnis. Aber man sollte auch bei ihnen das eigentlich Seelische von dem Wahrnehmungselemente so unterscheiden, wie man zum Beispiel beim Gesehenen den äußeren Tatbestand von dem an ihm gemachten inneren Seelen – Erlebnisse unterscheidet* (Steiner, 1981, S. 43/47). An dem System, dass hier von Steiner beschrieben wird, scheinen folgende Aspekte auch für eine pädagogische Sinneslehre interessant zu sein.

Die einzelnen Sinne des menschlichen Individuums sind in solche Organe gegliedert, die vorrangig der Wahrnehmung des eigenen Körpers zugute kommen und als innere Sinne bezeichnet werden, während sich die äußeren Sinne auf die sinnliche beziehungsweise soziale Objektwelt richten. Wenn man heute also von sinnlicher Tätigkeit spricht, so geraten meist nur die außengerichteten Sinne in den Blickwinkel der Betrachtung. Steiner weist in diesem Zusammenhang darauf hin, dass bei der Wahrnehmung eines äußeren Objekts auch stetig über verschiedene innere Sinne der eigene Körper wahrgenommen wird, so dass beide Eindrücke in einen sogenannten „Außeneindruck" zusammenfließen. *Die in drei Tetraden gegliederten Sinne sind auf die klassische anthropologische Trias des Denkens/Vorstellens, des Fühlens und des Wollens bezogen. Das scheint interessante Perspektiven auf die Anthropologie sinnlicher Tätigkeiten zu eröffnen und damit auch auf eine pädagogische Ästhesiologie* (Rittelmeyer, 2002, S. 67).

Die künstlerisch – sinnliche Tätigkeit als Bewusstseinsvorgang kann also nur ihre Legitimation über das Bild und seine Bedeutung für die Aneignung der eigenen Wirklichkeit erhalten. Für den Schüler ist das von ihm kreierte Bild mehr als nur das Abbild einer Erscheinung. Indem jeder Schüler den gleichen Gegenstand anders darstellt, kann über die Kunst hinaus keinerlei richtige Aussage über die Wirklichkeit gemacht werden, die lediglich einer Individualität seitens der Schüler unterliegt. Aufgrund künstlerischer Tätigkeit sowie über visuelle Zeichen und Bilder erfährt das menschliche Bewusstsein seine Ausdrucksmöglichkeiten. Ausgehend vom Widerspiegelungsprozess wird das Verhältnis von Realität und menschlichem Bewusstsein in Form von visuellen Zeichen als Ausdruck dieses Bewusstseins erläutert. Anhand der zeitgenössischen Kunst wird deutlich, dass Bilder immer den Stand des gesellschaftlichen Bewusstseins von der Realität widerspiegeln, indem sie von dem Bewusstsein der Zeit und dem gesellschaftlich vermittelten Bild der Wirklichkeit bestimmt werden.

Vor dem Hintergrund der multimedialen Zeitstruktur der heutigen Gesellschaft nehmen visuelle Zeichen und Symbole im Kunstwerk eine besondere Stellung ein, da sie das Ergebnis eines speziellen Erkenntnisprozesses sind, wonach der besondere Charakter von Kunstwerken unter den visuellen Zeichen aus den spezifischen Möglichkeiten der ästhetischen Aneignung der Wirklichkeit abgeleitet werden kann. In diesem Zusammenhang sollte auch die reale Funktion von Bildern und ihre Wirkung in Kommunikationsprozessen innerhalb der Schülergruppen untersucht werden. *Die Schüler beurteilen in zwei getrennten Gruppen mit unterschiedlicher Fragestellung das gleiche Bild und erfahren dabei, dass der Kontext, in dem das visuelle Zeichen verteilt wird, wesentlich ihre Rezeption bestimmt* (BDK, 1976, S. 56). Der Schüler als Konsument bestimmt letztendlich die Wirkung beziehungsweise die reale Funktion eines visuellen

Zeichens, indem er über die Rezeption, die Konsumtion in den Mittelpunkt der Betrachtung rückt. Schüler erkennen an ihren unterschiedlichen Reaktionen zu einem Bild, dass zum Beispiel unterschiedliche Sozialisationsbedingungen für Möglichkeiten und Interessen des Wahrnehmens, des Erkennens und des Beurteilens von Bildern in kompliziertester Weise verantwortlich sein können.

5.3 Grundlagen des pädagogischen Lernens

Einer der wohl bedeutendsten Schwerpunkte im Zusammenhang mit dem kunstpädagogischen Unterricht stellt die sinnliche Wahrnehmung dar, deren physiologische Verarbeitung hier näher untersucht werden soll, um einen Einblick in den darauffolgenden Lernprozess zu gewähren, der als Ausgangspunkt für weitere Betrachtungen dienen soll. All das, was die menschlichen Sinnesorgane an Informationen aufnehmen, landen zunächst im Gehirn, wobei die meisten Informationen nicht so interessant und wichtig sind, dass sie wirklich behalten, also im Gedächtnis gespeichert werden. Alle Informationen, die von den Sinnesorganen aufgenommen werden, landen über Nervenimpulse vorrübergehend im sogenannten Wahrnehmungsspeicher des Gehirns, der die erste Stufe der Speicherkapazität darstellt.

Wenn das menschliche Individuum kein besonderes Interesse an diesen Informationen zeigt, so werden diese bereits nach zwanzig Sekunden wieder gelöscht, da sie als unwichtig beziehungsweise nicht speichernswert definiert werden. Der Wahrnehmungsspeicher wird somit auch als Ultrakurzzeitgedächtnis bezeichnet, das für das menschliche Gehirn insofern als Schutzschild fungiert, damit eine riesige Menge von Sinneseindrücken nicht dauerhaft gespeichert werden muss, was ansonsten zu einer Überforderung führen könnte. Damit nun aber eine Information, die weitergegeben wird, im Langzeitgedächtnis eines Lernenden beziehungsweise eines Schülers gespeichert wird, muss sie das Interesse desjenigen wecken und Gefühle auslösen, die Lust aufs Lernen machen, indem sie vielleicht an schon Bekanntes oder an Erfahrungen des Schülers anknüpfen.

Durch ständiges Wiederholen und Einüben kann dieser Lernprozess vertieft werden, damit dem „Vergessen“ von Gelerntem vorgebeugt werden kann. Wie schon erwähnt gehen die Informationen, die im Wahrnehmungsspeicher gelandet sind, nach etwa zwanzig Sekunden verloren und sind für immer vergessen, während das Kurzzeitgedächtnis Informationen im Minutenbereich speichert, bevor diese auch danach vergessen werden. Das Langzeitgedächtnis dagegen hebt die gesammelten Informationen langfristig, eventuell sogar für das ganze Leben auf. Allerdings ist nicht alles, was im Langzeitgedächtnis gespeichert wird, gleich wichtig und deshalb auch nicht jederzeit abrufbar, so dass diese Informationen zu dem passiven Wissen gerechnet werden, das im Gegensatz zum aktiven Wissen steht, das demgegenüber sofort aktivierbar ist. Für den Pädagogen gestaltet es sich also als besonders wichtig, auch auf das passive Wissen des Schülers zurückzugreifen und es zu aktivieren. Über welche Kanäle der Mensch nun lernt, soll vorwiegend anhand der Visualisierung erläutert werden. Über die Augen wird zunächst eine visuelle Information aufgenommen, die über Lichtimpulse auf der Netzhaut empfangen wird und in Form von Nervenimpulsen an das Gehirn weitergeleitet wird. Diese Nervenimpulse gelangen daraufhin in das Sehzentrum des Gehirns, wo das Empfangene identifiziert werden kann. Das Lesezentrum des Gehirns entschlüsselt die Information hinsichtlich der Art und Weise, ob es sich um Buchstaben oder Bilder handelt. Da es im Gehirn spezielle Zentren für das Schreiben, Sprechen, Hören, Riechen, Tasten, Schmecken und Sehen gibt, kann der Schüler alle zur Verfügung stehenden Kanäle beim Lernen nutzen, um sich den Lernstoff gut einprägen zu können. Für das Lernen in kunstpädagogischer Hinsicht sind vor allem das Hören, Sehen und Handeln besonders wichtige Kanäle, wobei vorwiegend der optische oder visuelle Kanal angesprochen wird. Die besonderen Vorzüge des optischen Kanals bestehen darin, dass Informationen über ihn konkret und damit eindrücklich zu vermitteln sind. Über das Handeln hinaus erhält der Kunstunterricht seine große Bedeutung, indem er den gründlichsten und aufwändigsten Lernweg darstellt.

Jeder Schüler lernt bevorzugt über einen bestimmten Kanal, wobei man in diesem Zusammenhang auch von unterschiedlichen Lerntypen sprechen kann. Der visuelle Lerntyp bevorzugt die Informationsaufnahme über das Sehen, während der auditive Lerntyp seine Informationen über das Hören und Sprechen speichert. Im Hinblick auf den Kunstunterricht erscheint der motorische Lerntyp im Vorteil, der vorwiegend über das Handeln seine Erfahrungen sammelt und diese verinnerlichen kann. Vermutlich sind aber die meisten Menschen nicht eindeutig einem bestimmten Lerntyp zuzuordnen, so dass es für den Pädagogen wichtig erscheint, unterschiedliche Kanäle bei der Vermittlung von Lerninhalten zu nutzen, damit den Schülern das Lernen und dauerhafte Speichern leichter fällt. Außerdem besteht für den Pädagogen die Möglichkeit, über das sogenannte gehirngerechte Lernen, Einfluss auf seinen Unterricht zu nehmen.

Das Gehirn besteht aus zwei verschiedenen Hälften, einer linken und einer rechten, denen beiden eine bestimmte Funktion zukommt. Während die linke Gehirnhälfte für digitale Funktionen zuständig ist, wie zum Beispiel für Zahlen, Sprache und Strukturen, so lebt die rechte Gehirnhälfte von Bildern, Fantasie, Intuition und Gefühl. Obwohl zwischen beiden Gehirnhälften eine Verbindung besteht, so nutzen viele Menschen aufgrund ihrer Tätigkeit oder ihrer Vorlieben meist nur den linken Teil des Gehirns. Als Pädagoge muss man davon ausgehen, sowohl rechts orientierte als auch links orientierte Schüler vor sich zu haben, so dass es wichtig ist, einen Lehrstoff zu vermitteln, der beide Gehirnhälften gleichermaßen anspricht. Werden also beispielsweise Daten und Fakten weitergegeben, so dass die linke Gehirnhälfte gefordert ist, so sollte gleichzeitig ein Beispiel oder ein Bild angeführt werden, das die rechte Gehirnhälfte aktiviert. Dinge, die zum Beispiel das persönliche Hobby betreffen, können leichter behalten werden, da das Lernen Freude bereitet, indem man sich ganzheitlich angesprochen fühlt, so dass beide Gehirnhälften aktiviert werden, da das Thema angenehme Gefühle und Vorstellungen weckt. Ideale Lernbedingungen findet man also dann vor, wenn beide Gehirnhälften beim Lernprozess angesprochen werden. Gerade die zu wenig genutzte rechte Gehirnhälfte der Schüler erreicht man über konkrete Beispiele und Bilder, so dass durch die unterschiedliche Nutzung der Lernkanäle das Lernen erheblich leichter fällt und nun gehirngerecht funktionieren kann. Was für die weitere Betrachtung der multimedialen Umwelt und ihrer Folgen von großer Bedeutung ist, sind die Aspekte, wodurch erfolgreiches Lernen verhindert wird.

Wie schon erwähnt wird der Schüler durch ständige Reizüberflutung einer gewissen Stresssituation ausgesetzt, die bis zur Aggression gesteigert werden kann. Stress stoppt die Weitergabe von Informationen, so dass es zur Ausschüttung von Stresshormonen im Gehirn und somit zu Blockaden im Denkzentrum kommt. Sowohl Stress als auch Angst machen das Lernen fast unmöglich, da das Gehirn in dem Moment nicht so arbeiten kann wie es das eigentlich müsste, um die ankommenden Lerninformationen auch wirklich verarbeiten zu können. Im Idealfall sollte also die Lernsituation vom Pädagogen möglichst stress- und angstfrei gestaltet werden, da man genügend Zeit und Ruhe benötigt, um einen Lernvorgang abzuschließen. Der Pädagoge sollte sich also bemühen, Stress und Angst bei den Schülern zu vermeiden und Verständlichkeit in seinen Unterricht bringen, da zuviel Fachvokabular wiederum Stressreaktionen auslösen kann. Auch zu viele aufeinanderfolgende Informationen können den Schüler überfluten und seinen Kurzzeitspeicher überlasten, so dass der Übergang in das Langzeitgedächtnis nicht mehr sichergestellt werden kann. Die Hauptaufgabe des Kunstpädagogen besteht darin, Hilfsmittel und Strategien zur Verfügung zu stellen, mit deren Hilfe der Schüler möglichst selbständig und durch Einsicht Probleme bewältigen kann.

Um dem Schüler das Aufnehmen, Speichern und Verarbeiten der neuen Informationen zu erleichtern, sollte der Unterricht schwerpunktmäßig sinnvoll strukturiert sein, so dass der Lernstoff durch Visualisierung sichtbar gemacht wird und das Gelernte durch Wiederholungen vertieft werden kann. Außerdem sollte der zu vermittelnde Lernstoff in kleine zusammenhängende Informationseinheiten strukturiert werden, damit der Schüler diese kleinen Einheiten aufnehmen und sie später zu größeren Einheiten zusammenfügen kann. Gerade für den Kunstpädagogen ist es besonders wichtig, den optischen Kanal der Schüler anzusprechen, indem der Lernstoff überwiegend durch Bildwerke visualisiert wird. Strukturierung und Visualisierung garantieren allerdings nicht allein eine dauerhafte Speicherung der Lerninhalte, so dass in dem Fall zusätzliche Phasen der Wiederholung eingeplant werden sollten, damit auch Informationen, die den Schüler nicht besonders interessieren, die er aber dennoch behalten sollte, aus dem Kurzzeitgedächtnis in das Langzeitgedächtnis verschoben werden können. Wiederholung in Form einer kurzen schriftlichen Zusammenfassung oder in Form von eigenen Worten muss nicht unbedingt langweilig sein, sondern kann im Gegenteil dazu führen, den Lernstoff auf anregende Art im Langzeitgedächtnis zu verankern.

5.3.1 Kommunikation und Metakommunikation

Jedes Lehren und jeder Lernprozess erfolgt im Rahmen einer Kommunikation, wobei man in diesem Zusammenhang zunächst einmal an sprachliche Kommunikation, also an eine Verständigung mithilfe der Sprache denkt. Kommunikation läuft aber nicht allein über die Sprachebene ab, sondern definiert jeglichen Austausch von Signalen, über die man mit anderen in Verbindung tritt und mit deren Hilfe man sich austauscht. Jedes menschliche Verhalten drückt etwas aus, kann einem anderen etwas sagen, womit das Wort „Kommunikation“ definiert wäre. Kommunikation kann selbst dann noch stattfinden, wenn der Pädagoge den Schülern eine Frage stellt, worauf diese nur mit Schweigen reagieren. In diesem Fall kann es bedeuten, dass die Schüler die Frage nicht verstanden haben oder aus irgendeinem anderen Grund nicht bereit sind, diese Frage zu beantworten beziehungsweise Angst haben, nicht richtig zu antworten und daraufffolgend Spott über sich ergehen lassen zu müssen. Kommunikation lässt sich also in jeglicher Art und Weise als Austausch von Signalen und Informationen definieren. In der multimedial geprägten Umwelt ist es heute selbst möglich, mit dem Computer zu kommunizieren, indem man Informationen erhält, diese abspeichert und per Tastatur auf Bestätigungen „antwortet“. Kommunikation findet in dem Sinne grundsätzlich immer zwischen zwei Seiten statt, wobei die eine Seite etwas mitteilt, das die andere Seite als Information aufnimmt.

In diesem Zusammenhang wird die mitteilende Seite als Sender und die aufnehmende Seite als Empfänger bezeichnet. Im Verlauf einer Kommunikation können diese Seiten dann häufig wechseln, indem der Sender zum Empfänger und der Empfänger zum Sender transformiert wird. *Der Sender wird gesendet.*

Übrigens, bei allen elektrischen Medien wird der Sender gesendet. Das ist die Botschaft. Du bist die Botschaft. Du wirst verschickt. Beim Telefon wird man an die Person verschickt, mit der man spricht, und diejenigen, mit denen man spricht, werden zu einem selbst geschickt. Der Sender wird also gesendet. Und außerdem verliert man, wie sie gesagt haben, seine Identität. Man wird Niemand, und Niemand wird verschickt (Mc Luhan, 2002, S. 11).

Kommunikation wird dem menschlichen Individuum nicht immer leicht gemacht, da es zwei Arten von Kommunikationsebenen gibt, über die ein Informationsaustausch möglich wird.

Wenn sich Schüler zum Beispiel unterhalten, so findet über die gleichrangige Hierarchie eine sogenannte symmetrische Kommunikation statt, während ein Gespräch zwischen Schüler und Lehrer einer asymmetrischen Kommunikation entspricht. Im Alltag wird man ständig mit symmetrischer als auch asymmetrischer Kommunikation konfrontiert, wobei gerade der Pädagoge in einer asymmetrischen Rollenbeziehung steht, indem er Wissen, Fähigkeiten und Fertigkeiten an einen oder mehrere Schüler weitergibt. An dieser Stelle sollte noch einmal auf die Situation der schweigenden Kommunikation eingegangen werden, auf die der Pädagoge verschiedenartig, entweder sensibel, freundlich – interessiert, neutral oder aber unsensibel, ablehnend und kalt reagieren kann.

Mit einer der genannten Reaktionen drückt der Pädagoge aus, wie er sich den Schülern gegenüber in dieser Situation verhält. Kommt es zu einer symmetrischen Kommunikation, so wird der Lehrer eher akzeptiert und angenommen, während sich die Schüler bei einer asymmetrischen Kommunikation leicht unter Druck gesetzt fühlen und sogar aggressiv gegen den Lehrer reagieren könnten. Um also eine angenehme und stressarme Beziehung zum Schüler aufzubauen, ist es vorteilhaft, wenn sich dieser vom Lehrer wahr- und ernstgenommen fühlt, da Stress und Angst bekanntlich das dauerhafte Speichern von Lerninhalten im Langzeitgedächtnis verhindern. An dieser Stelle sei noch einmal auf die schweigende Kommunikation zurückzukommen, die eine typische Situation verdeutlicht, in der die sogenannte „Metakommunikation" zum Einsatz gelangen kann. Der Lehrer möchte wissen, warum die Schülergruppe auf seine gestellte Frage hin mit Schweigen reagiert und fragt in direkter Weise nach, warum in diesem Moment alle schweigen. Daraufhin kann es eine Menge an Äußerungen geben, die Metakommunikation nötig werden lässt, indem Kommunikation über die Kommunikation hinaus stattfindet. Jede der möglichen Antworten kann der Lehrer als Aufforderung an sich sehen, mit seinen Schülern über die Lernsituation innerhalb der Klasse zu sprechen. In diesem Sinne erfährt der Lehrer, ob das, was er vermitteln möchte, von seinen Schülern auch aufgenommen wird. Wenn der Lehrer dem Schüler durch sein Interesse signalisiert, dass er offen für Anregung, Kritik und neue Vorschläge ist, trägt er viel für eine angenehme Lernatmosphäre, für sich selbst und für den Schüler bei.

Heute, im multimedialen Zeitalter werden neue Technologien als Kommunikationsmittel eingesetzt, so dass der sogenannte aurikulare Mensch als neuer Typus in das „elektrische" Zeitalter zurückkehrt. Dieser elektrische Mensch besitzt weder eine Identität noch hat er moralische Vorstellungen, da er kein Verhältnis mehr zu den Naturgesetzen aufbauen kann. Die in diesem Sinne entkörperlichten Kinder und Jugendliche, die mehrere Stunden täglich vor dem Fernseher oder Computer verbringen, befinden sich auf einem rein innerlichen Trip. Eine geeignete Kommunikationsbasis beziehungsweise ein greifender Unterricht muss für diese Kinder erst noch entwickelt werden. *Irgendwie muss man die Bedeutung der persönlichen Identität, physikalischer Körper und Ziele neu beleben, aber Ziele sind unter den Bedingungen der Lichtgeschwindigkeit sinnlos. Bei Lichtgeschwindigkeit will man nirgendwo mehr hin, man ist immer schon da* (Mc Luhan, 2002, S. 31). In direktem Gegensatz zu der multimedialen Kommunikation steht wie schon in Kapitel 4. erwähnt die erstaunliche Offenheit, Symmetrie und Erfindungsgabe des Träumers, der nichts als sich selber braucht, um diese zumeist ungenutzten Kräfte zu verwenden, während die Mehrheit der menschlichen Individuen den Einsatz dieser Kräfte scheut. Lediglich der Künstler benutzt in seinem wachen Leben die Bilder, die ein gewöhnlicher Mensch ausschließlich in seinem Traumleben verarbeiten würde. In diesem Zusammenhang kann behauptet werden, dass der kreative Mensch beziehungsweise der Künstler sein Traumleben in den Wachzustand transformiert und auf diese Weise mit seiner Umwelt kommuniziert.

5.3.2 Motivationales Lernen

Anreize spielen für den Schüler eine wichtige Rolle für die Motivation, eine Aufgabe lösen zu wollen. Ob er eine Aufgabe gerne übernimmt, hängt davon ab, wie hoch sich der Anreiz für ihn persönlich gestaltet. Liegt der Anreiz in der Aufgabe selbst, so dass er Spaß an der Thematik und an der Weitergabe seines Wissens an die interessierte Klasse hat, dann spricht man von direkter Motivation. Aus eigener Erfahrung weiß man, dass einen nicht jede Aufgabe, die einem gestellt wird, begeistert und somit der Spaßfaktor verloren geht. Allerdings kann einen der Gedanke an eine kleine Belohnung positiv stimmen, so dass man sich auch an die in diesem Fall lästige Arbeit heranwagt. In diesem Zusammenhang schafft sich der Mensch selber einen Anreiz zur Erledigung einer Aufgabe, was als indirekte Motivation definiert wird.

Eine indirekte Motivation ist immer dann am erfolgversprechendsten, wenn sie durch eine positive Verstärkung seitens des Pädagogen erfolgt, indem er zum Beispiel um die konzentrierte Lösung einer Aufgabe bittet, um darauffolgend eine Pause oder ein Spiel anzubieten. Der Pädagoge sollte sich also das positive Verstärken zu seinem pädagogischen Grundprinzip machen, da es viel mehr Freude bereitet und menschlicher ist, mit positiv motivierten Schülern zu arbeiten. Ein zweiter Grundbegriff, der im Zusammenhang mit der Motivation von Bedeutung ist, ist die sogenannte Passung, die die geistige, körperliche und psychische Voraussetzung des Schülers definiert, der eine konkrete Aufgabe zu lösen hat.

Das Lösen einer Aufgabe bereitet dem Schüler besondere Freude, wenn die Passung stimmt, wenn er also weder überfordert noch unterfordert wird. Der Lehrer sollte also immer darauf achten, dass sich die Passung in einem Gleichgewicht befindet, damit die Motivation des Schülers nicht zu sinken droht. Bei einer Schulklasse ist es zum Beispiel wichtig, die Lerninhalte so zu wählen, dass der durchschnittliche Schüler gut damit zurechtkommt. Auch bezüglich der Passung wird man wiederum feststellen, wie bedeutsam es ist, den Lernenden hinsichtlich seiner aktuellen Lernsituation einzuschätzen und sensibel darauf zu reagieren, damit seine Motivation optimal verläuft und er mit Freude die ihm gestellten Aufgaben und Lerninhalte bearbeiten kann.

Die Motivation des Schülers, sich mit einer Aufgabe auseinander zu setzen, hängt eng mit seinen momentanen Bedürfnissen zusammen. Es gibt eine Menge unterschiedlicher Bedürfnisse, die sich beim menschlichen Individuum in verschiedenen Kategorien wie zum Beispiel den physiologischen Bedürfnissen, den Sicherheitsbedürfnissen, den sozialen Bedürfnissen, den Selbstverwirklichungsbedürfnissen und den Bedürfnissen nach Transzendenz zusammenfassen lassen. Jedes dieser verschiedenartigen Bedürfnisse verlangt nach einer Befriedigung, wobei es grundsätzlich zwei Arten der Motivation gibt, sich für die Befriedigung eines Bedürfnisses zu engagieren. Die sogenannte Mangelmotivation leitet den Menschen dazu an, einen erlebten Mangel auszugleichen, während die Wachstumsmotivation den Menschen hinsichtlich des Erlangens eines höheren persönlichen Reifegrades beeinflusst, so dass er nach persönlichem Wachstum strebt und neue Wege sucht, seine Bedürfnisse in dieser Hinsicht zu verwirklichen. Für den Lehrer ist es unbedingt erforderlich, die aktuellen Bedürfnisse der Schüler zu kennen und ihnen immer wieder Anerkennung für ihr aktives und konzentriertes Mitarbeiten zu zeigen, damit ihre Motivation steigen kann und ihr Bedürfnis nach Bestätigung der eigenen Leistung und der eigenen Person befriedigt wird.

Konkrete Hilfen, die man dem Schüler für das Speichern neuer Lerninhalte anbieten kann, stellen sich wie schon erwähnt in Form der Strukturierung, Visualisierung und Wiederholung dar. Eine weitere Möglichkeit der Motivation besteht darin, den Schüler zu provozieren, indem man bewusst Widerspruch hervorruft, indem man eine Behauptung in den Raum stellt. Durch das Provozieren werden in dem Schüler Emotionen geweckt, worauf dieser wahrscheinlich lebhaft reagieren wird. Die Motivation kann außerdem noch über eine Kleingruppenarbeit gefördert werden, bei der jeder einzelne Schüler intensiv angesprochen und gefordert ist. Der Vorteil einer Kleingruppe besteht darin, dass wichtige Einzelaspekte herausgefunden werden und man über ein weiteres konkretes Vorgehen abstimmen kann. Eine weitere Möglichkeit, die sich zum Einstieg in ein neues Thema oder auch im Verlauf einer längeren Gruppenarbeit anbietet, ist das Rollenspiel, auf das unter Punkt 5.4.1 noch genauer eingegangen wird. Oft bestehen allerdings bei den Schülern Hemmungen gegenüber dem Rollenspiel, die sich jedoch abbauen lassen, wenn einige Mutige den Anfang machen und sich darauf einlassen. Als Förderung der Motivation und gelungener Einstieg in ein neues Arbeitsfeld bietet sich ein gut gestaltetes Medium zum Beispiel in Form eines Films an, der Interesse, Nachdenklichkeit, Betroffenheit oder auch Freude auslöst und auf diesem Wege die Schüler gefühlsmäßig erreicht. Zusammenfassend lässt sich an dieser Stelle sagen, dass es unterschiedliche Motivationshilfen für die Arbeit in Gruppen wie auch mit dem Einzelnen gibt. Dem Lehrer wird in dieser Hinsicht eine besondere Stellung zuteil, indem er das Interesse der Schüler wecken und durch den Einsatz von passenden Motivationshilfen aufrechterhalten sollte, denn je intensiver er auf die Schüler und ihre aktuellen Bedürfnisse eingeht, umso größer ist deren Lernmotivation. Wenn zum Beispiel der theoretische Unterrichtsteil zu lang gerät, so dass die Schüler schon Ermüdungserscheinungen zeigen, so kann durch ein kurzes Rollenspiel das bisher Gesagte vertieft und die Motivation wieder neu gesteigert werden. Innerhalb des Kunstunterrichts lässt sich das motivationale Lernen besonders gut einsetzen, indem man den Schülern abwechselnd theoretische und kreative Tätigkeit anbietet, so dass keine Langeweile oder etwaiges Desinteresse aufkommen kann.

5.4 Gruppendynamische Prozesse

Unter einer Gruppe versteht man, dass mehr als zwei Menschen über eine gewisse Zeit hinweg miteinander in Austausch stehen. Für den Lehrer bietet es sich an, seine Klasse in mehrere Gruppen zu unterteilen, damit die Kommunikation innerhalb der Gruppe intensiviert werden kann und ein persönliches Kennen lernen möglich ist. Dabei gestaltet sich die Hemmschwelle für zurückhaltende Schüler geringer, wenn der Kreis überschaubarer ist. Unter anderem kann sich bei einer

Gruppengröße von ungefähr neun Schülern die Eigeninitiative besser entwickeln und das Auswerten von Rollenspielen lässt sich leichter handhaben.

Wenn also im Unterricht der Einsatz von Kleingruppenarbeit gewährleistet werden kann, so ist das Zusammentragen der Ergebnisse bei neun Schülern kein Problem, da in einer kleinen Arbeitsgruppe jedem Schüler ausreichend Zeit bleibt, seinen eigenen Beitrag vorzustellen. Innerhalb einer kleineren Gruppe können außerdem Konflikte leichter erkannt und bearbeitet werden, so dass dem Lehrer die Möglichkeit gegeben wird, die Gruppenteilnehmer persönlich besser kennen zu lernen und sich leichter auf die Eigenheiten der Gruppe und ihre Bedürfnisse einzustellen, damit sich all das auf das Lernverhalten positiv auswirken kann.

Je nach Thematik und Zielsetzung der Gruppe kann es aber auch sinnvoll sein, noch kleinere oder größere Gruppen zu bilden, wobei allerdings eine Gruppenstärke von über 15 Personen nicht empfehlenswert ist, da der Lernstoff nicht ausreichend vermittelt werden kann. Innerhalb des gruppendynamischen Prozesses stellt sich nun die Frage, wo man seinen eigenen Platz in dieser Gruppe findet. Die Schüler kommunizieren in der Gruppe miteinander, beeinflussen sich dadurch gegenseitig, so dass schließlich Gruppenstrukturen wachsen können und Beziehungen zwischen den Schülern entstehen.

Somit bilden sich Gruppennormen und Verhaltensweisen heraus, die für jede spezifische Gruppe typisch sind und die gruppendynamischen Prozesse in der Art und Weise beeinflussen, als dass einer die Führungsrolle innerhalb der Gruppe übernimmt und die anderen Gruppenmitglieder ihre eigene Rolle finden müssen, um eine geeignete Kommunikation ausbilden zu können. In gruppendynamischen Prozessen bilden sich meist schnell die sogenannten informellen Führer heraus, die sich gut ausdrücken können, intelligent sind und ein deutliches Selbstwertgefühl haben. Bedingt durch ihre sachliche Kompetenz halten sie die Gruppennormen ein und engagieren sich, wenn es in der Gruppe zu Differenzen kommt, wenn zum Beispiel neue Spielregeln erforderlich werden. In diesem Zusammenhang ist erwiesen, dass diese informellen Führer in hohem Maße verantwortungsbewusst reagieren und meist auch mit Humor sich selbst gegenüber stehen. Da es auch von dem informellen Führer abhängt, wie eine Gruppe verläuft und ob ein gutes Lernklima entsteht, ist es für den Lehrer als Gruppenleiter besonders wichtig, zu diesem informellen Führer eine gute Beziehung aufzubauen. In einem solch positiven Gruppenklima wird es allen Schülern leicht fallen, eigene Beiträge zu liefern, auch wenn sie eher zu den zurückhaltenden und schüchternen Personen gehören. Es gibt zum Beispiel viele Schüler, die zur Passivität neigen und sich nicht gerne vor Gruppen äußern.

Wenn sich die Gruppe nun gegenüber dem Schüler tolerant zeigt, so kann dieser interessante Details aus seinem Wissen in die Gruppendiskussion mit einbringen. Hieraus wird ersichtlich, dass Menschen innerhalb einer Gruppe unterschiedliche Rollen übernehmen, die je nach Situation, Thema und Gruppenzusammensetzung aktiv oder passiv erfolgen können. Diese Rollen sind nicht festgelegt, sondern können ständig wechseln, so dass der Nörgler auf einmal kreative Ideen bringt, die Schüchterne plötzlich Temperament und Witz in ihrem Rollenspiel zeigt und der Angepasste eine ungewöhnliche und zielführende Problemlösung findet. Rollen lassen sich aber nicht nur bestimmten Menschen zuordnen. Eine andere Möglichkeit besteht darin, Verhaltensweisen danach zu unterscheiden, welche Auswirkung sie auf die Gruppenarbeit haben. Hierbei lassen sich zwei Arten von Rollen unterscheiden: Rollen, die die Arbeit der Gruppe fördern und Rollen, die gegen die Gruppe gerichtet sind.

Förderlich für die Arbeit in der Gruppe ist es meist, wenn ein Gruppenmitglied zum Beispiel eine Anregung gibt, eine Informationsfrage stellt, um zusätzliche Hintergrundinformationen bittet, auf die Beiträge anderer Gruppenmitglieder eingeht oder andere zu eigenen Beiträgen ermutigt. Dagegen wirkt es meist störend auf die Arbeit einer Gruppe, wenn ein Gruppenmitglied zum Beispiel an allem und jedem destruktive Kritik übt, sich ständig durch Störungen in den Mittelpunkt stellt, sich nicht an der Gruppenarbeit beteiligt, demonstratives Desinteresse zeigt und bewusst niemand anderen zu Wort kommen lässt. Jedes mal, wenn Menschen in Gruppen zusammenkommen, suchen sie nach ihrem Platz in der Gemeinschaft. Je toleranter, offener und freundlicher die Schüler einer Gruppe miteinander umgehen, desto lebendiger ist sie, desto leichter fällt das Lernen und umso mehr fühlen sich alle gleichermaßen angesprochen und gemeint. Für viele Bereiche des menschlichen Lebens wie zum Beispiel Essen, Sprachgebrauch und Höflichkeitsformeln gibt es Normen, die kulturspezifisch sein können und in diesem Sinne eine bestimmte Gesellschaftsschicht oder nur eine Kleingruppe wie eben auch eine Lerngruppe betreffen. Unter Normen versteht man im allgemeinen Regeln, die den Umgang der Menschen miteinander erleichtern sollen, wobei es innerhalb der Gruppe wiederum zwei verschiedene Arten von Gruppennormen gibt. Während die Normen allgemeiner Art, die Art des Umgangs miteinander, die Art der Kleidung oder die Sprachverwendung betreffen, findet man auch Gruppennormen, die im Verlauf des gemeinsamen Arbeitens entstehen und sich festigen können.

Gruppennormen können aber auch zu einem Gruppendruck führen, wenn ein Schüler an einem vorher bestimmten Ritual nicht teilnehmen möchte und die Gruppe daraufhin Druck auf ihn ausübt. Für den Pädagogen ist es in dem Moment wichtig, die Gruppennormen, die sich innerhalb einer Gruppe gebildet haben, zu erkennen und herauszufinden, welchen fördernden oder störenden Einfluss diese auf das Lernklima der Gruppe ausüben könnten. Ferner sollte der Lehrer beobachten, ob es Gruppenmitglieder gibt, die durch bestimmte Normen derart unter Druck geraten, dass sie damit nicht fertig werden, so dass Angst und Stress ein erfolgreiches Lernen verhindert. Eine Änderung dieser Situation könnte herbeigeführt werden, indem man den informellen Führer der Gruppe darauf anspricht und mit ihm gemeinsam nach einer möglichen Lösung sucht.

Das, was bisher zum Thema „gruppendynamische Prozesse" erläutert wurde, fällt letztendlich unter das Oberthema der Kommunikation, da auch hier ein Austausch von Informationen stattfindet. Wer nun in einer Gruppe welche Rolle einnimmt, erkennen der Lehrer und die anderen Gruppenmitglieder an dem gesamten Verhalten des Einzelnen. Gruppennormen entstehen also in einem Kommunikationsprozess, indem innerhalb einer Gruppe viele dieser Kommunikationsprozesse sowohl auf sprachlicher als auch auf nichtsprachlicher Ebene ablaufen. Hinsichtlich der gruppendynamischen Seite der Kommunikation sollte der Lehrer als Gruppenleiter darauf achten, dass alle Mitglieder der Kommunikation folgen können damit eine möglichst symmetrische Kommunikation erreicht werden kann. Wie schon erläutert gestalten sich die gruppendynamischen Prozesse als sehr komplex aus, indem nicht nur einfach der Lernstoff, sondern auch die Leitung einer Gruppe vermittelt werden soll. Dafür ist viel zwischenmenschliches Feingefühl erforderlich, damit ein angenehmes Lernklima entstehen kann.

5.4.1 Fantasiereisen und Rollenspiele

Fantasiereisen werden im Unterricht vieler Fächer eingesetzt. Meist dienen sie – unabhängig vom übrigen Unterrichtsgeschehen – zur Entspannung und Beruhigung. Mithilfe von Fantasiereisen kann man nicht nur Bilder, sondern auch Sinnesempfindungen und Gefühle imaginieren, die zu besonders kreativen Lösungen bei nachfolgenden Gestaltungen führen können. So wird die Fantasiereise meist zur Motivation und Einstimmung auf ein Thema genutzt. Sie kann aber auch als Abschluss und Ausblick eines gestalterisch bereits bewältigten Themas stehen. Fantasiereisen können in jeder Altersstufe eingesetzt werden, doch vor allem bei älteren Schülern sollte man die Freiwilligkeit betonen. Meist werden Fantasiereisen durch das Erzählen oder Vorlesen einer Geschichte – mit oder ohne Musikbegleitung – ausgelöst. Aber auch Handlungen, Objekte, Geräusche und vor allem Bilder können als Auslöser dienen (Kunst+Unterricht, 2003, S. 3). Erlebnisse, Erfahrungen und Erinnerungen werden in Fantasiegeschichten auf ungewöhnliche Art und Weise miteinander verbunden. Sie führen das menschliche Individuum in eine magische Welt mit nicht alltäglichen Ereignissen wie zum Beispiel der Verwandlung von Menschen in Tiere, Hexen, Feen und Zwerge.

Jede Art der Fantasiegeschichte beinhaltet Möglichkeiten, die Wirklichkeit und ihre Bedingungen anders zu sehen und zu empfinden, wobei die Fantasiereise eine besondere Form der Fantasiegeschichte darstellt, indem sie auf einer bildlichen Vorstellungstätigkeit basiert, die vergleichbar zu einem Traum abläuft. In diesem Sinne ähnelt die Fantasiereise einem Film, der jeweils nur für den einzelnen individuellen Schüler gedreht wird, mit ihm in der Hauptrolle, als Protagonisten, den er selber bestimmen kann und mit einer Umgebung, die ihm vertraut ist oder die er aus Versatzstücken seiner Erinnerung neu erschaffen kann. Der Unterschied zum Traum oder zur Hypnose liegt für den Fantasiereisenden darin begründet, dass er aktiv an der Gestaltung seiner Imaginationen beteiligt ist, so dass er deren Ausgestaltung unabhängig von der Realität und losgelöst von Zeit und Raum keinerlei Grenzen setzen muss. Aufgrund dieser Tatsache können selbst weit zurückliegende Erfahrungen innerhalb der Fantasiereise aktiviert und mit aktuellen oder zukünftigen Erlebnissen kombiniert werden. Grundsätzlich versteht man unter Fantasie eine freie Bewusstseinstätigkeit des Menschen, in der die Innenbilder, Gefühle und Gedanken mithilfe von Empfindungen umgewandelt und neugestaltet werden.

Dabei können des Weiteren alle bewussten und unbewussten Erlebnis- und Handlungsbereiche des Menschen wie zum Beispiel Bewegung, Spiel, Wahrnehmung, Traum, Kunst, Religion und Denken mit einbezogen werden. Allerdings lässt sich der Begriff der Fantasie auch mit Utopie, Irrationalität und Weltfremdheit verbinden, indem die Fantasie den Schonraum beziehungsweise den Fluchtpunkt für gewisse Menschen darstellt, die mit der Realität nicht zurechtkommen, so dass hinter derer übermäßiger Fantasietätigkeit sogar ein pathologischer Zustand vermutet werden kann. Otto räumt der Fantasie, indem er sie mit Kreativität in Verbindung bringt, einen besonders positiven Stellenwert ein. Aus seiner Perspektive leistet die Fantasietätigkeit neuartige Verknüpfungen von Bekanntem, geht von der Wirklichkeit aus und antizipiert neue Wirklichkeit.

Diese Auffassung wird von Kirchner geteilt. *Fantasie äußert sich in intrapersonellen symbolischen Ausdrucksformen ebenso wie in deren Vergegenständlichung. Dabei zeigt sich die Funktion der Fantasie nicht nur in kompensatorischer Wunscherfüllung und Angstbewältigung, sondern auch in der Fähigkeit des Subjekts, aktiv Wirklichkeit herzustellen* (Kirchner, 1999, S. 126). Von den Befürwortern der Fantasie wird der Einsatz von Fantasiereisen im Unterricht ausschließlich positiv bewertet, da sie Stärke und Kraft verleihen kann, um sich mit Problemen flexibel auseinander zu setzen. Des Weiteren wird über die Fantasiereise hinaus ein Aufbrechen rigider Strukturen im Verhalten ermöglicht, ohne dabei die Fähigkeit zur realistischen Wahrnehmung und sachlicher Erkenntnis zu beeinträchtigen. Ursprünglich wurde die Fantasiereise als therapeutisches Instrument aus der Wachtraumtechnik, der sogenannten Psychotherapie entwickelt. Diese enthält Elemente aus der psychoanalytischen Traumdeutung und entspricht daher einer eigenständigen Methode mit diagnostischem und therapeutischem Nutzen. Dabei werden in der Regel mithilfe eines Psychotherapeuten mentale Prozesse mit der Absicht initiiert, eine effektive Steuerung von Gefühlen, wie zum Beispiel Wut und Aggression im Hinblick auf eine emotionale Balance zu transformieren. Die bei diesem Prozess einfließenden Informationen erzeugen wiederum innere Bilder, denen eine ordnende, strukturierende oder gestaltende Funktion zukommt und die zur Lösung von Konflikten und Problemen auf symbolischer Ebene verwendet werden. Alle therapeutischen Ansätze, in denen die Fantasiereise eingesetzt wird, betonen, dass die Fantasiereise nicht eine Flucht aus dem Alltag darstellt, sondern dass sie Möglichkeiten bereitstellt, Problemlösungen antizipiert, Blockaden abbaut und den Menschen in die Lage versetzt, ungewöhnliche Prozesse zu aktivieren und diese neu zu strukturieren. Das Grundprinzip einer in therapeutischer Absicht durchgeführten Fantasiereise besteht darin, bildhaftes Geschehen in der Vorstellung zu aktivieren sowie bewusstes Wahrnehmen und Denken durch gelenkt einfließende Informationen auszulösen. In dem Sinne kann man die Fantasietätigkeit als Korrektiv der Realität, die Fantasiereise als Übungsfeld und die Fantasiegeschichte als Beobachtungsterrain für zukunftsorientiertes Handeln ansehen. Fantasiereisen und Fantasiegeschichten können in dem Moment als sinnvolle Unterrichtsbausteine zum Einsatz gelangen, in dem eine Transformation der Erfahrungen in die Realität stattfindet und dem Schüler somit eine flexible Denktätigkeit im Sinne eigener Bedürfnisse und Wünsche ermöglicht wird.

Inhalte und Strukturen der Fantasiereise und ihre Vermittlung müssen den Erfahrungshintergrund des Schülers berücksichtigen, das heißt, auf Alter, Lern- und Lebenserfahrungen bezogen werden. Aus pädagogischer Sicht kommen vor allem zwei Kategorien von Fantasiereisen im Unterricht zum Einsatz, die zum einen zur Entspannung, Beruhigung, Entlastung und zur Regeneration dienen und zum anderen auf ein Unterrichtsthema vorbereiten. Werden Fantasiereisen lediglich zur reinen Entspannung eingesetzt, so können sie unabhängig vom Unterrichtsstoff inhaltlich konzipiert werden. Ähnlich wie beim Autogenen Training, das unter Punkt 5.5 näher erläutert wird, können beruhigend wirkende Entspannungsformeln in jede Fantasiegeschichte eingebaut werden. Darunter fallen Worte oder Sätze, die eine Vorstellung von Ruhe, Schwere, Wärme, Sicherheit und Kraft auslösen. Fantasiereisen zur reinen Entspannung werden vorwiegend bei unkonzentrierten, unruhigen „Normalschülern" angewandt. Zunehmend findet die Fantasiereise ihren Einsatz auch innerhalb der Kunstpädagogik, da sie ein beliebtes Mittel zur Förderung der Motivation für Gestaltungsaufgaben darstellt. Fantasiereisen werden vor allem gerne in den Kunstunterricht integriert, da sich mit ihrer Hilfe Blockaden abbauen lassen, da sie zur Entspannung führen und kreative Prozesse auslösen, die Bildvorstellung der Schüler fördern, besondere Gestaltungsanreize schaffen und Gestaltungsprozesse intensivieren. Mithilfe von Fantasiereisen können aber nicht nur Bilder, sondern auch Empfindungen, Gefühle oder Bewegungen imaginiert werden. In diesem Zusammenhang konnte wissenschaftlich festgestellt werden, dass sowohl motorische als auch somatische Bildvorstellungen starke Eindrücke hinterlassen, die zu besonders kreativen Lösungen innerhalb der nachfolgenden Gestaltungen führen. Verschiedene methodische Strukturierungen sind mittlerweile entwickelt worden, um eine Fantasiereise wirksam im Unterricht einzusetzen.

Diese beziehen sich vorwiegend auf den Ort, die Struktur und den Aufbau einer Fantasiereise und schließen Intentionen und Inhalte mit ein, so dass sie der Lehrer individuell auf das Alter und die Eigenarten seiner Klasse abstimmen oder neu entwickeln kann. Die Länge einer solchen Fantasiereise richtet sich nach unterschiedlichen Faktoren, wie zum Beispiel der Konzentrationsfähigkeit der Schüler oder der unterrichtlichen Absicht des Lehrers, wobei allerdings schon eine kurze Fantasiereise im entspannten Zustand viele innere Bilder in Bewegung bringen kann. Der Anfang und das Ende einer jeden Fantasiereise findet im „Hier und Jetzt" statt, so dass jeder Schüler wieder aus seiner Imagination an den Ausgangspunkt des Geschehens zurückkehrt. Zu dem am häufigsten verwendeten Medium, um gelenkte Imagination auszulösen und die Fantasietätigkeit zu aktivieren, gehört die Sprache, über die der Lehrer oder Therapeut die Fantasiegeschichte einleitet, indem er sie vorliest oder erzählt. Anders als das bewusste Denken, das nach spezifischen Gesetzmäßigkeiten strukturiert ist, können die durch die Sprache ausgelösten imaginativen Vorstellungen frei und beweglich entwickelt und miteinander verbunden aktiviert und in Bildern bewusst werden. Diese haben einen individuellen Bedeutungsgehalt, der in bildnerischen Gestaltungen konkret und vermittelbar wird.

Obwohl Kinder jeden Tag ihre Welt aufs neue entdecken, mit all ihren Reizen, Wundern und Gefahren, sind sie dennoch nicht in der Lage, alle Sinne einzusetzen, um sich diese Welt zu Eigen zu machen, da sie die atemberaubende Vielfalt fasziniert und gleichzeitig irritiert. Das Kind wird also ständig damit konfrontiert, seinen eigenen Platz in dieser Welt zu suchen und zu finden. Im Hinblick auf die multimedial geprägte Welt stellt der Umgang mit Computer und Handy sowie die Bedienung von hochtechnisierten Geräten eine Selbstverständlichkeit für das Kind dar, dessen Neugier und Weiterentwicklung in diesem Bereich nicht gestoppt werden sollte, so dass es sich einen späteren Platz in der Leistungsgesellschaft sichern kann. Trotz der vielen Technik und Modernisierung in der multimedialen Welt darf die kindliche Fantasie dabei nicht verloren gehen, da sie als starke innere Kraft, ähnlich wie die Körpermuskulatur trainiert werden will. Dennoch darf man die Fantasie nicht mit Tagträumen verwechseln, die lediglich eine Flucht vor der Realität darstellen. Durch inneres und äußeres Abschalten von der Hektik des Alltags können mithilfe der Fantasie Konflikte und Begebenheiten vorher erlebt oder verarbeitet und somit neue Kraftquellen für den Tag geschaffen werden. Über die Fantasiegeschichte hinaus wird dem Kind beziehungsweise dem Schüler der Zugang zu sich selber immer wieder geöffnet, auch wenn in bestimmten Lebensabschnitten der Wert der Stille und Besinnung nicht immer beachtet wird.

Eine weitere Möglichkeit der Entspannung in den Kunstunterricht zu bringen besteht darin, das Lernen in Kleingruppen zu fördern und über sogenannte Rollenspiele hinaus Erfahrungen und Grenzen im Alltagsleben aufzuzeigen. Rollenspiele können allerdings je nach Art der Gruppe, nach Persönlichkeit und Redegewandtheit des Vertreters der Gruppe und je nach Persönlichkeit und Interesse eines weiteren Mitspielers sehr unterschiedlich verlaufen. Alle Beteiligten, auch die Beobachter, machen dabei vielfältige Erfahrungen, die im anschließenden Gespräch in der Großgruppe analysiert und diskutiert werden. Das Rollenspiel stellt somit ein sehr befruchtendes und bereicherndes Element der Gruppenarbeit dar, indem die gewonnene Vielfalt an Einsichten und Erfahrungen durch rein theoretisches Erarbeiten nicht möglich wäre. Rollenspiele sind aus der Arbeit mit Gruppen unterschiedlichster Art und Zielsetzung nicht mehr wegzudenken, da sie die Möglichkeit bieten, eine Situation entspannt und spielerisch zu durchleben, ohne dass das jeweilige Verhalten für den Spieler negative Folgen hätte. Neue Verhaltensweisen lassen sich innerhalb des Rollenspiels ausprobieren, so dass die Reaktion anderer Menschen auf ein bestimmtes Verhalten deutlich gemacht werden kann. Das Rollenspiel bietet entspannungsmäßig jedem Einzelnen die Möglichkeit, unterschiedlichste Rollen zu übernehmen und dabei zu spüren, was in einem selbst vorgeht, wie man in dieser Rolle auf andere Menschen wirkt und wie man auf sie Einfluss nehmen kann.

Dieses Ausprobieren wirkt sich, anders als im realen Leben, nicht negativ auf die Mitspieler aus, sondern bietet ihnen die Möglichkeit, vielfältige neue Erfahrungen zu sammeln und diese eventuell in ihrem Alltag umzusetzen. Je nach gewählter Situation können bis zu sechs Personen an einem Rollenspiel teilnehmen, wobei die übrigen Schüler die Aufgabe haben, das Spiel genau zu beobachten und es gegebenenfalls per Video aufzuzeichnen, um die Szenen später noch einmal anschauen und analysieren zu können. Die konkrete Durchführung eines Rollenspiels besteht zunächst darin, die Situation, die im Mittelpunkt des Spiels stehen soll, genau zu beschreiben, woraufhin Rollen verteilt und erläutert sowie Requisiten bereitgestellt werden.

Unter Umständen bekommen die Betrachter genaue Aufträge, wie zum Beispiel besonders auf die Körpersprache zu achten. Danach wird mit dem Rollenspiel begonnen, indem eine Szene gespielt und von den übrigen Schülern beobachtet wird. Dem Lehrer als Leiter dieses Rollenspiels kommt die Aufgabe zu, steuernd einzugreifen und eventuell das Spiel abzubrechen, wenn das eigentliche Thema nicht mehr im Mittelpunkt steht oder wenn ein mitspielender Schüler klar erkennbar in psychische Schwierigkeiten gerät. In der anschließenden Auswertungsphase werden die Spieler nach ihren Erfahrungen befragt, und die beobachtenden Schüler berichten, ob hinsichtlich der Ergebnisse das vorgegebene Thema auch eingehalten wurde. Anhand einer eventuell angefertigten Videoaufnahme könnten sogar wichtige Szenen angeschaut und besprochen werden. Neben der Darstellung und Diskussion von Erfahrungen und Einsichten, die das Spiel gebracht hat, geht es in dieser Phase vor allem um die Beurteilung der wirklichkeitsnahen Gestaltung und um die Frage, was sich im Alltag umsetzen lässt und wo die Schüler ihre Grenzen sehen.

Mit dem Rollenspiel bietet sich also eine gute Möglichkeit, die Arbeit innerhalb einer Gruppe lebendig zu gestalten und wichtige Impulse für die Umsetzung von Gelerntem und neu Erfahrenem in den Alltag der Schüler zu integrieren. Nicht nur die Fantasiereise und das Rollenspiel, sondern die generelle Arbeit in einer Kleingruppe lockert den Unterricht auf, fördert das Interesse der Schüler am Lernstoff, verhindert aufkommende Langeweile und führt zu einem entspannten Umgang aller beteiligten Personen miteinander. Im Vorgriff auf das Autogene Training und die progressive Relaxation fördern sowohl Fantasiereisen als auch Rollenspiele den Aggressionsabbau und die Konzentrationsfähigkeit der Schüler, die aufgrund eines multimedialen Überangebots in ihrer psychischen Verfassung unterschiedliche Störungen aufweisen.

5.4.2 Mandalasymbolik in Korrelation zu multimedialer Technik

Die wahre Mitte eines Kreises ist ein Punkt. Ein Punkt hat jedoch weder Dimension noch Ort. Somit entzieht sich der Punkt sowohl unserer Wahrnehmung als auch unserer Vorstellungskraft. Er gehört nicht zu unserer Welt – denn in unserer Welt hat alles Ausdehnung und Dimension, denn Welt ist Form. Doch der Punkt gehört einer anderen Seinsordnung an, er existiert jenseits von Welt, ist metaphysisch im wörtlichen Sinn. Der Punkt symbolisiert Einheit, Ganzheit, Vollkommenheit – er ist daher in fast allen Kulturen und Zeiten auch ein Symbol für Gott (Dahlke, 1998, S. 5). Wie schon unter Punkt 3.4 erwähnt wird das Mandala nicht nur im Kunstunterricht, sondern auch mittlerweile fächerübergreifend als Mittel zur Entspannung und Kontemplation eingesetzt. An dieser Stelle wird noch einmal genauer auf die Mandalasymbolik zurückgegriffen, um sie als geeigneten Gegenpol zur multimedial geprägten Umwelt der Schüler darstellen zu können. Konzentrationsmangel und aufgestaute Aggressionen sind oft die Folge einer multimedialen Reizüberflutung, die sich unter anderem in einer eigenen Unzufriedenheit mit der jeweiligen Situation äußert und die nach Veränderung verlangt. Solange der Mensch in der Welt ist, wird er ständig nach Veränderung suchen, da es für ihn sonst keine dauernde Zufriedenheit geben kann.

Im Grunde genommen befindet sich der Mensch auf der Suche nach seiner eigenen Mitte, seinem Selbst, das ihn nach dem Erreichen von seiner Unzufriedenheit erlöst. Genau wie sich das Mandala um einen Punkt, um eine Mitte dreht, so bewegt sich das ganze Leben des menschlichen Individuums um diesen einen Punkt, der die Grundlage allen Seins darstellt. Das Mandala bietet in diesem Sinne einen geeigneten Ausgangspunkt, um auf spielerische Art und Weise die Welt der Meditation zu erkunden und sich auf die darauffolgende Entspannung einzulassen. Mithilfe dieser Entspannungstechnik kann der Schüler aus seiner passiven Rolle als Konsument von multimedialer Technik herausgeholt werden, um nunmehr auf der aktiven Seite stehend an einem Malvorgang teilzuhaben, der ihm seine Mitte und sein eigenes Ich vor Augen führt. Spielerisch kann man sich der Meditation um diese Mitte zuwenden, wobei Kinder aus ihrer inneren Mitte heraus und über Spiele wie zum Beispiel „Ringelreihen" eine unbegrenzte Energie und Freude schöpfen. Mit der Zeit gehen dem Jugendlichen und Erwachsenen diese Fähigkeit verloren, so dass man darauf angewiesen ist, das eigene innere Mandala wieder in Bewegung zu versetzen. Hinsichtlich der Malbucharbeit ähnelnden Tätigkeit des Mandalamalens kann der Schüler auch Widerstand gegen die vorgegebenen fremden Strukturen empfinden, die allerdings lediglich die Grundsituation verdeutlicht, in der sich jeder finden kann. Jeder Einzelne sieht sich im Leben äußeren fremden Strukturen gegenübergestellt, denen er als Regeln, Gesetze, Vorschriften und Zwänge im Außen begegnet, die es gilt, zu akzeptieren und sich zu Eigen zu machen.

In diesem Sinne stellt sich alles als ein Nachvollzug dessen dar, was schon war, ist und sein wird. *Dieser Weg verlangt Opfer. Schon jetzt geht es darum, die Illusion zu opfern, dass es möglich ist, etwas Eigenes, Neues, aus eigener Freiheit zu erschaffen. Diese Erkenntnis mag anfangs deprimieren – in ihrer ganzen Tiefe erlebt ist sie „nur" befreiend* (Dahlke, 1998, S. 9). Diese Aussage von Dahlke stellt dar, dass man sich in entspannender Weise auf das Mandala einlassen, sich von seinen Gefühlen treiben lassen kann und jeglicher Stressfaktoren entzogen wird. Gerade der Kunstunterricht bietet die geeignete Plattform an, um über das Mandala und den reinen Ausmalvorgang hinaus auf eine anschließende Kreativitätsleistung ohne Leistungsdruck hinzuführen.

Dabei kommt auch der Sprache eine besondere Bedeutung zu, indem sie von Bildern und vor allem Symbolen lebt, denen man sich zuwenden kann und von denen man auf seinem Weg zur Mitte indirekt geleitet wird. Der Intellekt kann an dieser Stelle mit eingeschlossen werden, obwohl er hinsichtlich des Symbols und vor dem Wesentlichen verständnislos bleiben muss, da das Symbol bekanntlich beide Seiten der Polarität enthält, wobei es nicht wie Worte und Zahlen begrenzt, sondern immer etwas ein- und nicht ausschließt. In dem Sinne kann es den Intellekt nie befriedigen, der explizit vom Ausschließen und Unterscheiden lebt. Im Hinblick auf das Mandala besteht die Möglichkeit, mithilfe der Symbolik den Weg zur Mitte zu verdeutlichen und ihn über die Symbolmeditation hinaus zu intensivieren. Wenn man auch während des Ausmalvorgangs einmal gedanklich abweicht und verloren geht, so führen doch alle Wege wieder zurück, so dass der Schüler anhand von Übungen und Erfahrungen erleben kann, wie er immer wieder zu dem Einen, zu der Mitte zurückgeführt wird. Formen und Symbole, die einem innerhalb des Mandalas begegnen, wird man mit der Zeit als seine eigenen wiedererkennen, da diese Strukturen universal, als Grundbausteine der Schöpfung auftauchen. Das Universum setzt sich zum Beispiel aus unzähligen Mandalas der verschiedensten Dimensionen zusammen, ähnlich wie man es bei einem Spiralnebel beobachten kann. *Das Mandala ist Bewegung, ist Lebensrad, Abbild des Universums, ständig aus dem einen Zentrum entstehend, nach außen strebend und gleichzeitig aus der Vielfalt konvergierend zu der einen Mitte* (Dahlke, 1998, S. 22). Jeder Mensch ist in der Lage, dieses Grundmuster zu erkennen, da er es schon in sich trägt und es über den Malvorgang wieder aktiviert wird.

In dieser Weise arbeitet man also für eine bessere, entspanntere Befindlichkeit seiner eigenen Mitte, seines Selbst und kommt damit einer vergleichbaren Autosuggestion wie dem des Autogenen Trainings schon sehr nahe. Dagegen wirkt sich die Beeinflussung durch die mediale Technik lediglich auf das Konsumverhalten der Rezipienten aus, manipuliert diese und führt aufgrund einer Überbeanspruchung der Sinneskanäle zur erwähnten Reizüberflutung, die sich wiederum in Aggressionsverhalten und Hyperaktivitäten niederschlägt. Das Mandala stellt eine vollkommene Form dar, über deren Beschäftigung man zu seiner eigenen, wenn auch vorerst äußerlichen Vollkommenheit gelangen kann. Das bewusste Erleben der eigenen Mitte empfindet man als unbeschreibliches Glück, da es letztendlich das Ziel einer jeden Meditation ist, indem man um die eigene Mitte kreist und somit jedes Mandala an die eigene Mitte erinnert, so dass es wiederum zur Meditation wird. Wie schon erwähnt erfolgt unter hirnphysiologischen Gesichtspunkten die Betonung der linken Gehirnhälfte in der westlichen Zivilisation, während andere Kulturen und auch weitgehendst der Osten die rechte Gehirnhälfte bevorzugen. Nach der eingehenden Beschäftigung mit den Mandalas und ihren Auswirkungen stellt sich die Lösung für das Problem – links oder rechts – als richtig in der Mitte liegend dar. In der Tiefenstruktur des Gehirns findet man den sogenannten Balken, der beide Gehirnhälften miteinander verbindet und in dessen „Mitte" die Lösung liegt, indem beide Hälften in Harmonie gebracht werden.

In der multimedial geprägten Welt geschieht dies viel zu selten, dass etwas beziehungsweise man selber wieder in ein Gleichgewicht gebracht wird. Nicht nur der Ausmalvorgang eines Mandalas bringt die nötige Entspannung innerhalb der Hektik des Alltags, sondern auch eine nachfolgende Meditation darüber kann einen positiv beeinflussen und eine Reflektion über das selbst geschaffene Werk einleiten. Dahlke empfiehlt hier folgende Meditationsübung, die sich jederzeit in eine Unterrichtseinheit integrieren ließe. *Betrachte nun dein eigenes Werk und lasse es auf dich zurückwirken, gebe es sozusagen deinem Bewusstsein zurück, aus dem es ja gerade erst gewachsen ist, schaue es an, ohne es zu beurteilen, ohne Einzelheiten zu erkennen, sondern gerade das Ganze, Ungeteilte erlebend. Dieses Ordnungsmuster, das ja in allen seinen Aspekten eine Projektion, eine Schöpfung deines Innern sein muss, lass sie jetzt wieder herein, hol sie sozusagen zurück. Bei solch einem Vorgang kann es geschehen, dass du die symbolischen Strukturen des Mandalas, die ja dich selbst abbilden, bis in deine eigene Leiblichkeit hinein erlebst und seine einzelnen Teile in deinen entsprechenden Organen und Körperteilen spürst. Resonanz ist ein Schwingungsphänomen, und das Mandala ist sozusagen unser eigener Schwing – Kreis, der uns rückwirkend wieder in Schwingung versetzen kann. Lass dich mitschwingen* (Dahlke, 1998, S. 127). Auch im Hinblick auf die schon erwähnten gruppendynamischen Prozesse lässt sich das Mandala als Spielform einsetzen, indem man sich ein Gruppenmitglied aussucht, um sich bewusst mit diesem Menschen auf den Weg zur Einheit (von außen nach innen malend) zu begeben.

Diese Spiele haben einen besonderen Reiz, wenn sie schweigend durchgeführt werden und die Personen wirklich nur auf sich achten. Das Mandala kann gemäß einer Therapieform zum Einsatz gelangen und zu einer oftmals gerade im Unterricht gewünschten Entspannung beitragen. Über den Ausmalvorgang des Mandalas hinaus beschreitet man einen Weg zu sich selbst und zu seiner eigenen Mitte. Während dieser schöpferischen Tätigkeit stellt sich nach und nach eine gewisse Ruhe und Gelassenheit ein, die sowohl ein Glücksgefühl als auch tiefe Befriedigung über das eigene Tun auslösen kann. Demgegenüber steht die voller Hektik und die durch negativen Stress geprägte multimediale Welt, bei der man nicht mehr von sinnlicher Wahrnehmung, sondern nur noch von Reizüberflutung sprechen kann, die den Jugendlichen in der Art und Weise überfordert, als dass er physische und psychische Auffälligkeiten in der Schule und vor allem innerhalb seiner Klasse zeigt.

Diesem Phänomen gilt es zunächst im Kunstunterricht entgegenzuwirken, da außerhalb des schulischen Umfeldes eine Einflussnahme kaum möglich ist. Im häuslichen Umfeld sitzen Kinder und Jugendliche oft stundenlang vor dem Fernseher oder Computer, der ihnen allerdings nur die Möglichkeit zur Konsumation gibt und keinerlei Hilfe auf der Suche nach der inneren Mitte anbietet, wie dies zum Beispiel anhand des Mandalas der Fall ist. Es gilt also an dieser Stelle für den Lehrer, Strategien zu entwickeln, die den Schüler mittels des Unterrichts entspannen, seine Konzentration fördern und sein Selbstwertgefühl stärken. Unter den nachfolgenden Punkten wird explizit erläutert, wie eine Kombination aus Autogenem Training, Relaxationsmethode und Mandalasymbolik den negativen Nebenwirkungen einer multimedialen Zeit entgegenwirken kann.

All das, was in diesem Zusammenhang als Gegenpol zur multimedialen Zeitstruktur genannt wird, dient dem Ausgleich und soll die Psyche in das sogenannte Equilibrium zurückversetzen. Der Lehrer wird somit zum Vermittler zwischen der multimedial geprägten Umwelt, dem Schüler und der als ausgleichendem Gegensatz gewünschten Entspannung. Ein fächerübergreifendes Angebot wäre unter den heutigen Umständen wünschenswert, könnte aber nur nach vorheriger Schulung der Lehrer durchgeführt werden. Dass sich dabei die jeweiligen Themen des Kunstunterrichts darauf abstimmen und sogar kombinieren lassen wird unter Punkt 5.6.3 erläutert und in grafischen Darstellungen, im Anhang verdeutlicht.

5.5 Anwendung der Relaxationsmethode in Form des Autogenen Trainings

Durch das Erlernen der althergebrachten Konzentrations- und Entspannungsmethode des Autogenen Trainings bringen sie ihr Kind in die Lage, innere und äußere Spannungen zu erkennen und zu neutralisieren. Die Körperwahrnehmung wird geschult, ein Wert in sich in unserer hoch technisierten, schnelllebigen Zeit. In der Entspannung liegen Schätze und Lösungen. Wir möchten unseren Kindern gerne so lange es geht den Zugang zu unserer oft kalten und rationalen Erwachsenenwelt versperren. Ich bin sicher, je länger sie sich in ihren oft so großen Kinderschuhen bewegen und solange sie noch durch ihre Kinderbrille schauen dürfen, umso fester und stabiler sind ihre Wurzeln. Der Eintritt in das Erwachsenenalter gelingt meist fließender und ist vielleicht nicht so schmerzhaft. Diese

Sichtweise ist nicht nur mein Wunsch, denn ich bin ganz sicher, wenn unsere Kinder lernen, sich ihrer eigenen Stabilität bewusster zu werden, und die Kraft ihrer Wurzeln häufiger spüren und erleben, wird ein „Lebenssturm" den Baum nicht sofort entwurzeln (Hennig, 2003, S. 5).

Diese Stabilität der eigenen Persönlichkeit, von der Hennig hier spricht, gilt es, als Gegenpol zur multimedial geprägten Zeitstruktur einzusetzen. Das Autogene Training wurde vor über neunzig Jahren als Entspannungs- und Konzentrationsmethode aus der Hypnose heraus entwickelt. Hinter dem zusammengefügten Begriff Autogen verbirgt sich im übertragenen Sinn die Bedeutung des zu sich selber finden, durch üben. Prof. Dr. Johannes Schultz, ein Berliner Nervenarzt und der Begründer dieses Verfahrens fand heraus, dass gewisse Menschen ihren Körper ohne jegliche Fremdbeeinflussung in einen hypnoseähnlichen Zustand versetzen können. Innerhalb der Hypnose findet eine Abkehr von äußeren Eindrücken statt, so dass ein schlafähnlicher, tiefer Ruhezustand erreicht werden kann. Sowohl die Entspannung der Körpermuskulatur, als auch der Blutgefäße ist ein wesentliches Merkmal der Hypnose, so dass sich diese Körperreaktionen im Autogenen Training wiederfinden lassen. Eine ständige Reizüberflutung durch Fernseher, Computer und zunehmende Lärmquellen beeinflusst Kinder wie Jugendliche auf negative Art und Weise.

Des Weiteren reagieren viele Jugendliche auf den schulischen Leistungsdruck mit psychosomatischen Beschwerden wie Kopfschmerzen und Nervosität. Hinzu kommt die Aufgabe, familiäre und schulische Verpflichtungen zu koordinieren, was oftmals zu einem Ungleichgewicht der jugendlichen Balance führt, so dass ein Gleichgewicht zwischen Anspannung und Entspannung nicht mehr gehalten werden kann. Unkonzentriertheit, fehlende innere Ruhe, Schulstress, psychosomatische Beschwerden werden einerseits durch die soeben erwähnte Reizüberflutung hervorgerufen, können aber auch bei einem Erwachsenen aus der Familie abgeschaut sein. Vor allem Prüfungsängste entstehen leicht, wenn Lehrer wie Eltern zu viele eigene Ängste auf das Kind projizieren oder sogar Druck ausüben. Ein gestärktes Selbstbewusstsein bringt Gelerntes stressfreier an die Oberfläche als Angst, so dass in diesem Sinne der Pädagoge mehr motivieren als nur korrigieren sollte. Mit dem Erlernen des Autogenen Trainings sollte keineswegs die Schulleistung verbessert, sondern lediglich das Selbstvertrauen gesteigert werden, indem man in die Lage versetzt wird, selber auf sich Einfluss zu nehmen. Mithilfe des Autogenen Trainings kann der Jugendliche seine Persönlichkeit stärken und den Belastungen des Alltags mit Zielstrebigkeit und Freude entgegensehen. Zumeist wird Stress zum Auslöser dafür, dass der Wunsch nach Entspannung entsteht. Unter Stress versteht man zumeist die seelische und körperliche Reaktion auf Ereignisse der Umwelt und in einem selbst, die als bedrohlich empfunden werden und das Wohlbefinden einschränken.

Als möglicher Ausgangspunkt für das Autogene Training sollte die Reflektion über den Stress stehen, wobei Jugendliche die Anspannung im Schulalltag, Streitigkeiten mit Freunden und Termindruck als negativ benennen und dagegen freie Wochenenden, gute Schulnoten und familiäre Unternehmungen positiv bewerten. Aufgrund dieser Aussagen kann Stressbewertung immer subjektiv eingeordnet werden, indem der Termindruck für einen Jugendlichen belebend und motivierend wirkt, während sich ein anderer Jugendlicher überfordert fühlen mag. Genauso kann ein Jugendlicher von der pädagogischen Führung eines Lehrers profitieren, während ein anderer Jugendlicher darauf desillusioniert und verängstigt reagiert. *Allerdings ist die Bewertung von Stress auslösenden Momenten nicht angeboren, sondern wird im Laufe der Entwicklung erworben. So schauen sich unsere Kinder nicht nur gesunde Lebensstrategien von uns ab, sondern kopieren auch ungesunde Wertvorstellungen* (Hennig, 2003, S. 12).

Innerhalb der Stresssituation wird die persönliche Handlungsmöglichkeit auf ein Minimum reduziert, so dass ein Jugendlicher, der zum Beispiel Angst vor einer Klassenarbeit zeigt, einen Großteil seiner Energien bezüglich der anstehenden Aufgabe blockiert. Daraufhin kann der sogenannte Black Out folgen, so dass die Arbeit schlecht bewertet wird, das Selbstvertrauen herabgesetzt und die Einstellung zur nächsten Arbeit negativ beeinflusst wird. An dieser Stelle könnte das Autogene Training positiv zum Einsatz gelangen, indem der Jugendliche durch die selbstentspannenden Übungen lernt, direkten Einfluss auf seinen Körper zu nehmen, so dass Muskelblockaden gar nicht erst aufgebaut werden können. Eine Minimierung der nervlichen Anspannung beziehungsweise der Dauerreizung des Nervensystems wird dadurch erreicht, dass die jeweils anstehende Herausforderung auch bewältigt werden kann, indem Energien freigesetzt werden, die zur Erreichung des Zieles wichtig und richtig sind.

In diesem Sinne beginnt der Jugendliche den Unterschied zwischen gesunder Spannung und ungesunder, blockierender Verspannung hautnah zu spüren. Ein Entspannungs- und Konzentrationsverfahren wie das des Autogenen Trainings verhilft dem Schüler zum Abbau von Versagensängsten, da er sein angeeignetes Wissen nun stressfrei zu Papier bringen kann, sein inneres Kontingent kennt und sich nicht durch äußere Ablenkung und Selbstzweifel beeinflussen lässt. Kinder und Jugendliche können also mithilfe des Autogenen Trainings zu mehr Konzentrationsfähigkeit und Entspannung finden, was als Grundvoraussetzung zum Erreichen realistisch gesetzter Ziele in allen Lebensbereichen gilt. Ein optimaler Einstieg in die Welt des Autogenen Trainings kann in der Altersstufe zwischen sechs und zwölf Jahren gewährleistet werden, da sich der Einstieg vor der Pubertät als unproblematisch gestaltet. Während der Pubertät sind zwar ein häufiges Absacken der Schulnoten, ein rebellisches Verhalten und Stimmungsschwankungen zu registrieren, die gerade den Einsatz des Autogenen Trainings erfordern würden, jedoch an der jugendlichen Uneinsichtigkeit meistens scheitern. In dieser Phase sollte man den Jugendlichen seine eigenen Erfahrungen machen lassen, bis er wieder für eine von außen kommende Unterstützung bereit ist.

Neugierig werden Kinder, wenn sie die Wirkung spüren. Die Übungen überzeugen, weil sie kurz sind und nicht mit Zeitverlust einhergehen, sondern bald als Zeitgewinn eingestuft werden (Hennig, 2003, S. 25). Sowohl für das Kind als auch für den Jugendlichen bedeutet das Wort „üben" nichts anderes als Druck, Arbeit, Freizeitverlust und oft sogar reine Quälerei, womit das Autogene Training zunächst einmal kritisch betrachtet wird. In diesem Zusammenhang bedeutet üben, sich etwas Neuem zuzuwenden, Dinge auszuprobieren, den eigenen Weg zu finden und Sicherheit statt Unsicherheit zu empfinden. Innerhalb des Autogenen Trainings geht es eigentlich um das „Nichtstun", das weder mit Untätigkeit noch mit Faulsein in Verbindung steht, sondern ein Auftanken der Energiereserven ermöglicht.

Wie schon erwähnt ist der Einstieg in das Autogene Training mit einem Alter zwischen sechs und zwölf Jahren möglich, wobei ein selbständiges Trainieren ab einem Alter von neun bis zehn Jahren erwünscht ist. Dabei sollte das Training zu einem festen Ritual innerhalb der Familienstruktur werden, um Freude und gemeinsame Erfolge in den Vordergrund stellen zu können. Wissenschaftlich betrachtet hat sich ein dreimaliges Training pro Tag bewährt, wobei das morgendliche Training einen wichtigen, aber auch den schwersten Termin für die meisten Kinder und Jugendlichen darstellt, obwohl sich die Kraft spendende und gleichzeitig beruhigende Wirkung nach dem Nachtschlaf als besonders effektiv gestaltet. Am Mittag kann innerhalb der Familie vor oder nach dem Essen trainiert werden, da der Schüler zu diesem Zeitpunkt schon viel in der Schule erlebt und geleistet hat. Mithilfe des Autogenen Trainings kann er nun sein Formtief überwinden und neue Energiereserven auffüllen. In Form einer kurzen Tagesbilanz kann der Tag über das Abendtraining hinaus gut abgerundet werden und der Abschluss über eine Fantasiegeschichte erfolgen.

An dieser Stelle und im Hinblick auf die Einsatzmöglichkeiten des Autogenen Trainings sollte nun unbedingt erwähnt werden, dass die Integration solcher Entspannungsübungen gerade im Kunstunterricht sinnvoll sein können, da sowohl über die schöpferische Kreativität als auch über die Autosuggestion der Weg zum eigenen Selbst beschritten wird. Mithilfe des Autogenen Trainings lassen sich unter anderem aber auch Gedächtnisblockaden lösen, die ansonsten ein erfolgreiches Lernen des Unterrichtsstoffes verhindern. All das, was im menschlichen Unbewussten schlummert und nicht dauernd im Bewusstsein präsent sein sollte, wird über die Fähigkeit des Vergessens ausgelöscht, die nur dann als lästig empfunden wird, wenn man sich an etwas Bestimmtes erinnern möchte. Gedächtnis- und Lernblockaden treten meist in Form von Ängsten, Enttäuschungen und Minderwertigkeitsgefühlen auf, wobei allein schon die Vorstellung, wie viel man lernen muss, den Lernvorgang blockieren kann. Die Übungen des Autogenen Trainings eignen sich dafür, die emotionalen Blockaden in Form eines tiefen Entspannungszustands auszuschalten, wodurch das Lernvermögen deutlich gesteigert wird, was mit chemisch – elektrischen Vorgängen in bestimmten Nerven zu erklären ist, die wiederum das Denken beeinflussen. An dem Verbindungspunkt zweier Nervenenden, den Synapsen springt der chemisch – elektrische Reiz von einem Nerv auf den anderen über. Infolge von Angst und einer damit vermehrten Adrenalinproduktion kann sich in den Synapsen dieses Hormon als Hemmstoff festsetzen, die Übertragung der Reize und somit das Denken stören. Folgerichtig lernt man besser, je weniger Adrenalin vom menschlichen Körper gebildet wird, je weniger man Angst hat und je entspannter man an sich dem Lernstoff widmen kann. Wie schon erwähnt besitzt der Mensch mit dem Unterbewusstsein das beste Gedächtnis, das es bei Bedarf zu aktivieren gilt und das über die Hypnose oder das Autogene Training zugänglich gemacht werden kann. Über diese Techniken hinaus lenkt man das Unterbewusstsein ab, um innerhalb eines tiefen Entspannungszustands dem Unbewussten Befehle zu erteilen, die es akzeptieren kann und die sich dann ausführen lassen. In diesem Zustand der tiefen Entspannung sind die Schleusen zum Unbewussten geöffnet, so dass nun das Unbewusste in Form des zu lernenden Unterrichtsstoffes programmiert werden kann, indem man sich selber den zu lernenden Text mit ruhiger Stimme aufsagt, in kleinen Mengen lernt und Wiederholungen einfügt. Entspannt lässt sich das Gelernte leichter aufnehmen und bei Bedarf auch leichter reproduzieren, wobei man nicht vergessen darf, dass jeder Lernprozess mit einer spezifischen Persönlichkeitsentwicklung zu tun hat.

Das Autogene Training, das wie schon erwähnt von Prof. Schultz entwickelt wurde, ist im Sinne einer Art von Selbsthypnose als „kleine" praktikable Psychotherapie zu verstehen, bei der durch konzentrative Entspannung Teile des Nervensystems und der Organfunktionen gesteuert werden können. Der Wirkungsmechanismus dieses Trainings verläuft über das autonome vegetative Nervensystem mit Sympathikus und Parasympathikus, die beide die Organfunktionen steuern und Beziehungen zu Gemüts- und Affektzuständen, Trieb- und Willenszuständen sowie zum Bewusstsein und Unbewusstsein herstellen, wobei das sympathische Nervensystem die Leistung reguliert und das parasympathische Nervensystem die Erholung steuert. Die allgemeine Wirkung des Autogenen Trainings findet sich in Entspannung, Konzentration, Erholung, Leistungssteigerung und wirkt vorbeugend bei Examensängsten und chronischen Stresssymptomen. Als gezielte Therapie wird das Autogene Training bei funktionellen, nervösen Störungen des Organismus sowie bei neurotischen Störungen wie zum Beispiel in Form von Konfliktreaktionen eingesetzt. Im speziellen handelt es sich bei dem Autogenen Training um eine unspezifische Selbstbehandlungsmethode, die sich gegebenenfalls auch mit gezielten therapeutischen Maßnahmen kombinieren lässt. Gerade im Hinblick auf den Kunstunterricht kann es sinnvoll sein, sich eingehend mit den Möglichkeiten der Selbstentspannung zu befassen, um die Anpassung des menschlichen Organismus an die Anforderungen des multimedialen Zeitalters zu erleichtern. Eine Entkrampfung des körperlich – seelischen Bereiches kann einer gewissen Überlastung in Form von Erschöpfung und Nervosität vorbeugen. Ohne die Kenntnisse des Autogenen Trainings versucht der Mensch über Hobbies oder sportliche Aktivitäten eine ideale Ausspannungsmöglichkeit zu finden, während die Übungen des Autogenen Trainings tagsüber einen Erfrischungseffekt hervorrufen und am Abend die Umschaltung in einen gesunden Tiefschlaf fördern. Nur ein konsequent durchgeführtes Training bessert die leistungsmäßige Verfassung und wirkt sich durch vollkommene körperliche Relaxation sowohl auf die psychische Grundhaltung als auch über bestimmte Vorstellungsinhalte auf bestimmte Organreaktionen aus. Um das Autogene Training als Relaxationsmethode effektiv im Kunstunterricht durchführen zu können, sollte von Seiten der Schüler das notwendige Interesse bestehen, über sich selbst verfügen zu können, sich den Übungen hinzugeben, sich innerlich zu sammeln und eine Hinwendung nach innen zuzulassen. In diesem Sinne beruht die Methode der Selbstentspannung auf der bildhaften Vorstellung von bestimmten Übungsformulierungen, die die vegetativen Steuerungsvorgänge des Organismus beeinflussen, was unter Punkt 5.5.2 noch genauer erläutert wird.

5.5.1 Mentaltraining im Kunstunterricht

Immer wieder wurden im Verlauf der Menschheitsgeschichte geistige und energetische Techniken entwickelt, die den Menschen in die Lage versetzten, sich auf mittel- bis langfristige Ziele hin zu orientieren. Im Hinblick auf das multimediale Zeitalter wurden diese Techniken modifiziert, so dass sie heute in vielen Bereichen als sogenanntes Mentaltraining zum Einsatz kommen. Die meisten Menschen führen heute ein Leben ohne langfristig geplantes Konzept und finden instinktiv heraus, wie sich die Mehrheit verhält, um sich deren Lebensstil anzupassen. Man könnte dies als eine einfache Überlebensstrategie beschreiben, die sich im Laufe der Evolutionsgeschichte bewährt hat. Wer allerdings individuelle Leistungen vollbringen und sich aus der Masse herausheben will, kann sich diesem Lebensstil nicht anschließen. Vor allem bei kreativen Menschen und Künstlern lässt sich beobachten, wie sich diese in die Einsamkeit zurückziehen oder unter Gleichgesinnten auf ihr Werk konzentrieren. Dabei geraten sie leicht in die Gefahr, ihren Lebensunterhalt nicht mehr bestreiten zu können, da sich ihre kreative Arbeit nur schlecht verkaufen lässt. Wiederum gibt es viele Menschen, die ihren kreativen Anspruch verwirklichen können, da sie bewusst oder unbewusst mentale Techniken angewandt haben, um ihr Ziel auf effektive Art anzusteuern und den Geist auf eine neue Tätigkeit zu programmieren.

Mithilfe des Mentaltrainings kann der Mensch seine Ziele besser erreichen, da durch die mentale Verankerung des Vorhabens sicher gestellt wird, dass auch das Unterbewusstsein diese Ziele erkennt und zu einem Erfolg beisteuert. Wer die Techniken des Mentaltrainings konsequent in seinen Alltag aufnimmt, gewährleistet auch, dass sie die gewünschte Wirkung erbringen. Empfehlenswert ist an dieser Stelle ein Training des Geistes täglich und zur selben Zeit, vor dem Aufstehen, während der Mittagspause und vor dem Schlafengehen. In diesem Zusammenhang stellt sich wieder einmal die Frage, ob man mit diesen Methoden dem Stress an Schulen und im Unterricht entgegenwirken kann. Vor allem das Problem des negativen Stresses gilt es zu lösen, wobei zweierlei Mentaltechniken zum Einsatz kommen können, in Form von Menschenkenntnis und dem bewussten Umgang mit der Realität und als Wechselwirkung zwischen Stress und Entspannung.

Das letztere Training scheint für einen Einsatz bei Jugendlichen geeigneter zu sein, da die Anwendung des zuerst genannten Trainings eine reiche Lebenserfahrung voraussetzt, die man dem Schüler noch nicht zuschreiben kann. Dagegen findet der bewusste Umgang mit der Realität seinen Ursprung in der menschlichen Psyche und somit in seinem Lebensgefühl, das sich ständig in einem dynamischen Gleichgewicht befinden sollte.

Jeder Mensch strebt nach einer Art von Wohlgefühl, das sich immer dann einstellen kann, wenn die täglichen Aufgaben nach richtiger Einschätzung der Realität in selbstbewusster Verantwortung gelöst werden. Da nicht jeder Mensch unbewusst sein seelisches Gleichgewicht findet, wurden effektive Mentaltechniken entwickelt, mit deren Hilfe man das genannte Wohlgefühl erreichen kann. Für den Jugendlichen spielt daher im täglichen Leben der fortlaufende Wechsel zwischen gesundem Stress (Eu – Stress) und der Entspannung eine entscheidende Rolle. Wie schon in Kapitel 2. erwähnt kann man über diesen ständigen Wechsel gemäß dem homöostatischen Modell zu einem gesunden, dynamischen

Gleichgewicht gelangen, das allerdings einem Idealzustand entspricht, den nur wenige Menschen sofort erreichen. Um der Wirkung falscher Lebenseinschätzungen und dem damit verbundenen schädlichen Stress (Di – Stress) entgegenzuwirken, können die Methoden der Tiefenentspannung und der Visualisierung zum Einsatz gelangen. Da die Problematik der unzureichenden Stressbewältigung tief in der Psyche des Menschen begründet liegt, wurden klassische Methoden so weiterentwickelt, dass sie bis heute in therapeutische und Selbsterfahrungsbereiche hinein gehen.

Unter dem Begriff der Tiefenentspannung, die vergleichbar ist mit der Oberstufe des Autogenen Trainings, versteht man die Wechselwirkung von physiologischer Muskelentspannung sowie Trance- oder anderen Bewusstseinszuständen, wogegen die Methode der Visualisierung das unwillkürliche oder vom Trainer gelenkte Bilderleben in Trance beinhaltet. Während man beim klassischen Mentaltraining die einfache Muskelentspannung und die Visualisierung im normalen Bewusstseinszustand kannte, ist es nach der Weiterentwicklung der Methoden möglich, in tiefere Bewusstseinsebenen vorzudringen, was auch einer Selbstbildung im Kunstunterricht förderlich sein kann. Mithilfe der Anwendung von Tiefenentspannung und Visualisierung wird ein Zugang zum Unterbewussten geschafft, in dem oft zwanghafte Verhaltensweisen und eine negativ geprägte Ansicht über die Umwelt verankert sind.

Erhält der Schüler nun die Möglichkeit, diese Entspannungstechniken anzuwenden, so dringt er zunächst in Bewusstseinsgebiete ein, die ihm völlig unbekannt sind und entdeckt eine neue Innenwelt, in der er sich Schritt für Schritt von der erstarrten Sicht auf seine Umwelt befreien kann, so dass sich die starren Verhaltensmuster auflösen können, damit sich das Bewusstsein für neue Denkabläufe und Empfindungen öffnet. Jeder Schüler, der genügend motiviert ist, um besondere Leistungen zu vollbringen, wird auch durch die Zunahme des multimedialen Einflusses mit der Stress – Problematik konfrontiert, der er mithilfe des Mentaltrainings entgegenwirken kann. Der Mensch lebt in einer dynamischen Zeit, in der technologische Neuentwicklungen jeden Teil des privaten Lebens erfassen und denen man auf neuartige Weise begegnen muss. Diese Problematik erfasst demzufolge in der heutigen Zeit nicht nur die leistungswilligen, sondern auch immer mehr Menschen, die Stress bisher verdrängen konnten. Gerade Schüler, die einer ständigen Reizüberflutung ausgesetzt sind, sollten mit dieser Thematik vertraut gemacht werden, damit es in schwierigen Lebenssituationen nicht zu einem Leistungsausfall kommt. Kunstunterricht sollte entgegen anderen leistungsorientierten Fächern immer ausgleichend und entspannend wirken, um anderweitig angesammelten Stress abzubauen. Um dem Stress auf geeignete Weise gegenübertreten zu können, sollte man wissen, ob man zum leistungsorientierten Typ zählt, der bei seiner Arbeit meist unter Zeitdruck steht und dessen vegetatives Nervensystem den sympathischen Anteil dominiert, so dass er hektisch und unzufrieden reagiert, oder ob man zum phlegmatischen Behördentyp zählt und dessen vegetatives Nervensystem vom parasympathischen Anteil beherrscht wird, so dass er sich über seine Trägheit ärgert und gerne kraftvoll und dynamischer wäre. Beide Typen greifen zu klassischen Anti – Stress – Mitteln wie Rauchen und der Konsumierung von Alkohol oder geraten sogar in andere Suchtverhalten. Eine der wichtigsten Stressminderungsmethoden ist die tägliche Anwendung der tiefen, physiologischen Muskelentspannung, wobei das Autogene Training und die progressive Relaxation zu den bekanntesten zählen.

Wendet man diese Methoden über einen längeren Zeitraum an, so führen sie zu einer bemerkenswerten Stabilisierung der Gesundheit und ermöglichen ein flexibles Stressmanagement. Grundsätzlich lässt sich sagen, dass Stress viel damit zu tun hat, wie man sich selbst und seine Umgebung wahrnimmt, wobei die subjektive Wahrnehmung wiederum davon abhängt, welche Erfahrungen der Mensch in seinem Leben bereits gesammelt hat. Somit kann eine positive Einstellung und Denkweise einen wesentlichen Beitrag dazu leisten, dem negativen Stress vorzubeugen. Die ersten Ergebnisse des Mentaltrainings zeigen sich nach ein paar Monaten, indem man die ersten Schwierigkeiten überwunden hat und offener auf die Umwelt reagieren kann.

Diese neuen Empfindungen können den Schüler zunächst noch irritieren, doch hat er mittlerweile einen Punkt erreicht, an dem er nicht mehr in seine alten Verhältnisse zurückkehren möchte. In dem Moment lernt der Schüler mit der neuen Sensibilität und dem damit verbundenen Übergangszustand umzugehen, der ihm neue Möglichkeiten eröffnet, von denen einige schon zeitweise funktionieren. In diesem Prozess der Selbstfindung über den Kunstunterricht hinaus kann man Aspekte der eigenen Persönlichkeit, die einem bis dahin selbst unbekannt waren, entdecken und in das Bewusstsein integrieren. In dieser Phase dient das Mentaltraining dazu, Widerstände einzugrenzen und Ängste kontrollierbar zu machen. Alle nur denkbaren Beschäftigungen, die auf eine bewusste Wahrnehmung der Vorgänge im Körper und der direkten Umgebung ausgerichtet sind, führen einen weg vom Alltag in meditative Bereiche. Neben den passiven meditativen Übungen lassen sich auch geeignete aktive Naturmeditationen als Gegenpol zum multimedialen Umfeld in den Tagesablauf zum Beispiel in Form von Spaziergängen, Jogging- und Klettertouren einplanen.

An dieser Stelle wird im Besonderen darauf hingewiesen, dass innerhalb des Mentaltrainings die Techniken des inneren Bilderlebens eine äußerst wichtige Rolle spielen, wobei dieses Erleben vorwiegend von Therapeuten in Trancezuständen eingesetzt wird, wenn Verhaltensänderungen bewirkt werden sollen. Diese Tatsache beruht darauf, dass das menschliche Unterbewusstsein mit Bildern arbeitet, so dass man auch über Bilder mit ihm in Kontakt treten kann. Diese spezifische Kontaktaufnahme liegt darin begründet, dass der Mensch den Wunsch hat, über Ängste hinwegzukommen, neue Verhaltensmuster zu prägen oder seine Energie auf ein bestimmtes Ziel zu richten. Zu diesem Zweck muss das Unterbewusstsein neu programmiert werden, indem man seine Bildersprache, in Form der Symbolik, richtig versteht und lernt, diese Visualisierung zielgerichtet einzusetzen.

Wie schon vormals erwähnt, sollte man sich insofern von der Linkshirn – Dominanz lösen, um die Funktionen der rechten Gehirnhälfte, dessen Sprache vornehmlich das Bilderleben ohne den Filter der linkshirnigen Verbalisierung ist, besser verstehen zu können. Eine Visualisierung kann in dem Moment stattfinden, in dem der Proband beziehungsweise der Schüler lernt, sich in einen tief entspannten Zustand zu versetzen oder versetzen zu lassen, wobei es am wichtigsten erscheint, dass der Betroffene seine eigenen Bilder sieht. Aufgrund dieser Erkenntnis sollte nach Möglichkeit auf andere visuelle Reize bewusst verzichtet werden, um das Gehirn daran zu gewöhnen, auch die rechte Hirnhälfte zu benutzen, was im besonderen dem Kunstunterricht mit seinem kreativen Anspruch zugute kommen dürfte. Auf die therapeutische Nutzung einer Visualisierung innerhalb der Selbsterfahrung und innerhalb des Kunstunterrichts wurde schon hingewiesen, sollte aber an dieser Stelle noch eingehend erläutert werden. Ziel einer jeglichen Therapie besteht darin, psychische Blockaden, die sich in der Kindheit im Nervensystem manifestierten, nun ins Tagesbewusstsein des Klienten zu befördern. Diese negativ biografischen Erlebnisse der Kindheit entwickeln sich zum sogenannten Trauma, wenn sie nicht entsprechend verarbeitet werden können. In den Phasen der Entspannung und des Halbwachzustandes rückt die Dominanz des Tagesbewusstseins immer mehr in den Hintergrund, so dass sich der Klient zunächst in einer Bilderwelt befindet, die ihm seltsam vorkommt und die er vorerst verdrängen möchte. Mithilfe der optisch – akustischen Stimulation lernt der Klient gezielt in den „Entspannungszustand“ einzutauchen und damit den Zugang zu dem Traumata zu erleichtern.

Durch die Unterstützung des Therapeuten wird verborgenes biografisches Material in das Tagesbewusstsein befördert, so dass der Klient die Symbolik der Bilder und die Struktur der verschiedenen Bewusstseinsebenen besser versteht und der zeitlichen Folge von Träumen einen Sinn abgewinnen kann. Im schulischen Bereich kommt der Visualisierung im klassischen Mentaltraining eine besondere Bedeutung zu, indem der Schüler über diese Methode hinaus motiviert und entspannt werden kann. Vor allem vor Prüfungen sind Schüler nervös, fühlen sich schlecht vorbereitet und haben Angst zu versagen, so dass sie sich in dieser Situation unbewusst mit negativen Bildern programmieren. In diesem Moment spielt dann die Eigenmotivation eine bedeutende Rolle, wenn man sich mental auf das Erreichen eines bestimmten Ziels einstellen will. Dazu fasst man das konkrete Ziel zunächst in einem einzigen Satz zusammen und verbindet es visuell mit einem geeigneten Bild, das sich jederzeit in dieser Verbindung ins Gedächtnis rufen lässt. Auf diese Weise kann man das links- und rechtshirnige Unterbewusstsein zur gleichen Zeit positiv auf die gezielte Motivation programmieren. Mithilfe der eigenen Vorstellungskraft wird der Schüler in die Lage versetzt, sich die entsprechende Situation plastisch, farbig und lebensnah vorzustellen, sich in diesem Bild bewegen zu können und dabei seinen Körper zu verspüren. Wiederholt er diese positive Eigenprogrammierung regelmäßig, so gewinnt das Unterbewusstsein Sicherheit, von der der Schüler beispielsweise in Prüfungssituationen profitiert.

5.5.2 Praktikabilität der Übungen

Wie schon erwähnt, benötigt man zur Durchführung der Übungen des Autogenen Trainings relativ wenig Zeit, so dass sich diese, wie man später noch sehen wird, zu Beginn und am Ende einer Unterrichtsstunde gut in den Lehrplan integrieren lassen. Zunächst kommt es darauf an für welche Übungshaltung man sich als Lehrer entscheidet, wobei man die Wahl zwischen der Liegehaltung und der Übungshaltung im Sitzen hat. *Klassisch ist die Rückenlage: „ Lege dich auf den Rücken, deine Arme liegen entspannt neben deinem Körper. Deine Beine sind ein wenig gespreizt, die Füße fallen locker nach außen." Das Üben im Liegen tut mittags gut, um den angespannten Körper zu entlasten, und eventuell ein kleines „Nickerchen" anzuschließen. Das Üben im Liegen ist natürlich am Abend sinnvoll, wenn das Autogene Training als Einschlafhilfe genutzt wird* (Hennig, 2003, s. 32). Im Kunstunterricht, in dem das Entspannungsverfahren schließlich zum Einsatz kommen soll erweist sich die sitzende Übungshaltung als wesentlich praktikabler, da aus dieser Haltung eine sogenannte Zurücknahme der Übung leichter fällt und weniger Zeit in Anspruch nimmt. Ansonsten ist das Üben in der Rückenlage auf jeden Fall für den häuslichen Gebrauch zu empfehlen, da man in dieser Lage den Entspannungszustand des Kindes oder Jugendlichen von außen her am besten beurteilen kann. Ist der Entspannungszustand fortgeschritten, so kommt es zum Beispiel zu einer ruhigen, gleichmäßigen Atmung, wobei sich auch gleichzeitig der Gesichtsausdruck entspannt und gelöster wirkt. Im Laufe der Zeit werden wenig bis keine Muskelbewegungen mehr sichtbar sein, so dass auch die Schultern mehr Spannung abgeben und nach unten in Richtung Liegematte absacken. Des Weiteren sind in der Liegehaltung eine Entspannung der Finger und die nach außen locker fallenden Füße zu erkennen.

Das Üben im Sitzen lässt sich dagegen überall und zu jeder Zeit praktizieren, wobei die Sitzgelegenheit dem jeweiligen Körper angepasst sein sollte, so dass die Füße festen Bodenkontakt erhalten. Ein Üben im Sitzen ist für die meisten Kinder und Jugendlichen gewöhnungsbedürftig, aber wenn der Nutzen einmal erkannt und erlebt ist, wird die Haltung selbstverständlich eingenommen. Sowohl Kindern als auch Jugendlichen sollte man wenigstens eine Woche Zeit geben, um eine Übung des Autogenen Trainings auszuprobieren und damit gleichzeitig Sicherheit und Stabilität zu erwerben.

Dabei ist es nicht wichtig, wie schnell die einzelnen Übungen verinnerlicht werden, sondern dass das Entdecken neuer Energiequellen durch Entspannung im Mittelpunkt steht. Zunächst sollte vor Beginn des Trainings jede neue Übung mit den Schülern besprochen werden, wobei man auch genügend Raum für eigene Ideen der Schulkinder lassen sollte, damit sich die Übungen später besser einprägen können. Des Weiteren sollten die Formeln mit ruhiger Stimme vorgelesen werden, um auf die gewünschte Entspannung richtig einzustimmen.

Vor Beginn der eigentlichen Übung wird besprochen, ob im Anschluss daran noch eine Geschichte folgen sollte, die besonders entspannend wirken könnte. Wird das Autogene Training vornehmlich im Kunstunterricht praktiziert, so sollte der Lehrer darauf hinweisen, dass ein weiteres Training im häuslichen Umfeld nicht schaden könnte und unter Umständen wünschenswert wäre. Unter dieser Anleitung sollte es gelingen, die Formeln des Autogenen Trainings nach einigen Wochen auswendig zu beherrschen, damit man sie gedanklich in sich hineinsagen und sie so im Laufe der Zeit immer mehr verinnerlichen kann. Bevor an dieser Stelle die komplette Textform des Autogenen Trainings aufgeführt wird, ist es wichtig, das Ende eines Autogenen Trainings zu üben und zu besprechen. Im Folgenden nennt man das Trainingsende „Zurücknahme", wobei der Lehrer mit lauterer Stimme als während der Übung von fünf aus rückwärts zählt und dann den bestimmenden Befehl zum Öffnen der Augen gibt.

Anschließend dürfen sich alle strecken, damit der Kreislauf in Schwung kommt und keine Missempfindungen wie Schwindel oder Benommenheit zurückbleiben. Von Bedeutung ist hier also wieder das Umschalten von passiv auf aktiv, wobei die Zurücknahme ganz entfällt, wenn das Kind oder der Jugendliche anschließend schlafen darf, was lediglich in den Abendstunden der Fall sein dürfte.

Um Abwechslung in die Übungen des Autogenen Trainings zu integrieren, sei an dieser Stelle auf eine Fantasiereise nach Hennig verwiesen, die besonders im Hinblick auf einen kunstpädagogischen Unterricht zur Anwendung gelangen kann, wenn man die Thematik des Unterrichts mit einbeziehen möchte. Das, was nun folgend aufgeführt ist, wird vom Lehrer mit ruhiger Stimme vorgelesen, wobei die Schüler zur besseren Entspannung die Augen geschlossen halten. Der Titel der Fantasiereise lautet:

Der Fantasiestift

Gestalte dir mit deiner Fantasie einen einzigartigen, wunderschönen Fantasiestift. Bestimme seine Form, seine Farbe, sein Material. Wie sieht dein Fantasiestift heute aus? Nun beginnen wir deine Körperkonturen mithilfe deines Fantasiestiftes nachzuzeichnen. Aber natürlich hat dein Stift Zauberkräfte. Überall, wo er vorbeimalt und berührt, entspannt sich alles und ist gesund und beruhigt. Dein Stift ist gefüllt mit Ruhe und Kraft, sein Inhalt ist nie leer. Die wundersame Malstunde kann beginnen.

- Konzentriere dich auf deine rechte Hand: Umzeichne mit deinem Zauberstift deinen Daumen, deinen Zeigefinger, deinen Mittelfinger, deinen Ringfinger und deinen kleinen Finger. Die ganze rechte Hand ist entspannt und locker. Male weiter den rechten Arm hoch bis zu den Schultern, und wieder runter bis zum Daumen. Der ganze rechte Arm ist locker und gelöst. Der rechte Arm ruht sich in seiner Form aus.

- Es geht um deine linke Hand. Dein Stift beginnt bei deinem Daumen, dann der Zeigefinger, der Mittelfinger, der Ringfinger und der kleine Finger. Die ganze Hand ist entspannt und locker. Male weiter hoch bis zu deiner Schulter, und wieder runter bis zu deinem Daumen. Der ganze linke Arm ist locker und gelöst. Der linke Arm ruht sich in seiner Form aus.

- Lass nun deinen Kopf die entspannende Wirkung deines eigenen Fantasiestiftes erfahren. Umzeichne in Gedanken deinen ganzen Kopf, lass nichts aus und spüre die Ruhe, die dein Stift verströmt, überall wo du ihn ansetzt. Dein Stift ruht sich erst einmal zwischen deinen Augen aus, ein interessanter Fleck zum Verweilen. Alle Gesichtsmuskeln entspannen sich dabei und ruhen sich mit aus. Dein Kopf ruht sich in seiner Form einfach nur aus.

- Dein Zauberstift reist weiter zu deinem Nacken und malt verträumt über deine Schultern, hin und her, hin und her. Welche Farbe benutzt dein Zauberstift bei der Schulter? Spüre, wie sich deine Schultern in ihrer Form so richtig ausdehnen und sich ausruhen. Ganz leicht und locker fühlen sich deine Schultern an.

- Mach nun weiter unter deiner rechten Achselhöhle und fahre langsam hinunter bis zum Oberschenkel – hu, das kitzelt ein wenig, spüre wie deine ganze rechte Seite vom Ruheduft deines Zauberstiftes strahlt und entspannt. Der Stift lockert durch seine sanfte Berührung deinen rechten Oberschenkel, das Knie, den Unterschenkel. Er umkreist deinen kleinen rechten Zeh, den Ringzeh, den Mittelzeh, den Zeigezeh und den dicken Zeh. Er malt weiter hoch an der Innenseite deines Beines. Das ganze rechte Bein liegt in seiner Form und ruht sich aus, ist ganz entspannt.
- Und schon geht es weiter innen an deinem linken Bein hinunter, Oberschenkel, Knie, Unterschenkel, bis zu deinem dicken Zeh. Hier umkreist dein Zauberstift deinen dicken Zeh, den Zeigezeh, den Mittelzeh, den Ringzeh und den kleinen Zeh. Er malt weiter hoch an der Außenseite deines Beines. Prima. Dein ganzes linkes Bein ist in seiner Form und ruht sich aus, ist ganz entspannt.
- Sanft fährt der Stift über deine linke Seite, über die Taille bis hoch zu der linken Achselhöhle. Hu, das kitzelt wieder etwas. Spüre wie deine ganze linke Seite vom Ruheduft deines Zauberstiftes strahlt und entspannt.
- Deine Körperform ist geschlossen. Du ruhst dich in deiner Form einfach nur aus. Das tut gut, alles fallen lassen, und sicher sein, dass deine eigene Form dich hält.
- Schau nach, ob es noch eine Stelle in deinem Körper gibt, die von deinem Zauberstift berührt werden muss, weil sie vielleicht noch verspannt ist, oder weh tut? Einfach ein wenig Ruhe und Heilsalbe aus dem Stift auftragen und auf seine heilende Wirkung vertrauen.
- Sinke tief in deine Körperform hinein, ganz tief und sicher. Ganz tief und sicher.
- Spüre die Ruhe in dir. Alle Muskeln deines Körpers sind schwer, ganz schwer. Dein ganzer Körper ist warm, wohlig warm. Ruhig geht dein Atem ein und aus, ganz ruhig ein und aus.

In welcher Art und Weise diese Übungen in den Kunstunterricht integriert werden können, zeigen die unter Punkt 5.6.3 aufgeführten kombinatorischen Unterrichtsmodelle, die zum einen als Gegenpol zur multimedialen Zeitstruktur fungieren, zum anderen aber auch gerade diese Thematik aufgreifen und Problemlösungen über dieses spezielle Entspannungsverfahren anbieten.

5.6 Progressive Relaxation bei Kindern und Jugendlichen

Forschungsergebnisse belegen, dass psychische Belastungen und Stress eine wesentliche Rolle bei der Entstehung von gesundheitlichen Beschwerden, Entwicklungsstörungen und Schulproblemen bei Kindern und Jugendlichen spielen. Psychologische Entspannungsmethoden haben in den letzten Jahren im Sinne einer Therapie oder Vorbeugung ohne schädliche Nebenwirkungen vor allem im Erwachsenenbereich an Bedeutung gewonnen. Zwar sind eine Reihe von Entspannungsverfahren entwickelt worden, die sich an den Bedürfnissen und Besonderheiten von Kindern und Jugendlichen orientieren. Es mangelt allerdings in eklatantem Maße an Einrichtungen und niedergelassenen Therapeuten, die entsprechende Verfahren anbieten (Ohm, 2000, S. 7). Die vorliegende Arbeit zeigt auf, welche Bedeutung dem Entspannungsverfahren gerade im Kunstunterricht zukommt, in dem es auf kreativem Wege um die Selbsterfahrung und Selbstfindung geht, die allerdings immer mehr durch eine zunehmende multimediale Reizüberflutung behindert wird. Neben dem Autogenen Training bietet sich auch die aus den USA stammende Tiefenmuskelentspannung (Progressive Relaxation) für eine Anwendung innerhalb des Kunstunterrichts an, da auch sie wissenschaftlich am besten erforscht wurde. Beide Methoden basieren auf dem Gedanken der Selbststeuerung und Selbstverantwortung, womit keinerlei Abhängigkeit zum Therapeuten beziehungsweise Lehrer aufgebaut wird, sondern vielmehr die Hilfe zur Selbsthilfe im Vordergrund steht.

Wie schon erwähnt verbessert ein Entspannungstraining die Fähigkeit von Kindern und Jugendlichen, jegliche Alltagsbelastungen günstig zu bewältigen, wobei unter anderem die Gesundheit gestärkt und die Lebensqualität erhöht wird. Gerade das regelmäßige Praktizieren des Trainings wirkt im Sinne eines gesundheitlichen Schutzfaktors und stellt einen eigenen Beitrag zum Schutz der seelischen und körperlichen Gesundheit dar. Hier bildet der Kunstunterricht, in dem auf schöpferisch – kreative Art oftmals experimentiert wird, das geeignete Forum, um neue Methoden der Selbsterfahrung in Form von Autosuggestion auszuprobieren und zu erforschen. Verglichen mit dem Autogenen Training hat die Progressive Relaxation in Deutschland einen geringen Bekanntheitsgrad, obwohl es als Einstieg in ein Entspannungsverfahren wegen der schneller spürbaren Wirkung empfehlenswert scheint. Dieser Aspekt ist bei der Arbeit mit Kindern und Jugendlichen von besonderer Bedeutung, da man jemanden leichter zur Entspannungsübung motivieren kann, wenn dieser gleich eine Wirkung verspürt. *Viele Kinder und Jugendliche wirken nervös und angespannt, sind häufig unkonzentriert, lustlos oder erschöpft. Ein hohes „Lebenstempo“, Reizüberflutung, unsichere Familienbindungen, hoher Fernseh-/Videokonsum, Computerspiele, schulischer Leistungsdruck, Zeitmangel der Eltern – das sind nur einige*

Stichworte, die deutlich machen, welchen nervlichen Belastungen Kinder und Jugendliche heute ausgesetzt sind (Ohm, 2000, S. 9). Die meisten Kinder und Jugendlichen sind heute meist überfordert und zeigen offenkundige Stresssymptome, die in Form des negativen Stresses, des sogenannten Distress zum Vorschein kommen, indem zwischen den äußeren Anforderungen und den subjektiven Bewertungen und Bewältigungsfähigkeiten ein gestörtes beziehungsweise instabiles Gleichgewicht besteht. Unter den Begriff der Bewältigungsfähigkeiten fallen „problemlösende" und „emotionsregulierende" Funktionen. Problemlösende Strategien beziehen sich in dem Sinne auf die konkrete Veränderung einer Situation, als dass zum Beispiel Reizüberflutung und Selbstüberforderung abgebaut werden, während emotionsregulierende Strategien der Kontrolle von körperlichen und psychischen Reaktionen auf Stressbelastungen dienen. Dementsprechend kommt dem Entspannungstraining eine emotionsregulierende Funktion zu, die dabei hilft, Stressbelastungen konstruktiv zu bewältigen.

Besteht für den Jugendlichen die Möglichkeit, über das Entspannungstraining hinaus Belastungssituationen ruhig und gelassen anzugehen, so lassen sich Lernblockaden, die durch starke Aufregung verursacht werden, weitgehendst vermeiden. Demzufolge kann also mithilfe des Entspannungstrainings dem gesundheitlich schädlichen Distress entgegengewirkt werden, und über den Abbau von chronischer Selbstüberforderung lässt sich der Distress sogar in den gesundheitlich günstigen Eustress umwandeln. Regelmäßiges Entspannungstraining führt also dementsprechend zu einer Harmonisierung vegetativer Funktionen und baut gegebenenfalls körperliche und seelische Störungen ab. Distress begünstigt nicht nur das Entstehen von Beschwerden und Erkrankungen, sondern beeinträchtigt das Wohlbefinden und die Lebensqualität, so dass sich überforderte und überreizte Kinder und Jugendliche meist unwohl und unausgeglichen fühlen.

Daraufhin findet durch den Distress eine Beeinträchtigung der Konzentrations- und Leistungsfähigkeit in der Schule statt. *Lernpsychologische Untersuchungen haben zum Beispiel gezeigt, dass das Ausmaß innerer Erregung die Konzentrations- und Lernleistung in charakteristischer Weise beeinflusst. Wenn die innere Anspannung zu gering ist, werden erfahrungsgemäß viele Fehler gemacht. In einer geringgradigen Anspannung – also bei guter Motivation – werden die wenigsten Fehler gemacht, während bei starker Aufregung die Fehlerzahl drastisch ansteigt* (Ohm, 200, S. 20). Mit dem Autogenen Training und der Progressiven Relaxation wurden etwa zeitgleich zwei psychologische Verfahren entwickelt, die zu erholsamer, vertiefter Ruhe führen, wobei das Autogene Training in Deutschland und die Progressive Relaxation in den USA vorgestellt wurden. Obwohl es noch weitere Methoden gibt, die eine vertiefte Entspannung zum Ziel haben, wie die Meditation, die Funktionelle Entspannung und die Konzentrative Bewegungstherapie, so liegen die meisten wissenschaftlichen Untersuchungsergebnisse für das Autogene Training und die Progressive Relaxation vor, so dass diese beiden Entspannungsmethoden in ihren Wirkungen als gut erforscht gelten können.

Die aufgrund eines Entspannungstrainings hervorgerufenen Veränderungen im seelischen Erleben sind sehr unterschiedlich, obwohl die meisten Übenden übereinstimmend von einem als angenehm empfundenen vertieften Ruhezustand berichten. Menschen, die regelmäßig üben, entwickeln eine zunehmende Gelassenheit, die wiederum dazu beiträgt, Problem- und Stresssituationen besser zu bewältigen, da man länger die Ruhe und Übersicht behalten kann. Mithilfe eines gezielt eingesetzten Entspannungstrainings können beispielsweise Veränderungen im Gefühlsbereich, im Denken, in der Konzentrationsfähigkeit und im Verhalten hervorgerufen werden. Die Intensität von unangenehmen Gefühlen wird meist mit zunehmender Tiefe der Entspannung gedämpft, so dass sich Gefühle wie Ärger, Wut und Angst leichter abbauen lassen, während verstärkt angenehme Empfindungen in den Vordergrund treten. Störende Außenreize wie Lärm oder Unterhaltungen können von dem Übenden mit längerer Erfahrung weitgehendst ausgeblendet werden, so dass er in der Lage ist, sich nunmehr auf die eigene Person zu konzentrieren, was auch im allgemeinen zu einer Verbesserung der Konzentration führt. Nach Beendigung der Übungen fühlen sich die meisten Übenden erfrischt und ausgeruht, so dass die eingetretene Erholung und die geistige Frische zu einer weiteren Verbesserung der Informationsverarbeitungs- und Gedächtnisprozesse führen. *Aus diesem Grund kommt dem Entspannungstraining auch im schulischen Bereich eine große Bedeutung zu. Da sich die Konzentrations- und Aufnahmefähigkeit sowie das Gedächtnis verbessern, kann die schulische Leistungsfähigkeit – insbesondere bei Lernproblemen – gefördert werden* (Ohm, 2000, S. 40). Vor dem Hintergrund der negativen Auswirkungen einer multimedial geprägten Umwelt wird über eine zunehmende Ruhe und Entspannung der Muskulatur, der motorischen Unruhe und Hyperaktivität von Kindern und Jugendlichen entgegengewirkt.

5.6.1 Entspannungstraining nach Jacobson

Dr. Edmund Jacobson, Arzt und Wissenschaftler, erforschte zu Beginn des zwanzigsten Jahrhunderts intensiv die Funktionsweise der Muskulatur, wobei er darauf aufmerksam wurde, dass Anspannungen der Muskulatur häufig in Zusammenhang mit innerer Unruhe, Stress und Angst auftreten. Menschen, die innerlich angespannt oder ängstlich sind, sind meist auch muskulär angespannt und zeigen Zusammenhänge zwischen seelischer und muskulärer Verspannung auf. Um diese auftretende Muskelspannung messen zu können, wurden leistungsfähige elektronische Geräte konstruiert, mit denen sich die feinen, bei Muskelspannungen auftretenden Ströme registrieren ließen. Die Auswertung vieler Experimente deutete darauf hin, dass Menschen, die sich experimentell in Stress- oder Belastungssituationen befanden, stärkere Muskelspannungen aufwiesen als in Ruhesituationen. Derartige Anspannungen treten vor allem bei starker psychischer Erregung, insbesondere aber bei Angst auf. Eine psychische Anspannung führt zu höherer Muskelspannung, wobei auch der umgekehrte Fall gilt, dass eine Lockerung der Muskulatur mit einem Ruhegefühl einhergehen kann.

In diesem Sinne kann man von einem Zusammenhang zwischen Psyche und Körper sprechen, der in beiden Richtungen besteht, indem sich die Psyche auf den Körper auswirkt und umgekehrt körperliche Veränderungen auch Veränderungen im psychischen Befinden hervorrufen können. Der Ansatzpunkt für die Entspannungsmethode der progressiven Relaxation beruht also auf der Wechselbeziehung zwischen psychischer und muskulärer Spannung, die durch das Training in systematischer Weise herabgesetzt werden soll, um eine psychische Entspannung zu gewährleisten.

Das vertiefte Ruhegefühl bewirkt eine zunehmende Muskelentspannung, die in einer Art Kreisprozess endet, indem durch die entspannten Muskeln eine Ruhe eintritt und je ruhiger man wird, sich die Muskeln mehr und mehr entspannen können. Auf diese Art und Weise ist sowohl eine körperliche als auch eine seelische Entspannung erreichbar. *Bei seinen Forschungen machte Edmund Jacobson die Beobachtung, dass auf eine kurzzeitige Anspannung einer Muskelgruppe mit der Zeit eine vertiefte Entspannung folgt. Diesen Zusammenhang zwischen muskulärer Anspannung und darauf folgender vertiefter Entspannung nutzte er für das von ihm entwickelte Entspannungstraining* (Ohm, 2000, S. 51). Dieses Grundprinzip des Trainings erscheint zunächst paradox, da man erwiesenermaßen Entspannung nur durch vorangehende Anspannung erreicht, wobei allerdings die Entspannungsphase deutlich länger sein sollte wie die Anspannungsphase.

Eine weitere Unterstützung des Entspannungsprozesses kann dadurch erfolgen, dass man seine Aufmerksamkeit auf den besagten Wechsel von Anspannung und Entspannung richtet, wobei es zunächst darum geht, wie die Spannung empfunden wird, damit man sich nach dem Loslassen auf das angenehme Entspannungsgefühl konzentrieren kann. Dadurch, dass man in diesem Sinne die Konzentration auf die individuell sehr unterschiedlichen Entspannungsgefühle richtet, lässt sich das Ruheerleben weiter vertiefen. Jacobson bezeichnete das von ihm entwickelte Entspannungstraining als Progressive Relaxation, das als voranschreitende Entspannung übersetzt werden könnte. Der systematische Aspekt der Methode wird insofern gut beschrieben, als dass mithilfe dieser Technik Muskelgruppe für Muskelgruppe entspannt und ein vertiefter Ruhezustand erreicht wird. Da Jacobson ein sehr detailliertes Üben empfiehlt, wird das Training heute kaum noch in der ursprünglichen Weise praktiziert. Unter Beibehaltung des Grundprinzips unterscheiden sich die verschiedenen Trainingsformen vor allem in der Anzahl der einbezogenen Muskelgruppen.

Ohm führt ein ausführliches Trainingsprogramm auf, das die folgenden 16 Muskelgruppen einbezieht:

1. dominante Hand (zum Beispiel bei Rechtshändern rechte Hand) und Unterarm
2. dominanter Oberarm
3. nichtdominante Hand (zum Beispiel bei Rechtshändern linke Hand) und Unterarm
4. nichtdominanter Oberarm
5. Stirn
6. obere Wangenpartie und Nase
7. untere Wangenpartie und Kiefer
8. Nacken und Hals
9. Brust, Schultern und obere Rückenpartie
10. Bauchmuskulatur
11. dominanter Oberschenkel
12. dominanter Unterschenkel
13. dominanter Fuß
14. nichtdominanter Oberschenkel
15. nichtdominanter Unterschenkel
16. nichtdominanter Fuß

Das Grundprinzip von Anspannung und Entspannung bei der Progressiven Relaxation:

- Die Muskeln jeweils für etwa 5 bis 10 Sekunden anspannen.
- Die Anspannung soll deutlich spürbar sein, ohne in übermäßige Anstrengung oder gar Verkrampfung überzugehen.
- Möglichst normal weiteratmen.
- Nach etwa 5 bis 10 Sekunden die Spannung wieder vollständig lösen.
- Für etwa eine halbe Minute ausruhen.

- Dabei möglichst genau auf die Empfindungen in den jeweiligen Muskeln achten.
- Besonders die Veränderungen in den Empfindungen erspüren, die auf die vollständige Lösung der Muskeln folgen.

Ähnlich wie beim Autogenen Training ist der Einstieg in diese Entspannungsmethode ab einem Alter von etwa acht Jahren möglich, wobei auch hier die Integration des Trainings in eine Entspannungsgeschichte zur Übungsmotivation beiträgt. Über Entspannungsgeschichten und Fantasiereisen erhält man die Möglichkeit, sich spielerisch an das Training heranzutasten, wobei gleichzeitig festgestellt werden kann, ob das Kind vielleicht noch überfordert wird. Speziell innerhalb des Kunstunterrichts ist es günstig, wenn der Pädagoge insofern geschult ist, dass er die Progressive Relaxation als Gruppenanwendung den Schülern näher bringen kann, was allerdings einer vorherigen Einweisung in die Materie bedarf. *Ein wichtiger Unterschied in der Anwendung der Progressiven Relaxation besteht darin, ob sie vorbeugend, zur Verbesserung des allgemeinen Wohlbefindens und der Leistungsfähigkeit eingesetzt wird oder ob man bestehende Krankheiten und Störungsbilder therapeutisch behandeln will* (Ohm, 2000, S. 58). In der vorliegenden Arbeit wurde bisher sowohl in Kapitel 5.5 als auch in Kapitel 5.6 die wissenschaftlich belegte Form der Entspannung durch das Autogene Training und die Progressive Relaxation nachgewiesen. Im Hinblick auf den kunstpädagogischen Unterricht lassen sich beide Methoden mit therapeutischer Zielsetzung zur Prävention und Leistungsverbesserung einsetzen.

Der Pädagoge sollte mit den Methoden gut vertraut sein und diese am besten auch selbst praktizieren, damit er Kindern wie Jugendlichen das Training vermitteln kann und als positives Vorbild wirkt. In diesem Zusammenhang ist die Beziehung zwischen Kind, Jugendlichem und Erwachsenem, der das Training betreut von entscheidender Bedeutung, da sich Kinder und Jugendliche nur in einem vertrauensvollen Verhältnis auf eine vertiefte Entspannung einlassen. Nach dem Vertauensaufbau ist es wichtig, die Methode der Progressiven Relaxation verständlich zu erläutern und das Verfahren transparent zu gestalten, damit eventuell auftretende Vorbehalte, Unsicherheiten und Ängste abgebaut werden können. Pädagogen, die ihren Schülern das Verfahren nahe bringen möchten, sollten berücksichtigen, wie sie selbst von den Schülern erlebt werden. Wird der Lehrer zum Beispiel von den Schülern als stark fordernde Autoritätsperson eingestuft, so könnten sie womöglich mit einem Rollenwechsel beim Entspannungstraining nicht zurechtkommen. Als mögliche Zielsetzung sollte unbedingt der Eindruck vermieden werden, dass die Übungen als disziplinarische Maßnahme zur Ruhigstellung der Klasse eingesetzt werden, sondern dass die Übungen im Hinblick auf eine Selbsterfahrung und deren kunstpädagogische Umsetzung zur Anwendung gelangen.

5.6.2 Intensivierung des Entspannungserlebnisses

Sowohl Kinder als auch Jugendliche können je nach Bedürfnis und zur Verfügung stehender Zeit länger oder kürzer in einem Ruhezustand verweilen. Ähnlich wie mithilfe der Fantasiereisen beim Autogenen Training kann bei der Progressiven Relaxation das Entspannungserlebnis durch geeignete Vorstellungsübungen deutlich intensiviert werden. In diesem Sinne sollten sich Kinder und Jugendliche eine bildhafte Vorstellung von dem machen, was sie mit Ruhe und Entspannung in Verbindung bringen, wobei derartige Ruhevorstellungen das Ruheerlebnis zusätzlich vertiefen können. Innerhalb eines gruppendynamischen Prozesses lassen sich gemeinsam Ideen für die sogenannten Ruhebilder entwickeln, die oft als Produkte von Vorstellungen und Erlebnissen erscheinen und oftmals über Freizeitgestaltungen und Naturerfahrungen erlebt wurden.

Allgemeingültige Ruhebilder gibt es nicht, da jeder seine eigenen Vorstellungen davon hat, was auf ihn beruhigend wirkt und von ihm als wohltuend erlebt wird. Bereits das „Sammeln" von Ruhebildern in der Gruppe wirkt beruhigend, da diese Vorstellungen schon im Vorfeld der eigentlichen Übungen auf das Erleben der Kinder und Jugendlichen ausstrahlen. Allein schon das Gespräch über die Ruheerlebnisse kann als günstige Einstimmung auf die Übungen gewertet werden, wobei der Pädagoge eigene Erfahrungen einbringt oder auch über Einfälle anderer Kinder und Jugendlicher berichtet, so dass die Neugier geweckt und eventuelle Hemmungen, sich selbst zu äußern, abgebaut werden können. Des Weiteren bietet sich Bildmaterial an, um als Einstimmungshilfe zum Einsatz zu gelangen und um als Ruhebild schon im Vorfeld Ruhe auszustrahlen, damit Grübeleien sowie ablenkende Gedanken ausgeblendet werden.

Vor der Zurücknahme, also gegen Ende der Übung kann die Vorstellung eines Ruhebildes das Entspannungserleben noch vertiefen. Bei jedem Menschen kristallisiert sich mit der Zeit sein individuelles Ruhebild heraus, auf das er sich in Alltagssituationen besinnen kann, das ihn entspannt und ihm die Möglichkeit zu aktiver Stressbewältigung bietet. Viele längerfristig übende Kinder und Jugendliche verändern mit der Zeit ihre Einstellung zum Training, indem sich für sie die „Übung" zum „Bedürfnis" hin transformiert, das Ruhe mit sich bringt und als eine Bereicherung und Erhöhung der Lebensqualität empfunden wird.

5.6.3 Tendenzen therapeutisch – kunstpädagogischer Unterrichtsmodelle

Zum Abschluss der vorliegenden Arbeit werden unter Berücksichtigung der Resultate aus den vorangegangenen Kapiteln drei verschiedene kunstpädagogische Unterrichtsmodelle vorgestellt, die zum Einsatz in der Grundschule sowie in Sekundarstufe I und Sekundarstufe II geeignet wären und mit deren Hilfe sich vorbeugend therapeutische Maßnahmen ergreifen ließen, um den schädlichen Einflüssen eines multimedialen Zeitalters entgegenzuwirken. Im Gegensatz zu den bisherigen Lerninhalten, die lediglich darauf ausgerichtet waren, eine sinnliche Wahrnehmung zu schulen und diese in einem kreativen Schöpfungsprozess umzusetzen, liegt der Schwerpunkt der nunmehr vorgestellten Modelle auf der Kreativitätsphase, die mit dem Entspannungsverfahren des Autogenen Trainings kombiniert wird, um dem Schüler eingangs der Schulstunde die Möglichkeit zu geben, mit Ruhe an das gestellte Thema zu gehen, es zu verinnerlichen und über eigene Erfahrungswerte innerhalb der Entspannungsübung dieses in der Kreativitätsphase umzusetzen.

Alle drei vorgestellten Unterrichtsmodelle zielen darauf hin, die durchweg in der vorliegenden Arbeit behandelte Symbolik in die jeweilige Thematik der Kunstunterrichtsstunde zu integrieren, da erwiesenermaßen durch die Vorstellung von Ruhebildern in Form von Symbolen ein vertiefter Entspannungszustand beim Schüler erreicht werden kann. Dabei ist es von Bedeutung, die in der Arbeit behandelte interdisziplinär geprägte Symbolik dem Schüler in Abhängigkeit zu seiner Altersstruktur zunächst zu erläutern, um weitere Unterrichtseinheiten damit gestalten zu können. Das jeweils fünfstufige Unterrichtsmodell beginnt mit einer einführenden Erläuterung in die Thematik des Lerninhalts, um anschließend das Thema, die Problemstellung und mögliche Problemlösung vorzustellen. Der Schüler, der nervös beziehungsweise von anderen Schulstunden überfordert in den Kunstunterricht kommt, kennt nun zunächst die Zielvorgabe für die beginnende Stunde. Darauffolgend kehrt erst einmal Ruhe ein, da mit einer Eingangsübung in Form des Autogenen Trainings begonnen wird, die in Bezug zu der Thematik der Stunde vom Pädagogen ausgesucht wurde. Nach der Entspannungsübung hat jeder Schüler das Thema verinnerlicht und kann über die Kreativitätsphase hinaus sein individuelles Entspannungserlebnis wirken lassen und die in seinem tiefsten Innern entstandenen Bilder schöpferisch umsetzen. In diesem Sinne lässt er für einen Moment die Hektik und den Leistungsdruck des Schulalltags hinter sich, um sich einer neuen Erlebnisebene zu öffnen. Diese für den Schüler neuartige Erlebnisebene entspricht weitestgehend den in Kapitel 4. beschriebenen autobiografischen Erfahrungen die sowohl zeitgenössische als auch moderne Künstler über andere Verfahren, wie zum Beispiel über den Rauschzustand gemacht haben. Auch ihnen sind in diesem Sinne symbolhaltige Bilder aus dem Unterbewusstsein in das Bewusstsein gelangt, so dass sie diese in ihren Werken verarbeiten konnten.

Innerhalb eines Unterrichtsmodells ist es möglich, dem Schüler gewisse Problematiken verschiedener Zeitepochen zu erläutern, um auch auf die Gefahren, wie sie zum Beispiel von der heutzutage multimedial geprägten Welt ausgehen, hinweisen zu können. An dieser Stelle sollten abschließend die vorgestellten Unterrichtsmodelle genauer erläutert werden, um den Bezug zwischen der Thematik, einer Entspannungsübung und der anschließenden Kreativitätsphase herzustellen. In der Grundschule bietet sich beispielsweise die Thematik der Mandalasymbolik und ihre genaue Erläuterung an, um anschließend innerhalb eines gruppendynamischen Prozesses die Ruheübung des autogenen Trainings in liegender kreisförmiger Position durchzuführen. Über die eingangs visualisierte Form des Mandalas kann der Grundschüler mit seinen Mitschülern die kreisrunde Form selbst erleben und den beabsichtigten Weg zur Mitte im späteren Ausmalvorgang nachvollziehen.

Im Bereich der Sekundarstufe I kann der Schüler auch schon über einen vorwiegend theoretisch geprägten Unterrichtsstoff intellektuell gefordert werden, indem die Theorie der Symbolik die Thematik der Kunstunterrichtsstunde bildet. Mit diesem Beispiel soll gezeigt werden, dass es durchaus spannend sein kann, allgemeine Symbolik, ihre Bedeutung und ihren Einsatz im Kunstwerk erläutert zu bekommen. Bei der in diesem Unterrichtsmodell nachfolgenden Schwereübung bietet es sich geradezu an, sich einen symbolisch schweren Gegenstand als Bild vor Augen zu führen, über den man mühelos den Zustand der Schwere nachempfinden kann. Das auch nach Beendigung der Übung vor dem geistigen Auge präsente Bild kann nun darauffolgend skizzenhaft dargestellt werden, um der vorangegangenen Entspannungsübung eine ausreichende Bedeutung beizumessen. Innerhalb der Sekundarstufe II darf der intellektuelle Anspruch weiter gesteigert und in Form des Betrachtererlebnisses mit einhergehender Interpretation eines Kunstwerks thematisiert werden.

Am Beispiel eines zeitgenössischen Bildes wird der Schüler zunächst auf die versteckte Symbolik aufmerksam gemacht, um sie später mithilfe des fachkundigen Pädagogen deuten zu können. Eine anschließende Entspannung findet über die unter Punkt 5.5.2 erwähnte Fantasiereise mit Stift oder Pinsel statt, wobei es darum geht, über das künstlerische Werkzeug hinaus, das hier nun auf meditativer Ebene zum Einsatz gelangt, eine vertiefte Entspannung zu erleben und sich gleichzeitig auf die Kreativitätsphase vorzubereiten. In der schöpferischen Phase geht es schließlich darum, das zeitgenössische Bild in eine moderne oder abstrakte Malweise zu transformieren. Am Ende eines jeden vorgestellten Unterrichtsmodells steht die Ergebnissicherung, bei der jeder Schüler sein Ergebnis innerhalb der Gruppe vorstellt, seine Empfindungen während der Entspannungsübung erläutert und den Zusammenhang zu seinem eigenen Kunstwerk herstellt. Da diese Kunstunterrichtsstunden frei von jeglichem Leistungsdruck sein sollten und der Entspannung dienen, ist in diesem Fall jede kritische Anmerkung seitens der Mitschüler zu unterbinden, um einen rein kreativen Unterricht zu gewährleisten. In diesem Sinne findet man mit dieser Methode den therapeutischen Nutzen bestätigt, der vorbeugend eingesetzt wird, um Störungen im Unterrichtsablauf zu vermeiden und die psychische Ausgeglichenheit der Schüler sowie deren Konzentrationsfähigkeit zu fördern.

Schlussbetrachtung – Resümee

Im Hinblick auf die multimedial geprägte Zeitstruktur in Verbindung mit der sinnlichen Wahrnehmung und der Auswirkung auf die schöpferische Kreativität innerhalb des Kunstunterrichts wurde die Kontraproduktivität einer Reizüberflutung auf die menschlichen Sinneskanäle eingehend untersucht. Die vorliegende Arbeit gibt Aufschluss darüber, in welcher Art und Weise das menschliche Individuum der Zunahme virtueller Realitäten ausgeliefert ist und welcher Strategien es bedarf, sich dieser negativen Entwicklung entgegenzustellen beziehungsweise ein dadurch entstandenes Ungleichgewicht wieder in ein Gleichgewicht zu transformieren. Unter Berücksichtigung therapeutischer Ansätze im Kunstunterricht wurde auf zweierlei ausgleichende Entspannungsverfahren hingewiesen, die in dem Moment zum Einsatz gelangen, wo Konzentrationsfähigkeit gesteigert und Aggressionen abgebaut werden sollen.

Kreative Anleitungen des kunstpädagogischen Unterrichts steigern die schöpferische Qualität, leiten den Jugendlichen zu eigenverantwortlichem Handeln an und führen ihn auf den Weg zu seinem eigenen Selbst. Dieser Selbstfindungsprozess wird durch den übermäßigen Konsum von Filmen und Computeranimationen in der Weise unterbrochen, als dass der Schüler einer multimedialen Überforderung ausgesetzt wird, die ihm nur noch geringe kreative Handlungsmöglichkeiten eröffnet. Das unter Punkt 5.6.3 vorgestellte kombinatorische Unterrichtsmodell und die entsprechend dargestellten Beispiele, in denen die jeweils angesprochene kunstpädagogische Thematik in Bezug zu einer eingangs angewandten Entspannungsübung steht, stellt eine Möglichkeit dar, den positiven Gegenpol zur multimedialen Zeitstruktur und ihren Folgen zu bilden. Der ausführlich behandelten interdisziplinär geprägten Symbolik kommt insofern eine besondere Bedeutung zu, indem sie zum einen als Bindeglied in der Interpretationsfindung zwischen zeitgenössischer und moderner Kunst fungiert und zum anderen über die Symbolbildung hinaus ihren therapeutischen Einsatz erfährt. Dabei sei nicht nur auf die Symbolik der Archetypenmuster verwiesen, die jederzeit durch Meditation aus dem Innern des menschlichen Individuums abrufbar sind, sondern auch die Mandalasymbolik genannt, die wissenschaftlich erwiesenermaßen als therapeutisches Mittel verwandt wird. Symbole, Zeichen und Signale lassen sich in jeder Form der visuellen Kommunikation sowie in jedem multimedialen Medium wiederfinden, wobei sie sich durch ihre Zweideutigkeit einer geeigneten Interpretation entziehen.

Treten Symbole, wie es oftmals der Fall ist, in Kunstwerken auf, so bedürfen sie der kunstpädagogisch – sachkundigen Erläuterung durch den Lehrer, um einer Fehlinterpretation oder auch hier einer Reizüberflutung vorzubeugen. Mithilfe der interdisziplinär geprägten Symbolik lassen sich die Strukturen der visuellen Kommunikation aufspalten, erklären und erfahrbar machen. Symbole können in diesem Zusammenhang kritisch und differenziert betrachtet werden, da sie ohne Erläuterung das Betrachtererlebnis, besonders im Hinblick auf die multimediale Umwelt, manipulieren können. Dieser Manipulation sind vor allem Kinder und Jugendliche ausgesetzt, auf deren Umgang mit den Medien außerhalb der Schule keinerlei Einflussnahme möglich ist. Dem Kunstunterricht, der gleichermaßen zeitgenössische und moderne Kunst in seiner Thematik behandeln sollte, kommt nun auch die Aufgabe einer kritischen Medienerziehung zu, die mit Hinweis auf schon vorhandene psychische Auffälligkeiten der Schüler therapeutisch – pädagogische Ansätze aufgreifen sollte. Gewissermaßen könnte sie dann als Vermittler zwischen multimedial geprägter Umwelt und schülerzentriertem Kunstunterricht verstanden werden. Multimedialen Themen und hochentwickelten Technologien darf man sich natürlich auch weiterhin im Kunstunterricht nicht verschließen.

Der Pädagoge ist aber gefordert, die bestmögliche Balance hinsichtlich einer angespannten und der gegenüber stehenden entspannten Arbeitsatmosphäre zu finden, damit dem Schüler genügend Raum für seine kreativen Leistungen gegeben werden kann. Mit den letzten beiden Kapiteln der vorliegenden Arbeit werden Hypothesen aufgestellt, dass jegliche Art von psychischer Anspannung bei Kindern und Jugendlichen mithilfe von Autogenem Training und Relaxationsmethode zu Entspannung, Stressabbau und Konzentrationsfähigkeit führt, deren Steigerung auch fächerübergreifend wünschenswert wäre. Anhand der Mandalasymbolik und über deren Einsatz innerhalb einer durchgeführten Studie konnte definitiv die entspannende Wirkung auf die Probanden nachgewiesen und Rückschlüsse auf deren Persönlichkeitsstruktur gezogen werden. Die wissenschaftliche Erfahrung mit den genannten Entspannungs- und Konzentrationsübungen konnte ebenfalls auch über die zur Verfügung stehende Literatur erhoben werden. Abschließend geht die vorliegende Arbeit der Frage nach, ob der kombinatorische Einsatz von Entspannungstraining und kunstpädagogischem Unterricht für sinnvoll erachtet werden kann beziehungsweise welche Vorteile für Schüler und Pädagogen gleichermaßen gegeben sind. Wie schon erwähnt entzieht sich der Schüler mit Beendigung des Unterrichts, der weiteren Einflussnahme durch den Lehrer. Dementsprechend erfährt die Sozialisation der Kunst sowie die kritische Auseinandersetzung mit der multimedialen Zeitstruktur im häuslichen Umfeld nicht unbedingt ihre Förderung. Kinder und Jugendliche werden ohne jegliche Anleitung sich selbst überlassen, können ungehindert mit den verschiedensten Medien agieren, ohne die damit verbundenen Gefahren zu registrieren.

Schüler kommen also belastet mit den negativen Auswirkungen der Reizüberflutung, unkonzentriert, nervös, aggressiv und angespannt in den Kunstunterricht, in dem sie sich doch eigentlich selbst verwirklichen sollten, aufgrund ihrer Vorbelastung dazu aber nicht mehr imstande sind. Um einen effektiven kunstpädagogischen Unterricht gewährleisten zu können, bedarf es eines sogenannten entspannenden Ausgleichs hinsichtlich der psychischen Verfassung des einzelnen Schülers. Hier eignen sich vor allem die Übungen des Autogenen Trainings als Einstieg beziehungsweise zur Vorbereitung eines persönlichkeitsprägenden Unterrichts. Ein weiterer Vorteil, diese Entspannungstechnik im Vorfeld einer kunstpädagogischen Stunde einzusetzen, liegt in der einfachen Praktikabilität begründet.

Für eine Übung benötigt man lediglich bis zu fünf Minuten Zeit, die sich sowohl der Pädagoge als auch die Schüler zu Beginn der Unterrichtseinheit gönnen sollten. Eine Kunstpädagogik, die ihre fächerübergreifende Legitimation behalten möchte, muss sich den Strukturen einer multimedial geprägten Umwelt anpassen, muss ihre Thematik auch in diese Richtung modifizieren und sollte jegliche Art der Selbstfindung fördern. In diesem Sinne sind auch vorbeugend therapeutische Maßnahmen in das Unterrichtsumfeld zu integrieren. Wie auch immer sich das multimediale Zeitalter entwickeln mag, so werden weiterhin neue Technologien entworfen, mit denen man sich auch innerhalb eines Kunstunterrichts auseinander zu setzen hat, um der Forderung der Schüler nach fortschrittlicher Aufklärung gerecht zu werden. Allerdings sollte in diesem Zusammenhang jegliche Reizüberflutung vermieden werden, der es in therapeutischer Hinsicht vorzubeugen gilt. Insofern stehen sich in der vorliegenden Arbeit die Symbolik und ihre autobiografische Anwendung im Kunstwerk der multimedialen Zeitstruktur mit ihren teils negativen Auswirkungen auf das menschliche Individuum gegenüber. Die Vorstellungskraft von Symbolen wie zum Beispiel der Mandalasymbolik, führt in Form einer Meditation zu Ruhe, Entspannung und Ausgeglichenheit, während sich die neuen Medien bei einer Überkonsumation schädlich auf die sinnliche Wahrnehmung auswirken können.

Mit Verweis auf die Zunahme virtueller Realitäten, also dementsprechend vorgetäuschter Wirklichkeiten, ist der Kunstpädagoge in seiner Eigenschaft als therapeutischer Lebensbegleiter mehr denn je gefragt. Ihm fällt nicht nur in erster Linie die Schulung der sinnlichen Wahrnehmung zu, sondern er muss sich vielmehr um die Selbstbildung seiner Schüler kümmern, die ohne Anleitung ihren eigenen Weg zum Selbst nicht finden würden.

Resume

During the course of this study, in-depth research was made into the contra – productivity of stimulus satiation upon the human sensory channels in view of the multimedia – oriented time structure combined with physical perception and its effect upon productive creativity within art instruction. This thesis explains to which degree and in which manner the human individual is at the mercy of increasing virtual reality. It further discusses which strategies are necessary to resist this negative development, or rather to restore the resulting imbalance to an even keel. With regard to therapeutic approaches in art instruction, two equalizing relaxation methods are referred to which are applied at the moment when the ability to concentrate ability and aggression needs to be reduced.

Productive guidance in educational art instruction increases the creative quality; it encourages young people to act independently and it guides them on the path towards finding their own self. This process of self – discovery is interrupted by the excessive consumption of films and computer animation with the result that a pupil is exposed to a multi – media overload, which offers him only very restricted creative possibilities. Under paragraph 5.6.3 a combined teaching model is presented with examples in which the respective art education subjects under discussion are positioned in relation to a relaxation exercise applied at the outset.

This teaching model presents a possibility for developing a positive counterbalance to the multimedia – oriented time structure and its consequences. From that point of view, the interdisciplinary – oriented symbolism, which is discussed at length, is of special significance in that on the one hand it acts as a link in the discovery of interpretation between contemporary and modern art and on the other hand it realizes its own therapeutic use beyond the creation of symbolism. Here it refers not only to the classic archetypal symbolism, which can be recalled by meditation from within the human individual at any time, but also mentions the mandala symbolism, the use of which has been scientifically proven as a therapeutic means. Symbols, signs and signals recur in every form of visual communication and every type of multi – media, but through their ambiguity they elude an appropriate interpretation.

If symbols appear in artworks, as is often the case, then they require an art – educational, expert explanation by the teacher, to prevent misinterpretation or, here too, stimulus satiation. With the aid of interdisciplinary – oriented symbolism, the structures of visual communication can be split, explained and experienced. In this context symbols can be viewed critically and distinguished because they can manipulate the viewers experience without explanation, especially, are susceptible to this manipulation.

There is, namely, no way to influence their dealing with the media outside school hours. Art education, which within its scope of topics should cover both contemporary and modern art equally, now has the additional duty of critical media education. This field should incorporate therapeutic and pedagogical ideas and approaches regarding the already existent psychological conspicuousness of the pupils. To a certain degree it could then be seen as the intermediary between a multimedia – oriented environment and pupil – oriented art instruction. Of course it is still important not to close one's mind to multimedia topics and highly developed technologies in art instruction.

The educationalist is, however, challenged to find the best possible balance between a strained – and its conflicting relaxed working environment, so the pupil can be given enough scope for his or her creative productivity. In the last two chapters of this thesis hypotheses are proposed, to the effect that with the help of autogenic training and relaxation methods, every type of mental exertion in children and young people leads to relaxation, stress – relief and the ability to concentrate. An increase in these areas is desirable both within and beyond the limits of art instruction. Based on the mandala symbolism and its application within a practical study, it was proved to have a relaxing effect on the test persons and conclusions could be drawn regarding their personality structure. Scientific experience with the relaxation and concentration exercises mentioned could also be raised above the existing literary sources.

Finally this thesis poses the question whether the combined application of relaxing training and educational art instruction can be considered useful, or rather, what are the advantages to be gained by both pupils and educators? As previously mentioned, when the lesson is over, the pupil moves from the teacher's sphere of influence. Accordingly, in the home environment, the socialization of art and the critical analysis of the multimedia time structure do not necessarily experience the stimulation it requires. Children and young people are left to their own devices without guidance and can avail themselves of a spectrum of media without recognizing the dangers involved.

Hence, burdened with the negative effects of stimulus satiation, unable to concentrate, nervous, aggressive and tense, pupils come to art lasses, where they should actually be able to find their own fulfilment, but are unable to due to their background. In order to ensure an effective art education lesson, it is necessary to have a so – called relaxing balance considering the mental state of the individual pupil. Exercises in autogenic training are especially suited for such situations either as an introduction or preparation for personality – oriented instruction. A further advantage of starting an art education lesson with relaxation methods is the simple feasibility of the exercise.

You only need five minutes at the most for an exercise, which both teachers and pupils should take time to do prior to the lesson. If art education intends to retain its comprehensive justification, it must adapt to the structures of a multi-media – oriented environment. Furthermore it must modify its subject matter in this area and should stimulate every type of self – discovery. With this in mind it is also possible to integrate preventative therapeutic measures into the sphere of instruction. However the multimedia age develops, new technologies will continue to be developed which will need to be discussed and analysed within the scope of art instruction to justify the demands of the pupils for up – to – date enlightenment.

However, in this connection every stimulus satiation which needs to be guarded against from a therapeutic point of view should be avoided. From that point of view, in this thesis, symbolism and its autobiographical application in artwork is in contrast to the multimedia time structure and its partially negative effect of the human individual. By way of a form of meditation the imaginative power of symbolism, for example the mandala symbolism, leads to peace, relaxation and balance, whereas the new media forms can have a damaging effect on the sensory perception through excessive consumption. Referring to the increase in virtual reality, i.e. simulated reality, the art educationalist is in demand more than ever before in his role as life's therapeutic escort. He is not only primarily responsible for teaching sensory perception, but must concern himself far more with the self – development of his pupils, who, without guidance would not find their own way to their inner self.

Anhang

Auswertung zu einer kunstpsychologischen Studie
(vergleiche Kapitel 4.3.1)

Mandalas aus einer kunstpädagogischen Studie
(vergleiche Kapitel 3.4.2)

Detaillierte Darstellung therapeutisch – kunstpädagogischer Unterrichtsmodelle
(vergleiche Kapitel 5.6.3)

Auswertung

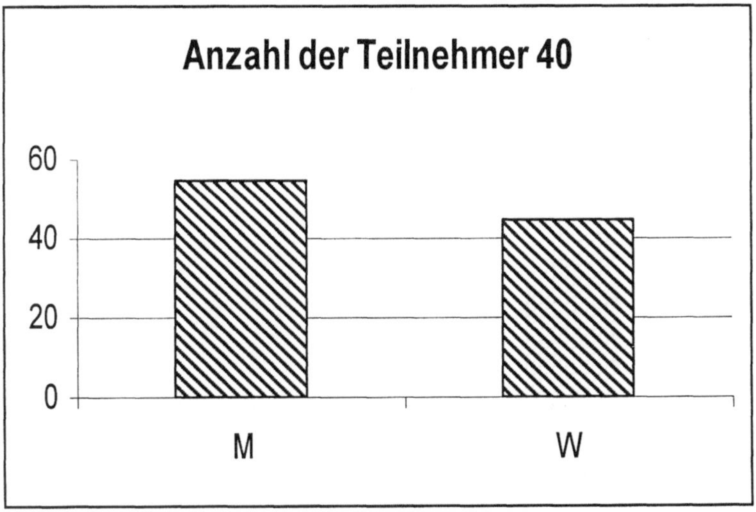
Anzahl der Teilnehmer 40
60
40
20
0
M
W

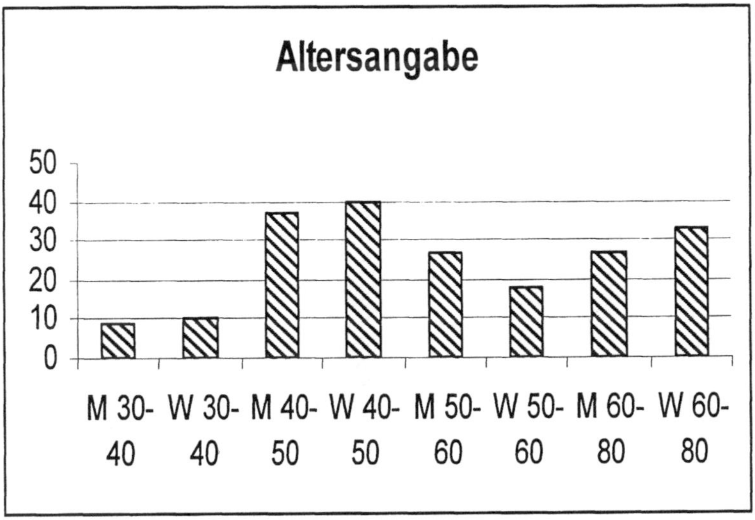
Altersangabe
50
40
30
20
10
0
M 30-40
W 30-40
M 40-50
W 40-50
M 50-60
W 50-60
M 60-80
W 60-80

Bei der Betrachtung der vorliegenden Gemälde kommt mir folgender Gedanke als erstes in den Sinn:

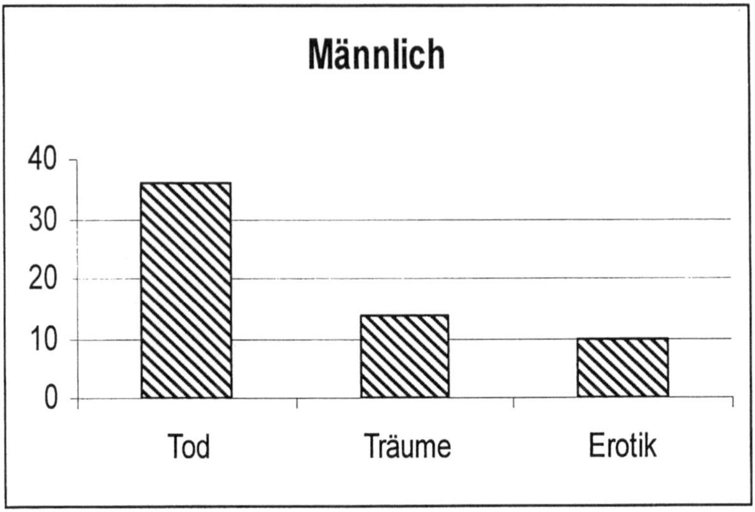

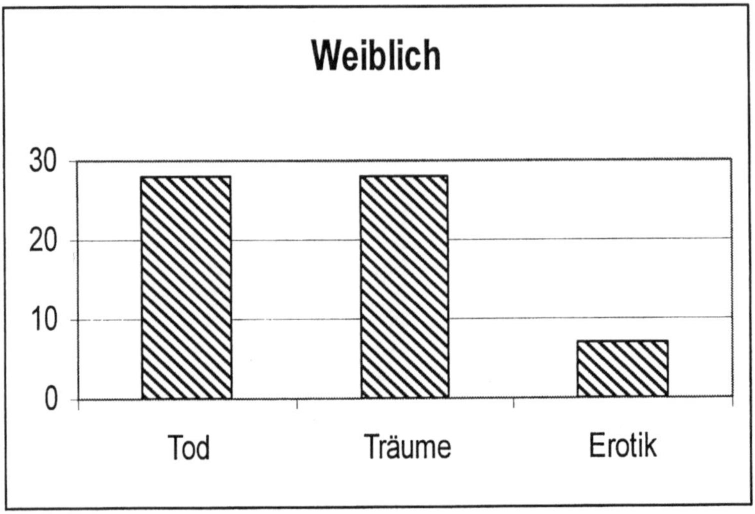

Ich finde die Motive:

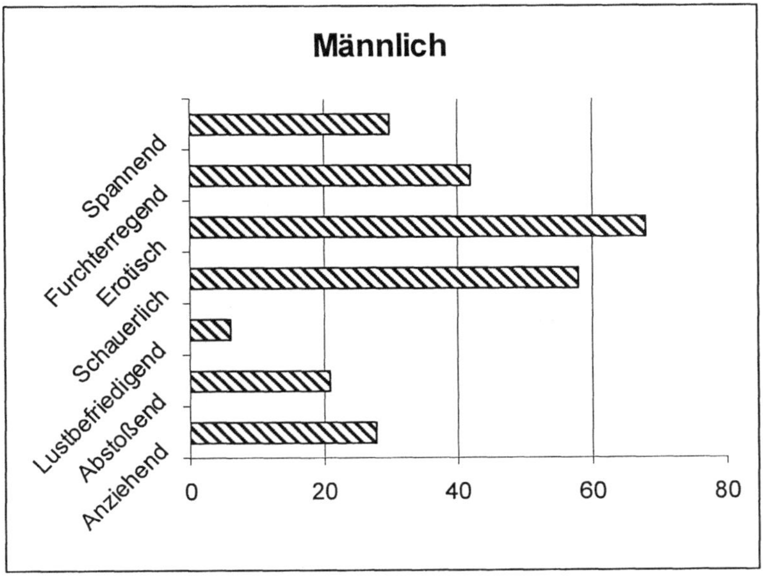

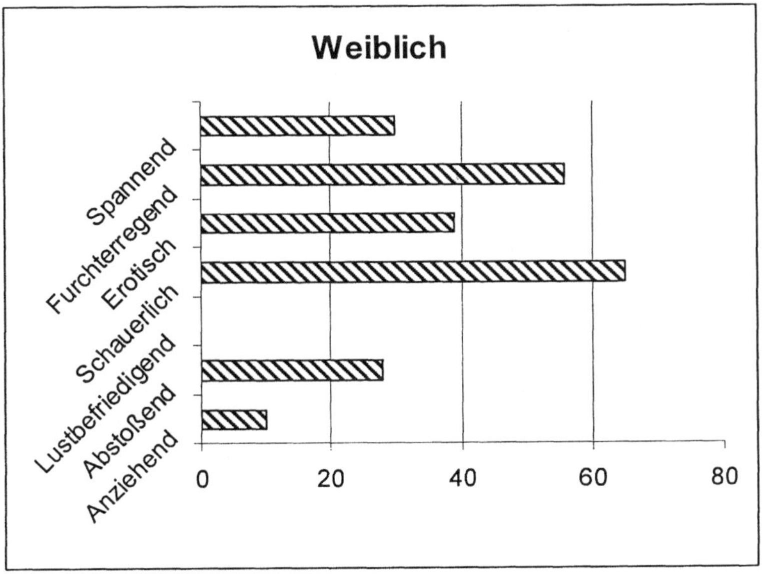

Mir erzählen die Bilder eine Geschichte

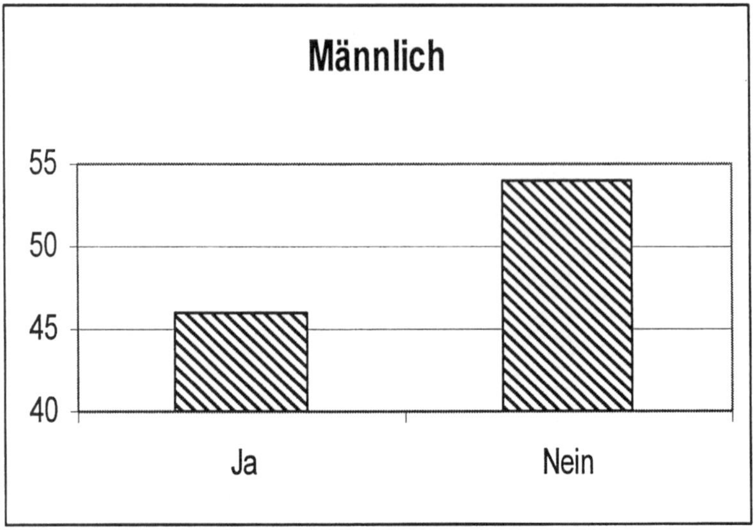

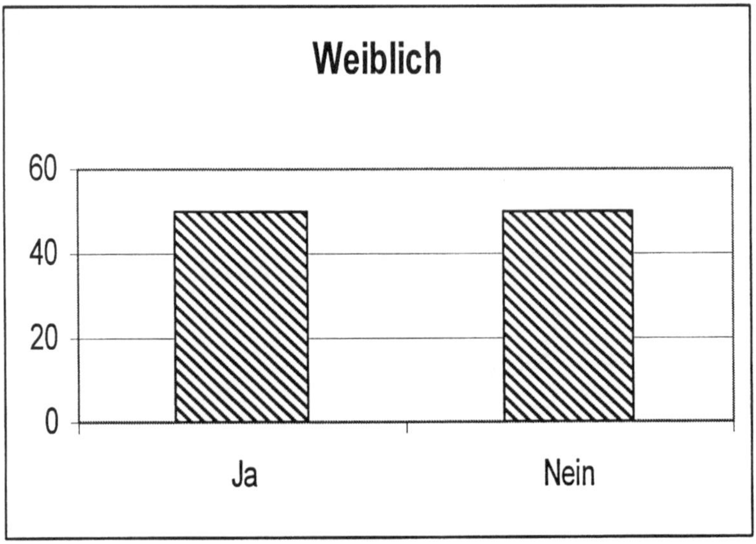

Ich erkenne darin eine ...

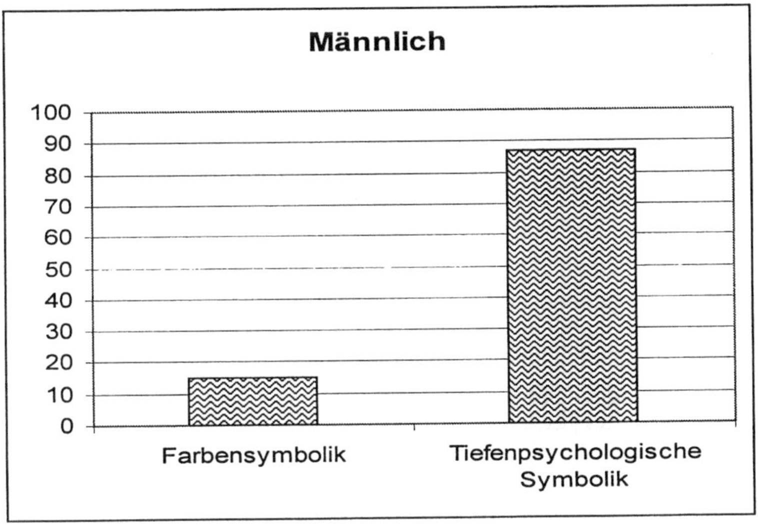

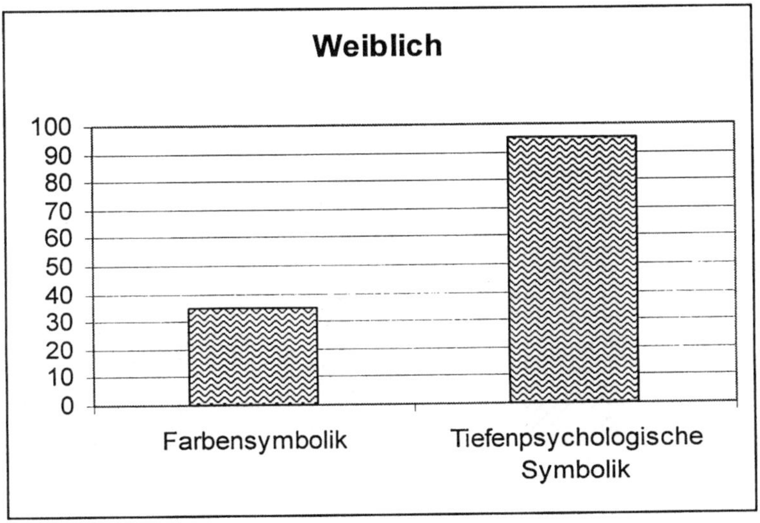

In einer Theaterinszenierung wäre ich gerne …

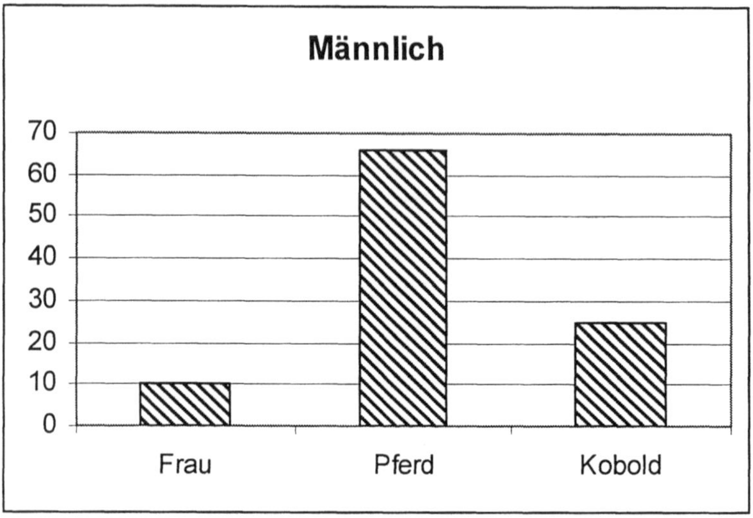

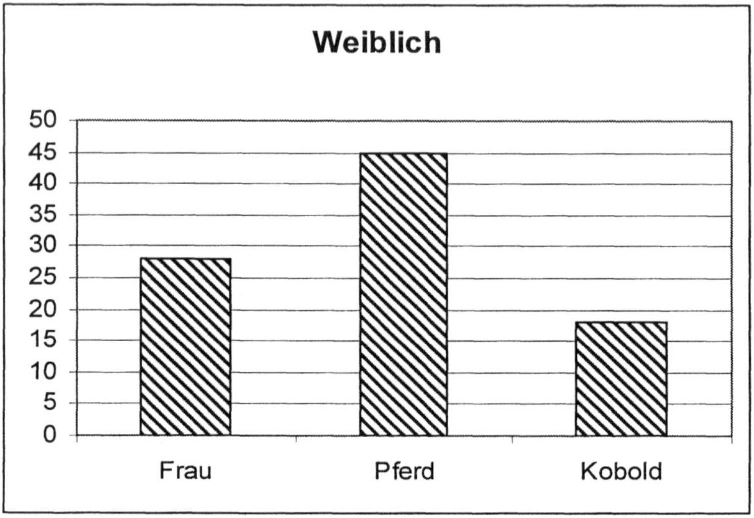

Die Bilder ...

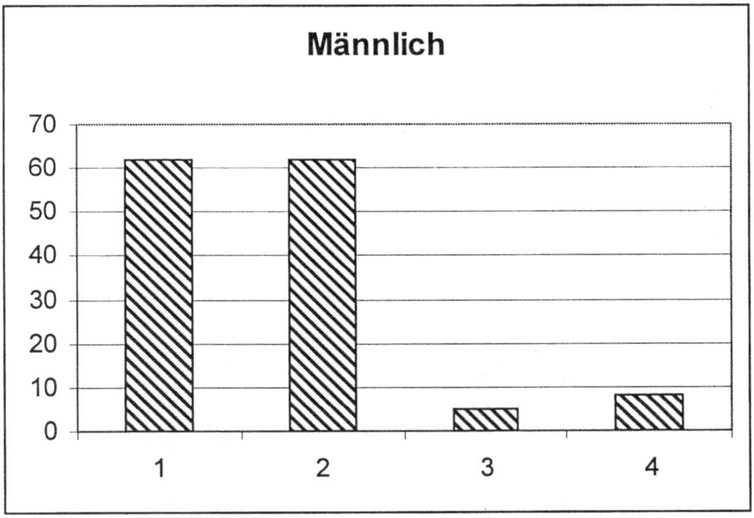

sind eine visionäre Darstellung - 1
bleiben in meiner Erinnerung haften - 2
verfolgen mich in meinen Träumen - 3
erheitern - 4

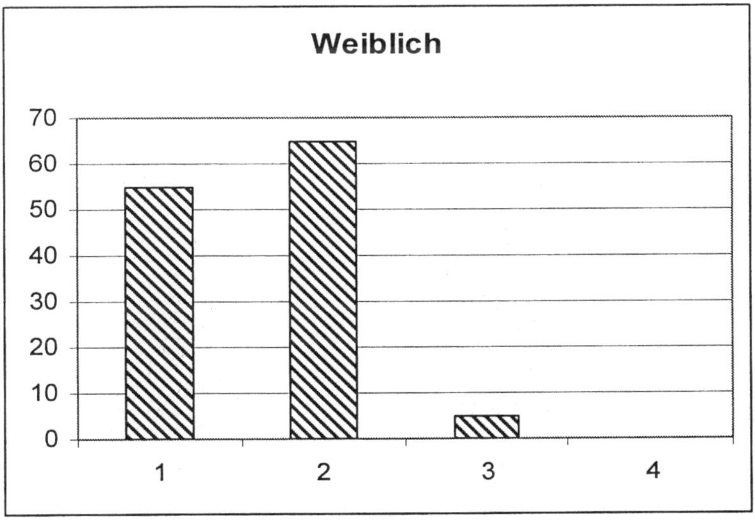

Der Fragebogen hat meine Neugier geweckt, so dass ich weitere Erkundigungen zu diesen Werken einholen werde.

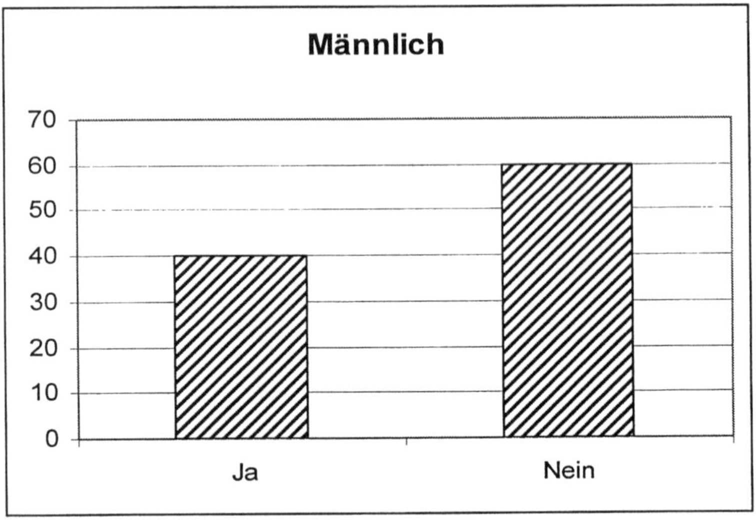

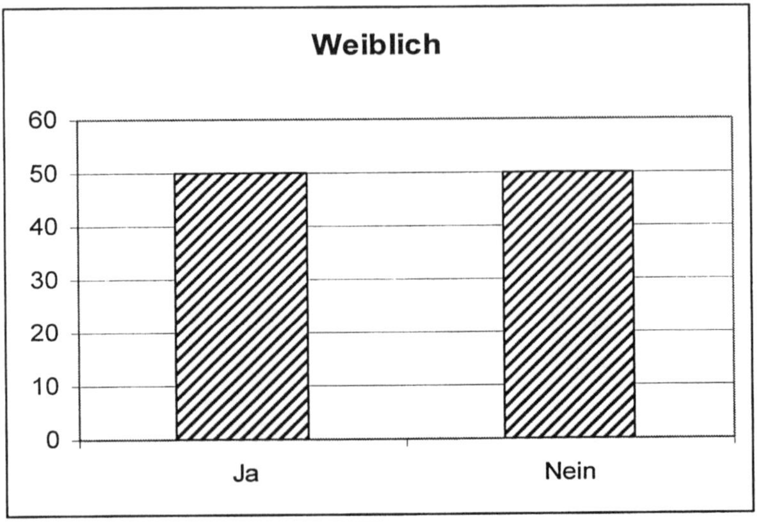

Mandalas der Kultur

(Stonehenge)

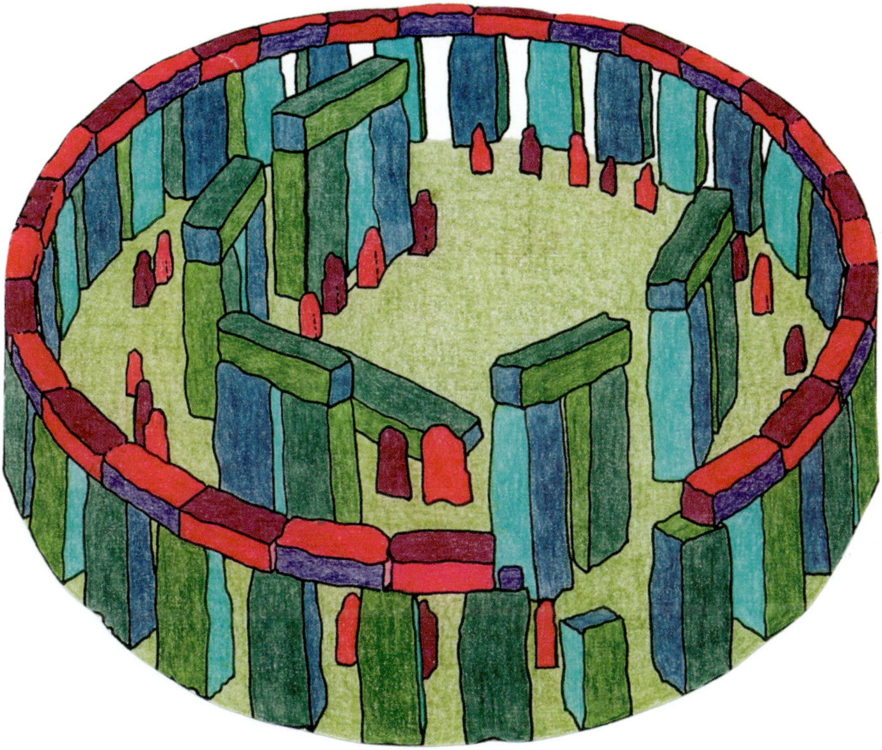

Lebens – Mandala

Abendländischer Tierkreis

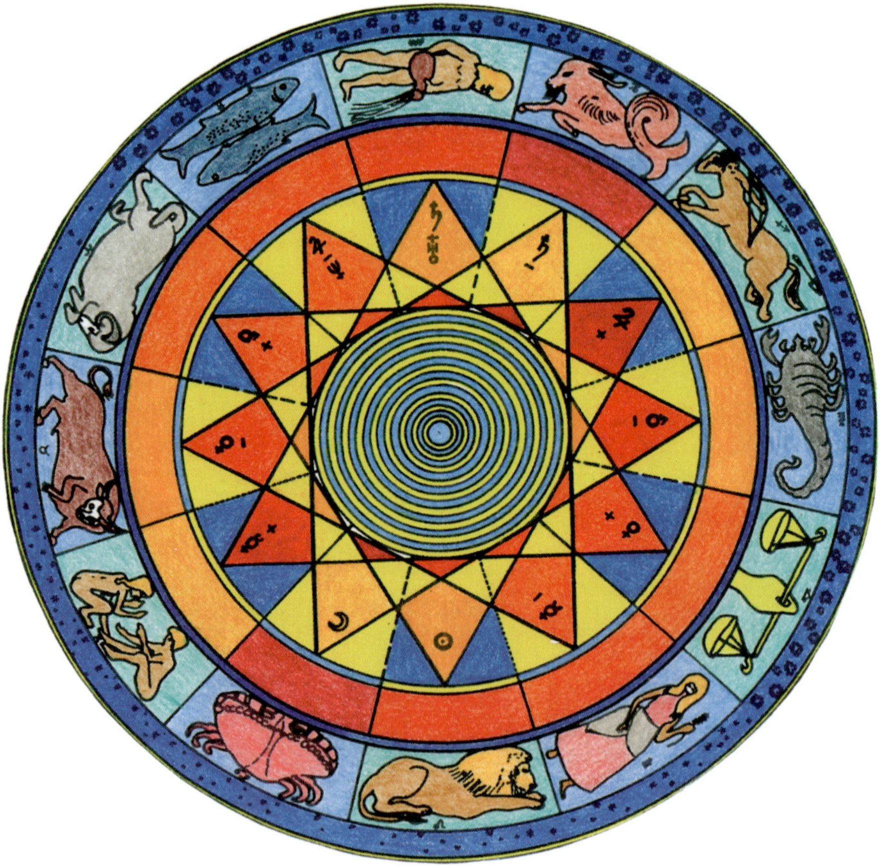

Mandalas der Moderne

(Spiraldynamik in der ultramodernen Chaosforschung)

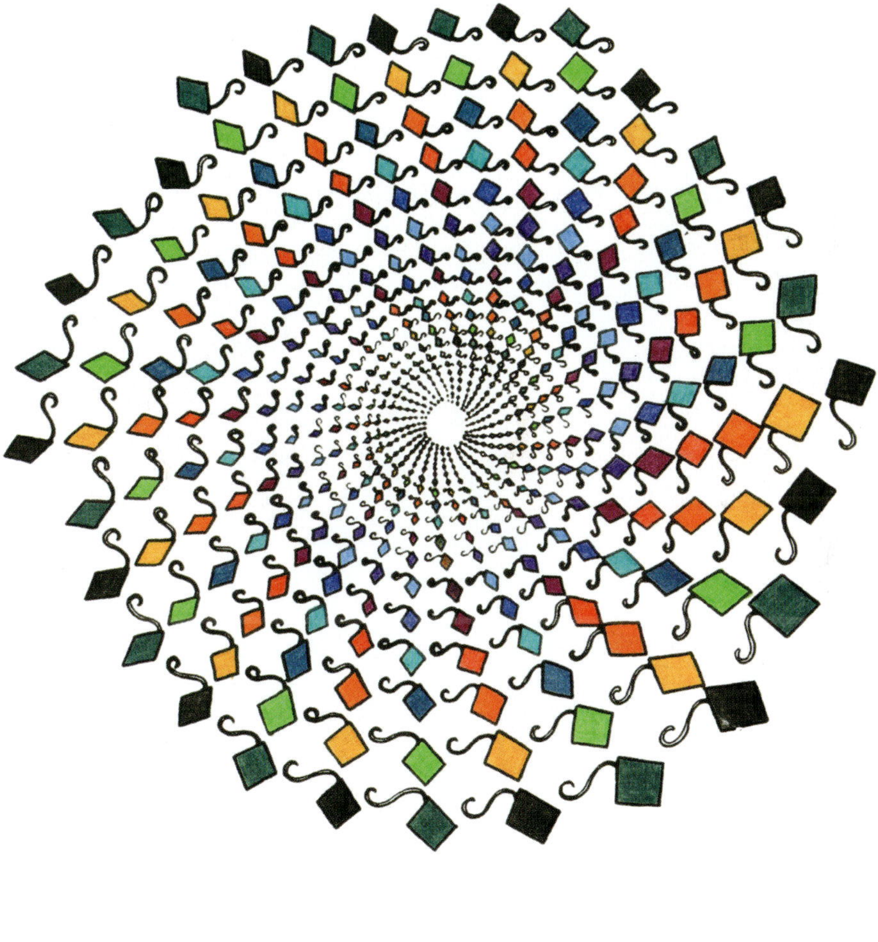

Wer bin ich im Mandala?

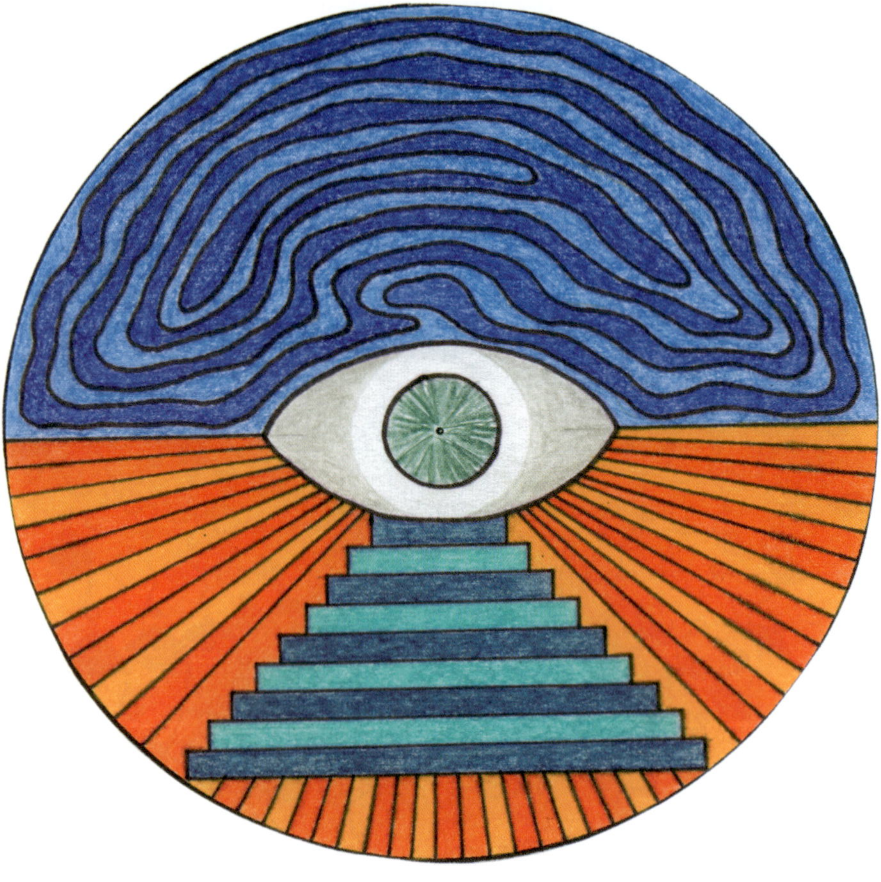

Mandalas der Moderne

(Spiraldynamik in der ultramodernen Chaosforschung)

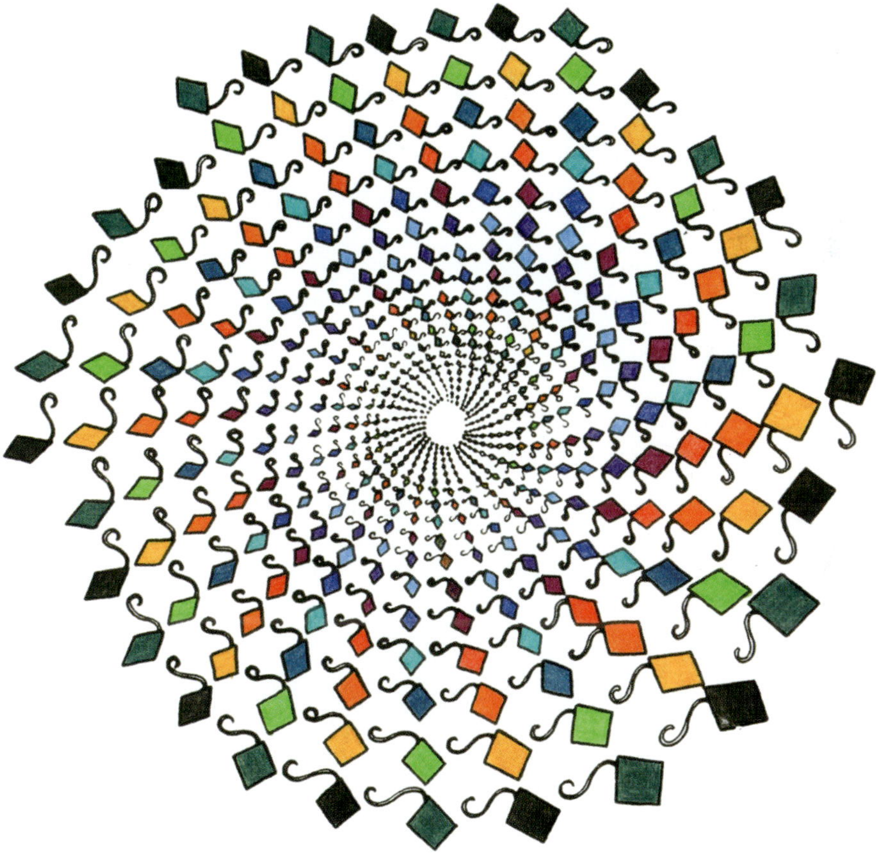

Wer bin ich im Mandala?

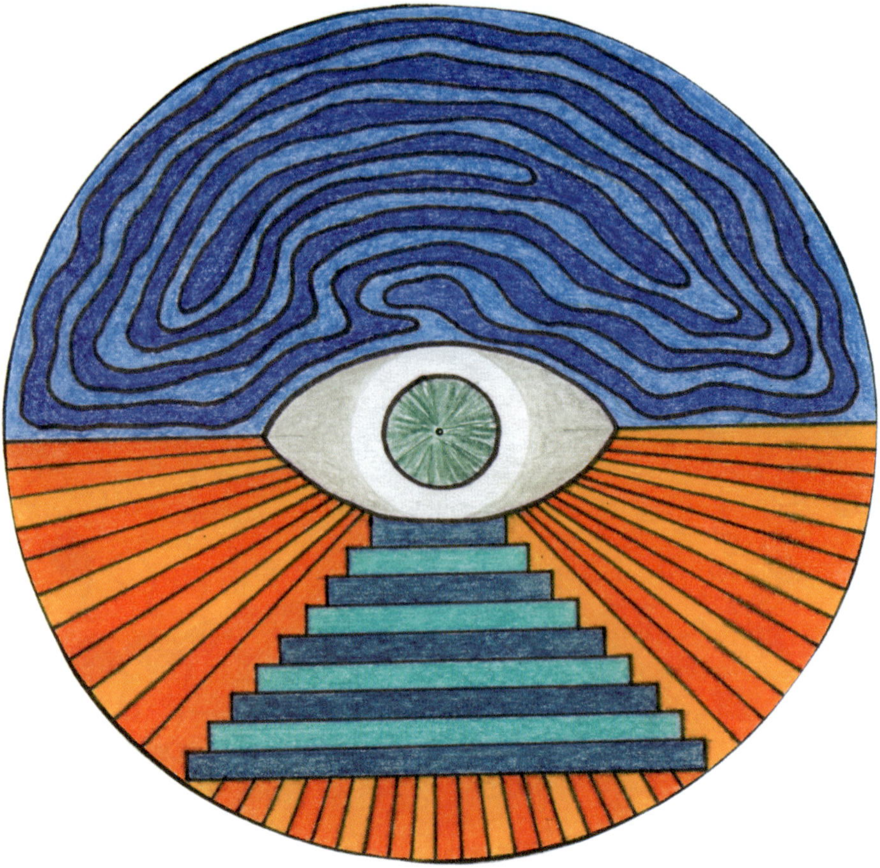

Unterrichtsmodelle

Lerninhalt Thema	Thema Problemstellung Problemlösung	Eingangsübung Autogenes Training	Kreativitätsphase	Ergebnissicherung

Beispiel:
(Aufgabenstellung für Grundschule)

Was ist ein Mandala?	Erläuterung der Mandalasymbolik	Gruppendynamische Ruheübung in liegender Kreisform	Ausmalen einer Mandalavorlage	Besprechung der Ergebnisse in der Gruppe

Unterrichtsmodelle

Lerninhalt Thema	Thema Problemstellung Problemlösung	Eingangsübung Autogenes Training	Kreativitätsphase	Ergebnissicherung

Beispiel:

(Aufgabenstellung für Sekundarstufe I)

Theorie der Symbolik	Erläuterung allgemeiner Symbolik	Praktizieren der Schwereübung über die Vorstellung eines schweren Gegenstandes	Skizzenhafte Darstellung des Gegenstandes	Besprechung der Ergebnisse in der Gruppe

Unterrichtsmodelle

Lerninhalt Thema	Thema Problemstellung Problemlösung	Eingangsübung Autogenes Training	Kreativitätsphase	Ergebnissicherung

Beispiel:
(Aufgabenstellung für Sekundarstufe II)

Betrachtererlebnis Interpretation	Interpretation eines Zeitgenössischen Bildes. Versteckte Symbolik Symboldeutung	Fantasiereise mit Stift oder Pinsel	Bild in moderne Malweise transformieren	Besprechung der Ergebnisse in der Gruppe

Literaturverzeichnis

Ackroyd, P.: William Blake – Dichter, Maler, Visionär. Albrecht Knaus Verlag GmbH. München, 2001

Arnheim, R.: Zur Psychologie der Kunst. Verlag Kiepenheuer und Witsch. Köln, 1977

Atkinson, R. / Atkinson, R. C. / Smith, E. E. / Bem, D. J. / Nolan-Hoecksema, S.: Hilgards Einführung in die Psychologie. Spektrum Akademischer Verlag GmbH. Heidelberg, Berlin, 2001

Baltes, M. / Boehler, F. / Höltschl, R. / Reuß, J. (Hrsg.): Marshall McLuhan – Das Medium ist die Botschaft. Philo Fine Arts. Verlag der Kunst. Dresden, 2001

Becker, C.: Johann Heinrich Füssli – Das verlorene Paradies. Gerd Hatje Verlag. Ostfildern-Ruit, 1997

Becker, U.: Lexikon der Symbole. Copyright – Verlag Herder im Breisgau. Lizenzausgabe für Komet Verlag GmbH. Frechen, 1992

Belgin, T.: Kunst des Informel – Malerei und Skulptur nach 1952. Wienand Verlag. Köln, 1998

Belting, H.: Hieronymus Bosch – Garten der Lüste. Prestel Verlag. München, Berlin, London, New York, 2002

Billeter, E.: Berlin – Das malerische Klima einer Stadt. Beuteli Verlag. Bern, 1982

Böhm, W.: Neue Unterrichtsmodelle zum bildnerischen Gestalten in Grund- und Hauptschule. R. Oldenbourg Verlag. München, 1984

Brockhaus – Kunst: Künstler, Epochen, Sachbegriffe. F. A. Brockhaus Verlag. Mannheim, 2001

Bund Deutscher Kunsterzieher: Bildende Kunst. Gelsenkirchen, 1976

Champeaux, G. de / Sterckx, D. S.: Einführung in die Welt der Symbole. Echter Verlag. Würzburg, 1993

Dahlke, R.: Mandalas der Welt. Verlag Hugendubel. München, 1998

Dahlke, R.: Arbeitsbuch zur Mandalatherapie. Verlag Hugendubel. München, 1999

Dechene, U.: Psychologie zum Nachschlagen. Compact Verlag. München, 1989

Deneke, G.: Kunst als Bezugsfeld der Kunstpädagogik. A. Henn Verlag. Ratingen, Kastellaun, 1977

Dickhoff, W.: A. R. Penck im Gespräch mit W. Dickhoff. Verlag Kiepenheuer und Witsch. Köln, 1990

Drewermann, E.: Die Symbolik von Baum und Kreuz in religionsgeschichtlicher und tiefenpsychologischer Betrachtung. Katholische Akademie. Schwerte, 1979

Drewermann, E.: Glauben in Freiheit oder Tiefenpsychologie und Dogmatik – Dogma, Angst und Symbolismus. Walter Verlag. Solothurn, Düsseldorf, 1993

Ebert, W.: Kreativität und Kunstpädagogik. A. Henn Verlag. Ratingen, Kastellaun, Düsseldorf, 1973

Eco, U.: Einführung in die Semiotik. Wilhelm Fink Verlag. München, 1972

Eco, U.: Kunst und Schönheit im Mittelalter. Lizenzausgabe für die wissenschaftliche Buchgesellschaft. Carl Hauser Verlag. München, Wien, 1991

Edinger, E. F.: Der Weg der Seele – Der psychotherapeutische Prozess im Spiegel der Alchemie. Kösel Verlag GmbH und CO. München, 1990

Esch, F. R.: Die Macht der Bilder. FAZ – Artikel, 2002

Felser, G.: Werbe- und Konsumentenpsychologie. Schäfer – Poeschel Verlag. Stuttgart. Spektrum Akademischer Verlag. Heidelberg, Berlin, 2001

Fineberg, J.: Mit dem Auge des Kindes – Kinderzeichnung und moderne Kunst. Gerd Hatje Verlag. Stuttgart, 1995

Frieling, H. / Auer, X.: Mensch + Farbe + Raum. Callwey Verlag. München, 1961

Frutiger, A.: Der Mensch und seine Zeichen – Schriften, Symbole, Signete, Signale. Fourier Verlag GmbH. Wiesbaden, 2001

Gebelein, H.: Alchemie. Heinrich Hugendubel Verlag. Kreuzlingen, München, 1991

Giffhorn, H.: Kritik der Kunstpädagogik – Chancen und Gefahren ästhetischer Erziehung. M. DuMont Schauberg Verlag. Köln, 1979

Giffhorn, H.: Kunst – Visuelle Kommunikation – Design. Unterricht für die Sekundarstufe. J. B. Metzler und Poeschel Verlag GmbH. Stuttgart, 1978

Glunk, F.: Das große Lexikon der Symbole. Gondrom Verlag GmbH. Bindlach, 1997

Gmelin, O. F.: Anti Freud – Freuds Folgen in der bildenden Kunst und Werbung. Verlag M. DuMont Schauberg. Köln, 1975

Goldstein, E. B.: Wahrnehmungspsychologie. Spektrum Akademischer Verlag. Heidelberg, Berlin, Oxford, 2001

Haage, B. D.: Alchemie im Mittelalter. Artemis und Winkler Verlag. Düsseldorf, Zürich, 2000

Harrison, H. A.: Such Desperate Joy – Imagining Jackson Pollock. Thunders Mouth Press. New York, 2000

Heller, E.: Wie Farben auf Gefühl und Verstand wirken. Droemer Verlag. München, 2000

Hennig, M.: Autogenes Training für Kinder. Knaur Verlag. München, 2003

Hinz, J. O. (Hrsg.): Empfindungsorientiertes Lernen in der Kunstpädagogik. Limmer Verlag. Meezen, 2000

Hornbostel, W. / Jockel, N. (Hrsg.): Nackt – Die Ästhetik der Blöße. Prestel Verlag. München, London, New York, 2002

Hub, A.: Kunst/Visuelle Kommunikation/Sekundarstufe 1. Bund Deutscher Kunsterzieher. Hannover, 1981

Hülst, D.: Symbolon – Der Symbolbegriff in der neueren soziologischen Kunsttheorie. Leske und Budrich Verlag. Opladen, 1999

Itten, J.: Kunst der Farbe. Maier Verlag. Ravensburg, 1998

John, R.: Ein Bild sagt mehr als tausend Worte. Ursel Busch Fachverlag. Hille, 1995

Jung, C. G.: Der Mensch und seine Symbole. Walter Verlag. Zürich, Düsseldorf, 1999

Jung, C. G.: Mandala – Bilder aus dem Unbewussten. Walter Verlag. Solothurn, Düsseldorf, 1995

Jung, C. G.: Psychologie und Alchemie. Walter Verlag. Olten und Freiburg im Breisgau, 1976

Kampmann, L.: Arbeitshefte Kunstpädagogik – Visuelle Kommunikation. Grundkursus Kunstunterricht. Otto Maier Verlag. Ravensburg, 1974

Kast, V.: Die Dynamik der Symbole – Grundlagen der Jung´schen Psychotherapie. Dtv – Verlag. München, 1996

Kerbs, D.: Historische Kunstpädagogik – Quellenlage, Forschungsstand, Dokumentation. M. DuMont Schauberg Verlag. Köln, 1976

Kirchner, C.: Kinder und Kunst der Gegenwart. Velber Verlag. Seelze, 1999

Kobbert, M.: Kunstpsychologie. Wissenschaftliche Buchgesellschaft. Darmstadt, 1986

Kobler, J.: Pädagogische Transformationsprogramme in der Tschechischen Republik 1990 – 1999. Peter Lang – Europäischer Verlag der Wissenschaften. Frankfurt/Main, 2001

Kreitler, H. / Kreitler, S.: Psychologie der Kunst. Kohlhammer Verlag. Stuttgart, 1980

Kunst + Unterricht: Fantasiereise. Velber Verlag. Seelze, 2003

Kupfer, A.: Piranesis Carceri – Enge und Unendlichkeit in den Gefängnissen der Fantasie. Belser Verlag. Stuttgart, Zürich, 1992

Kvadrat, L.: Russische Mode jenseits der Grenzen. Badische Zeitung – Artikel, 2003

Leibold, G.: Wörterbuch der Psychologie. Englisch Verlag. Wiesbaden, 1988

Lüpertz, M.: Museum Würth – Ausstellungskatalog – Malerei, Zeichnung, Skulptur. Swiridoff Verlag. Künzelsau, 2002

Masters, R. E. L. / Houston, J.: Psychedelische Kunst. Droemer Knaur Verlag. München, Zürich, 1969

McLuhan, M.: Understanding Media. Routledge Classics. London, 2002

Mella, D. L.: Was Farben verraten. Droemer Knaur Verlag. München, 1991

Meyer – Blank, M.: Vom Symbol zum Zeichen. Lutherisches Verlagshaus. Hannover, 1995

Miller, N.: Archäologie des Traums – Versuch über Giovanni Battista Piranesi. Hauser Verlag. München, Wien, 1978

Moser, K.: Markt- und Werbepsychologie. Hogrefe Verlag für Psychologie. Göttingen, Bern, Toronto, Seattle, 2002

Müller, O.: Semiotik und Kommunikation – Dissertation. Mannheim, 1974

Müller, W. G.: Semiotik der Werbung. Stauffenburg Verlag. Tübingen, 1999

Navratil, L.: Die Gugginger Methode. Gustav Fischer Verlag. Ulm, Stuttgart, Jena, Lübeck, 1998

Nündel, E.: Kunsttheorie und Kunstpädagogik. A. Henn Verlag. Ratingen, Wuppertal, Kastellaun, Düsseldorf, 1971

Ohm, D.: Progressive Relaxation für Kids. TRIAS Verlag. Stuttgart, 2000

Pape, H. (Hrsg.): Charles S. Peirce – Phänomen und Logik der Zeichen. Suhrkamp Taschenbuch Wissenschaft. Frankfurt/Main, 1998

Pöggeler, O. (Hrsg.): Hegel – Einführung in seine Philosophie. Verlag Karl Alber. Freiburg, München, 1977

Peez, G.: Qualitative empirische Forschung in der Kunstpädagogik. BDK Verlag. Hannover, 2000

Penck, A. R.: Adlertransformation. Michael Werner Verlag. Köln, New York, 2002

Penck, A. R.: Analyse einer Situation. Staatliche Kunstsammlung. Dresden, 1992

Plass, J.: Lingua Graphica. Die Gestalten Verlag. Berlin, 2001

Powell, N.: The Drawings of Henry Fuseli. Faber and Faber Limited. London, 1956

Powell, N.: Fuseli – The Nightmare. Allen Lane – The Penguin Press. London, 1973

Prinzhorn, H.: Bildnerei der Geisteskranken. Springer Verlag. Wien, New York, 2001

Rabbow, A.: Visuelle Symbole als Erscheinung der nicht – verbalen Publizistik. Dissertation, 1966

Rätsch, C.: Das Tor zu inneren Räumen. Verlag Bruno Martin. Südergellersen, 1992

Rattner, J.: Seelische Schwächen – Seelische Stärken. Königsfurt Verlag. Krummwisch, 2001

Rawles, B.: Mandalas der heiligen Geometrie. Verlag „Die Silberschnur". Gülles-heim, 1999

Regel, G.: Symbolon – Kunst als Bild und Sinnbild

Ribi, A.: Die Dämonen des Hieronymus Bosch – Versuch einer Deutung. Verlag Stiftung für Jung'sche Psychologie. Zürich, 1990

Richter, H. G.: Therapeutischer Kunstunterricht. Schwann Verlag. Düsseldorf, 1977

Ricoeur, P.: Die Interpretation – Ein Versuch über Freud. Suhrkamp Verlag. Frankfurt/Main, 1993

Rittelmeyer, C.: Pädagogische Anthropologie des Leibes. Juventa Verlag. Weil-heim, München, 2002

Rohracher, H.: Einführung in die Psychologie. Urban und Schwarzenberg Verlag. München, Berlin, Wien, 1976

Rump, G. C.: Kunstpsychologie – Kunst und Psychoanalyse – Kunstwissenschaft. Georg Olms Verlag. Hildesheim, New York, 1981

Saner, H.: Macht und Ohnmacht der Symbole. Lenos Verlag. Basel, 1993

Schmidt, W.: A. R. Penck – Analyse einer Situation – Ausstellung 1992 – Staatliche Kunstsammlung Dresden – Gemäldegalerie neue meister

Schönrich, G.: Semiotik zur Einführung. Junius Verlag. Hamburg 1999

Schütz, H. G.: Pragmatische Kunstpädagogik – Begründung zur ästhetischen Praxis. Ernst Reinhardt Verlag. München, Basel, 1979

Schultz, M. / Kühn, K.: A. R. Penck – Ausstellungskatalog. Berlin 1993

Schurian, W.: Kunstpsychologie heute. Verlag für Angewandte Psychologie. Göttingen, Stuttgart, 1993

Schuster, M.: Kunstpsychologie. Schneider Verlag. Hohengehren, 2000

Schuster, M.: Wodurch Bilder wirken – Psychologie der Kunst. M. DuMont Verlag. Köln, 1992

Schwab, F.: Symbolik. Karl Rohm Verlag. Lorch, 1912

Schwerfel, H. P.: Georg Baselitz im Gespräch mit H. P. Schwerfel. Verlag Kiepenheuer und Witsch. Köln, 1989

Schwerfel, H. P.: Markus Lüpertz im Gespräch mit H. P. Schwerfel. Verlag Kiepenheuer und Witsch. Köln, 1989

Seinfeld, M. / Zahn, H.: Kunsterziehung in der Hauptschule. Verlag Michael Prögel GmbH. München 1988

Thomashoff, H. O. / Naber, D.: Psyche und Kunst. Schattauer Verlag. Stuttgart, New York 1999

Tresidder, J.: Symbole und ihre Bedeutung. Copyright, Droemer Knaur Verlag. München, 2000

Turner, D. M.: Der Psychedelische Reiseführer. Nachtschatten Verlag. Solothurn, 1997

Walker, B. G.: Die geheimen Symbole der Frauen – Lexikon der weiblichen Spiritualität. Hugendubel Verlag. München, 1997

Weil, A.: Drogen und höheres Bewusstsein. AT Verlag. Aarau, 2000

Wienecke, G.: Kunstpädagogik als Erkenntnis – Dissertation. Hamburg, 1986

Wilhelm, G. / Wloka, J.: Handbuch Kunstunterricht – Unterrichtsmodelle Primarstufe. Pädagogischer Verlag Schwann. Düsseldorf, 1979

Winkler, S.: Unterrichtsmodelle zur Medienerziehung. Österreichischer Bundesverlag. Wien, 1981

Wittling, W.: Einführung in die Psychologie der Wahrnehmung. Verlag Hoffmann und Campe. Hamburg 1976

Wood, L.: Labyrinthe und Mandalas Heinrich Hugendubel Verlag. München 1983

Zimbardo, P. G.: Psychologie. Springer Verlag. Berlin, Heidelberg, 1995

Abbildungsnachweis

Seite 17

A.R. Penck – Analyse einer Situation.
Staatliche Kunstsammlung Dresden, 1992

Seite 61

Hans Prinzhorn – Bildnerei der Geisteskranken.
Springer Verlag Wien, 2001

Seite 125

Johann Fineberg – Mit dem Auge des Kindes – Kinderzeichnung und moderne Kunst. Gerd Hatje Verlag Stuttgart, 1995

Seite 177

Linkes Bild: **Georg Baselitz**

Rechtes Bild: **Markus Lüpertz**
Museum Würth – Ausstellungskatalog - Swiridoff Verlag Künzelsau, 2002

Unters Bild: **Piranesis Carceri** – A. Kupfer Belser Verlag Stuttgart, 1992

Seite 237

Bilder aus eigenem Archiv – Kunstkurs 2004

ERZIEHUNGSKONZEPTIONEN UND PRAXIS

Herausgeber: Gerd-Bodo von Carlsburg

Band 1 Barbara Hellinge / Manfred Jourdan / Hubertus Maier-Hein: Kleine Pädagogik der Antike. 1984.

Band 2 Siegfried Prell: Handlungsorientierte Schulbegleitforschung. Anleitung, Durchführung und Evaluation. 1984.

Band 3 Gerd-Bodo Reinert: Leitbild Gesamtschule versus Gymnasium? Eine Problemskizze. 1984.

Band 4 Ingeborg Wagner: Aufmerksamkeitsförderung im Unterricht. Hilfen durch Lehrertraining. 1984.

Band 5 Peter Struck: Pädagogische Bindungen. Zur Optimierung von Lehrerverhalten im Schulalltag. 1984.

Band 6 Wolfgang Sehringer (Hrsg.): Lernwelten und Instruktionsformen. 1986.

Band 7 Gerd-Bodo Reinert (Hrsg.): Kindgemäße Erziehung. 1986.

Band 8 Heinrich Walther: Testament eines Schulleiters. 1986.

Band 9 Gerd-Bodo Reinert / Rainer Dieterich (Hrsg.): Theorie und Wirklichkeit - Studien zum Lehrerhandeln zwischen Unterrichtstheorie und Alltagsroutine. 1987.

Band 10 Jörg Petersen / Gerhard Priesemann: Einführung in die Unterrichtswissenschaft. Teil 1: Sprache und Anschauung. 2., überarb. Aufl. 1992.

Band 11 Jörg Petersen / Gerhard Priesemann: Einführung in die Unterrichtswissenschaft. Teil 2: Handlung und Erkenntnis. 1992.

Band 12 Wolfgang Hammer: Schulverwaltung im Spannungsfeld von Pädagogik und Gesellschaft. 1988.

Band 13 Werner Jünger: Schulunlust. Messung - Genese - Intervention. 1988.

Band 14 Jörg Petersen / Gerhard Priesemann: Unterricht als regelgeleiteter Handlungszusammenhang. Ein Beitrag zur Verständigung über Unterricht. 1988.

Band 15 Wolf-Dieter Hasenclever (Hrsg.): Pädagogik und Psychoanalyse. Marienauer Symposion zum 100. Geburtstag Gertrud Bondys. 1990.

Band 16 Jörg Petersen / Gerd-Bodo Reinert / Erwin Stephan: Betrifft: Hausaufgaben. Ein Überblick über die didaktische Diskussion für Elternhaus und Schule. 1990.

Band 17 Rudolf G. Büttner / Gerd-Bodo Reinert (Hrsg.): Schule und Identität im Wandel. Biographien und Begebenheiten aus dem Schulalltag zum Thema Identitätsentwicklung. 1991.

Band 18 Eva Maria Waibel: Von der Suchtprävention zur Gesundheitsförderung in der Schule. Der lange Weg der kleinen Schritte. 3. Aufl. 1994.

Band 19 Heike Biermann: Chancengerechtigkeit in der Grundschule – Anspruch und Wirklichkeit. 1992.

Band 20 Wolf-Dieter Hasenclever (Hrsg.): Reformpädagogik heute: Wege der Erziehung zum ökologischen Humanismus. 2. Marienauer Symposion zum 100. Geburtstag von Max Bondy. 1993. 2., durchges. Aufl. 1998.

Band 21 Bernd Arnold: Medienerziehung und moralische Entwicklung von Kindern. Eine medienpädagogische Untersuchung zur Moral im Fernsehen am Beispiel einer Serie für Kinder im Umfeld der Werbung. 1993.

Band 22 Dimitrios Chatzidimou: Hausaufgaben konkret. Eine empirische Untersuchung an deutschen und griechischen Schulen der Sekundarstufen. 1994.

Band 23 Klaus Knauer: Diagnostik im pädagogischen Prozeß. Eine didaktisch-diagnostische Handreichung für den Fachlehrer. 1994.

Band 24 Jörg Petersen / Gerd-Bodo Reinert (Hrsg.): Lehren und Lernen im Umfeld neuer Technologien. Reflexionen vor Ort. 1994.

Band 25 Stefanie Voigt: Biologisch-pädagogisches Denken in der Theorie. 1994.

Band 26 Stefanie Voigt: Biologisch-pädagogisches Denken in der Praxis. 1994.

Band 27 Reinhard Fatke / Horst Scarbath: Pioniere Psychoanalytischer Pädagogik. 1995.

Band 28 Rudolf G. Büttner / Gerd-Bodo Reinert (Hrsg.): Naturschutz in Theorie und Praxis. Mit Beispielen zum Tier-, Landschafts- und Gewässerschutz. 1995.

Band 29 Dimitrios Chatzidimou / Eleni Taratori: Hausaufgaben. Einstellungen deutscher und griechischer Lehrer. 1995.

Band 30 Bernd Weyh: Vernunft und Verstehen: Hans-Georg Gadamers anthropologische Hermeneutikkonzeption. 1995.

Band 31 Helmut Arndt / Henner Müller-Holtz (Hrsg.): Schulerfahrungen – Lebenserfahrungen. Anspruch und Wirklichkeit von Bildung und Erziehung heute. Reformpädagogik auf dem Prüfstand. 2. Aufl. 1996.

Band 32 Karlheinz Biller: Bildung erwerben in Unterricht, Schule und Familie. Begründung – Bausteine – Beispiele. 1996.

Band 33 Ruth Allgäuer: Evaluation macht uns stark! Zur Unverzichtbarkeit von Praxisforschung im schulischen Alltag. 1997. 2., durchges. Aufl. 1998.

Band 34 Christel Senges: Das Symbol des Drachen als Ausdruck einer Konfliktgestaltung in der Sandspieltherapie. Ergebnisse aus einer Praxis für analytische Psychotherapie von Kindern und Jugendlichen. 1998.

Band 35 Achim Dehnert: Untersuchung der Selbstmodelle von Managern. 1997.

Band 36 Shen-Keng Yang: Comparison, Understanding and Teacher Education in International Perspective. Edited and introduced by Gerhard W. Schnaitmann. 1998.

Band 37 Johann Amos Comenius: Allverbesserung (Panorthosia). Eingeleitet, übersetzt und erläutert von Franz Hofmann. 1998.

Band 38 Edeltrud Ditter-Stolz: Zeitgenössische Musik nach 1945 im Musikunterricht der Sekundarstufe I. 1999.

Band 39 Manfred Luketic: Elektrotechnische Lernsoftware für den Technikunterricht an Hauptschulen. 1999.

Band 40 Gerhard Baltes / Brigitta Eckert: Differente Bildungsorte in systemischer Vernetzung. Eine Antwort auf das Problem der funktionellen Differenzierung in der Kooperation zwischen Jugendarbeit und Schule. 1999.

Band 41 Roswit Strittmatter: Soziales Lernen. Ein Förderkonzept für sehbehinderte Schüler. 1999.

Band 42 Thomas H. Häcker: Widerstände in Lehr-Lern-Prozessen. Eine explorative Studie zur pädagogischen Weiterbildung von Lehrkräften. 1999.

Band 43 Sabine Andresen / Bärbel Schön (Hrsg.): Lehrerbildung für morgen. Wissenschaftlicher Nachwuchs stellt sich vor. 1999.

Band 44 Ernst Begemann: Lernen verstehen – Verstehen lernen. Zeitgemäße Einsichten für Lehrer und Eltern. Mit Beiträgen von Heinrich Bauersfeld. 2000.

Band 45 Günter Ramachers: Das intrapersonale Todeskonzept als Teil sozialer Wirklichkeit. 2000.

Band 46 Christoph Dönges: Lebensweltliche Erfahrung statt empirischer Enteignung. Grenzen und Alternativen empirischer Konzepte in der (Sonder-)Pädagogik. 2000.

Band 47 Michael Luley: Eine kleine Geschichte des deutschen Schulbaus. Vom späten 18. Jahrhundert bis zur Gegenwart. 2000.

Band 48 Helmut Arndt / Henner Müller-Holtz (Hrsg.): Herausforderungen an die Pädagogik aufgrund des gegenwärtigen gesellschaftlichen Wandels. Bildung und Erziehung am Beginn des 3. Jahrtausends. 2000.

Band 49 Johann Amos Comenius: Allermahnung (Pannuthesia). Eingeleitet, übersetzt und erläutert von Franz Hofmann. 2001.

Band 50 Hans-Peter Spittler-Massolle: Blindheit und blindenpädagogischer Blick. Der *Brief über die Blinden zum Gebrauch für die Sehenden* von Denis Diderot und seine Bedeutung für den Begriff von Blindheit. 2001.

Band 51 Eva Rass: Kindliches Erleben bei Wahrnehmungsproblemen. Möglichkeiten einer selbstpsychologisch ausgerichteten Pädagogik und Psychotherapie bei sublimen und unerkannten Schwächen in der sensorischen Integration. 2002.

Band 52 Bruno Hamann: Neue Herausforderungen für eine zeitgemäße und zukunftsorientierte Schule. Unter Mitarbeit von Birgitta Hamann. 2002.

Band 53 Johann Amos Comenius: Allerleuchtung (Panaugia). Eingeleitet, übersetzt und erläutert von Franz Hofmann. 2002.

Band 54 Bernd Sixtus: Alasdair MacIntyres Tugendenlehre von *After Virtue* als Beitrag zum Disput über universalistische Erziehungsziele. 2002.

Band 55 Elke Wagner: Sehbehinderung und Soziale Kompetenz. Entwicklung und Erprobung eines Konzeptes. 2003.

Band 56 Jutta Rymarczyk / Helga Haudeck: *In Search of The Active Learner.* Untersuchungen zu Fremdsprachenunterricht, bilingualen und interdisziplinären Kontexten. 2003.

Band 57 Gerhard W. Schnaitmann: Forschungsmethoden in der Erziehungswissenschaft. Zum Verhältnis von qualitativen und quantitativen Methoden in der Lernforschung an einem Beispiel der Lernstrategienforschung. 2004.

Band 58 Bernd Schwarz / Thomas Eckert (Hrsg.): Erziehung und Bildung nach TIMSS und PISA. 2004.

Band 59 Werner Sacher / Alban Schraut (Hrsg.): Volkserzieher in dürftiger Zeit. Studien über Leben und Wirken Eduard Sprangers. 2004.

Band 60 Dorothee Dahl: Interdisziplinär geprägte Symbolik in der visuellen Kommunikation. Tendenzen therapeutisch-kunstpädagogischer Unterrichtsmodelle vor dem Hintergrund multimedialer Zeitstrukturen. 2005.

Band 61 Gerd-Bodo von Carlsburg / Marian Heitger (Hrsg.): Der Lehrer – ein (un)möglicher Beruf. 2005.

Band 62 Bruno Hamann: Pädagogische Anthropologie. Theorien – Modelle – Strukturen. Eine Einführung. 4., überarbeitete und ergänzte Auflage. 2005.

Band 63 Airi Liimets: Bestimmung des lernenden Menschen auf dem Wege der Reflexion über den Lernstil. 2005.

Band 64 Cornelia Matz: Vorbilder in den Medien. Ihre Wirkungen und Folgen für Heranwachsende. 2005.